AF587328

STUDIENKURS SOZIALWIRTSCHAFT

Lehrbuchreihe für Studierende der Sozialwirtschaft und des Sozialmanagements an Universitäten und Hochschulen.

Praxisnah und verständlich führen die didaktisch aufbereiteten Bände in die zentralen Felder der Sozialwirtschaft und des Sozialmanagements ein: sozialwirtschaftliche Organisationen und Unternehmensformen, Personalmanagement, Qualitätsmanagement, Wissensmanagement, Management des Wandels etc.

Herausgegeben von
Prof. Dr. Armin Wöhrle

Helmut Kreidenweis

Sozialinformatik

Digitaler Wandel und IT-Einsatz in sozialen Organisationen

3., vollständig überarbeitete Auflage

Die Deutsche Nationalbibliothek verzeichnet diese Publikation in der Deutschen Nationalbibliografie; detaillierte bibliografische Daten sind im Internet über http://dnb.d-nb.de abrufbar.

ISBN 978-3-8487-5665-0 (Print)
ISBN 978-3-8452-9810-8 (ePDF)

3., vollständig überarbeitete Auflage 2020

Vorwort

Seit der 2. Auflage dieses Lehrbuches im Jahr 2012 hat sich die Welt in vielerlei Hinsicht gewandelt: Digitale Technologien durchdringen weit über den beruflichen Bereich hinaus fast alle Lebensbezüge. Ihre Nutzung ist aus dem Alltag der meisten Menschen nicht mehr wegzudenken. Ein Ende dieser digitalen Transformation ist nicht in Sicht. Nach Meinung vieler Experten befinden wir uns erst am Anfang einer langen Wegstrecke, auf der das Tempo vermutlich noch ansteigen wird. Soziale Organisationen und helfende Berufe betrifft dies in mehrfacher Hinsicht: Hilfebedarfe und Kommunikationsformen der Adressaten ändern sich, neue Wettbewerber und Geschäftsmodelle entstehen, bisherige Arbeitsweisen und Kompetenzen werden in Frage gestellt, völlig andere werden benötigt.

Gleichzeitig ist in vielen Organisationen die klassische, organisationsinterne Nutzung von Informationstechnologie (IT) noch stark entwicklungsfähig. Trotz mancher Fortschritte in den vergangenen Jahren werden die vorhandenen Möglichkeiten der „normalen" Computertechnik bei weitem noch nicht ausgeschöpft, um Arbeitsprozesse effizienter zu gestalten, die Ergebnisqualität zu verbessern und Mitarbeitende zu entlasten. Dabei stellt ein hoher Reifegrad der klassischen IT sowie der Prozesse, die durch sie unterstützt werden, eine zentrale Voraussetzung dafür dar, dass neuere Digitaltechnologien überhaupt nutzbringend eingesetzt werden können.

Das Themenfeld der Sozialinformatik ist also seit der letzten Auflage deutlich breiter geworden und kann in diesem Lehrbuch nicht mehr vollständig und in der gebotenen Tiefe abgedeckt werden. Der vorliegende Band konzentriert sich daher – ganz im Sinne der Lehrbuchreihe Studienkurs Sozialmanagement, in der er erscheint – auf organisationale Aspekte des Einsatzes von IT und Digitaltechnologien. Ihre Nutzung im Kontext der praktischen Arbeit mit Adressaten ist dennoch integraler Bestandteil. Eine vertiefte Auseinandersetzung mit gesellschaftlichen und ethischen Digitalisierungs- oder Mediatisierungsdimensionen würde jedoch ebenso seinen Rahmen sprengen wie die vielfältigen pädagogischen Fragestellungen im Umgang mit digitalen (sozialen) Medien oder Themen der Teilhabe benachteiligter Menschen in einer digitalen Welt. Gleiches gilt für den Blick auf Veränderungen der Arbeitsgestaltung in Sozialberufen unter den Vorzeichen der Digitalisierung. Die hier vorgenommenen pragmatischen Eingrenzungen bedeuten jedoch nicht, dass die genannten Themen grundsätzlich außerhalb des Radars der Sozialinformatik liegen würden.

Im Mittelpunkt dieses Lehrbuchs stehen also die Veränderungen, die der Digitale Wandel für soziale Organisationen mit sich bringt, der professionelle Einsatz von IT als Werkzeug zur Bewältigung fachlicher und administrativer Aufgaben sowie die dazu notwendigen Hintergrundaufgaben in den Bereichen IT-Management, Geschäftsprozessmanagement, Datenschutz und IT-Sicherheit. Dabei liegt der Schwerpunkt neben reflektorischem Wissen vor allem auf praktischem Handlungswissen und konkreten Methoden, um digitale Technologien in sozialen Organisationen nutzbringend einsetzen zu können. Zu diesem Zweck wurde das Lehrbuch für die 3. Auflage vollständig überarbeitet, mit zusätzlichen Grafiken und Literaturhinweisen versehen sowie mit neuen Themen wie Digitaler Wandel, Künstliche Intelligenz, Big Data oder Cloud Computing ergänzt.

Zielgruppe sind entsprechend Studierende und Lehrende des Sozial- und Pflegemanagements, der Sozialen Arbeit sowie ähnlicher Berufe. Zu den Adressaten gehören ebenso Fach- und Führungskräfte sozialer Organisationen, die sozialinformatisches Praxiswissen für ihre (künftige) Arbeit benötigen und dazu beitragen möchten, den Prozess der Digitalisierung aktiv zu gestalten und den Wertbeitrag der IT in sozialen Organisationen zu steigern.

Ein herzlicher Dank des Autors gilt Herrn Thomas Wuttke, Sozialarbeiter B.A., Soziologe M.A. und wissenschaftlicher Mitarbeiter der Arbeitsstelle für Sozialinformatik an der Katholischen Universität Eichstätt-Ingolstadt, für die gründliche Durchsicht der Texte.

Augsburg/Eichstätt im Oktober 2019 *Prof. Helmut Kreidenweis*

Inhalt

Abbildungsverzeichnis

1. Einführung in die Sozialinformatik

Zusammenfassung

Das erste Kapitel befasst sich mit der Entwicklungsgeschichte der Sozialinformatik und definiert ihre Aufgaben sowie ihren Gegenstand. Es beantwortet die Frage nach der Notwendigkeit dieser Fachinformatik auf einer grundsätzlich-theoretischen und einer handlungspraktischen Ebene. Am Ende werden Ansätze einer Theorieentwicklung, Methoden der Erkenntnisgewinnung und beispielhafte Forschungsgebiete dargestellt. Die Ausprägung des Fachs im Bereich der Lehre rundet das Kapitel ab.

1.1. Geschichte und Begriffsdefinition

In sozialen Organisationen werden Computer und entsprechende Software bereits seit Anfang der 80er Jahre des 20. Jahrhunderts eingesetzt. Zu dieser Zeit war meist von **EDV in der Sozialarbeit** (etwa Frommann 1987) die Rede. Der Begriff **Sozialinformatik** tauchte erstmals in der zweiten Hälfte der 90er Jahre auf (vgl. Mehlich 1996, S. 180; Halfar 1997, S. 113). Publikationen zum Einsatz von Informationstechnologien (IT) in den unterschiedlichen Handlungsfeldern der Sozialen Arbeit können bis Mitte der 80er Jahre zurückverfolgt werden. Dabei handelte es sich meist um Einzelbeiträge in Fachzeitschriften und Sammelbänden, die keinen disziplinären Diskurs erkennen lassen. Dieser begann sich zunächst um die Jahrtausendwende zu formen und beschäftigte sich mit der Gegenstandsbestimmung der neuen Disziplin und ihrer Verortung im Wissenschaftssystem.

Bezugspunkt Soziale Arbeit

Einig waren sich die meisten Fachvertreter darin, dass die Soziale Arbeit den primären Bezugspunkt der Sozialinformatik in Praxis, Lehre und Forschung bildet (vgl. Halfar 1997; Kirchlechner 2000; Ostermann/Trube 2002; Ley 2004). Unterschieden haben sich hingegen die Auffassungen darüber, was das Spektrum der Sozialinformatik umfasst. So wurde etwa kontrovers diskutiert, ob sich die Sozialinformatik auf die fachlich-methodischen Handlungsvollzüge der Sozialen Arbeit beschränkt (Ley 2004) oder ob sie darüber hinaus auch die sozialen Organisationen mit ihren administrativen und steuernden Funktionen sowie organisationsübergreifende sozialwirtschaftliche Kontexte mit in den Blick nimmt (vgl. Kreidenweis 2008).

Eine erste ausführliche Definition lieferte Wendt im Jahr 2000 (S. 20):

Definition

„Die Sozialinformatik hat Informations- und Kommunikationssysteme in der Sozialwirtschaft und der Sozialen Arbeit zum Gegenstand. Sie befasst sich mit der systematischen Verarbeitung von Informationen im Sozialwesen in ihrer technischen Konzipierung, Ausführung und Evaluation, und sie geht damit verbunden den Bedingungen, Wirkungen und sozialen Begleiterscheinungen des Technologieeinsatzes nach. Kurz: Die Sozialinformatik nimmt fachliche Verantwortung für den Produktionsfaktor Information im System sozialer Dienstleistungen und ihrem Umfeld wahr.“

Sehen wir uns einige wichtige Bestandteile dieser Definition näher an:

Was sind „**Informations- und Kommunikationssysteme in der Sozialwirtschaft und der Sozialen Arbeit**"?

Fach-spezifische IT-Anwendung

Darunter werden in der Regel digitale elektronische Geräte, ihre Vernetzung untereinander sowie die zugehörige Software verstanden. Dazu zählen heute stationäre und mobile Computer aller Art sowie Anwendungsprogramme wie Textverarbeitung, Kalkulation, E-Mail, Web-Anwendungen, Mobil-Apps, stationäre und mobile Netzwerke (LAN/W-LAN) usw. Ein spezieller Blick gilt dabei den **fach- oder branchenspezifischen Anwendungen**, also Programmen, die speziell für die Soziale Arbeit und Sozialwirtschaft entwickelt wurden. Dies sind etwa Softwares oder Mobil-Apps für die Planung und Dokumentation von Hilfen, für die Abrechnung von Pflegeleistungen, für das betriebliche Controlling oder Webportale zur Kommunikation mit Adressaten und Angehörigen.

Technik, Mensch und soziales System

Die Definition von Wendt beschränkt sich jedoch nicht auf die technische Ebene: „**Sie** (die Sozialinformatik) **befasst sich mit der systematischen Verarbeitung von Informationen im Sozialwesen...**" Damit lehnt sich der Autor an die europäische Tradition der Informatik an. Im Gegensatz zur amerikanischen „computer science" umfasst diese – zumindest vom Anspruch her – nicht nur die Technik, sondern den Gesamtprozess der Informationsverarbeitung, an dem auch menschliche Akteure und soziale Systeme beteiligt sind (vgl. Coy 1992a). Die Informatik und die Organisationssoziologie bezeichnen diese Gesamtheit als **soziotechnische Systeme**.

Handlungs-ebene

Als Handlungsaspekte nennt Wendt die **„technische Konzipierung, Ausführung und Evaluation"**. Mit der **technischen Konzipierung** ist in erster Linie die konzeptionelle Entwicklung und fachlich-inhaltliche Ausgestaltung der Anwendungsprogramme gemeint. Dazu gehört auch die Programmierung, sie kann als technischer Vollzug und Ausdifferenzierung der konzeptionellen Entwicklung begriffen werden. Zur technischen Konzipierung gehört aber auch die Bereitstellung der notwendigen Hardware- und Netzwerkumgebungen, um die Software stabil und sicher zu betreiben. Die **Ausführung** beinhaltet die eigentliche Anwendung der Software und ihre Einbettung in die Arbeitsprozesse der Organisationen. Dies betrifft den gesamten Lebenszyklus der Programme von der Auswahl und Einführung über die routinemäßige Nutzung und Wartung bis zu ihrer Ablösung durch neue Systeme. Die **Evaluation** schließlich umfasst die sozialwissenschaftliche Analyse von Wirkungen und unerwünschten Nebenwirkungen des IT-Einsatzes in sozialen Dienstleistungssystemen. Sie umfasst aber auch Aspekte wie das Identifizieren von Bedingungen oder Faktoren, die einen Einsatz von Informationssystemen sinnvoll und nutzbringend erscheinen lassen.

Sozial-wissen-schaftliche Reflexion

Neben dieser eher handlungsorientierten „Werkzeug-Perspektive" eines verbesserten Umgangs mit Daten und Informationen betont Wendt (2000, S. 8 f.) den **reflexiven Aspekt** der Sozialinformatik, der „Wissen um die Technologie moderner Kommunikation in ihren Auswirkungen, Chancen und Risiken umfasst und darin den Werkzeugeinsatz thematisiert."

Anknüpfend an kritisch-reflektierende Denktraditionen der Sozialwissenschaften geht es hier um den Blick auf die Wirkungen des eigenen Tuns im fachlichen, organisatorischen, aber auch im gesellschaftspolitischen Kontext. Noch weiter gefasst, thematisiert die Sozialinformatik nach Wendt auch die **sozialverträgliche Gestaltung von Technik**, also den „verantwortlichen Einsatz der Informationstechnologie“ (2000, S. 15) im sozialen Leben der Menschen von heute und morgen. Dazu gehört vor allem die Frage der **Teilhabe** benachteiligter Bevölkerungsgruppen an der sich immer weiter digitalisierenden Gesellschaft, wie sie in jüngster Zeit verstärkt diskutiert wird (vgl. etwa Pelka 2018, Skutta/Steinke 2019).

Sozialinformatischer Fachdiskurs

Gegen Ende des ersten Jahrzehnts des 21. Jahrhunderts ebbte der Fachdiskurs rund um den Begriff und die disziplinäre Ausformung der Sozialinformatik weitgehend ab. Obgleich die Sozialinformatik in verschiedene Ausbildungskontexte Eingang fand (vgl. Abschnitt 1.6.), wurde sie von der klassischen Sozialarbeitswissenschaft ebenso wie von der Lehre und Forschung im Bereich Sozialmanagement nur selten als relevantes Themenfeld betrachtet und in die entsprechenden Diskurse integriert. So gibt es etwa im knapp 1.200 Seiten starken Wörterbuch „Soziale Arbeit“ (Kreft/Mielenz 2017) nur zwei Stichworte (Sozialinformatik und Informationsgesellschaft), die explizit auf diese Phänomene Bezug nehmen und noch im Jahr 2018 ist ein Lehrbuch zum Management von Sozialunternehmen erschienen (Vogelbusch), das an keiner Stelle die Nutzung von Informationstechnologien in sozialen Organisationen thematisiert. Auch das „Lehrbuch Soziale Arbeit und Digitalisierung“ (Stüwe/Ermel 2019) sowie der Band „Gestaltung des Sozial- und Gesundheitswesens im Zeitalter von Digitalisierung und technischer Assistenz“ (Hagemann 2017) referenzieren nicht auf die seit ca. 20 Jahren andauernde Erkenntnisproduktion im Feld der Sozialinformatik (vgl. etwa Kreidenweis 2011, Kreidenweis/Wolff 2016, 2017, 2018, 2019). In der aktuellen Version des Qualifikationsrahmens Soziale Arbeit (Schäfer/Bartosch 2016) erscheint Soziale Arbeit noch als völlig technikfreie Profession, der Einsatz von Informationstechnologie oder die Digitalisierung des gesellschaftlichen Umfeldes und seine Konsequenzen für Ausbildung und Praxis kommen an keiner Stelle vor.

Gleichwohl wurden weiterhin fachlich-inhaltliche Beiträge zu sozialinformatischen Themen publiziert, die sich mit dem Einsatz von Fachsoftware beschäftigten (etwa Ley 2014) oder den Zusammenhang von IT-Einsatz und Geschäftsprozessen in sozialen Organisationen thematisierten (etwa Wolff 2017).

1.2. Gegenstand

Sozialinformatik und Digitalisierung

Im Fokus der sozialinformatischen Erkenntnisproduktion stand bislang in erster Linie die Nutzung von Informationstechnologien in organisationalen Kontexten. Dem Anspruch einer vertieften Auseinandersetzung mit der Nutzung digitaler Technologien in der unmittelbaren Adressatenarbeit, in der Lebenswelt der Adressaten und den damit verbundenen sozialen Auswirkungen konnte sie auch deshalb nicht gerecht werden, weil der wissenschaftliche Diskurs im Bereich der Sozialen Arbeit diese Phänomene lange Zeit nicht aufgriff und keine Integration der Diskurse von Sozialer Arbeit und Sozialinformatik stattfand. Die wissenschaftliche Beschäftigung mit diesen Themen hat jedoch in jüngster Zeit wieder zugenommen, findet heute jedoch vor allem unter den Begriffen **Mediatisierung** oder **Digitalisierung in der Sozialen Arbeit** statt (vgl. Kutscher u. a. 2015, Stüwe/Ermel 2019, siehe auch Kapitel 3.).

Ob diese wissenschaftliche Erkenntnisproduktion unter dem Begriff der Sozialinformatik oder unter anderen Begriffen subsummiert wird, ist jedoch allenfalls von disziplinärer Bedeutung. Entscheidend für die Praxis der Sozialen Arbeit und verwandter Arbeitsfelder ist, dass diese Phänomene in angemessener Weise reflektiert, gedanklich eingeordnet und einer praktischen Bearbeitung zugänglich gemacht werden. Denn Führungs- und Fachkräfte benötigen neben Reflexionswissen auch konkrete Methoden und Werkzeuge, um digitale Technologien fachlich sinnvoll und auf wirtschaftliche Weise in ihre Arbeitsprozesse zu integrieren.

Aus diesen Überlegungen heraus ergeben sich folgende Dimensionen der Sozialinformatik, auch wenn in der Fachdiskussion manche Teile davon unter anderen Überschriften laufen:

Abbildung 1: Dimensionen der Sozialinformatik

Institutionelle und Adressaten-Ebene

Grundsätzlich kann zwischen der institutionellen Ebene und der Adressaten-Ebene unterschieden werden: **Institutionell** geht es darum, die Aufgaben der Organisationen sinnvoll mit Informationstechnologien zu unterstützen. Dabei kann es sich sowohl um Management- und Verwaltungsprozesse wie um fachliche Prozesse handeln, die getrennt von der „eigentlichen“ Adressaten-Arbeit ablaufen. Doch während es bei den Verwaltungsprozessen primär um Korrektheit und Effizienz geht, spielen bei den fachlichen Prozessen immer auch normative und reflexive Aspekte eine Rolle (vgl. Kapitel 5.). Ebenso auf der institutionellen Ebene angesiedelt ist das IT-Management (vgl. Kapitel 7.), das dafür sorgt, dass die IT-Systeme den Anforderungen entsprechend verfügbar sind und sicher betrieben werden.

Auf der **Adressaten-Ebene** werden digitale Technologien im unmittelbaren Kontakt eingesetzt. Hier dienen sie als Medium der Kommunikation und Information oder zur Produktion digital basierter oder hybrider Dienstleistungen, also einer Mischung aus menschlichen und technischen Komponenten in Sozialer Arbeit oder Pflege, etwa im Bereich der Assistenz-Technologien.

Die institutionelle Ebene und die Adressaten-Ebene hängen insofern miteinander zusammen, als innerhalb der Organisationen ein gewisser **Reifegrad** des IT-Managements und der Nutzung klassischer IT vorhanden sein muss (vgl. Abschnitte 3.5.2. und 7.1.), um mit Hilfe moderner Digitaltechnologien schnell und flexibel auf Anforderungen aus der Adressaten-Ebene reagieren zu können.

Den Rahmen für beide Ebenen bildet die **Digitalisierung der Gesellschaft** und damit auch der Lebenswelt der Adressaten, auf die die Organisationen mit einer angemessenen **Digitalisierungsstrategie** (vgl. Abschnitt 3.5.) antworten müssen.

Beispielhaft können für die oben genannten Dimensionen folgende Anwendungsformen und Ausprägungen genannt werden:

Beispiele für Anwendungsformen

- **IT-Management in sozialen Organisationen**
  IT-Strategie-Entwicklung, Auswahl und Einführung neuer Systeme, Betrieb und Service für laufende IT-Systeme und Anwendungsprogramme, Organisation der Anwender-Unterstützung, Gewährleistung der IT-Sicherheit.
- **IT in Sozialmanagement und Administration**
  Nutzung von Standard- und Fachsoftware für Statistik, Controlling, Qualitätssicherung, Planung und Steuerung. Einsatz von Fachsoftware für die Stammdatenverwaltung von Adressaten und Mitarbeitenden, zur Erfassung und Abrechnung von Leistungen, zur Gehaltsabrechnung oder für die Dienstplanung, Nutzung von Vermittlungsplattformen für soziale Dienste.
- **IT in der Handlungspraxis Sozialer Arbeit**
  Anwendung von Standard- und Fachsoftware für Hilfeplanung, Beantragung von Hilfen und Berichterstattung an Kostenträger, Falldokumentation und Aktenführung. Nutzung von Auskunftssystemen mit juristischen Informationen, sozialen Dienstleistungsangeboten oder Fachinformationen, Vernetzung von Fachkräften über soziale Medien, Internet-Foren oder Jobnetzwerke.
- **IT-gestützte Adressaten-Kommunikation:**
  Nutzung von Online-Medien (Web, E-Mail, Social Media, Mobil-Apps usw.) für Online-Beratung, hybride Beratung (Mix aus Präsenz- und Online-Beratung) Selbsthilfe-Förderung, Partizipation und bürgerschaftliches Engagement im Gemeinwesen etc.

- **Assistenz-Technologien für Adressaten**
  Digital gesteuerte Produkte und damit verbundene Dienstleistungen wie Video-Kommunikation, Sturzmeldesysteme, Tele-Überwachung von Vitalwerten, elektronische Haushaltshilfen, Robotik u. v. m. Sie dienen der Aufrechterhaltung selbständigen Wohnens im Alter oder zur Unterstützung eigenständiger Wohnformen von Menschen mit Behinderungen.
- **Digitalisierung der Gesellschaft und der Lebenswelt der Adressaten**
  Reflexion des Zusammenhangs von technologischen und damit korrespondierenden gesellschaftlichen Entwicklungen, sowie daraus resultierender sozialer Folgeerscheinungen und Aufgabenstellungen für die Soziale Arbeit. Dazu gehören etwa Handlungskonzepte zur Teilhabe benachteiligter Menschen an der digitalisierten Gesellschaft und Arbeitswelt oder Konzepte zum Umgang mit Sozialen Medien.

Weitere IT-Kontexte Sozialer Arbeit

Kutscher/Ley/Seelmeyer (2015, S. 3 f.) unterscheiden die von Ihnen als **Mediatisierung** bezeichneten Phänomene hinsichtlich der **Anlässe,** auf die Soziale Arbeit eine Reaktion darstellt (etwa Internet-Sucht), der **Formen,** in denen sie ihren Gegenstand bearbeitet (etwa Online-Beratung) und der **Rahmenbedingungen** (etwa der Digitalisierung der Gesellschaft, vgl. Kapitel 3.), innerhalb derer sich dieser Prozess vollzieht. Sie differenzieren zwischen den drei Mediatisierungsdimensionen Adressaten, Professionelle und Organisation und stellen folgende Beziehungen zwischen und unter ihnen her:

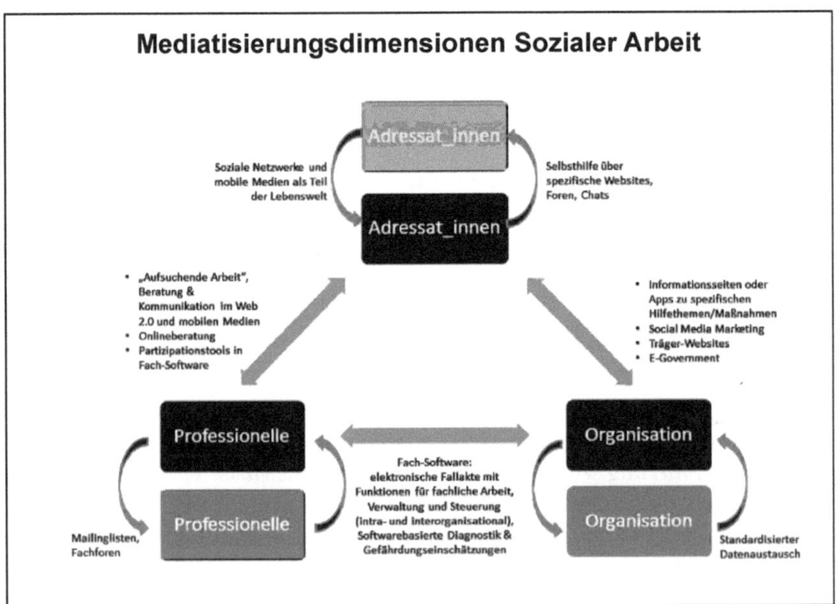

Abbildung 2: Mediatisierungsdimensionen Sozialer Arbeit

Quelle: Kutscher/Ley/Seelmeyer 2015, S. 4

Über die oben benannten Dimensionen hinaus hat Soziale Arbeit auch in anderen Zusammenhängen Berührungspunkte mit Informationstechnologien. So etwa in der pädagogischen Arbeit mit Adressaten in Feldern wie Jugendarbeit, Behindertenhilfe oder Seniorenarbeit zur Entwicklung und Stärkung von **Medienkompetenz**. Dieses Feld wird bereits seit geraumer Zeit von der **Medienpädagogik** bestellt, die einen eigenen fachlichen Diskurs entwickelt hat (vgl. beispielhaft Baake 2007, Süss/Lampert/Trültzsch-Wijnen 2018). Dieser verschmilzt jedoch zunehmend mit dem oben benannten Mediatisierungs- und Digitalisierungsdiskurs (vgl. etwa Kutscher/Ley/Seelmeyer 2015, Stüwe/Ermel 2018), weil es um umfassende Antworten der Institutionen von Bildung und Sozialer Arbeit auf das Aufwachsen junger Menschen sowie die Weiterbildung von benachteiligten Erwachsenen in einer von digitalen Medien durchdrungenen Welt geht.

1.3. Wozu Sozialinformatik?

Wozu, so könnte man fragen, wird die Sozialinformatik als Wissenschaft gebraucht, wenn die Nutzung digitaler Technologien in sozialen Organisationen und in der fachlichen Praxis doch längst zur Routine geworden ist? Die Antwort auf diese Frage besteht aus drei Aspekten: einem grundlegend-theoretischen, einem handlungspraktischen und einem strategischen:

Technologie verändert Wirklichkeit

Aus **grundlegend-theoretischer Sicht** verhalten sich komplexe Technologien nicht neutral im Sinne eines reinen Werkzeugs, also etwa eines Schreibgerätes wie Bleistift oder Schreibmaschine. Sie beeinflussen immer die sozialen Systeme, in denen sie eingesetzt werden und werden umgekehrt wiederum von diesen Systemen adaptiert und beeinflusst. Der Medienkritiker Neil Postman bemerkte dazu schon 1992: „Der Computer ist nicht nur ein neues Medium im Sinn eines neutralen Informationsträgers, er ist ein '**Wirklichkeitsmacher**', der Bilder und Symbole der Wirklichkeit schafft und verändert." Aus heutiger Sicht kann ergänzt werden, dass digitale Technologien nicht nur Bilder und Symbole der Wirklichkeit verändern, sondern auch die Wirklichkeit selbst. So haben etwa gezielte Manipulationen in sozialen Medien Wahlen und Abstimmungen in demokratischen Ländern maßgeblich beeinflusst, Menschen werden durch Phänomene wie Shitstorms, Flaming oder Hate Speech massiv in der Entfaltung ihrer Persönlichkeit und psychischen Gesundheit beeinträchtigt und ganze Unternehmen an den Rand ihrer Existenz gebracht.

Software beeinflusst Soziale Arbeit

Im Bereich der Sozialen Arbeit kann Wirklichkeit bspw. dadurch beeinflusst werden, dass Dokumentationsprogramme sich auf die Abbildung bestimmter Ausschnitte der Realität fokussieren: alles was codierbar, also in Buchstaben oder – noch „besser" – in Zahlen und Verlaufsgrafiken ausgedrückt werden kann. Nimmt diese Technik in der Arbeitsumgebung der Praktiker einen zentralen Stellenwert ein, so werden die digitalisierbaren Anteile der Wirklichkeit stärker in den Vordergrund gerückt (vgl. auch Ley 2010). Für andere, etwa Ganzheitlichkeit beanspruchende Formen des „Fallverstehens" (etwa Heiner 2012) oder bei emotional geprägten Wahrnehmungsaspekten, besteht dabei die Gefahr, dass sie im Prozess der Entwicklung von Deutungs- und Handlungsmustern in den Hintergrund gedrängt werden.

Die Soziale Arbeit ist in ihren praktischen Handlungsvollzügen oft mit vielfältigen und mehrdeutigen Problemkonstellationen in komplexen Lebenswelten konfrontiert. Daher gehört es zu den Aufgaben der Sozialinformatik, den Einfluss der IT-Anwendung auf Wahrnehmung und Abbildung der Wirklichkeit und die daraus resultierende fachliche Arbeit unter dem Einsatz digitaler Systeme in den Blick zu nehmen. Gleiches gilt für das Geschehen innerhalb sozialer Organisationen sowie in Sozialräumen, wenn Informations- und Kommunikationsprozesse auf digitale Medien transferiert und dadurch bewusst oder unbewusst umgestaltet werden. Bislang gibt es jedoch erst wenige Studien, die Zusammenhänge dieser Art empirisch untersuchen (vgl. Abschnitt 1.6.).

Wertschöpfender Technik-Einsatz

Auf der **handlungspraktischen Ebene** geht es vor allem darum, die informationstechnologischen Konfigurationen und ihre Nutzung so zu gestalten, dass die Prozesse der Erbringung sozialer Dienstleistungen möglichst wirtschaftlich und wirksam unterstützt werden. Ein solcher, professionell organisierter und an die Bedarfe der Organisationen angepasster IT-Betrieb, ist in der Praxis noch immer nicht selbstverständlich (vgl. Abschnitt 4.2.). Ziel ist hierbei, dass die digitalen Systeme zur **Wertschöpfung** sozialer Organisationen und zu einem optimalen „Outcome" für die Adressanten beitragen, also eine positive Wirkung im Sinne der Ziele der Organisation und der konkreten Hilfemaßnahmen entfalten. Dies betrifft alle der in Abschnitt 1.2. genannten Dimensionen der Sozialinformatik, je nach Art und Größe der Organisationen und ihrer fachlichen Ausrichtung in unterschiedlicher Weise.

Aufgabe sozialinformatischer Forschung ist es hier, bspw. organisationale und softwaretechnische Konfigurationen zu identifizieren, die den bestmöglichen Wertschöpfungsbeitrag leisten.

Strategien für den digitalen Wandel

Auf der **strategischen Ebene** kann die Sozialinformatik schließlich einen Beitrag dazu leisten, dass soziale Organisationen den digitalen Wandel für sich selbst und in der Interaktion mit Ihrer Umwelt aktiv gestalten. Aufgabe ist es hier, bspw. die Auswirkungen dieses gesellschaftlichen Transformationsprozesses auf den Bereich sozialer Dienstleistungen zu erklären, Methoden zur Entwicklung innovativer Kommunikationskonzepte bereitzustellen und Zukunftsszenarien zu entwerfen. Ebenso gehört es zum Auftrag der Sozialinformatik, den digitalen Wandel und seine Auswirkungen, insbesondere auf benachteiligte Bevölkerungsgruppen, kritisch zu reflektieren und neue bzw. veränderte Hilfsangebote zu konzipieren, die den veränderten Bedarfen gerecht werden.

1.4. Disziplinäre Bezugspunkte der Sozialinformatik

Sozialinformatik als Fachinformatik

Blickt man in andere Branchen und Professionen, so haben sich dort vielfach schon lange vor der Sozialinformatik spezielle Fachinformatiken etabliert. Zu ihnen gehören bspw. die Wirtschafts-, die Rechts-, oder die Medizinische Informatik. Zumeist haben sie sich bereits als eigenständige Disziplinen mit Lehrstühlen, Forschungsprogrammen, Ausbildungsgängen und einer „scientific community" etabliert. Eine vergleichbare Entwicklung fand bislang weder im Feld der Sozialen Arbeit, noch im Sozialmanagement statt. Zwar werden mittlerweile vermehrt Professuren ausgeschrieben, in deren Denomination sich Begriffe wie Digitalisierung oder Digitale Transformation wiederfinden. Dies geschieht jedoch anders als in den meisten anderen Wissenschaften nicht in expliziter Anknüpfung an Begriff und Gegenstand der darauf bezogenen Fachinformatik – hier also der Sozialinformatik.

Eingangs wurde bereits erwähnt, dass die Sozialinformatik bislang von den meisten Fachvertretern primär der Sozialen Arbeit zugeordnet wird. Die im vorigen Abschnitt genannten Dimensionen der Sozialinformatik lassen zugleich erkennen, dass ihre Fragestellungen und Aufgaben vielfach **interdisziplinären Charakter** haben. Daher stellt sich die Frage, auf welche disziplinären Bezugspunkte sich die Sozialinformatik bezieht, wie sich diese zueinander verhalten und wie dieses Verhältnis begründet werden kann.

Gegenstandsbereich der Informatik

Die klassische **Informatik** steht als Lehre der formal-logischen Algorithmen und daraus abgeleiteter Programmiersprachen und Systemarchitekturen in einer ingenieurwissenschaftlich-mathematischen Tradition (vgl. etwa Rechenberg 2000). Auch wenn es in der disziplinären Informatik Ansätze zu einer Reflexion des eigenen Tuns in Bezug auf die Gesellschaft gibt (vgl. z. B. Kreowski 2008), erscheint sie als primärer Bezugsrahmen für die Sozialinformatik ungeeignet. Weder in der Theorie noch in ihre Methodik kann sie die Spezifika sozialer Dienstleistungsproduktion oder die sozialwissenschaftliche Reflexivität adäquat erfassen. Gleiches gilt auch für die meisten anderen Fachinformatiken, die sich in der Regel rein instrumentell definieren und ihr methodisches Instrumentarium entsprechend ausrichten. So befasst sich etwa die Wirtschaftsinformatik „mit Informations- und Kommunikationssystemen (...) in Wirtschaft und Verwaltung. Ihr zentrales Ziel besteht in der Unterstützung betrieblicher Aufgaben“ (Stein 2002, S. 9).

Bezugspunkte der Sozialinformatik

Primäre **Kristallisationspunkte der Sozialinformatik** sind daher Wissenschaft und Praxis der Sozialen Arbeit sowie des Managements und der Administration sozialer Organisationen. Aus ihnen bezieht die Sozialinformatik ihre Fragestellungen und in ihrem theoretischen und praktischen Bezugsrahmen versucht sie Antworten zu finden. Eine disziplinäre Trennung dieser Dimensionen erscheint wenig sinnvoll, da die Mehrzahl der modernen Anwendungssysteme für soziale Organisationen sowohl fachliche als auch administrative und steuerungsrelevante Funktionalitäten beinhaltet. Auch in der Anwendungspraxis gehen diese Dimensionen fließend ineinander über und gemeinsam beeinflussen sie damit die Ausgestaltung der soziotechnischen Systeme (vgl. Abschnitt 1.5.).

Dennoch spielen in der Sozialinformatik auch Erkenntnisse und Methoden der **Angewandten Informatik** sowie anderer **Fachinformatiken** eine wichtige Rolle. Dies etwa wenn es um die Analyse und programmtechnische Abbildung administrativer Arbeitsabläufe, um die Entwicklung eines fachgerechten Anforderungsprofils an eine IT-Lösung oder um die nutzerfreundliche Gestaltung von Softwarefunktionen und Benutzeroberflächen geht.

Ähnlich definieren andere Fachinformatiken ihr Verhältnis zur Kern-Informatik. Bezogen auf die Forschungs- und Anwendungsinteressen des jeweiligen Fachgebietes werden dort die Möglichkeiten und Methoden der Informatik genutzt, um

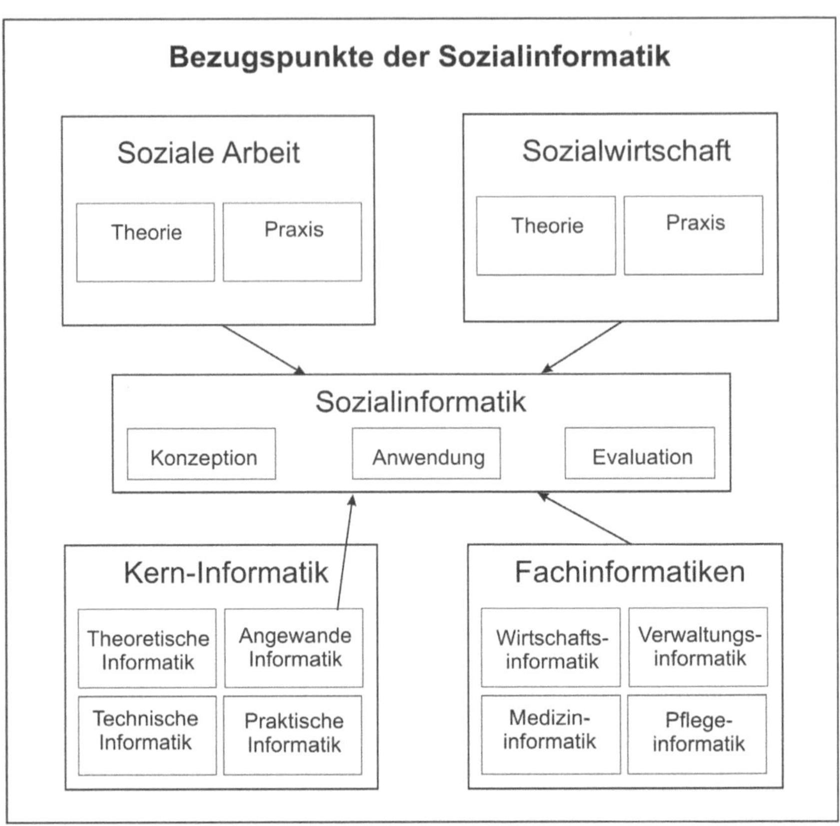

Abbildung 3: Disziplinäre Verortung der Sozialinformatik

fachliche Fragestellungen effektiver, schneller oder qualitativ hochwertiger zu lösen.

Bezüge zu anderen Fachinformatiken

Da Soziale Arbeit und Sozialmanagement vielfach Berührungspunkte zu anderen Handlungsfeldern wie Bildung, Medizin, Recht, Ökonomie oder öffentlicher Verwaltung aufweisen, sind Bezüge zu den Fachinformatiken dieser Felder naheliegend. So kann etwa bei Fragen der Betriebswirtschaft und Organisation von Arbeitsprozessen die **Wirtschaftsinformatik** ihre Analyse- und Gestaltungswerkzeuge bereitstellen. Beim IT-Einsatz in kommunalen Sozialdiensten kommen Erkenntnisse aus der **Verwaltungsinformatik** (vgl. etwa Mayer 2011) zum Tragen, welche auch als Spezialgebiet der Wirtschaftsinformatik betrachtet werden kann. Im Kontext der Hilfen für alte, kranke oder behinderte Menschen gibt es Bezüge zur **medizinischen Informatik** (vgl. etwa Lehmann 2005) sowie zum ebenfalls noch relativ jungen Feld der **Pflegeinformatik**. Letztere zeigt sich stark von pragmatisch ausgerichteten US-amerikanischen Entwicklungen getrieben, Ansätze zur Theorie- und Methodenentwicklung sind bislang nur schwach erkennbar (etwa Hannah/Ball/Edwards 2002). In der Forschung gibt es eine Reihe von Berührungspunkten mit der Sozialinformatik (vgl. Ammenwerth u. a. 2002, Kreidenweis 2009).

Grundlagenwissen kann schließlich auch die **Sozioinformatik** liefern, die sich mit der wechselseitigen Wirkung von IT-Systemen und sozialen Gruppen bzw. der ganzen Gesellschaft befasst. Sie ist ebenfalls stark interdisziplinär orientiert und bedient sich verschiedener Methoden aus der Informatik, der Soziologie, den Wirtschaftswissenschaften und der Psychologie.

Aufgrund der bislang nur wenig ausgeprägten disziplinären Formung der Sozialinformatik findet jedoch kaum ein systematischer Austausch mit anderen Fachdisziplinen – etwa in Form von Kongressen oder gemeinsamen Schriftenreihen – statt. Wendt (2000, S. 33) resümiert jedoch, dass die Sozialinformatik **keine fachlich abgeschlossene Domäne** besitzt und es auch nicht sinnvoll ist, danach zu streben. Sie soll sich „vielmehr ´vernetzen` mit den Forschungsaktivitäten und Diskursen anderer angewandter Informatiken."

1.5. Theorieentwicklung und Methoden

Wenn die Sozialinformatik, wie im vorausgehenden Abschnitt beschrieben, keinen in sich geschlossenen Gegenstandsbereich anstrebt, so gilt dies auch für ihre theoretische Fundierung: Sie muss sich offen zeigen für Konzepte aus unterschiedlichen Wissenschaften, ein in sich geschlossenes Theoriegebäude ist kein erstrebenswertes Ziel.

Unterschiedliche Theoriemodelle

Mit dieser Grundhaltung reiht sie sich ein in den Reigen anderer Fachinformatiken wie der Wirtschafts- oder Verwaltungsinformatik (vgl. Stein 2002). Sie ist zugleich Realwissenschaft, Formalwissenschaft und Sozialwissenschaft. Als **Realwissenschaft** analysiert und erklärt sie real existierende Systeme wie Computerprogramme oder Systemkonfigurationen. Als **Formalwissenschaft** nutzt sie die formalen Methoden der Informatik und als **Sozialwissenschaft** bezieht sie sich auf Fragestellungen aus der Sozialen Arbeit und dem Sozialmanagement und nutzt sozialwissenschaftliche Methoden der Erkenntnisgewinnung.

Entsprechend ihres interdisziplinären Charakters greift sie sowohl auf sozialwissenschaftliche als auch auf informatische Ansätze zurück. Diese unterscheiden sich jedoch in vielerlei Bezügen. In der Informatik sind Theorie und Praxis enger verwoben als in den Sozialwissenschaften, „theoretische Erkenntnisse sind schneller und direkter einsetzbar" (Gumm/Sommer 2011, S. 2). Sozialwissenschaftliche Theoriemodelle sind dagegen eher abstrakter Natur und häufig Gegenstand intensiver Diskussionen zwischen unterschiedlich ausgerichteten „Schulen". Sie sind äußerst vielfältig und reichen von der Soziologie über die Psychologie und ihren jeweiligen Teilgebieten wie etwa der Organisationssoziologie oder der Kognitionspsychologie bis zu Ansätzen der Sozialarbeitswissenschaft, welche ebenfalls noch zu keinem Konsens hinsichtlich ihrer Definition und ihres Gegenstandsbereichs gefunden hat.

Informatische Methoden

Methoden der **Angewandten Informatik** kommen vor allem für analytische Zwecke zum Einsatz: Hier geht es etwa um die Erstellung von Datenmodellen, mit deren Hilfe Fachsoftware entwickelt oder erweitert werden kann. Die **Wirtschaftsinformatik** steuert bspw. Methoden des Geschäftsprozess-Managements bei (vgl. Kapitel 6.), mit deren Hilfe Abläufe in sozialen Organisationen modelliert und effektiver gestaltet sowie besser mit IT unterstützt werden können. Ähnliches gilt für die ebenfalls in der Wirtschaftsinformatik beheimateten Konzepte des IT-Managements, die sich mit der Optimierung aller für den IT-Betrieb einer Organisation notwendigen Tätigkeiten und Dienstleistungen beschäftigen (vgl. Kapitel 7.).

Sozialwissenschaftliche Methoden

In der sozialinformatischen Forschung, etwa zu Wirkungen der IT-Nutzung in der Praxis Sozialer Arbeit oder zur Ermittlung des Wertschöpfungsbeitrags von IT in sozialen Organisationen steht das methodische Instrumentarium der **empirischen Sozialforschung** mit seinen quantitativen und qualitativen Methoden im Vordergrund. Auch eine Kombination mit analytischen Methoden der Betriebswirtschaftslehre oder der Wirtschaftsinformatik ist hier möglich.

Inwieweit die Sozialinformatik in ihrer weiteren Entwicklung eigene wissenschaftliche Methoden formt, ist offen. So könnte es sich etwa als sinnvoll erweisen, spezifische Methoden zur Beurteilung der Qualität fachspezifischer IT-Lösungen zu schaffen. Dabei könnten etwa Erkenntnisse aus der Angewandten Informatik zum Design von Benutzeroberflächen einfließen, ebenso Wissensbestände aus der Verwaltungs- oder Medizininformatik zur Implementation von IT in komplexen Organisationsstrukturen im Dienstleistungsbereich.

Soziotechnische Systeme

Als **Beispiel** eines für die Sozialinformatik fruchtbaren Theorieansatzes kann das auf der Systemtheorie basierende und in der Organisationssoziologie rezipierte Modell **soziotechnischer Systeme** (vgl. etwa Ropohl 2009) genannt werden. Es geht davon aus, dass IT-Systeme, ebenso wie Menschen oder Organisationen, als Akteure oder „Agenten" (Kutscher/Ley/Seelmeyer, 2015, S. 289) begriffen werden können, die mit anderen menschlichen oder technischen Akteuren interagieren und sich gegenseitig beeinflussen. Die Technik wird dabei zum Konstrukteur von Wirklichkeit und von den menschlichen Akteuren auf je spezifische Weise angeeignet oder verändert. Die Aneignung reicht dabei über eine reine Nutzung im Sinne der Produzenten technischer Systeme hinaus: Datenfelder können bspw. ausgelassen oder anders als ursprünglich vorgesehen verwendet werden. Oder um eine Fachsoftware herum kann ein nicht geplantes System an Papier- oder Office-Dokumenten als Ergänzung oder Ersatz für Software-Funktionen entstehen. Dabei spielen individuelle oder in kommunikativen Prozessen entstehende Deutungsmuster und Zuschreibungen eine wichtige Rolle (vgl. Dilger/Kreidenweis 2012). Gleichzeitig wird Software mit immer „intelligenteren" Algorithmen angereichert, die etwa aufgrund von Merkmalseingaben einen spezifischen Gefährdungsstatus für Kindeswohl oder Grad von Demenz ermitteln. „Damit fällt es aufgrund ihrer wechselseitigen Umformung und Übersetzung schwer, Phänomene als ´sozial´ oder ´technisch´ zu qualifizieren." (Ley 2010, S. 226). Sowohl die Technik als auch der Mensch und die Organisation sind also variable Größen in diesen soziotechnischen Systemen.

Technik- und Sozial-Determinismus

Im Gegensatz zum Modell soziotechnischer Systeme geht die Theorie des **Technik-Determinismus** von einem einseitigen Anpassungsdruck seitens der IT aus, dem sich Menschen und Organisationen nicht entziehen können. Übertragen auf die Praxis Sozialer Arbeit würden danach etwa die in einer Fachsoftware grundgelegten Daten- und Ablaufstrukturen das bislang vorhandene analytische Wissen und methodische Handeln verdrängen. Die Praktiker würden also die Logik der Software adaptieren (vgl. Ley/Seelmeyer 2008). Außer Acht gelassen wird in diesem Modell sowohl die Dynamik langjährig etablierter Unternehmenskulturen als auch die menschliche Deutungs- und Handlungsfreiheit, die beide den Einsatz von Technik maßgeblich mit prägen.

Ebenso widerspricht das soziotechnische Modell dem **Sozial-Determinismus.** Er geht davon aus, dass sich die technischen Systeme den Organisationen gegenüber weitgehend neutral verhalten. Anders ausgedrückt sind sie lediglich „Behälter, die Inhalte transportieren" (Kutscher/Ley/Seelmeyer, 2015, S. 228). Sie passen sich den geltenden Regeln an und bilden das ab, was bereits vorhanden ist. Zeigt sich etwa in der Sozialen Arbeit ein Bedarf zur Messung von Leistungen und Ergebnissen in quantifizierbaren Größen, so wird dies auch in der entsprechenden Fachsoftware abgebildet. Oder setzen sich in einem Arbeitsfeld Methoden des Case Managements durch, so wird die Software entsprechend darauf ausgerichtet. Technik ist also nach diesem Ansatz lediglich ein **Werkzeug**, mit dem Vorhandenes durch Software nachgebildet wird. Übersehen wird bei diesem Denkansatz freilich, dass angesichts meist knapper Ressourcen immer nur ein Teil der möglichen Funktionalitäten in Software realisiert wird. Diese Selektionen sind in der Regel von Interessen gesteuert, die mit Hilfe entsprechender Machtstrukturen durchgesetzt werden können. Die „Behälter" (a.a.O.) „formatieren" also auch die Inhalte, die sie transportieren.

Wechselseitige Anpassungsprozesse

Weder der Technik-Determinismus noch der Sozial-Determinismus sind also offensichtlich dazu geeignet, die beim Technik-Einsatz in sozialen Organisationen ablaufenden Prozesse hinreichend zu erklären. Die vom Konzept **soziotechnischer Systeme** proklamierte wechselseitige Beeinflussung kann mit den Elementen Technik, Organisation und Mensch im so genannten TOM-Modell auch grafisch abgebildet werden.

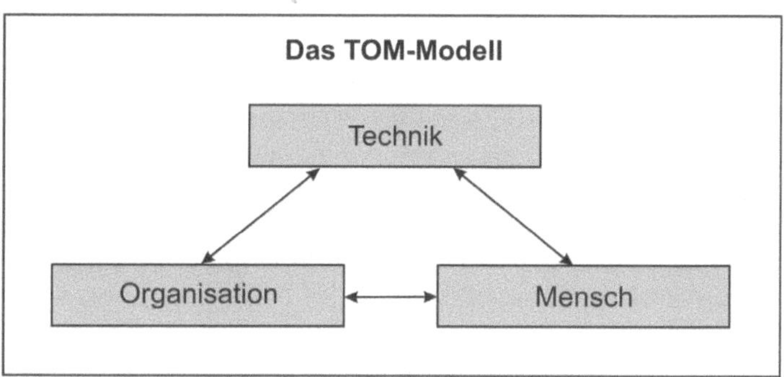

Abbildung 4: Das TOM-Modell

Erweitert man dieses Modell um die Aufgaben oder **Prozesse** in den Organisationen (vgl. Kapitel 6.), so wird zusätzlich eine dynamische Dimension sichtbar: Das Handeln, das von Menschen gestaltet, von Technik unterstützt und beeinflusst sowie von formellen und informellen Regeln geleitet wird.

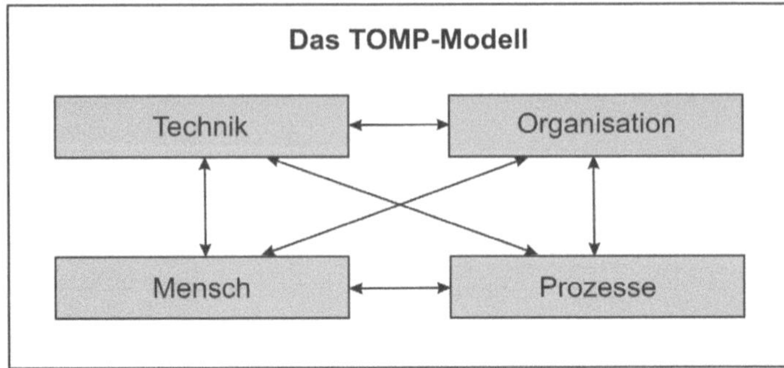

Abbildung 5: Das TOMP-Modell mit der Dimension des Handelns in Form von Prozessen

Unterschiedliche Teilsysteme

Betrachtet man die Komponenten dieses Modells nochmals genauer, so zeigen sich Unterschiede: Das Verhalten der **technischen Systeme** ist (in aller Regel) genau **vorhersagbar**: A bewirkt immer B. Werden also etwa bei einem Adressaten die Hilfebedarfe X und Y angeklickt, wird er – wenn eine Software entsprechend programmiert ist – immer in die Bedarfsgruppe Z eingestuft. Technische Systeme sind in der Sprache der Systemtheorie **allopoietisch**, also von außen erzeugt und gesteuert. Sie können sich selbst nicht reproduzieren. Ist bspw. ein Programmcode beschädigt, so stürzt die Software ohne menschliches Zutun immer wieder ab, sie kann sich nicht selbst reparieren.

In den **sozialen Systemen** sind hingegen die Zusammenhänge von Ursachen und Wirkungen nicht genau vorhersagbar, man nennt ihre Beziehungen **kontingent**. Im Unterschied zu technischen Systemen sind sie **autopoietischer** Natur, sie können sich durch systemeigene Operationen reproduzieren. Ist etwa in einer Organisation eine Mitarbeiterin längerfristig erkrankt, so kann eine Vertretung gesucht und eingearbeitet werden.

Kontingenz sozialer Systeme

Stellenbeschreibungen oder Prozesse, wie sie etwa in Qualitätsmanagementsystemen sozialer Organisationen eingesetzt werden, können dabei als Versuch angesehen werden, die **Kontingenz** sozialer Systeme zu **minimieren**, ihr Handeln also für die Adressaten verlässlich zu gestalten. Ähnliches geschieht – zumeist noch wirkungsvoller – durch den Einsatz fachspezifischer Software: Hier können Abläufe und Entscheidungen durch Regeln, die in ein Programm implementiert sind, festgeschrieben werden: Nur wenn die Datenfelder A, B und C ausgefüllt sind, kann der Antrag oder Bericht weiterversendet werden.

Im Bereich der Sozialen Dienstleistungen kommt zur innerorganisatorischen Kontingenz noch eine entscheidende zweite hinzu: Das nicht vorhersagbare **Verhalten der Adressaten.** Prinzipiell gilt das zwar auch für andere Dienstleistungstypen. Im Unterschied etwa zu Handwerks- oder Bankdienstleistungen ist es jedoch in der Sozialen Arbeit ein zentrales Ziel, dass die Adressaten zu einer eigenständigen Gestaltung ihrer Lebensvollzüge gelangen. Die entsprechenden Verhaltensänderungen sind also nicht einfach Unschärfen in der Dienstleister-Kunde-Beziehung, sondern das gewünschte Ergebnis. Galuske (2002, S. 156) spricht hier in Anlehnung an Luhmann/Schorr (1988) von einem nicht hintergehbaren **Technologiedefizit** Sozialer Arbeit.

Flexible IT-Systeme

Was folgt aus diesen theoretischen Überlegungen für den Einsatz von digitalen Systemen? Wird Software zur Unterstützung sozialer Dienstleistungen konzipiert, so ist es nicht sinnvoll, adressatenbezogene Kernprozesse in starren Ablaufroutinen abzubilden oder durch technische Beschränkungen zu normieren. Die Interaktion von Fachkräften und Adressaten braucht vielmehr Gestaltungsspielräume, um Hilfeprozesse individuell so ausformen zu können, dass sie ihre Ziele erreichen. Andererseits gibt es immer auch gesetzlich normierte, fiskalische oder organisatorische Rahmenbedingungen der Hilfeerbringung, die eine entsprechende Software berücksichtigen muss. Deren Gestaltung liegt jedoch außerhalb des konzeptionellen Spielraums für technische Systeme.

Diese Erkenntnisse präzisieren nochmals die in Abschnitt 1.3. genannten Begründungen für das Fachgebiet der Sozialinformatik: Sie hat es bei der Konzipierung und Erforschung des Einsatzes von Informationstechnologie im Bereich sozialer Dienstleistungen mit **spezifischen Rahmenbedingungen** zu tun, die es in der weiteren Theorie- und Methodenentwicklung ebenso wie bei der Konstruktion und fachlichen Einschätzung von digitalen Systemen zu berücksichtigen gilt.

1.6. Forschung und Lehre

Forschungsansätze

Im Hinblick auf Forschungsansätze kann grundsätzlich zwischen Grundlagenforschung und anwendungsbezogener Forschung unterschieden werden. **Grundlagenforschung** beschäftigt sich im Bereich der Sozialinformatik etwa mit dem Einfluss der Informations- und Kommunikationstechnologien auf professionelles Handeln oder mit der Frage, wie der Einsatz von Technologien Organisationen verändert (vgl. etwa ifs-bielefeld.de/forschung, Abruf: 8.8.2019).

Anwendungsbezogene Forschung zielt auf einen konkreten Nutzen der Ergebnisse. Sie ermittelt etwa den Stand der IT-Durchdringung in sozialen Organisationen, ermittelt daraus Benchmarks etwa zur IT-Personalausstattung oder der IT-Kostenquote oder evaluiert Methoden zur fachgerechten Gestaltung von Softwareprodukten oder Implementationsprozessen.

Wie in der Theorieentwicklung ist die Sozialinformatik auch im Bereich der sie mitbegründenden **Forschung** derzeit nicht stark ausgeprägt. Dies gilt insbesondere für die Grundlagenforschung. In der anwendungsbezogenen Forschung zeigen sich dagegen verschiedene, jedoch bislang wenig systematisch aufeinander bezogene Ansätze.

Insbesondere im ersten Jahrzehnt des 21. Jahrhunderts wurde eine Reihe von Forschungsprojekten und Studien etwa zur fachlich adäquaten Software-Konstruktion, zur Wirkung des Einsatzes von IT-Lösungen auf die fachliche Qualität Sozialer Arbeit oder zu Effizienzgewinnen durch den Einsatz von Fachsoftware realisiert (vgl. z. B. Kreidenweis 2005, Löcherbach/Macsenaere/Meyer 2008, Willke 2008, Kreidenweis 2009,).

Der **Forschungsschwerpunkt Digitale Technologien und Soziale Dienste** (DITES) an der Technischen Hochschule Köln (vgl. th-koeln.de/angewandte-sozialwissenschaften/forschungsagenda---forschungsschwerpunkt-digitale-technologien-und-soziale-dienste_35362.php, Abruf 4.9.2019) analysiert bereits adaptierte Technologien in den Feldern Sozialer Arbeit, Gesundheit und Pflege. Weiterhin erforscht er technische Innovationen sowie neue Anwendungsbereiche von bestehenden Technologien für Soziale Dienste. Eine zentrale Rolle spielt dabei auch die Untersuchung der ethischen, rechtlichen und sozialen Implikationen dieser Technologien.

Der seit 2007 jährlich von der Arbeitsstelle für Sozialinformatik an der Katholischen Universität Eichstätt-Ingolstadt herausgegebene **IT-Report für die Sozialwirtschaft** (Kreidenweis/Halfar 2007–2015, Kreidenweis/Wolff 2016–2019) ermittelt mit quantitativ-sozialwissenschaftlichen Methoden die Formen der IT-Nutzung und IT-Organisation, die personelle und finanzielle Ausstattung der IT, ihren Wertbeitrag sowie den Stand in Sachen Datenschutz und IT-Sicherheit. Ebenso wird die Nutzung neuerer Digitaltechnologien (vgl. Kapitel 3.) erhoben. Ein weiteres Element des Reports stellt eine Befragung der Branchensoftware-Anbieter dar, die Auskunft über den Stand und Entwicklungstrends in deren Produktportfolio sowie über die Geschäftsentwicklung der Firmen bietet.

Breit gefächerte Forschungsgebiete

Weitere Forschungen rund um sozialinformatische Themen sind breit gefächert, laufen unter sehr verschiedenen Überschriften und sind nicht mehr vollständig überblickbar. Hier beispielhaft einige Forschungsgebiete:

- Ein weites, vielfach öffentlich gefördertes Forschungsfeld existiert im Bereich von **Assistenztechnologien** für Menschen mit Behinderungen und im Alter. Lange Zeit stark ingenieurwissenschaftlich getrieben, wurden die Forschungssettings mittlerweile stärker auf die Bedürfnisse der Adressaten ausgerichtet. Nach wie vor ist jedoch Forschung unterrepräsentiert, die auf die Integration dieser Technologien in soziale Dienstleistungsprozesse abzielt (vgl. Kunze 2018). Neuere Forschungsansätze entwickeln sich hier vor allem im Hinblick auf den Einsatz von Robotik und Künstlicher Intelligenz (vgl. Bendel 2018).
- Forschung zu **digitaler Ausgrenzung bzw. Teilhabe** nimmt die Folgen der Digitalisierung, insbesondere für benachteiligte Bevölkerungsgruppen, in den Fokus und erforscht sowohl die Risiken als auch die Chancen, die daraus entstehen (beispielhaft: bertelsmann-stiftung.de/de/unsere-projekte/teilhabe-in-einer-digitalisierten-welt/projektbeschreibung, Abruf: 8.8.2019).
- Darüber hinaus gibt es vielfältige, oft staatlich geförderte Forschungsaktivitäten im Bereich **e-Health**, also der Unterstützung medizinischer Anwendungen durch Informationstechnologie, Telematik, Robotik und Künstliche Intelligenz (vgl. etwa e-health-com.de/forschung, Abruf: 8.8.2019), in den Bereichen Diagnostik, Therapie und Kommunikation bzw. Informationsaustausch zwischen den Akteuren des Gesundheitswesens und den Patienten.
- Die **medienpädagogisch ausgerichtete Forschung** beschäftigt sich schließlich mit der Mediennutzung verschiedener Bevölkerungsgruppen, mit den Einflüssen von Medien auf Erziehungs-, Sozialisations- und Bildungsprozesse sowie auf

die Kommunikationskultur der Gesellschaft. Ebenso will sie Modelle und Konzepte für die medienpädagogische Praxis entwickeln (beispielhaft th-koeln.de/angewandte-sozialwissenschaften/institut-fuer-medienforschung-und-medienpaedagogik-imm_11557.php, Abruf: 8.8.2019). Regelmäßig erforschen bspw. die KIM-, die JIM- und die FIM-Studien des Medienpädagogischen Forschungsverbundes Südwest die Mediennutzung von Kindern, Jugendlichen und Familien (mpfs.de/studien, Abruf: 8.8.2019).

- **Arbeitswissenschaftliche Forschung**
  In diesem Feld – oft mit dem Schlagwort Arbeit 4.0 bezeichnet – geht es um die Frage, wie sich die Arbeit in sozialen Dienstleitungsberufen im Zuge der Digitalisierung verändert, welche Professionalisierungs- oder Deprofessionalisierungsprozesse damit verbunden sind, welche Chancen und Risiken für Mitarbeitende damit einhergehen und welche Anforderungen an die (Weiter-)Qualifizierung damit verbunden sind.

Integrierte und spezialisierte Ausbildung

Die **Ausbildung** in Sozialinformatik bzw. sozialinformatischen Themen ist bislang nur teilweise in Bachelor- und Master-Studiengänge im Bereich der Sozialen Arbeit integriert. Wie in Abschnitt 1.1. bereits benannt, fand bislang keine Integration sozialinformatischer Themen in den Qualifikationsrahmen Soziale Arbeit (Schäfer/Bartosch 2016) statt. Laut einer Untersuchung aus dem Jahr 2016 (Janatzek, S. 35 ff.) bieten 37 Prozent der Studiengänge im Bereich Soziale Arbeit und Sozialmanagement entsprechende Inhalte an. Dabei sind sie deutlich häufiger in Bachelor- als in Masterstudiengängen zu finden. Das inhaltliche Spektrum umfasst dabei sämtliche Formen der Nutzung von Informationstechnologien von der Medienpädagogik über die empirische Sozialforschung bis hin zur Online-Beratung und Fachsoftware-Nutzung. Als Themenfelder dominieren dabei medienpädagogische Inhalte sowie die Sozialforschung – also keine sozialinformatischen Kernthemen. Veranstaltungen mit dem expliziten Titel Sozialinformatik werden an 19 Prozent der untersuchten Hochschulen angeboten. Auch hierunter werden verschiedene Themenfelder subsumiert, unter anderem Grundlagen der Informatik, Fachsoftware, fachspezifische Internet-Nutzung, digitale Kommunikation, IT-gestütztes Sozialmanagement oder Sozialdatenschutz. Medienpädagogische Inhalte oder die IT-Nutzung in der Sozialforschung werden dagegen nur selten darunter gefasst.

Studiengänge

Derzeit gibt es in Deutschland zwei spezialisierte Studiengänge (Links zu Aus- und Weiterbildungsangeboten: siehe Abschnitt 9.1.):

- Der **berufsbegleitende Bachelor-Studiengang** an der Hochschule Fulda verknüpft Kompetenzen der Angewandten Informatik (vgl. Abschnitt 2.1.2.) mit Ansätzen und Methoden der Sozialwissenschaften und will dazu befähigen, die Problemstellungen einer Organisation zu analysieren und Lösungen zu entwickeln.
- Der **weiterbildende Masterstudiengang** Sozialinformatik an der Katholischen Universität Eichstätt-Ingolstadt konzentriert sich auf eine wertschöpfende IT-Nutzung in sozialen Organisationen und möchte dazu befähigen, dort die IT-Verantwortung zu übernehmen.

Arbeitsaufgaben

1. Angenommen, in Ihrem Abschlusszeugnis steht unter anderem das Fach Sozialinformatik. Stellen Sie sich vor, Sie befinden sich im Vorstellungsgespräch in einer sozialen Einrichtung. Der Einrichtungsleiter blickt auf das Zeugnis und fragt Sie, wozu die Inhalte dieses Fachs in seiner Einrichtung nützlich sein könnten. Was antworten Sie ihm?
2. Warum ist der Theorieansatz des Technik-Determinismus nicht dazu geeignet, den Einsatz von Informationstechnologie in der Sozialen Arbeit hinreichend zu erklären?

Literatur und Links zum Kapitel

Ammenwerth, Elske/Iller, Carola/Mahler, Cornelia/Kandert, Marianne/Luther, Gisela/Hoppe, Bettina/Eichstädter, Ronald: Einflussfaktoren auf die Akzeptanz und Adaption eines Pflegedokumentationssystems. Hall in Tirol 2002.

Baake, Dieter: Medienpädagogik. Tübingen 2007.

Bendel, Oliver (Hrsg.): Pflegeroboter. Wiesbaden 2018.

bertelsmann-stiftung.de/de/unsere-projekte/teilhabe-in-einer-digitalisierten-welt/projektbeschreibung, Abruf: 12.8.2019.

Coy, Wolfgang: Informatik – Eine Disziplin im Umbruch? In: Wolfgang Coy u. a. (Hrsg.): Sichtweisen der Informatik. Braunschweig, Wiesbaden 1992, S. 1–9.

Dilger, Corvin/Kreidenweis, Helmut: IT von unten – Eine Rekonstruktion des Blicks von Fachkräften auf die Informationstechnologie in sozialen Organisationen. In: Sozialmagazin Nr. 1/2012, S. 18–22.

e-health-com.de/forschung, Abruf: 12.8.2019.

Frommann, Matthias: Dezentrale Elektronische Datenverarbeitung in der sozialen Arbeit. Frankfurt a. M. 1987.

Galuske, Michael: Methoden der Sozialen Arbeit. Eine Einführung. Weinheim/München 2002.

Gumm, Heinz-Peter/Sommer, Manfred: Einführung in die Informatik. München 2011.

Hagemann, Tim (Hrsg.): Gestaltung des Sozial- und Gesundheitswesens im Zeitalter von Digitalisierung und technischer Assistenz: Veröffentlichung zum zehnjährigen Bestehen der FH der Diakonie. Baden-Baden 2017.

Halfar, Bernd: Sozialinformatik unerlässlich. In: Blätter der Wohlfahrtspflege Nr. 6/1997, S. 113–114.

Hannah, Kathryn J./Ball, Marion J./Edwards, Margaret J.A.: Pflegeinformatik. Berlin/Heidelberg 2002.

Heiner, Maja: Handlungskompetenz „Fallverstehen“. In: Becker-Lenz, Roland/Busse, Stefan/Ehlert, Gudrun/Müller-Hermann, Silke (Hrsg.): Professionalität Sozialer Arbeit und Hochschule: Wissen, Kompetenz, Habitus und Identität im Studium Sozialer Arbeit. Heidelberg 2012.

ifs-bielefeld.de/forschung, Abruf: 8.8.2019.

Janatzek, Uwe: Sozialinformatik. Empirisch begründete Zuordnung und Verständnisweisen. Dissertation Universität Bielefeld 2016.

Kirchlechner, Berndt: Curriculum „Informatik der Sozialarbeit". In: Wendt, Wolf Rainer (Hrsg.): Sozialinformatik: Stand und Perspektiven. Baden-Baden 2000, S. 111–133.

Kreft, Dieter/Mielenz, Ingrid: Wörterbuch Soziale Arbeit. Weinheim/Basel 2017.

Kreidenweis, Helmut: IT-gestützte Hilfeplanung im Jugendamt. Wie wirkt sich Fachsoftware auf den Planungsprozess aus? In: Nachrichtendienst des Deutschen Vereins für öffentliche und private Fürsorge Nr. 6/2005, S. 196–203.

Kreidenweis, Helmut: Eine neue Disziplin formiert sich. Zum Stand der Sozialinformatik in Deutschland. In: Blätter der Wohlfahrtspflege Nr. 1/2008, S. 28–31.

Kreidenweis, Helmut: Nützliche Technik: Der Computer hilft in der Pflege. In: Altenpflege Nr. 5/2009, S. 29–31.

Kreidenweis, Helmut: IT-Handbuch für die Sozialwirtschaft. Baden-Baden 2011.

Kreidenweis, Helmut/Halfar, Bernd: IT-Report für die Sozialwirtschaft. Eichstätt 2007, 2008/2009, 2010, 2011, 2012, 2013, 2014, 2015.

Kreidenweis, Helmut/Wolff, Dietmar: IT-Report für die Sozialwirtschaft. Eichstätt 2016, 2017, 2018, 2019.

Kreowski, Hans-Jörg: Informatik und Gesellschaft. Berlin 2008.

Kunze, Christophe: Technische Assistenzsysteme in der Sozialwirtschaft – aus der Forschung in die digitale Praxis? In: Kreidenweis, Helmut (Hrsg.): Digitaler Wandel in der Sozialwirtschaft. Grundlagen – Strategien – Praxis. Baden-Baden 2018. S. 163–178.

Kutscher, Nadia/Ley, Thomas/Seelmeyer, Udo (Hrsg.): Mediatisierung (in) der Sozialen Arbeit. Baltmannsweiler 2015.

Lehmann, Thomas Martin: Handbuch der medizinischen Informatik. München 2005.

Ley, Thomas: Sozialinformatik. Zur Konstituierung einer neuen (Teil-)Disziplin. In: Archiv für Wissenschaft und Praxis der sozialen Arbeit Nr. 1/2004, S. 3–39.

Ley, Thomas/Seelmeyer, Udo: Professionalism and Information Technology: Positioning and Mediation. 2008. Quelle: socwork.net/sws/article/view/65/367, Abruf: 3.9.2019.

Ley, Thomas: „Unser Schreibzeug arbeitet mit an unseren Gedanken." Oder: Zur Konstruktion des sozialpädagogischen Falles in computerisierten Arbeitsumgebungen. In: Cleppien, Georg/Lerche, Ulrike (Hrsg.): Soziale Arbeit und Medien. Wiesbaden 2010.

Ley, Thomas: Dokumentation zwischen Legitimation, Steuerung und professioneller Selbstvergewisserung. Zu den Auswirkungen digitaler Fach-Anwendungen. In: Sozial Extra Nr. 4/2014, S. 51–55.

Löcherbach, Peter/Macsenaere, Michael/Meyer, Friedrich-Wilhelm: Computergestütztes Case-Management in der Kinder- und Jugendhilfe. In: König, Joachim/Oerthel, Christian/Puch, Hans-Joachim (Hrsg.): In Soziales investieren – Mehr Werte schaffen. Dokumentation ConSozial 2007. München 2008, S. 302–310.

Luhmann, Niklas/Schorr, Karl-Eberhard: Reflexionsprobleme im Erziehungssystem, Frankfurt a. M. 1988.

Mayer, Andreas: Die Einführung IT-gestützter Vorgangsbearbeitung. Berlin 2011.

Mehlich, Harald: Einsatzperspektiven und Wirkungen des Computereinsatzes im Sozialwesen: Ein Beitrag zur Sozialinformatik. In: Zeitschrift für Sozialreform Nr. 3/1996, S. 180–201.

mpfs.de/studien, Abruf 8.8.2019.

Ostermann, Rüdiger/Trube, Achim: Sozialinformatik lehren – aber wie? In: Sozialmagazin Nr. 7–8/2002, S. 66–71.

Pelka, Bastian: Digitale Teilhabe. Aufgaben der Verbände und Einrichtungen der Wohlfahrtspflege. In: Kreidenweis, Helmut (Hrsg.): Digitaler Wandel in der Sozialwirtschaft. Grundlagen – Strategien – Praxis. Baden-Baden 2018. S. 57–77.

Postman, Neil: Das Technopol: die Macht der Technologien und die Entmündigung der Gesellschaft. Frankfurt a. M. 1992.

Rechenberg, Peter: Was ist Informatik? Eine allgemeinverständliche Einführung. München/Wien 2000.

Ropohl, Günter: Allgemeine Technologie. Eine Systemtheorie der Technik. Karlsruhe 2009.

Schäfer, Peter/Bartosch, Ulrich: Qualifikationsrahmen Soziale Arbeit. Version 6.0, Würzburg 2016. Quelle: fbts.de/qr-sozarb-version-60.html, Abruf: 12.8.2019.

Skutta, Sabine/Steinke, Joß (Hrsg.): Digitalisierung und Teilhabe. Mitmachen, mitdenken, mitgestalten. Baden-Baden 2019.

Stein, Erich: Einführung in die Wirtschaftsinformatik. Berlin 2002.

Stüwe, Gerd/Ermel, Nicole: Lehrbuch Soziale Arbeit und Digitalisierung. Weinheim/Basel 2019.

Süss, Daniel/Lampert, Claudia/Trültzsch-Wijnen, Christine W.: Medienpädagogik. Ein Studienbuch zur Einführung. Wiesbaden 2018.

th-koeln.de/angewandte-sozialwissenschaften/institut-fuer-medienforschung-und-medienpaedagogik-imm_11557.php, Abruf: 8.8.2019.

Vogelbusch, Friedrich: Management von Sozialunternehmen. München 2018.

Wendt, Wolf Rainer: Sozialinformatik. Baden-Baden 2000.

Willke, Martina: Verrückte IT. Steigende Dienstleistungsqualität durch computergestützte Sozialarbeit im Bereich der Arbeit mit psychisch kranken Menschen? Saarbrücken 2008.

Wolff, Dietmar: Geschäftsprozesse – Mobil vor stationär. In: Sozialwirtschaft Nr. 3/2017, S. 36–37.

2. Grundlagen der Informatik

Zusammenfassung

Diese Kapitel führt in einige grundlegende Begriffe und Denkweisen der Informatik ein. Nach einer kurzen Darstellung von Gegenstand und Geschichte des Fachs wird erläutert, wie Computer aller Art Daten codieren und Informationen verarbeiten. Dabei werden klassische Formen ebenso dargestellt wie neuere im Bereich der Künstlichen Intelligenz. Zweiter Schwerpunkt sind die grundlegenden Architekturen von Computersystemen und Netzwerken, die von klassischen lokalen Systemen bis hin zum Cloud Computing reichen.

Informatisches Wissen über die grundlegende Funktionsweise von IT-Systemen ist Bestandteil aller Fachinformatiken. Auch in der Sozialinformatik ist es Voraussetzung dafür, die Zusammenhänge zwischen der Anwendungsebene und den darunter liegenden technischen Systemen zu verstehen. Dies gilt umso mehr, als moderne IT-Konfigurationen durch Nutzung von Cloud Computing (vgl. Abschnitt 2.3.4. und 4.3.9.), Künstlicher Intelligenz (vgl. Abschnitt 2.2.3. und 4.3.10.) oder die Integration von Assistenztechnologien (vgl. Abschnitt 4.3.11.) immer komplexer werden. Im beruflichen Alltag hilft dieses Wissen dabei, Phänomene aus dem Bereich der Digitalisierung (vgl. Kapitel 3.) gedanklich besser einzuordnen und befähigt zur Kommunikation „auf Augenhöhe" mit Informatikern, Systemtechnikern oder Software-Entwicklern.

2.1. Informatik als Wissenschaft und Praxis

2.1.1. Begriff, Gegenstand und Geschichte

Informatik ist ein Kunstwort und setzt sich zusammen aus **Infor**mation und Mathe**matik**. Die Informatik ist die einzige Wissenschaft, die unmittelbar an einen bestimmten Maschinentypus, den Computer, gekoppelt ist. Der im angloamerikanischen Raum gebräuchliche Begriff „computer science" trägt dem noch stärker Rechnung als die deutsch-französische Begriffsprägung. Gegenstand der Informatik sind alle Formen der **Informationsverarbeitung mit Hilfe von Computern.**

Entstehungs geschichte

Die Wurzeln der Informatik reichen tief in die Geistesgeschichte der westlichen und östlichen Hemisphäre zurück. Gedanklich wurden computerähnliche Maschinen bereits lange vor ihrer technischen Realisierung konstruiert. In den 40er Jahren des 20. Jahrhunderts entstanden die ersten elektronischen Rechner. In den 60er Jahren begann sich die Informatik als wissenschaftliche Disziplin zu formieren. Ihre eigentliche Geburtsstunde war der Beginn der Datenverarbeitung mittels **frei programmierbarer, elektronisch gespeicherter Algorithmen**. Dies wurde möglich durch die Entwicklung elektronischer Rechenmaschinen mit kombinierten Daten- und Programmspeichern. Besaßen die ersten Computer Mitte des letzten Jahrhunderts weitgehend fest eingebaute („verdrahtete") Verarbeitungsmechanismen, so war es nun erstmals möglich, veränderliche Programme zu entwickeln, ohne die Maschine selbst umkonstruieren zu müssen.

2.1.2. Disziplinen der Informatik

Die Informatik wird in mehrere Teilgebiete gegliedert, die häufig auch die Ausbildungspraxis prägen.

Disziplinäre Gliederung

Die **theoretische Informatik** umfasst mathematische und philosophische Grundsatzfragen wie die Automatisierungs- und Algorithmus-Theorie oder Grenzen der Berechenbarkeit. Die **technische Informatik** befasst sich mit Hardware-Komponenten, mikroelektronischer Schaltungstechnik und Rechnerarchitekturen. Hier gibt es Übergänge zur ingenieurwissenschaftlichen Elektrotechnik. In der **praktischen Informatik** stehen softwaretechnische Fragen wie die Entwicklung von Programmiermethoden und -sprachen, die Datenstrukturierung sowie Betriebssystem-Grundlagen im Vordergrund. Diese drei Teilgebiete werden häufig unter dem Begriff der **Kerninformatik** zusammengefasst. Ihr gemeinsames Kennzeichen ist, dass sie sich mit dem Computer an sich beschäftigen.

Der Kerninformatik gegenüber steht die **Angewandte Informatik.** In dieser Teildisziplin „wird dagegen der Computer als Werkzeug zur Lösung von Aufgaben eingesetzt, die außerhalb seiner Sphäre liegen, also für Anwendungen in allen anderen Bereichen." (Rechenberg 2000, S. 22). Hier geht es um die Mensch-Maschine-Kommunikation, die Nutzung von Programmiersprachen oder die Datenbank-Anwendungsentwicklung. Ebenso befasst sie sich mit Datenübertragung und IT-gestützter Kommunikation, Internet, Computerspielen, Social- und Multi-Media – kurz: allen Anwendungsformen von Computern und Software. Dabei sind Computer heute nicht mehr nur die als solche bezeichneten Geräte. Vielfach komplexe Computerfunktionen stecken heute in vielen Alltagsgegenständen wie Autos, Kameras oder Waschmaschinen sowie in Industrieanlagen aller Art.

2.2. Grundlagen der Informationsverarbeitung in Computern

Objekte und Handlungen

Wichtige Kategorien der menschlichen Lebenswelt sind Dinge und Handlungen, anders ausgedrückt: Gegenstände und Geschehnisse, Sein und Tun. Bei den Dingen handelt es sich um reale **Objekte** der Gegenwart und Vergangenheit (Eiffelturm, Stadt Pompeji) oder um abstrakte Begriffe wie Empathie oder Kostenrechnung. Objekte können charakterisiert werden durch Eigenschaften wie Größe, Farbe oder Geldwert.

Bei den **Handlungen** geht es um das Erschaffen, Zerstören, Zusammenfügen, Zerlegen, Ordnen oder Beschreiben von Dingen.

Daten und Algorithmen

Dieser Begriffswelt bedient sich auch die Informatik. Dinge sind die **Daten** die verarbeitet werden, Handlungen sind **Algorithmen** („Programme"), die Daten verarbeiten. Die Eigenschaften der Dinge nennt man **Attribute** und die Beziehungen, in denen die Objekte zueinander stehen, werden **Relationen** genannt.

Lebenswelt	Informatik
Objekte/Subjekte	Daten
Handlungen	Algorithmen
Eigenschaften	Attribute
Beziehungen	Relationen

Abbildung 6: Äquivalente Begriffe aus Lebenswelt und Informatik

Eindeutigkeit und Regelhaftigkeit

Da die Informatik viele Elemente der menschlichen Lebens- und Arbeitswelt abbilden kann, wird der Computer oft als „Universalmaschine" bezeichnet. Seine freie Programmierbarkeit erlaubt es, aus der realen Welt heraus entwickelte abstrakte Modelle elektronisch nachzubilden. Voraussetzung dafür ist im Bereich der klassischen Informatik, dass die **Objekte** mit ihren Attributen **eindeutig** und für den jeweiligen Zweck **vollständig** beschreibbar sind und dass die Handlungen klar definierbaren **Regeln** folgen (Andere Prämissen gelten dagegen im Bereich des Maschinellen Lernens, die im Abschnitt 2.2.3. erläutert werden.).

Diese Regelhaftigkeit trifft bspw. auf die Berechnung der Kosten eines Einsatzes in der ambulanten Pflege zu. Dieser setzt sich aus verschiedenen Teilleistungen, Zuschlägen und Fahrtkosten zusammen. Diese Elemente sind in einem Leistungsvertrag eindeutig und vollständig definiert. Weit schwieriger wird eine solche Abbildung hingegen bei einem Familiensystem, das sich aus historisch gewachsenen Beziehungsmustern, subjektiven Erfahrungen, psychischen Dispositionen, der Wohn- und Finanzsituation sowie vielen anderen Faktoren zusammensetzt. Eine vollständige Beschreibung der Objekte und Handlungen scheitert hier nicht nur an ihrer ungeheuren Vielfalt, die eine Modellbildung praktisch unmöglich macht. Ein weiterer Punkt ist hier die menschliche Handlungsfreiheit, die sich einer Beschreibung in eindeutigen Regeln prinzipiell entzieht.

2.2.1. Daten und ihre Codierung

Symbole und Alphabete

Um Daten verarbeiten zu können, müssen sie in Form von **Symbolen** dargestellt werden. Die bekanntesten Symbole sind Buchstaben oder Zahlen:

- Die Zahl 1000 besteht aus den Symbolen 0 und 1.
- Der Name Otto besteht aus den Symbolen o, O und t.

Symbole gehören immer einer fest definierten, endlichen Zeichenmenge an.

0,1,2,3,4,5,6,7,8,9	Zeichenmenge der arabischen Dezimalzahlen
I, V, X, C, M	Zeichenmenge der römischen Zahlen
a,b,c, ... A,B,C, ...	Zeichenmenge der lateinischen Buchstaben
0,1	Zeichenmenge des Binärzahlensystems

Abbildung 7: Zeichenmengen verschiedener Alphabete

Solche fest definierten **Symbolsysteme** werden **Alphabete** genannt. Die mit einem Alphabet dargestellten Inhalte können ohne Veränderung oder Verlust in andere Alphabete umgewandelt werden. Ein Beispiel ist etwa die Umwandlung der römischen Ziffer XVII in die arabische Zahl 17. Zur korrekten Umwandlung werden Zuordnungsvorschriften benötigt, die **Codes** genannt werden. Ihre Darstellung erfolgt in Codetabellen.

0000 = 0	0011 = 3	0110 = 6
0001 = 1	0100 = 4	0111 = 7
0010 = 2	0101 = 5	1000 = 8

Abbildung 8: Codetabelle zur Umwandlung des Binärcodes in den Dezimalcode

Binärcode als Grundlage der Datenverarbeitung

Computersysteme arbeiten intern ausschließlich mit dem **Binärcode**, der nur die Zeichen 0 und 1 kennt. Diese Zeichen dürfen nicht verwechselt werden mit den gleich aussehenden Zeichen des Dezimalcodes.

Da alle Symbole aller bekannten Symbolsysteme mit Hilfe von Code-Tabellen ineinander wandelbar sind, können sie auch im Binärcode dargestellt werden. Durch Fünfergruppen von Binärzeichen kann man bspw. 2^5 = 32 mögliche Kombinationen erzeugen, die für die Umwandlung eines anderen Codes in das Binärsystem zur Verfügung stehen. Dies würde ausreichen, um alle Kleinbuchstaben unseres Schrift-Alphabets darzustellen: 00000 = a, 00001 = b, 00010 = c usw..

Abbildung von Alphabeten

Je größer ein Alphabet ist, desto längere Binärzeichengruppen werden benötigt, um es abzubilden. Für unser westliches Alphabet mit Groß- und Kleinschreibung, landesspezifischen Sonderzeichen, Satzzeichen usw. werden rund 200 Kombinationen benötigt. Diese lassen sich mit Hilfe von Achtergruppen von Binärzeichen darstellen, denn 2^8 ergibt 256 mögliche Kombinationen.

Digitalisierung als technischer Begriff

Wie die vorausgehenden Ausführungen zeigen, kann alles was zähl- oder messbar ist, in einem der gängigen Symbolsysteme (Dezimalziffern, Schrift usw.) dargestellt werden. Und weil diese Symbolsysteme in das Binärsystem wandelbar sind, können sie auch in Computern repräsentiert werden.

Doch wie verhält es sich dagegen mit dem Farbenspiel eines Bildes oder der Tonvielfalt eines Orchesters, die heute ebenso in Computern dargestellt und bearbeitet werden? Solche physikalischen Phänomene können unendlich viele Werte annehmen, die Menge der mit einem Code darstellbaren Zeichen ist dagegen begrenzt. Die Informatik löst dieses Problem „so einfach wie brutal“ (Rechenberg 2000, S. 26): Sie ersetzt die unendlich vielen Werte durch eine endliche Zahl von Werten. Diese Ersetzung nennt man Rasterung oder **Digitalisierung** (englisch digit = Ziffer). Dieser ursprüngliche, technische Digitalisierungsbegriff ist zu unterscheiden vom gesellschaftspolitischen Terminus der Digitalisierung, der die Durchdringung aller Lebensbezüge mit digitalen Technologien bezeichnet (vgl. Kapitel 3.).

Abbildung 9: Digitalisierung eines einfachen Bildes

Die schwarzen und weißen Punkte können unmittelbar durch die Binärzahlen 0 und 1 dargestellt werden.
Quelle: Rechenberg 2000, S. 28

Digitalisierung verfälscht

Bei der Digitalisierung analoger Ausgangsinformationen entsteht notwendigerweise eine Verfälschung des Originals. Runde Linien werden bspw. in ein quadratisches Raster transformiert oder ein kontinuierlich anschwellender Ton in eine stufenweise Erhöhung des Pegels. Dieser Effekt kann durch die Wahl einer feineren Abstufung abgemildert werden. Wählt man ein Raster, das so fein ist, dass es unter der menschlichen Wahrnehmungsgrenze liegt, kann das digitale Abbild nicht mehr vom analogen Original unterschieden werden. Auf diese Art werden heute alle multimedialen Inhalte oder analogen physikalischen Größen in Computersystemen abgebildet.

Grundlegende Datentypen

Bits, Bytes und Maschinenworte

Einfachster Datentyp ist das **Bit** (Kunstwort aus Binary Digit = Binäre Ziffer). Es kann nur die beiden Werte 0 und 1 des Binärsystems annehmen. Kombinationen aus Bits ermöglichen die Darstellung von **Zeichen**. So lassen sich bspw. die zehn Zeichen des Dezimalsystems bereits in einem 4-Bit-Code abbilden (s. Codetabelle in Abbildung 7). Von den $2^4 = 16$ Darstellungsmöglichkeiten dieses Codes bleiben dabei sechs ungenutzt.

Ein **Byte** ist definiert als eine Binärzeichenfolge von 8 Bit, mit der sich das gesamte westliche Alphabet darstellen lässt. Ein entsprechender Code wurde in der internationalen Normfamilie ISO 8859 definiert. Hier wurde der Buchstabe „a“ bspw.

mit der Binärzeichenfolge 011000001 und das Fragezeichen mit 00111111 festgelegt. Erscheinen etwa in einer E-Mail oder auf einer Website seltsame Zeichen, so hängt dies oft damit zusammen, dass der sendende Rechner eine andere Codetabelle zur Umwandlung zwischen Schriftalphabet und Binärcodes benutzt als der empfangende.

Zum Transport von Informationen durch Computersysteme werden **Maschinenworte** benutzt. Sie sind Kombinationen von Bytes, die zeitgleich im System weitergeleitet und verarbeitet werden können. Je nach Computergeneration sind sie unterschiedlich lang:

Computer-Generation (ca.)	Länge eines Maschinenworts
1970 – 1990	1 Bytes = 8 Bit
1990 – 2000	2 Bytes = 16 Bit
2000 – 2010	4 Bytes = 32 Bit
ab ca. 2010	8 Bytes = 64 Bit

Abbildung 10: Länge von Maschinenworten in verschiedenen Computergenerationen

Bei längeren Maschinenworten können im gleichen Zeitraum mehr Daten verarbeitet werden, die Leistungsfähigkeit des Computers steigt. Auch die Speicherung von Daten geschieht meist in Blöcken von der Länge eines Maschinenwortes. Damit die Daten wieder gefunden werden, benötigen sie im Speicher eine eindeutige Adresse, die einer Speicherzelle zugeordnet ist. Je länger ein Maschinenwort ist, desto größere Speicher können damit adressiert werden.

Adresse	Speicherinhalt				Klartext
0	01010111	01100001	01110011	00100000	Was
4	01101001	01110011	01110100	00100000	ist
8	01001001	01101110	01100110	01101111	Info
12	01110010	01101101	01100001	01110100	rmat
16	01101001	01101011	00111111	00100000	ik?
20	00000000	00000000	00000000	01111011	123 (Zahl)
24	00000000	00000000	00000011	11101000	1000 (Zahl)
28	....	....	....	....	

Abbildung 11: Beispiel einer Speicherzelle mit Text und Zahlen als Inhalt

Ein Text-Zeichen wird mit 8 Bit, eine Zahl mit 4 Bit codiert.
Quelle: Rechenberg 2000, S. 35.

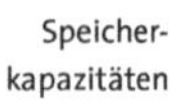

Die Anzahl an Bytes, die in einen elektronischen Speicher passen, bezeichnet seine Kapazität. Hierbei hat es sich jedoch eingebürgert, nicht die binäre, sondern eine dezimale Zählweise zu benutzen:

- 1 Kilobyte (KB) = 10^3 Byte = 1.000 Byte (binär: 1024 Byte)
- 1 Megabyte (MB) = 10^6 Byte= 1 Million Byte
- 1 Gigabyte (GB) = 10^9 Byte= 1 Milliarde Byte
- 1 Terabyte (TB)= 10^{12} Byte= 1 Billion Byte
- 1 Petabyte (PB)= 10^{15} Byte= 1 Billiarde Byte
- 1 Exabyte (EB)= 10^{18} Byte= 1 Trillion Byte
- 1 Zettabyte (ZB)= 10^{21} Byte= 1 Trilliarde Byte

In einem Gigabyte kann der Inhalt eines Bücherregals mit rund zehn Metern Länge gespeichert werden. Ein Terabyte fasst rund 200.000 Musikstücke mit fünf Minuten Länge und ein Petabyte wird benötigt, um rund 6,6 Milliarden Facebook-Fotos zu speichern. Im Jahr 2018 wurden weltweit rund 33 Zettabyte Daten erzeugt, für 2025 wird das Volumen bereits auf 175 Zettabyte geschätzt (vgl. de.statistica.com, Abruf: 23.8.2019).

Elektronische Schaltungen und ihre Logik

Physikalische Grundbestandteile von Computern, Smartphones und allen anderen mit Mikroelektronik ausgestatteten Geräten sind Leitungen und Schalter. Diese Schalter sind nicht etwa wie Lichtschalter mechanischer Art, sondern schalten elektronisch. Sie nutzen besondere Materialeigenschaften von Silizium oder anderen Halbleitern: Je nachdem, ob eine elektrische Spannung anliegt oder nicht, können sie Strom fließen lassen oder den Stromfluss sperren. Ein solches elektronisches Schaltelement nennt man **Transistor**. Wie ein mechanischer Schalter kennt auch ein Transistor nur zwei Zustände:

- aus = kein Strom fließt
- ein = Strom fließt

Diese Zustände entsprechen den Binärziffern 0 und 1 und können auch als die logischen Basiswerte FALSCH und WAHR genutzt werden.

Logik durch Kombination

Durch Kombination mehrerer dieser Schalter lassen sich Eingangssignale so in Ausgangssignale transformieren, dass damit die drei logischen Elementarkombinationen NICHT, UND sowie ODER darstellbar sind. Solche Schaltkombinationen nennt man **Gatter**.

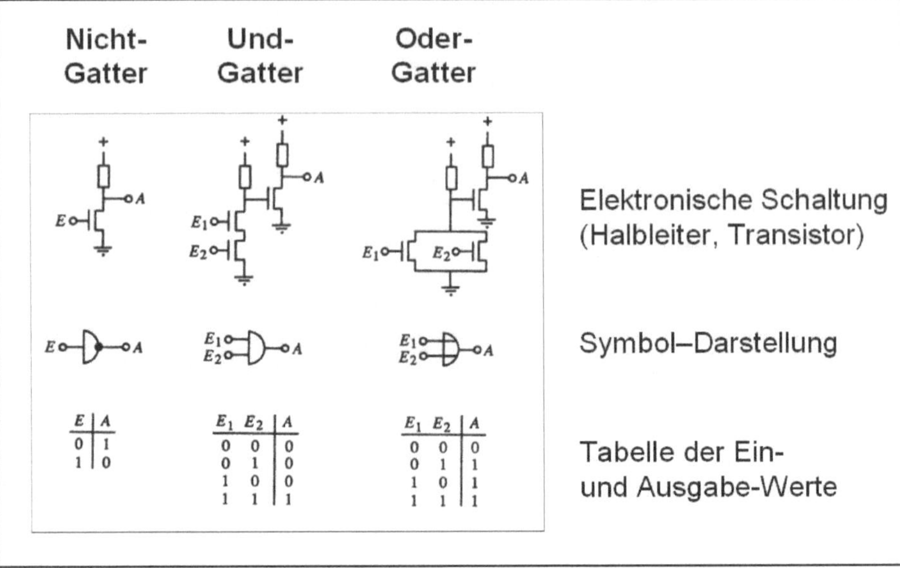

E	A
0	1
1	0

E_1	E_2	A
0	0	0
0	1	0
1	0	0
1	1	1

E_1	E_2	A
0	0	0
0	1	1
1	0	1
1	1	1

Abbildung 12: Gatterschaltungen mit Transistoren, vereinfachte Symbol-Darstellung und Tabelle der Binären Werte

E = Eingangssignal, A = Ausgangssignal
Quelle: Rechenberg 2000, S. 50.

- Das **logische NICHT** wandelt einen Eingangswert in den jeweils anderen um: aus 0 entsteht 1, aus FALSCH entsteht WAHR und umgekehrt.
- Das **logische UND** besagt, dass bei zwei gleichen Eingangswerten der Ausgangswert mit ihnen identisch ist. FALSCH + FALSCH ergibt also FALSCH und WAHR + WAHR ergibt WAHR. Ist nur einer der beiden Eingangswerte WAHR, ist das Ergebnis FALSCH.
- Beim **logischen ODER** genügt es bereits, wenn ein Eingangswert WAHR ist, um das Ergebnis WAHR zu erhalten.

Nutzung logischer Grundfunktionen

Solche logischen Grundfunktionen werden bspw. bei der **Programmierung** oder bei **Abfragen** aus Datenbanken benutzt. So kann bspw. für eine Statistik die Zahl der betreuten arbeitslosen männlichen Adressaten aus einem Datenbestand ermittelt werden: Kriterium „männlich“ = wahr UND Kriterium „arbeitslos“ = wahr: Das Programm gibt nur alle Adressaten aus, auf die beide Kriterien gleichzeitig zutreffen. Weibliche arbeitslose Adressaten bzw. männliche Adressaten in Beschäftigung werden nicht ausgegeben.

Will man sowohl alle Adressaten in Berufsausbildung als auch die in Praktika befindlichen Adressaten ermitteln, sucht man mit dem logischen ODER: Es werden all diejenigen Personen ausgegeben, auf die eines der Kriterien oder beide zutreffen.

Ebenso lassen sich mit einer Gatterschaltung die **Addition** zweier Binärzahlen und die **Speicherung** eines Bit-Zustandes (0 bzw. 1) in elektronischen Speichern realisieren. Durch Kombination vieler solcher Gatter können alle Arten von Rechenoperationen durchgeführt und ihre Ergebnisse gespeichert werden. Diese elementaren logischen Schaltungen sind somit die Basis sämtlicher Grundfunktionen aller Computer oder computerähnlichen Geräte. Die Arbeit von **Prozessoren** und **Speicherbausteinen** in all diesen Geräten beruht allein auf diesem Schaltungsprinzip. Prozessor-Chips heutiger PCs, Notebooks Tablets oder Smartphones beherbergen auf wenigen Quadratmillimetern Fläche über 20 Milliarden solcher Transistorschaltungen mit einem Durchmesser von nur noch wenigen Atomen. Da die physikalischen Grenzen der Leistungssteigerung mittlerweile fast erreicht sind, werden oft mehrere Prozessorkerne in einem Chip kombiniert.

Neuer Typus Quantencomputer

Eine völlig neue Klasse von Computern, die nicht mehr auf den Prinzipien der klassischen Physik beruhen, stellen die **Quantencomputer** dar. Sie basieren auf der Quantenphysik und nutzen sogenannte **Quantenbits (Qbits)**, die in Form elektrisch angeregter Ionen nicht nur die zwei Zustände 0 und 1 annehmen können, sondern auch beide Zustände gleichzeitig: In klassischen Bits entspricht es den Zuständen 00, 01, 10 und 11. Quantenrechner können mit diesen vier Zuständen gleichzeitig rechnen. Mit 4 Qbits lassen sich somit die Zustände von 16 klassischen Bits abbilden, mit 20 Qbits bereits die von mehr als einer Million Bits. Auf diese Weise können Quantencomputer auch mehrere Rechenwege parallel einschlagen und komplexe Rechenaufgaben, etwa in den Bereichen von Künstlicher Intelligenz oder von Big Data (vgl. Abschnitt 4.3.10.), lösen.

Die Konstruktion dieser Rechner ist jedoch enorm aufwändig, da sie bislang nur bei Temperaturen nahe dem absoluten Nullpunkt funktionieren. Derzeit befinden sie sich noch im Erforschungsstadium, Experten attestieren dieser Technologie jedoch ein großes Entwicklungspotenzial.

2.2.2. Klassische Algorithmen und Programme

Algorithmen sind schrittweise Vorschriften zur Ausführung einer Tätigkeit. „Menschliche“ Algorithmen sind etwa ein Kochrezept oder ein Drehbuch. Stärker formalisierte Algorithmen finden sich bspw. in gesetzlichen Vorschriften und Verträgen, etwa zur Berechnung von Wohngeld oder zur Ermittlung von Preisen und Rabatten.

Sollen Algorithmen von Computern ausgeführt werden, so müssen sie absolut **eindeutig** und **präzise** sein. Weitere Kennzeichen sind die Darstellbarkeit in einer **festen Folge von Einzelschritten** und ihre **Endlichkeit** durch eine vordefinierte Ergebnis-Struktur.

Von mathematischen Algorithmen, wie der Suche nach dem kleinsten gemeinsamen Nenner einer Zahl, werden diese Kriterien praktisch immer erfüllt. Doch es gibt auch zahlreiche nicht-mathematische Algorithmen mit diesen Merkmalen: das Suchen und Ersetzen einer Buchstabenfolge in der Textverarbeitung oder das alphabetische Sortieren einer Literaturliste nach Autorennamen gehören dazu.

Elemente von Algorithmen

Alle Algorithmen beruhen auf einer begrenzten Anzahl grundlegender Elemente, die innerhalb eines Algorithmus mehrfach vorkommen und beliebig kombiniert werden können.

Algorithmus-Element	Beschreibung	Alltagsbeispiel	Informatik-Beispiel	Anwendungsbeispiel
Elementare Operation	Unmittelbar ausführbar, keine weitere Aufschlüsselung nötig	Schneide Kartoffel in 1cm große Würfel	Lade Inhalt von Speicheradresse 1234 in das Rechenwerk: load 1234	Programme starten, gespeicherten Text laden
Bedingte Ausführung	Nur ausführbar, wenn eine definierte Bedingung erfüllt ist	Wenn die Soße zu dick ist, füge Wasser hinzu	Wenn x größer als y, subtrahiere y von x: if x > y x – y	Berechnung der Flüssigkeits-Ein-Ausfuhrbilanz von Pflegebedürftigen
Bedingte Ausführung mit Alternative	Ausführung nur, wenn eine genau definierte Bedingung erfüllt ist, sonst anderes Vorgehen	Wenn die Soße zu dick ist, füge Wasser hinzu, wenn sie zu dünn ist, füge Mehl hinzu	Wenn x größer y ist, subtrahiere y von x, wenn x kleiner y, gib am Bildschirm aus: Negative Flüssigkeitsbilanz! if x > y then x – y else print: „Zu geringe Flüssigkeitsaufnahme.“	Berechnung der Flüssigkeits-Bilanz und Alarm bei Unterschreitung eines definierten Schwellwertes
Schleife (Iteration)	Wiederholung einer Operation, bis eine vorgegebene Endbedingung erfüllt ist, dann automatisches Ende	Rühre die Soße, bis sie fest wird	solange x größer y ist subtrahiere y von x: while x > y do x – y	Ermittlung der Quadratwurzel einer Zahl im Rahmen einer Rentabilitätsberechnung

Abbildung 13: Elemente und Beispiele von Algorithmen

Programmiersprachen

Um Algorithmen computergerecht zu formulieren und gleichzeitig für Menschen lesbar zu halten, bedient man sich verschiedener **Programmiersprachen.** Eine Programmiersprache ist eine fest definierte Gruppe eindeutiger Befehle und Syntax-Regeln, die die Ausführung eines Algorithmus in einem Computer ermöglicht und steuert.

Bei den Programmiersprachen unterscheidet man zwischen maschinenspezifischen bzw. maschinennahen und höheren Programmiersprachen.

Maschinen- oder Assemblersprachen enthalten auf den jeweiligen Prozessortyp abgestimmte Einzelbefehle. Diese Maschinenbefehle sind konkrete Vorgänge in der Hardware wie Laden oder Speichern von Operanden. Vor ihrer Ausführung müssen sie nur noch in den Binärcode umgewandelt werden. Da die Programmierung in Maschinensprachen sehr zeitaufwändig ist, werden sie heute nur noch in der maschinennahen Programmierung benutzt.

Höhere Programmiersprachen enthalten abstrakte Beschreibungen kompletter Vorgänge ohne Lese- und Schreibbefehle für Speicher, Prozessor usw. Sie sind kürzer, für Menschen besser verständlich und arbeiten meist prozessorunabhängig. Vor der Ausführung müssen sie von einer speziellen **Compiler-Software** in Maschinencode übersetzt werden. Die Programm-Erstellung ist damit effizienter und die Programme laufen durch eine stärkere Trennung von der physikalischen Ausführungsebene auf unterschiedlichen Prozessoren und Rechnerarten. Der Programmierer muss sich nicht mehr um wechselnde Spezifikationen auf der Hardware-Ebene kümmern. Er kann sich voll auf seine inhaltlichen Aufgaben konzentrieren.

Generationen von Programmiersprachen

Zu verschiedenen Zeiten und Zwecken sind unterschiedliche höhere Programmiersprachen entstanden. Sprachen aus den 50er bis 80er Jahren sind etwa Fortran, Cobol, Basic oder Pascal. Zu den häufig verwendeten aktuellen Programmiersprachen zählen C++ (gespr. C plus plus), C# (engl. gespr. C sharp) oder Java. Neben dem eigentlichen Befehlsset bieten diese Sprachen dem Entwickler heute ein großes Arsenal an zusätzlichen Werkzeugen, um die Programmierarbeit zu beschleunigen. Dazu gehören Bibliotheken mit vorprogrammierten, häufig benötigten Standard-Routinen, grafische Editoren zur Entwicklung von Bildschirm-Masken, Testwerkzeuge und manches mehr.

2.2.3. Selbstlernende Algorithmen und Neuronale Netze

Algorithmen, die in klassischen Computerprogrammen abgebildet sind, können nur fest programmierte Abläufe abbilden. Um sie zu ändern, ist ein menschlicher Eingriff in den Quellcode der Software notwendig, ansonsten produzieren gleiche Eingaben immer exakt gleiche Ausgaben. Damit sind keine Probleme lösbar, die sich einer eindeutigen Beschreibung entziehen. Ein Beispiel dafür wäre die Interpretation menschlicher Gesichtsausrücke wie Trauer, Freude oder Angst, die nicht in klassischen Algorithmen beschreibbar ist.

Lernfähige Algorithmen

Im Bereich der **Künstlichen Intelligenz** (vgl. auch Abschnitt 4.3.10.) werden daher völlig neuartige Algorithmen eingesetzt, die lernfähig sind. Dieses Lernen kann zwar nicht unmittelbar mit menschlichem Lernen gleichgesetzt werden, das teilweise unbewusst, unter Nutzung aller Sinne und durch Verknüpfung unterschiedlicher Wissensbestände im Gehirn funktioniert. Dennoch basiert **maschinelles Lernen** auf einer digitalen Nachbildung des menschlichen Gehirns in **neuronalen Netzen**. Die künstlichen, softwaretechnisch abgebildeten Netzknoten oder Neuronen nehmen Informationen, die ihnen von außen eingespeist werden auf und leiten sie an andere Neuronen weiter, die sie ebenfalls wieder weiterleiten. Diese Neuronen-Verbindungen bekommen dadurch ein „Gewicht", das positiv oder negativ sein kann. Das Lernen findet dann durch eine Veränderung dieser Gewichte statt. Zur Steigerung ihrer Leistung werden heute zumeist mehrere Schichten neuronale Netze miteinander kombiniert, was als **deep learning** bezeichnet wird.

Hohe Lerngeschwindigkeit

Lässt man bspw. zwei mit neuronalen Netzen ausgestattete Computer gegeneinander Schach spielen, so lernen die Systeme aus erfolgreichen und weniger erfolgreichen Zugkombinationen bzw. Spielen und speichern dieses Lernergebnis in Form von gewichteten Neuronenverbindungen ab. Da solche maschinellen Lernprozesse aufgrund der heute verfügbaren hohen Rechenleistung sehr schnell ablaufen, können die Maschinen in sehr kurzer Zeit enorme Fähigkeiten auf begrenzten, mit logischen Operationen grundsätzlich erschließbaren Themenfeldern entwickeln. Ihre Stärke entfalten sie vor allem, wenn kein oder nur geringes systematisches Wissen über das zu lösende Problem vorliegt, das Programmierer mit einem klassischen Algorithmus abbilden könnten. Dies gilt bspw. für Texterkennung und Übersetzungen oder bei Bild- und Gesichtserkennung. Auch die Orientierung von autonomen Fahrzeugen oder Robotern in bislang unbekannten Umgebungen und mit wechselnden Umgebungsbedingungen gehört dazu.

Solche Anwendungen künstlicher Intelligenz breiten sich in immer weitere Bereiche aus und werden Arbeits- und Lebenswelten nachhaltig verändern. So sind KI-Systeme in manchen Bereichen der medizinischen Diagnostik wie etwa der Erkennung von Hautkrebs heute bereits den besten Experten überlegen (vgl. nct-heidelberg.de, Abruf: 7.9.2019).

Dennoch bestehen sie streng genommen nur aus komplexen **mathematisch-statistischen Operationen** auf der Basis möglichst großer Datenmengen, mit denen die Systeme zunächst gefüttert werden müssen, um **Muster** darin erkennen und die richtigen Schlüsse daraus ziehen zu können. KI-Systeme sind also im Unterschied zu menschlichem Denken nicht dazu in der Lage, Lösungswege jenseits der gegebenen Kontextbedingungen zu ersinnen – „quer" zu denken oder etwas völlig neuartiges zu erfinden. Ebenfalls ist es ihnen nicht möglich, über das eigene Tun zu reflektieren oder gar dessen Sinn zu hinterfragen.

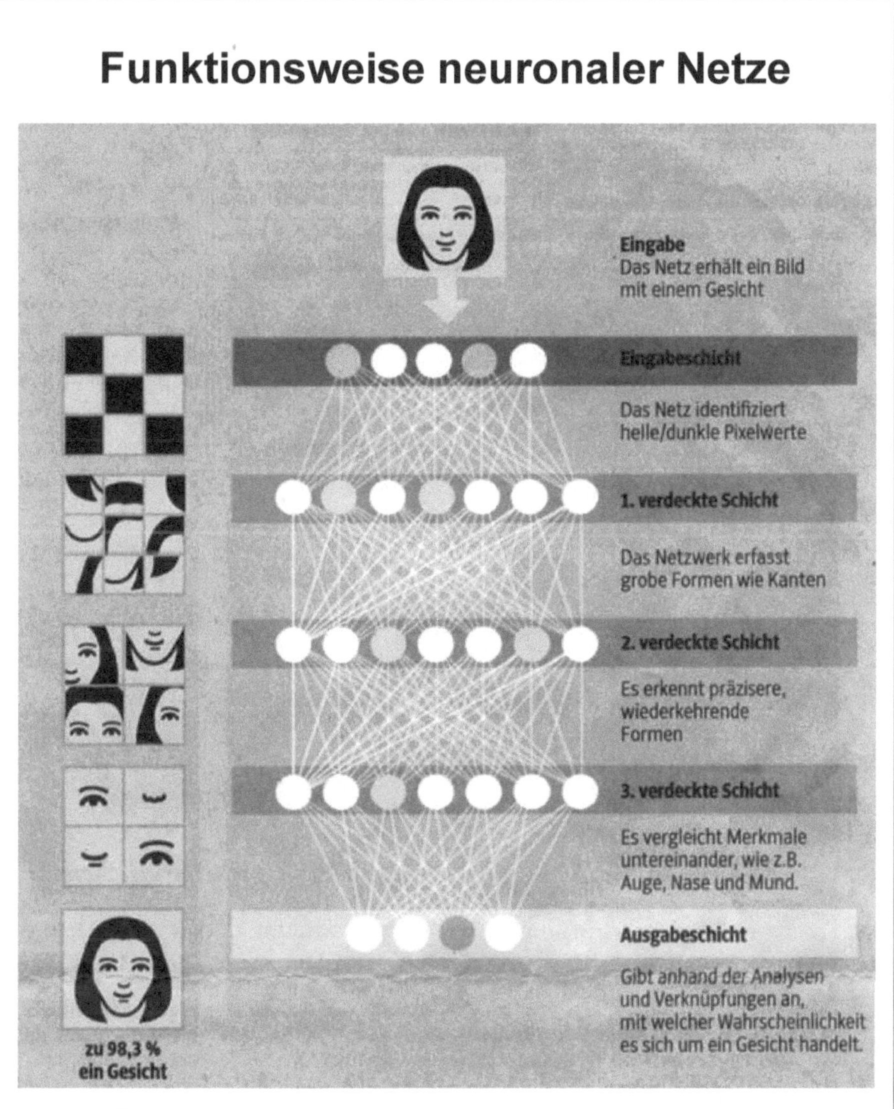

Abbildung 14: Schematische Darstellung der Funktionsweise eines künstlichen neuronalen Netzes

Quelle: Süddeutsche Zeitung 9./10.2.2019, S. 35

2.3. Systemarchitekturen

2.3.1. Computer

Der grundlegende Aufbau aller Computertypen ist trotz enormer Leistungssteigerungen und völlig neuer äußerer Formen seit über 50 Jahren der Gleiche geblieben. Ihre Kernbestandteile sind:

- Rechen und Steuereinheit (Prozessor)
- Speichereinheiten
- Buseinheit (zur Ankoppelung von Hardware-Komponenten)
- Eingabe- und Ausgabeeinheiten (Bildschirm, Tastatur, Touchscreen usw.)

Die einzelnen Typen wie Großrechner, Desktop-PC, Notebook, Tablet-PC oder Smartphones unterscheiden sich dabei lediglich in der Leistungsfähigkeit dieser Einheiten, durch Bauweisen für spezielle Einsatzzwecke oder unterschiedliche Eingabegeräte wie Maus, Tastatur, Kamera oder Touchscreen.

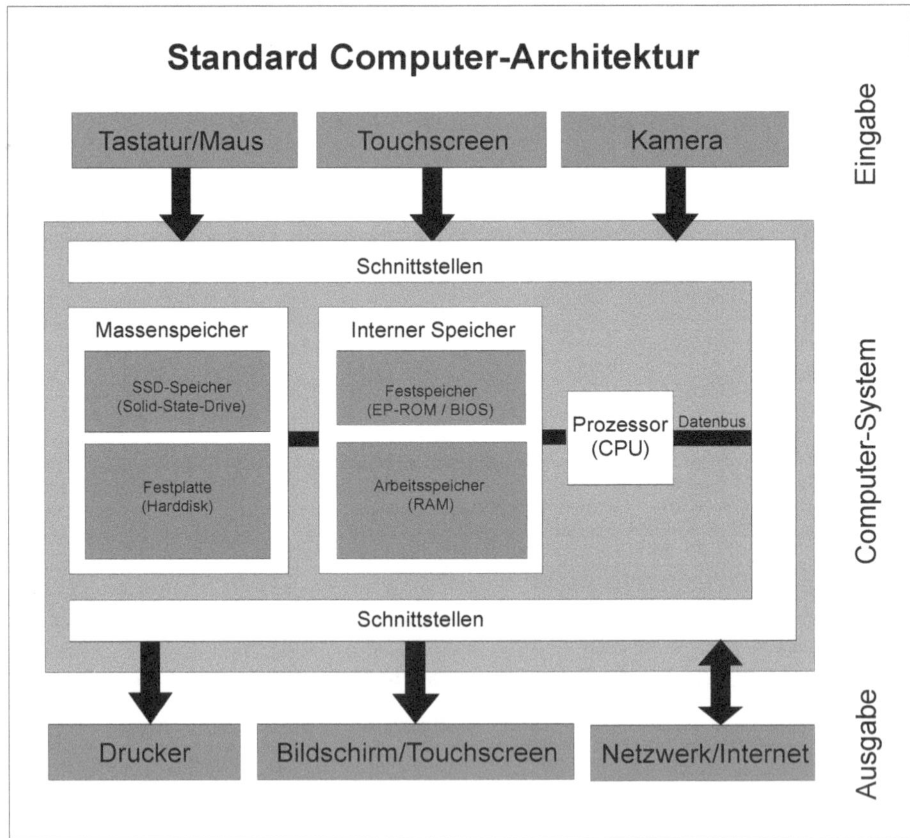

Abbildung 15: Schematische Darstellung der Grundelemente gängiger Computer-Systeme

Zentrales Element eines Computersystems ist der **Prozessor**, auch CPU (Central Processing Unit) genannt. Seine Hauptbestandteile sind das **Rechenwerk** und das **Steuerwerk**. Im Rechenwerk werden alle Operationen ausgeführt, vom Steuerwerk werden diese Prozesse mit Befehlen gesteuert. Die Leistungsfähigkeit eines Computers wird unter anderem von der Fähigkeit seiner Prozessoreinheit zur gleichzeitigen Verarbeitung von Befehlen beeinflusst.

Zentrales Element Prozessor

Der Prozessor steht in ständiger Verbindung mit dem **Arbeitsspeicher** oder RAM (Random Access Memory), aus dem er sich Daten holt und in dem er sie nach der Bearbeitung wieder ablegt. Da moderne Prozessoren teils über 20 Milliarden Operationen pro Sekunde ausführen, liegt die Reaktionszeit dieses Speichersegments im Bereich von Millionstel Sekunden. Der Inhalt des Arbeitsspeichers ist flüchtig, er geht mit dem Ausschalten des Rechners, bei Stromausfall oder leerem Akku verloren. Zusammen mit dem fest eingebauten BIOS (Basic Input Output System) bildet der Arbeitsspeicher den **internen Speicher.** Das BIOS ist vor allem für den Startvorgang eines Computers wichtig und führt verschiedenen Prüf- und Startroutinen aus.

Interner und externer Speicher

Die **Massenspeicher** dienen dazu, Programme zur Ausführung bereitzuhalten und Daten aller Art (Texte, Bilder, Videos) dauerhaft zu sichern. Während in stationären Computern mit sehr hohem Speicherbedarf nach wie vor die Festplatte oder Harddisk (HD) das wichtigste Speichermedium darstellt, dominieren bei mobilen Geräten heute die rein elektronischen Solid State Drives (SSD). Sie nutzen spezielle elektronischen Speicherbausteine, die Daten auch ohne Stromzufuhr halten können. In PCs werden vielfach auch beide Speicherformen kombiniert.

Den Transport der Daten und Befehle zwischen den verschiedenen Bausteinen und mit den angeschlossenen Geräten übernimmt der **System- oder Datenbus.** Neben den genannten zentralen Bausteinen benötigen Computer zahlreiche weitere Elemente, wie das Netzteil zur Stromversorgung, Erweiterungsbausteine zur Ansteuerung des Bildschirms (Grafik-Prozessor), zur Anbindung an Netzwerke (W-LAN-Sender/Empfänger) und manches mehr.

Datentransport

Die **Peripherie-Geräte** werden aus technischer Sicht nicht zum eigentlichen Computer gezählt. Sie dienen der Ein- und Ausgabe von Daten und Steuerungsbefehlen, also als **Schnittstelle** zwischen Computer und Mensch. Wichtigste **Eingabegeräte** klassischer PCs sind Tastatur und Maus, Touchscreens dienen bei Smartphones und Tablet-Computern gleichzeitig als Ein- und Ausgabemedien. Ein weiteres Eingabegerät stellen vor allem bei Smartphones und Tablets die eingebaute Kamera und das Mikrofon dar.

Peripherie-Geräte

Wichtigste **Ausgabegeräte** sind Bildschirme und Drucker, daneben gibt es die Audioausgabe über Lautsprecher. Weitere Ausgabegeräte sind bspw. Video-Beamer zur Projektion des Monitor-Bildes an eine Leinwand oder Plotter zum Druck großflächiger Formate. Zu den neuesten Typen von Ausgabegeräte gehören Virtual-Reality-oder VR-Brillen, die eine dreidimensionale Welt zeigen oder Augmented-Reality- oder AR-Brillen, die virtuelle Elemente in die reale Welt einblenden. Sie können durch Kopf- oder Augenbewegungen teilweise auch als Eingabegeräte genutzt werden.

2.3.2. Netzwerke

Computer-Netzwerke verbinden digitale Geräte aller Art miteinander, um Daten auszutauschen, sie an anderen Orten zu verarbeiten oder Funktionen auf anderen Rechnern ferngesteuert auszuführen.

Nach ihrer räumlichen Ausdehnung teilt man Netzwerke ein in

- **kabelgebundene lokale Netze:** LAN = Local Area Network
- **kabellose lokale Netze:** W-LAN = Wireless Local Area Network
- **Weitverkehrsnetze** (WAN = Wide Area Network).

Lokale Netze

Lokale Netze erstrecken sich über ein Gebäude oder einen Gebäudekomplex. Je nach Größe des Netzes und der Intensität der Informationsverarbeitung bestehen sie aus einem oder mehreren Zentralrechnern, den **Servern** und den **Clients,** als stationäre und immer häufiger auch mobile Endgeräte.

Server und Netzwerk-Komponenten

Der Server verfügt über ein eigenes Server-Betriebssystem. Es ist auf seine Aufgaben der Bereitstellung von Daten und Programmen zugeschnitten und regelt den rechtegesteuerten Zugriff der Clients auf Daten und Programme. Auf dem Server wird nicht direkt gearbeitet, er ist ausschließlich für die Versorgung der Clients mit Daten und Programmen zuständig. Weitere Netzwerk-Komponenten wie **Switches** regeln den Datenverkehr und die in kleinen Netzen häufig damit kombinierten **Router** dienen dem Anschluss an das Internet. Die Verbindung zwischen Servern und stationären PCs wird im betrieblichen Umfeld zumeist durch Netzwerkkabel, zu mobilen Endgeräten per Funk als W-LAN (Wireless LAN) hergestellt. Dies kann direkt über den Switch/Router oder bei größeren Gebäuden auch über zusätzliche **Accesspoints** geschehen, die per Kabel an das LAN gebunden sind und die Funksignale für Mobilgeräte senden und empfangen.

Peer-to-Peer-Netze

Eine Sonderform des lokalen Netzes ist das **Peer-to-Peer-Netz.** Hier gibt es keinen speziellen Server, jeder Rechner kann zugleich als Client oder Server fungieren. Peer-to-Peer-Netze können ohne zusätzliche Software zwischen beliebigen Windows-PCs aufgebaut werden. Sie sind meist nur für den einfachen Datenaustausch oder Drucker-Zugriff geeignet.

Hohe Administrationskosten

Insbesondere bei größeren Netzwerken ist die Verwaltung vieler PCs mit Fehlerbehebung, Einspielung neuer Betriebssystem- und Programm-Versionen sowie der Gewährleistung der Datensicherheit sehr personalintensiv. Die Kosten hierfür übersteigen vielfach die reinen Anschaffungskosten von Hard- und Software um ein Vielfaches. Die Gesamtkosten eines Rechnersystems während seines Lebeszyklus werden als **Total Cost of Ownership** (TCO) bezeichnet.

Server Based Computing

Um diese Kosten zu minimieren, wird heute als dominierende Variante der Netzwerk-Technologie das **Server Based Computing** genutzt. Statt klassischer PCs werden an den Arbeitsplätzen **Thin Clients** eingesetzt, die nur noch die Ein- und Ausgabe der Daten steuern. Während sich im klassischen PC-basierten LAN die Clients und Server die Datenverarbeitung teilen, findet in dieser, auch **Terminal-Ser-**

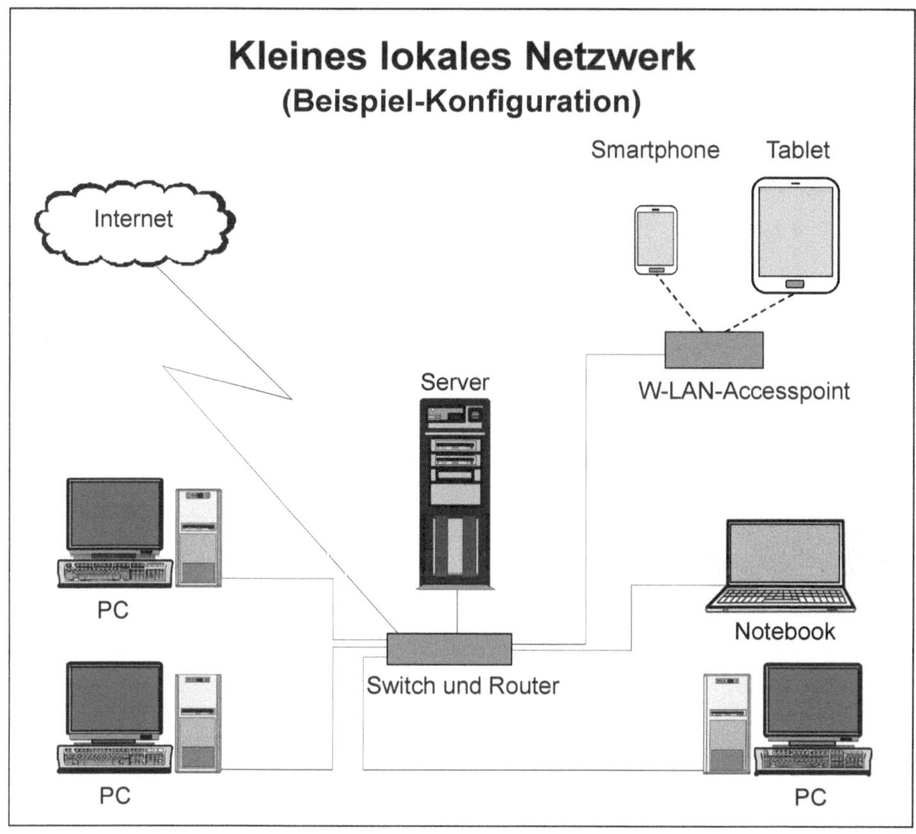

Abbildung 16: Beispielkonfiguration eines kleinen lokalen Netzwerks, etwa für eine Beratungsstelle

ver-Architektur genannten Variante die gesamte Verarbeitung serverseitig statt. Entsprechend wird meist eine größere Zahl leistungsstarker Server benötigt.

Der Vorteil dieses Konzeptes liegt vor allem im deutlich geringeren Administrationsaufwand an den Arbeitsplätzen, da dort keine Software mehr installiert und gewartet werden muss. Thin Clients sind außerdem preislich günstiger, langlebiger und sparsamer im Stromverbrauch als PCs, da sie weniger Komponenten enthalten. Die TCO solcher Netze ist daher deutlich niedriger als bei klassischen LANs. Neben Thin Clients können weiterhin auch PCs, Notebooks oder Mobilgeräte eingebunden werden. Nachteil des Server Based Computings ist eine höhere Abhängigkeit vom Funktionieren der Netzverbindungen und Server, die deshalb professionell organisiert und gegen Ausfälle abgesichert werden muss.

Virtualisierung

Als Variante des Terminal-Server-Konzepts hat sich die **Desktop-Virtualisierung** etabliert. Auch hier werden Daten und Anwendungsprogramme zentral auf den Servern vorgehalten. Im Unterschied zu den Terminal-Server-Umgebungen, in de-

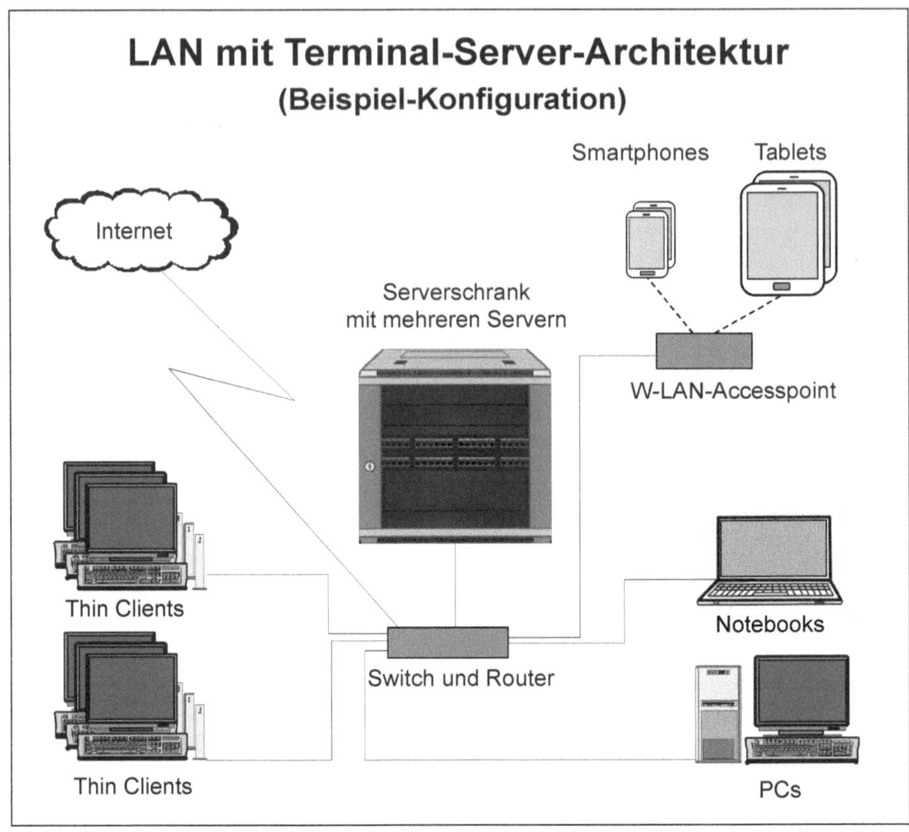

Abbildung 17: Beispielkonfiguration eines größeren lokalen Netzes mit Terminal-Server-Architektur, bspw. für eine größere Jugend- oder Behindertenhilfe-Einrichtung

nen sich die Clients ein Betriebssystem teilen, wird hier für jeden Client eine eigene Betriebssystem-Instanz gestartet. Dem Anwender steht also weiterhin eine völlig separate – nun aber virtuelle – Rechnerumgebung zur Verfügung. Nachteil gegenüber dem Terminal-Server-Konzept ist ein höherer Ressourcenverbrauch auf den Servern; vorteilhaft können Lösungen dieser Art sein, wenn etwa bestimmte Anwendungen nicht in Terminal-Server-Umgebungen lauffähig sind oder sehr individuelle Software-Konfigurationen benötigt werden.

Weitverkehrsnetze

Müssen Außenstellen an ein Netzwerk angebunden oder mehrere Standorte einer Organisation miteinander verbunden werden, benötigt man ein **Weitverkehrsnetz (WAN)**. Als Verbindungsweg dient heute fast ausschließlich die Infrastruktur des Internets.

Um die übertragenen Daten in diesem öffentlichen Netz vor unberechtigten Zugriffen oder Manipulationen zu schützen, nutzt man **Virtuelle Private Netzwerke** (VPN). Dabei werden die Daten vor der Übertragung verschlüsselt. Am Empfangsort werden sie wieder entschlüsselt, so dass ein quasi „privater" Übertragungsweg entsteht. Diese Aufgabe übernehmen spezielle Soft- und Hardware-Komponenten an den Verbindungspunkten der organisationseigenen Netze mit dem Internet. Werden sehr stabile Verbindungen mit einer hohen garantierten Bandbreite benötigt, wird der Einsatz von **MPLS-Netzen** (Multiprotocol Label Switching Networks) bevorzugt, die zwar auf der öffentlichen Infrastruktur des Internets aufsetzen, sich aber nahezu wie eine feste Standleitung zwischen zwei Orten verhalten.

Virtuelle Private Netze

Netzwerk-Protokolle

Netzwerke entfalten ihre Vorteile nur dann, wenn eine hinreichend schnelle und fehlerfreie Übertragung der Daten gewährleistet ist. Häufig befinden sich in großen Netzen Rechner mit unterschiedlichen Betriebssystemen oder es gibt verschiedene Übertragungswege. Für den Datenverkehr werden deshalb davon unabhängige Standards benötigt. Sie regeln die richtige Adressierung der Daten, ihre Codierung oder das Erkennen und Behandeln etwaiger Störungen. Solche Standards werden Netzwerk-Protokolle genannt.

Gängige Netzwerk-Protokolle „verpacken" die eigentlichen Nutzdaten in „Pakete" definierter Größe. Wie bei einem Postpaket enthält die Verpackung Angaben zum Absender und Empfänger. Ebenso sind Informationen enthalten, mit denen die Vollständigkeit der Übertragung geprüft werden kann.

Übertragung in Datenpaketen

Das wichtigste dieser Protokolle ist das aus zwei Komponenten bestehende **TCP/IP-Protokoll** (Transmission Control Protocol/Internet-Protocol). TCP ist für den Transport der Daten zuständig und IP regelt den Verbindungsauf- und -abbau sowie die Adressierung. Wie sein Name schon sagt, wird TCP/IP zur Datenübertragung im Internet eingesetzt, es hat sich aber auch als Standard in lokalen Netzen etabliert.

2.3.3. Internet und Intranet

Aus technischer Sicht ist das Internet ein normales – wenn auch besonders großes – Weitverkehrsnetz unter dem Protokoll TCP/IP.

Sein Name „Inter-Net" – Netz zwischen den Netzen – rührt von seiner ursprünglichen und heute noch wichtigen Aufgabe her, lokale Netzwerke miteinander zu verbinden. Eine Besonderheit des Internet ist, dass es keinen einzelnen Besitzer hat. Es ist im Grunde nur eine gemeinsame technische Konvention zum Austausch von Daten zwischen nahezu allen Rechnersystemen und auf allen technisch möglichen Übertragungswegen.

Die Wurzeln des Internet sind militärischen Ursprungs und reichen bis in die 60er Jahre des 20. Jahrhunderts zurück. In den 80er Jahren wurde es hauptsächlich in der naturwissenschaftlich-technischen Forschung genutzt. Erst mit der Entwicklung einer grafischen bzw. multimediafähigen Oberfläche ab dem Jahr 1993 begann seine rasante Verbreitung.

Internet-Dienste

Das Internet bietet verschiedene Dienste, die auf speziellen, mit TCP/IP kompatiblen Protokollen aufbauen. Wichtige davon sind:

- **HTTP** (Hyper Text Transfer Protocol) zur Übertragung und zum Aufbau von Internet-Seiten im World Wide Web. Die Variante HTTPS (S für Secure) verschlüsselt die Daten auf dem Übertragungsweg, so dass sie nicht mehr von Dritten eingesehen werden können.
- **POP** (Post Office Protocol) und **SMTP** (Simple Mail Transfer Protocol) bzw. **IMAP** (Internet Message Access Protocol) zum Empfangen und Versenden von E-Mails. Mit dem IMAP-Protokoll können Mails komplett auf dem Server verwaltet und lokal abgerufen werden, es wird daher heute am häufigsten genutzt.
- **FTP** (File Transfer Protocol) zum Übertragen von großen Datenmengen zwischen Servern und Clients oder zwischen entfernten Servern.

Mittlerweile hat sich das Internet zu einem integrierten Übertragungsweg für alle multimedialen Daten und Telekommunikationsdienste entwickelt. Immer wichtiger wird es auch als Rückgrat für die Kommunikation im **Internet der Dinge** (Internet of Things, IoT). Damit ist bspw. die direkte Kommunikation zwischen Maschinen, die Datenübertragung aus Sensoren aller Art in Geräten, Häusern oder Produktionsanlagen oder mit autonomen Fahrzeugen gemeint.

Das Internet kann damit heute als **Universalnetz** bezeichnet werden, das andere Netze wie das Telefonnetz oder die bisherigen TV-Übertragungswege weitgehend ablöst.

Geschlossene Intranets

Intranets sind geschlossene, organisationsinterne Netze, die auf der Internet-Technik basieren. Sie nutzen die gleichen Protokolle und bieten zumeist die gleichen Basisdienste an. Der Zugang geschieht ebenso wie im Internet über den Browser. Als Leitungswege können alle Typen von LANs oder WANs genutzt werden (vgl. Abschnitt 2.3.2.). Zumeist sind Übergänge (Gateways) in das Internet vorhanden. Gegen unberechtigte Zugriffe werden Intranets mit Hilfe von Firewalls, Nutzerkennungen und Passworten geschützt.

2.3.4. Cloud Computing

Mit Cloud Computing wird eine IT-Infrastruktur bezeichnet, die über das Internet verfügbar gemacht wird. Die Ausprägungen dieser Clouds können sehr verschieden sein. So greift heute nahezu jede Mobil-App auf eine Cloud zu, da die Daten etwa für die Navigation oder bei der Nutzung sozialer Medien fast immer in einer Cloud gespeichert sind.

Öffentliche und private Clouds

Die Grundidee dessen, was heute als Cloud Computing bezeichnet wird, ist nicht neu: Das Zusammenfassen von Verarbeitungs- und Speicherkapazitäten zu größeren Einheiten mit dem Ziel, die Wirtschaftlichkeit ihres Einsatzes und ihre Zuverlässigkeit zu steigern. Zunächst wurde dies **Rechenzentrumsdienstleistungen** genannt, andere Begriffe sind Application Service Providing (ASP) oder **IT-Outsourcing.**

Dabei wird zwischen drei verschiedenen Formen des Cloud-Betriebes unterschieden:

- Eine **Public Cloud** stellt ein Angebot eines Providers dar, der seine Dienste offen über das Internet jedermann zugänglich macht. Beispiele dafür sind kostenfreie Angebote wie Webmailer-Dienste (z. B. Google Mail), Cloudspeicherdienste (z. B. Dropbox) oder kostenpflichtigen Services wie Microsoft Office 365. Auch komplette betriebswirtschaftliche Anwendungen wie SAP Business by Design gehören dazu. Die Daten der einzelnen Nutzer können hier natürlich durch Nutzerkennungen, Passworte oder andere Identifizierungsmechanismen vor Fremdzugriffen gesichert sein. Sie liegen jedoch gemeinsam mit den Daten anderer Nutzer auf diesen Systemen. Dabei wissen die Nutzer häufig nicht, wo sich der physikalische Speicherort der Daten befindet. Bei schutzwürdigen, vor allem personenbezogenen Daten kann dies zu erheblichen Risiken führen (vgl. Kapitel 8.).
- Davon unterscheiden sich **Private Clouds**. Sie werden aus Gründen von Datenschutz und IT-Sicherheit von Unternehmen selbst betrieben oder an ein Rechenzentrum ausgelagert, mit dem ein entsprechender Vertrag zu einer physikalisch getrennten Datenhaltung geschossen wird. Dabei werden die Dienste auf eine Weise angeboten, dass die Anwender cloud-typische Mehrwerte nutzen können. Dazu gehört vor allem ein orts- und endgeräteunabhängiger Zugang, also die Nutzung über PC, Notebook, Smartphone oder Tablet mit unterschiedlichen Netzzugängen (LAN; W-LAN, Internet).
- Mit **Hybrid Clouds** werden Mischformen dieser beiden Ansätze bezeichnet. Dabei laufen bestimmte Services wie Microsoft Office 365 bei öffentlichen Anbietern über das Internet, während datenschutzkritische Programme und Daten im Unternehmen betrieben und verarbeitet werden. Voraussetzung hierfür ist eine eindeutige Klassifizierung der im Unternehmen vorhandenen und verarbeiteten Daten (vgl. Abschnitt 8.3.4.).

Unterschiedliche Servicemodelle

Angebote von Cloud-Computing für Unternehmen können in drei verschiedene **Servicemodelle** gegliedert werden:

- **Infrastructure-as-a-Service (IaaS)** stellt virtualisierte Hardware-Ressourcen, also Rechen- und Speicherkapazitäten, zur Verfügung. Das nutzende Unternehmen verwaltet die darauf gespeicherten Programme und Daten eigenständig. Dieses Angebot entspricht aus Kundensicht funktionell am ehesten der klassischen Anmietung von Serverkapazitäten im Rechenzentrum.
- Als **Plattform-as-a-Service (PaaS)** werden Angebote bezeichnet, die entweder komplette Betriebsumgebungen für Software beliebiger Art oder Software-Plattformen etwa für die Programmierung zur Verfügung stellen. Die Infrastruktur (IaaS) ist in solchen Angeboten immer mit enthalten.
- Beim **Software-as-a-Service (SaaS)** Modell werden vom Anbieter bereitgestellte Anwendungsprogramme genutzt, ebenso natürlich die gesamte dahinter liegende Infrastruktur, die für die Kunden jedoch unsichtbar bleibt. Anwendungsbei-

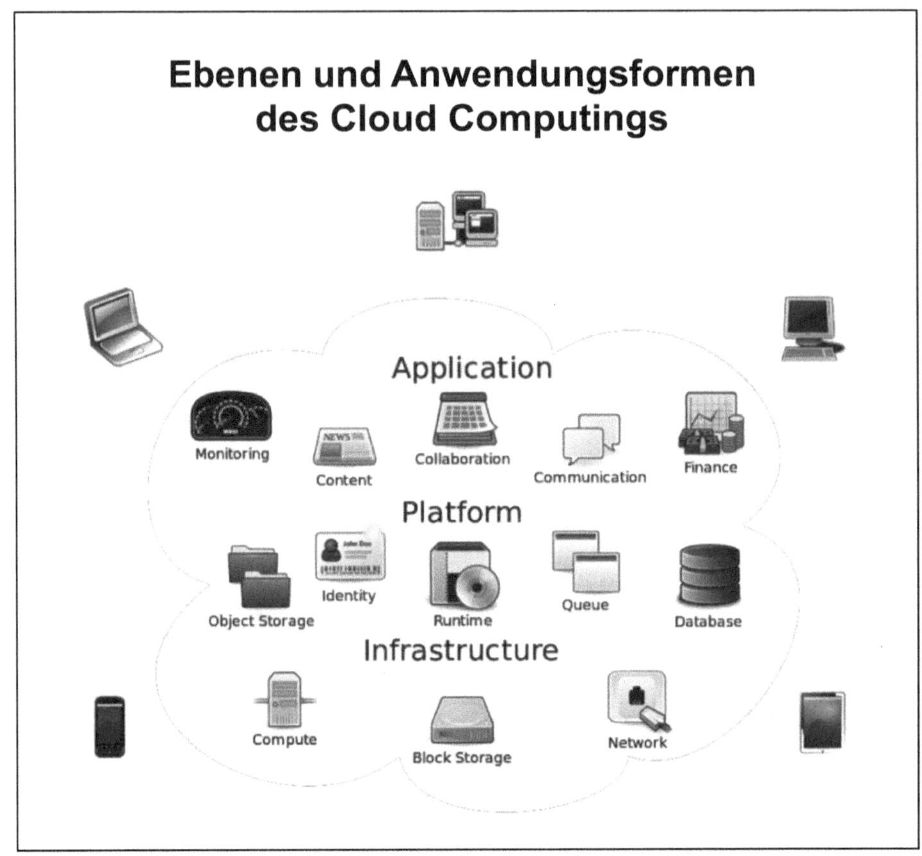

Abbildung 18: Ebenen und Anwendungsformen des Cloud-Computings

Quelle: wikipedia.org/wiki/Cloud_Computing. Abruf: 16.8.2019

spiele reichen von Klassikern wie der ausgelagerten Lohn- und Gehaltsabrechnung über die Nutzung von Office- und Mail-Lösungen, Terminkalendern usw. bis hin zu kompletten betrieblichen Anwendungssystemen.

Radikaler Paradigmenwechsel

Mit der zunehmenden Etablierung des Cloud-Modells wird ein radikaler Paradigmenwechsel in der IT vollzogen, der die Endgeräte fast nur noch auf Ein-, Ausgabe- und Übertragungsfunktionen reduziert und einen lokalen Serverbetrieb weitgehend überflüssig macht.

Hinderungsgründe für Cloud-Nutzung

Als Hinderungsgrund für die Nutzung von Cloud-Diensten werden häufig der Datenschutz und die IT-Sicherheit genannt. Diese Themen müssen beachtet werden, insbesondere wenn sich der Speicherort der Daten außerhalb der Europäischen Union befindet (vgl. Abschnitt 8.1.). Allerdings sind die meisten Rechenzentren, in denen solche Clouds betrieben werden, weitaus besser gegen Ausfälle, technische Defekte und kriminelle Angriffe geschützt, als dies bei vielen sozialen Organisatio-

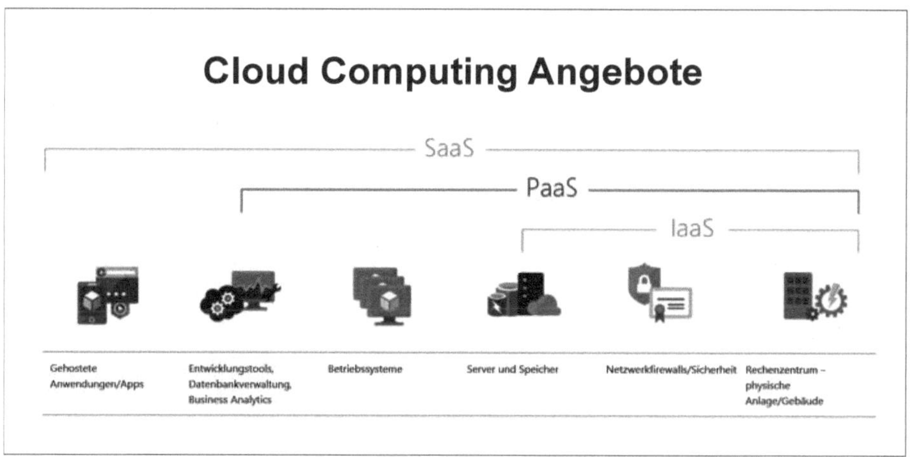

Abbildung 19: Typische Cloud-Computing Angebote, hier von der Firma Microsoft mit der Azure-Cloud

Quelle: azure.microsoft.com/de-de/overview/what-is-paas. Abruf: 16.8.2019

nen im lokalen IT-Betrieb möglich ist. Gleiches gilt für die Übertragungswege, für die heute ebenfalls sehr sichere Technologien verfügbar sind (vgl. Abschnitt 2.3.2.) Die Cloud ist daher vielfach sogar sicherer als eine lokale Datenhaltung, jedoch kommt es dabei auf die konkrete technische Konfiguration, die vertraglichen Vereinbarungen und den Speicherort der Daten an.

2.4. Datenbank-Architekturen

Nahezu alle fachspezifischen Anwendungsprogramme für Soziale Organisationen (und auch die meisten Internet-Angebote wie Suchmaschinen, Shops oder soziale Medien) basieren auf Datenbanken. In ihnen sind bspw. Informationen über Adressaten, Leistungen, Kostenträger oder Kooperationspartner gespeichert.

Datenbank und Anwenderprogramm

Dem Nutzer erscheinen Anwenderprogramm und Datenbank als eine Einheit. Er gibt bspw. in ein Suchfeld den Namen eines Adressaten ein, worauf ihm das Programm die zu dieser Person gespeicherten Informationen anzeigt. Diese Daten können entsprechend der Funktionalität des Programms verändert, mit anderen Daten kombiniert oder in Formularen ausgegeben werden.

Technisch betrachtet sind Datenbank und Anwenderprogramm getrennte Einheiten. Das Programm ist für die Bearbeitung zuständig, die Datenbank speichert die Informationen und stellt sie auf Abruf zur Verfügung.

Kommerzielle und Open-Source Datenbanken

Die fachspezifische Software wird von den jeweiligen Anbieterfirmen zumeist selbst entwickelt. Für die Datenspeicherung werden marktgängige **Standard-Datenbanken** genutzt. Diese Systeme müssen vom Software-Anbieter nur noch bedarfsgerecht konfiguriert und mit dem Anwendungsprogramm verknüpft werden. Bei hochwertigen kommerziellen Datenbank-Produkten berechnet der Datenbank-

Hersteller eigene Lizenzgebühren. Diese müssen zusätzlich zum Preis der Fachsoftware entrichtet werden. Daneben gibt es auch lizenzkostenfreie Open Source Datenbanken, die bislang in Fachsoftware jedoch eher selten Anwendung finden.

Als Datenbank-Typ wird heute fast ausschließlich die **relationale Datenbank** genutzt. Die gespeicherten Informationen werden hier in Form von **Tabellen** abgelegt.

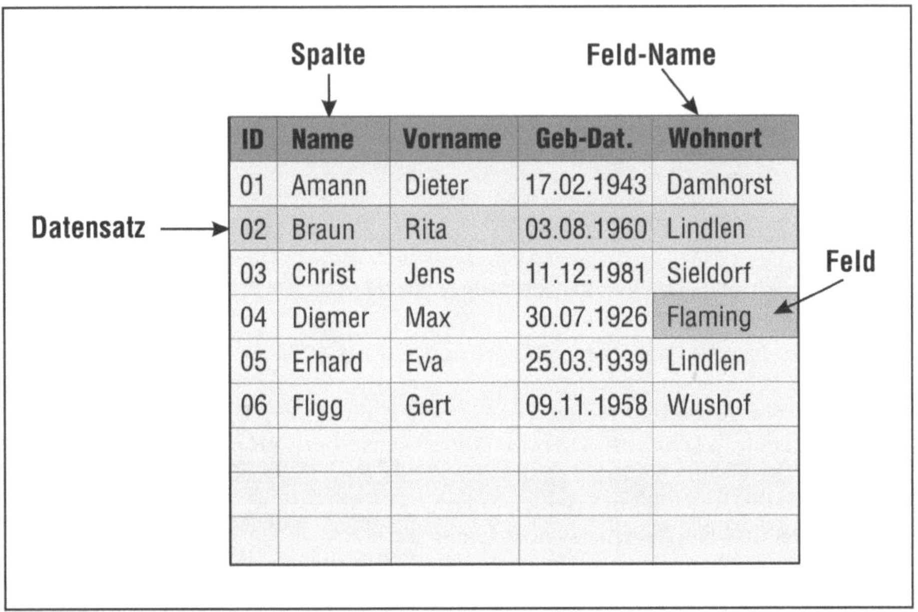

ID	Name	Vorname	Geb-Dat.	Wohnort
01	Amann	Dieter	17.02.1943	Damhorst
02	Braun	Rita	03.08.1960	Lindlen
03	Christ	Jens	11.12.1981	Sieldorf
04	Diemer	Max	30.07.1926	Flaming
05	Erhard	Eva	25.03.1939	Lindlen
06	Fligg	Gert	09.11.1958	Wushof

Abbildung 20: Beispiel einer Datenbank-Tabelle mit Adressaten-Informationen

Datenbank-Elemente

Datenbank-Tabellen bestehen – ähnlich wie etwa Excel-Tabellen – aus **Spalten** und **Zeilen.** Die Spalten beschreiben die Informationskategorien (Feldnamen oder Attribute) und die Zeilen fassen die Informationen zu einem Objekt zusammen. Die in einer Zeile enthaltene Informationsmenge wird **Datensatz** genannt. Ein Datensatz besteht aus mehreren Feldern. Ein Feld enthält jeweils nur eine genau definierte Informationseinheit wie etwa den Familiennamen oder den Wohnort einer Person.

In einer Datenbank gespeicherte Datensätze müssen widerspruchsfrei und eindeutig identifizierbar sein. Da die Feldinhalte zweier Datensätze identisch sein können, wird die Unterscheidung über ein numerisches **Schlüssel- oder Identifikationsfeld** (ID) realisiert. Diese ID wird von der Datenbank zumeist automatisch vergeben.

Verknüpfungen

Um Beziehungen zwischen Informationen in unterschiedlichen Tabellen herstellen zu können, werden Datensätze miteinander verknüpft. Gibt es bspw. eine Tabelle mit Sozialarbeitern und eine Tabelle mit Adressaten, so kann über die Verknüpfung dargestellt werden, welcher Sozialarbeiter welche Adressaten betreut.

ID	Betreuer	Abteilung
01	Salser	3-2
02	Hansen	3-1
03	Kluge	3-2
04	Helfling	3-3
05	Friese	3-1
06	Mumler	3-2

ID	Klient	Geb-Dat.
01	Amann	17.02.1943
02	Braun	03.08.1960
03	Christ	11.12.1981
04	Diemer	30.07.1926
05	Erhard	25.03.1939
06	Fligg	09.11.1958

Abbildung 21: Verknüpfung zweier Datenbank-Tabellen (vereinfachte Darstellung)

Von einem Datensatz können auch mehrere Verknüpfungen ausgehen

Die Verknüpfung von Tabellen geschieht über die ID und ist flexibel handhabbar. So ist bspw. beim Wechsel des Betreuers für einen Adressaten keine Neueingabe von Daten notwendig, es muss lediglich die Verknüpfung verändert werden.

Mehrbenutzerfähigkeit

Die Mehrbenutzerfähigkeit von Datenbanken ermöglicht den gleichzeitigen Zugriff verschiedener Anwender auf den Datenbestand. Welche Informationen die Anwender dabei sehen, wird durch ein **Zugriffsrechte-System** im Anwendungsprogramm oder in der Datenbank geregelt. Im professionellen Umfeld werden heute fast ausschließlich mehrbenutzerfähige SQL- oder Client-Server-Datenbanken genutzt, die für eine hohe Nutzerzahl und große Datenmengen ausgelegt sind. Typische kommerzielle Produkte sind Microsoft SQL (MS-SQL) und Oracle Database. Die bekannteste Open Source Datenbank ist MySQL. Das Kürzel SQL bezeichnet dabei eine standardisierte Abfrage-Syntax (Structured Query Language), über die Datenbanken von Anwenderprogrammen aus angesprochen werden können.

Arbeitsaufgaben

3. Handelt es sich bei der Aufnahme eines Jugendlichen in eine stationäre Einrichtung der Kinder- und Jugendhilfe um einen klassischen Algorithmus im Sinne der Informatik? Wenn ja oder nein: warum?
4. Sie arbeiten in einer Einrichtung mit fünf Standorten im Stadtgebiet. In jeder Niederlassung gibt es ein eigenes LAN mit PCs und Server. Der einzige System-Administrator der Organisation ist ständig zwischen den Standorten unterwegs um die Systeme am Laufen zu halten. Da er diese Arbeit kaum mehr bewältigt und oft lange Wartezeiten entstehen, wird die Einstellung eines

zweiten Administrators erwogen. Welche mittelfristig kostengünstigere Alternative gäbe es dazu?

5. Ein begeisterter Informatiker erzählt Ihnen, dass er eine tolle, neue Software entwickeln will, die nach Eingabe aller Mitglieder einer Familie mit deren Problemstellungen und Ressourcen automatisch die bestmögliche Hilfeform vorschlägt. Die Vorschläge des Programms würden letztendlich viel präziser sein als die von Sozialarbeitern aus der Praxis. Was antworten Sie ihm?

Literatur und Links zum Kapitel

de.statista.com/statistik/daten/studie/267974/umfrage/prognose-zum-weltweit-generierten-datenvolumen, Abruf: 23.8.2019.

Gumm, Heinz-Peter/Sommer Manfred: Einführung in die Informatik. München 2013.

Horn, Christian/Kerner, Immo O. / Forbig, Peter: Lehr- und Übungsbuch Informatik, Band 1 Grundlagen und Überblick. Leipzig 2001.

nct-heidelberg.de/fuer-patienten/aktuelles/details/kuenstliche-intelligenz-schlaegt-hautaerzte-bei-der-diagnose-von-schwarzem-hautkrebs.html, Abruf: 7.9.2019.

Rechenberg, Peter: Was ist Informatik? Eine allgemeinverständliche Einführung. München/ Wien 2000.

3. Soziale Organisationen im digitalen Wandel

Zusammenfassung

Dieses Kapitel zeigt die tiefgreifenden Wirkungen des digitalen Wandels auf die Gesellschaft, die Wirtschaft und auf soziale Organisationen. Eingangs wird erläutert, was diesen Wandel von der klassischen IT-Nutzung unterscheidet. Anschließend werden verschiedene Schlüsseltechnologien kurz vorgestellt. Am Beispiel von drei Erscheinungsformen zeigt sich, wie sich dieser Prozess auf soziale Organisationen auswirkt. Als Antwort darauf empfiehlt das Kapitel die Entwicklung einer Digitalisierungsstrategie. Dazu werden verschiedene Ansätze und Methoden vorgestellt.

3.1. Digitaler Wandel – Eine Einführung

In der gesellschaftlichen Diskussion werden die Begriffe **Digitalisierung, digitale Transformation** oder **digitaler Wandel** weitgehend synonym benutzt. Sie bezeichnen eine tiefgreifende Entwicklung, die alle gesellschaftlichen Bereiche betrifft. Ihre primären Treiber sind technologische Innovationen aus dem Feld der Informationstechnologien sowie deren rasche Adaption in Wirtschaft und Gesellschaft.

Begriff der Digitalisierung

Im ursprünglich technischen Sinne bedeutet Digitalisierung die Umwandlung analoger Objekte wie Schriftstücke, Musik, Fotos, Filme oder Messwerte in das von Computern verarbeitbare binäre System mit den beiden Ziffern 0 und 1 (vgl. Abschnitt 2.2.1.). Daran knüpft die gesellschaftspolitische Definition des Begriffes an: Viele ursprünglich analoge Formen der Kommunikation (klassische Telefonie), Information (Zeitung, Fernsehen) oder Büroarbeit (Schreibmaschine, Karteien, Akten) werden heute mit Hilfe digitaler Technologien getätigt. Lange Zeit wurde diese Entwicklung nur als Austausch der analogen gegen digitale Werkzeuge interpretiert, der diese Vorgänge lediglich schneller oder komfortabler macht, darüber hinaus jedoch keine nennenswerten Wirkungen zeitigt. Tatsächlich war das im klassischen Computerzeitalter der letzten 30 bis 40 Jahre auch auf weiten Strecken der Fall: Daten werden manuell in die Rechner eingegeben, fest programmierte Algorithmen verarbeiten sie in der vorgegebenen Weise und anschließend werden sie auf dem Bildschirm oder dem Drucker wieder ausgegeben. So unterstützt die Informationstechnologie bis heute viele Prozesse im Finanz- oder Personalwesen von (sozialen) Organisationen, ist bei der Bearbeitung von Texten hilfreich, ermöglicht Recherchen in Datenbanken und im Internet oder elektronifiziert den Postversand.

Arbeitsprinzipien klassischer IT

Die Technik-Nutzung verändert dabei die Arbeitsvollzüge nicht grundlegend, sondern unterstützt sie an verschiedenen Punkten etwa durch automatisierte Berechnungen, Filter- und Sortierfunktionen. Dabei bewegte sich der IT-Einsatz innerhalb des Tätigkeitsspektrums der jeweiligen Organisationen, die eingesetzte Software passt sich also grundsätzlich an die vorhandenen Arbeitsweisen an. Zwar zeigen sich auf der Mikroebene im Zusammenspiel von Technik, Organisation und Mensch durchaus komplexe Phänomene (vgl. Abschnitt 1.5.), doch die Geschäftsmodelle und Legitimationsgrundlagen der Organisationen sind vom klassischen IT-Einsatz nicht tangiert. Auch die in der IT benutzten Datentypen wie Text und Zahlen wurden bereits vor der Computernutzung verwendet und die Software wird überwiegend organisationsintern, also nicht im direkten Klienten-, Kunden- oder Mitgliederkontakt, eingesetzt.

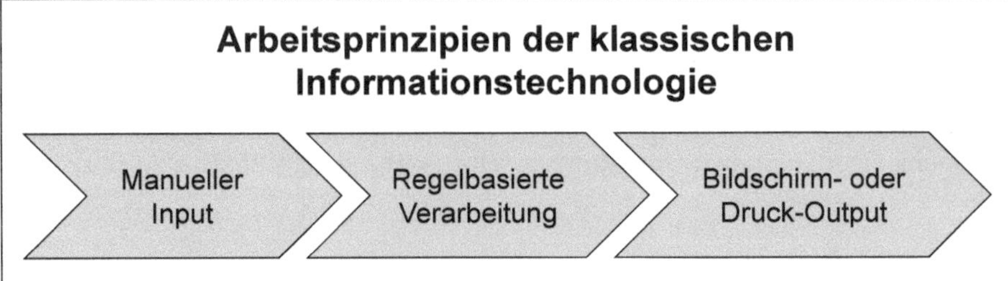

Abbildung 22: Arbeitsprinzipien der klassischen Informationstechnologie (vgl. Schöttler 2016)

Im Gegensatz zu manchen Prognosen (etwa Rifkin 1995) hat die wachsende Durchdringung der Unternehmen und zunehmend auch der öffentlichen Verwaltungen mit dieser Form der klassischen IT nicht zu einer massenhaften Vernichtung von Arbeitsplätzen geführt. Zwar hat die Technik viele Tätigkeiten beschleunigt oder erleichtert, die Rationalisierungseffekte im Bereich der Büroarbeit blieben jedoch überschaubar und wurden durch den Ausbau anderer Funktionsbereiche in den Unternehmen kompensiert.

Von der IT zur Digitalisierung

Dennoch wird etwa seit der Jahrtausendwende mehr und mehr deutlich, dass schon der intensive Einsatz herkömmlicher IT und vor allem der Internet-basierten Technologien die Unternehmen und ihre Umwelt immer stärker verändern. Die interne Kommunikation per E-Mail oder in Chat-Foren begann hierarchisch organisierte Interaktionswege zunehmend auszuhebeln. Kunden, die per E-Mail anfragten, verlangten nach einer schnelleren Antwort. Das Internet bot neue Möglichkeiten der externen Kommunikation und immer mächtigere betriebliche Software-Systeme ermöglichten neue Formen der Prozessorganisation und Arbeitsteilung. Im privaten Bereich begann das Zeitalter des **Prosumenten-Web** oder Web 2.0, das die Kon*sumenten* sozialer Medien wie Facebook, Twitter oder YouTube plötzlich zu *Pro*duzenten machte und so mit dem kometenhaften Aufstieg dieser Netzwerke ein neues Internet-Zeitalter einläutete.

Disruptive Geschäftsmodelle

Der Übergang von der klassischen IT zu den heute unter dem Begriff Digitalisierung diskutierten Phänomenen ist fließend und nicht exakt datierbar. Am deutlichsten ist er wohl festzumachen an der Ausbreitung neuer, **disruptiver Geschäftsmodelle** in der gewerblichen Wirtschaft. Bis dato war es häufig das Ziel neuer

Marktteilnehmer, Produkte oder Dienstleistungen einen Tick besser, attraktiver oder günstiger zu machen als die der Wettbewerber. Mehrere um das Jahr 2010 gegründete Firmen wie Uber oder Airbnb stellten dagegen plötzlich die Regeln ganzer Branchen wie des Taxi- oder des Hoteleriegewerbes auf den Kopf. Auch Google begann, die mit seinem (nicht mehr ganz so neuen) Geschäftsmodell der individualisierten Online-Werbung verdienten Milliarden nun in selbstfahrende Autos zu investieren und lehrte so die einst stolze deutsche Autoindustrie das Fürchten. Ebenso mussten die ehrwürdigen Schweizer Uhrmacher lernen, dass ihre Produkte vielfach durch eine kleine Nebenfunktion von Smartphones und Smartwatches ersetzt werden. Nokia als einstiger Weltmarktführer im Bereich der Mobiltelefonie verschwand innerhalb von nur drei Jahren buchstäblich vom Bildschirm und Kodak als führender Foto-Ausrüster und Erfinder der Digitalfotografie ist heute Geschichte. Letzteres Beispiel zeigt, dass Digitalisierung immer wieder auch wörtlich zu nehmen ist als Entmaterialisierung einst analoger Produkte: Filme, Schallplatten, Bilder, Briefe, Bücher, Schlüssel oder sogar Geld werden ersetzt durch digitale Artefakte. Sofern nicht durch technische Restriktionen beschränkt, sind diese nahezu kostenfrei transportierbar, kopierbar und elektronisch auswertbar und verändern so die Wertschöpfungsketten in vielen Bereichen des Wirtschaftens radikal.

Definition

Digitalisierung bezeichnet nicht primär die Unterstützung bisheriger Tätigkeiten mit klassischer Informationstechnologie, sondern vor allem die durch neuartige Technologien getriebene Entwicklung neuer Kommunikations- und Verhaltensformen sowie veränderter Geschäftsmodelle bis hin zur Entstehung ganz neuer Strukturen und Handlungsweisen in Wirtschaft und Gesellschaft.

Technologische Grundlagen neuer Digitaltechnologien

Grundlage des digitalen Wandels ist heute eine Kombination mehrerer Schlüsseltechnologien und Klassen von Anwendungssystemen. Ihre gemeinsame Basis ist die enorme Leistungssteigerung im Bereich der Mikroprozessoren, Speicher- und Übertragungssysteme bei gleichzeitig fortschreitender Miniaturisierung und stetiger Preisreduktion.

- An erster Stelle dieser Technologien ist das weltumspannende **Internet** (vgl. Abschnitt 2.3.3.) zu nennen, das durch seine ortsunabhängige und permanente Verfügbarkeit viele Geschäftsmodelle heutiger Digitalunternehmen erst ermöglicht hat.
- Ein zweiter wichtiger Treiber ist die **Mobilisierung der IT und des Internets** in Form von Smartphones, Tablet-Computern und Smartwatches, die mit innovativen Bedienkonzepten die Technik nicht mehr technisch erscheinen ließen und ihre Nutzung auch für wenig computeraffine Menschen attraktiv machten.
- Nicht so stark ins Auge springen technologische Entwicklungen, die eher im Hintergrund wirken. Zu nennen ist hier etwa das **Cloud Computing** (vgl. Abschnitt 2.3.4. und 4.3.9.), das Rechen- und Speicherkapazitäten oder Software beliebig skalierbar bereitstellt und so Unternehmen flexible und wirtschaftliche Formen der IT-Nutzung ermöglicht.

- Ein weiteres Element sind neuartige softwaregestützte Analysemethoden, die unter dem Stichwort **Big Data** verhandelt werden (vgl. Abschnitt 4.3.10.). Sie ermöglichen es, große, auch unstrukturierte Datenmengen wie Postings in sozialen Netzwerken oder Fotos auszuwerten und so etwa gezielt zu steuern, welche Werbung oder welche Themen, Bilder oder Kontakte der Nutzer zu sehen bekommt. Mit diesen Technologien ist auch die Rede von den Daten als „Rohöl" der digitalen Wirtschaft verknüpft, mit deren Hilfe sich Unternehmen mit Zugang zu großen Datenmengen und entsprechendem Knowhow Marktvorteile verschaffen können.
- Die softwaregesteuerte **Individualisierung** von Inhalten findet vor allem in **Sozialen Medien** statt, die als weiterer wichtiger Baustein der Digitalisierung bezeichnet werden können. Facebook mit seinen Diensten Whatsapp und Instagram bietet als derzeit führender Vertreter dieser internetbasierten Kommunikations- und Content-Plattformen seinen Nutzern mittlerweile eine nahezu in sich geschlossene Welt mit einer Mischung aus Information und Interaktion, deren Inhalte von Privatnutzern, Firmen, Politikern, Vertretern der klassischen Medien oder zunehmend auch aus interessensgesteuerten **Kommunikationsrobotern** (**Bots**) stammen.
- Als jüngste Entwicklungen aus dem Reich der Digitalisierung gelten die enormen Fortschritte auf dem Gebiet der **Künstlichen Intelligenz** und der **Robotik** (vgl. Abschnitte 2.2.3. und 3.3.3.). Zwar sind diese Maschinen noch immer ein gutes Stück vom Niveau menschlicher Intelligenz oder Feinmotorik entfernt, doch lässt sich bereits erahnen, dass der Abstand in den nächsten Jahren und Jahrzehnten schrumpfen wird. Schon heute ist es auf begrenzten Gebieten möglich, menschliche Denk- und Kommunikationsleistungen durch Computer und Roboter zu ergänzen oder zu ersetzen. Denn die Maschinen sind schon in der Lage, Informationen autonom zu sammeln, zu bewerten und Entscheidungen zu treffen. Vor allem aber können sie ihre Denk- und Handlungsstrategien auf bestimmte Themengebiete bezogen autonom optimieren. Im Unterschied zu klassischen Computerprogrammen sind daher selbst die Entwickler dieser Systeme nicht mehr dazu in der Lage, genau vorherzusagen, wie eine KI-Software entscheidet. Ebenso können sie oft nicht mehr erklären, warum sie dies tut.

Arbeitsprinzipien moderner Digitaltechnologien

Die oben genannten Technologien haben – insbesondere wenn man die vielfältigen Möglichkeiten ihrer Kombination betrachtet – im Unterschied zu klassischer IT das Potenzial, Arbeits- oder auch Hilfeprozesse grundlegend zu verändern oder gar neu zu gestalten. Damit ermöglichen sie auch im Bereich sozialer Dienstleistungen neue **Geschäftsmodelle.** Sie arbeiten nicht nur mit Texten und Zahlen, sondern können auch neue Datentypen, die etwa aus der Sensortechnik stammen, verarbeiten. Ebenso Ton-, Bild- oder Videodaten. Sie sind damit weit besser im direkten Klientenkontakt einsetzbar, als die klassische IT. Dabei macht sie die KI-basierte Selbstoptimierung **adaptiv**, sie sind also tendenziell dazu in der Lage, zu lernen und sich auf neue Situationen einzustellen.

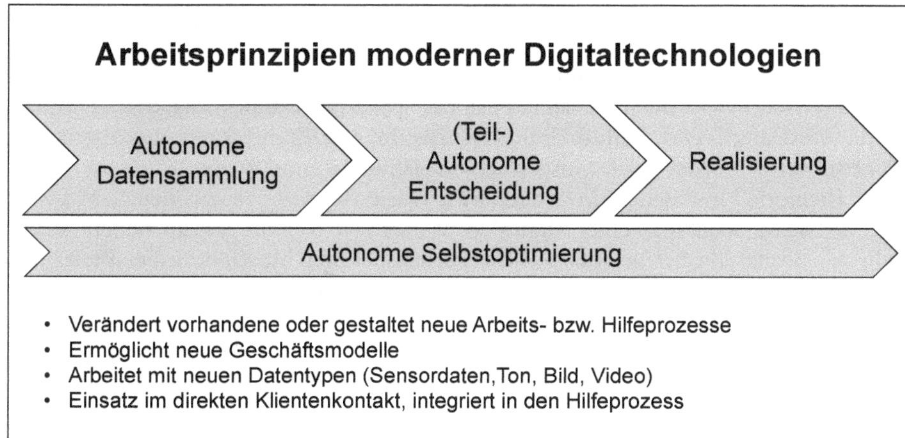

Abbildung 23: Arbeitsprinzipien moderner Digitaltechnologien (vgl. Schöttler 2016)

3.2. Veränderungen in Wirtschaft und Gesellschaft

Wie oben erwähnt, sind die ursprünglich aus dem Silicon Valley (USA) stammenden **disruptiven Geschäftsmodelle** in der gewerblichen Wirtschaft ein entscheidender Meilenstein im Prozess der Digitalisierung. Zwar bewirkte der technische Fortschritt schon immer Umwälzungen im Wirtschaftsleben, doch vielfach betrafen diese nur einzelne Branchen und ihr Tempo war überschaubar, da physische Güter wie Maschinen immer eine entscheidende Rolle spielten. Sie mussten zunächst einmal produziert, transportiert und selbst wiederum mit Materialien versorgt werden. Die Geschäftsmodelle etwa von Google oder Facebook bewegen sich dagegen ausschließlich in der digitalen Welt und bei Firmen wie Uber oder Airbnb stehen Objekte aus der materiellen Welt nur ganz am Ende der Wertschöpfungskette. Prägend für deren Geschäftsmodelle sind ebenfalls rein digitale Prozesse. Auf diese Weise ist eine völlig andere Dynamik und Ausbreitungsgeschwindigkeit möglich, als das bei früheren Formen der wirtschaftlichen Entwicklung der Fall war.

Merkmale disruptiver Geschäftsmodelle

Wer etwa im ersten Jahrzehnt dieses Jahrhunderts behauptet hätte, dass heute das größte Taxiunternehmen der Welt keine eigenen Fahrzeuge besitzt (Uber) oder der größte Anbieter von Unterkünften keine Hotels betreibt (Airbnb), wäre vermutlich nicht ernst genommen worden. Ein anschauliches Beispiel dafür, wie mit einem digitalen Geschäftsmodell die Spielregeln der analogen Welt verändert werden können, ist die Geschichte von Flixbus: Während angesichts der Freigabe des Fernbus-Marktes viele etablierte Unternehmen sich in Position brachten, in dem sie Busse kauften und Fahrer einstellten, analysierten die beiden Flixbus-Gründer ein Jahr lang nur alle Daten, die sie über Verkehrsströme, Reiseverhalten und Preismodelle bekommen konnten. Sie hielten sich auch nicht damit auf, Fahrzeuge zu kaufen, sondern schufen stattdessen ein Geschäftsmodell mit einem webbasierten Buchungs- und Steuerungssystem. Im Jahr 2018 hat das Startup-Unternehmen, das heute unter dem Namen Flixmobility firmiert, mit einem Umsatz von rund vierhundert Millionen Euro und einen Marktanteil von gut 90 Prozent selbst Schwergewichte wie die Deutsche Post oder Deutsche Bahn aus dem Fernbus-Markt verdrängt. Das Unternehmen wurde in nur drei Jahren unumstrittener Marktführer in Europa (vgl. Gorgs 2016, S. 106–110) und weitet mittlerweile sein Geschäftsmodell auf den Bahnbetrieb aus. Diese Beispiele zeigen deutlich: **Daten sind der neue Rohstoff einer digitalen Wirtschaft.** Plakativ gesprochen: Nicht mehr der Besitz von Beton oder Blech schafft Marktmacht, sondern der Besitz und die intelligente Nutzung von Daten und Informationen.

Begnügen sich die Schöpfer vieler digitaler Geschäftsmodelle anfangs mit einer nur geringen Wertschöpfungstiefe wie etwa der reinen Vermittlung von Produkten oder Dienstleistungen besetzen Sie nach und nach immer größere Teile der Wertschöpfungskette. Ein gutes Beispiel dafür ist neben Flixbus vor allem Amazon, das seine Aktivitäten nun neben dem Verkauf auch in die Endgeräte und die Logistik ausweitet, oder Google, das über die reine Suchmaschinenfunktion hinaus jetzt auch höherwertigere Leistungen wie Produktvergleiche oder direkte Buchung von Leistungen anbietet und in völlig neue Märkte wie selbstfahrende Autos oder die Entwicklung von Medikamenten vordringt.

Gesellschaftliche Veränderungen durch Digitalisierung

„Telefonieren tu ich nur mit alten Leuten“ – Dieses Zitat eines 14-jährigen Jungen (Süddeutsche Zeitung 04./5.3.2017, S. 10) drückt plastisch aus, dass mit der immer schnelleren Adaption neuer technischer Geräte und Geschäftsmodelle auch tiefgreifende gesellschaftliche Veränderungen einhergehen. Sie betreffen nahezu das gesamte Privatleben und reichen bis in die intimsten Bereiche. So hat sich die Art zu kommunizieren und Sozialkontakte zu pflegen, insbesondere bei jüngeren Menschen, radikal gewandelt. Medial-vernetzte Kommunikation, vor allem über Soziale Medien, ergänzt oder ersetzt vielfach analoge Kommunikation, mündliche Formen werden durch schriftliche Formen ersetzt, für die sich wiederum völlig eigene Sprachstile herausbilden. Anders ausgedrückt: die gesellschaftliche Basiseinheit **Kommunikationszeit** verschiebt sich immer stärker in den digitalen Raum und prägt das gesellschaftliche und wirtschaftliche Miteinander (vgl. Kollmann/ Schmidt 2016, S. 3).

Radikalen Veränderungen ist auch die politisch-gesellschaftliche Meinungsbildung unterworfen: Soziale Medien sind heute für viele Menschen wichtigere Informationsquellen als klassische Massenmedien. Ihre Algorithmen erzeugen **Filterblasen,** die den Menschen nur mehr diejenigen Informationen präsentieren, die in ihr Weltbild passen und dieses somit weiter verfestigt. **Jobportale oder Geschäftsnetzwerke** verändern die Art, sich beruflich zu orientieren und ermöglichen es, sich unabhängig vom eigenen Arbeitgeber mit anderen Akteuren der eigenen Branche oder fremder Branchen zu vernetzen. Über Nachbarschafts- und Ehrenamts-Apps können sich Menschen ad hoc und ohne institutionellen Hintergrund gegenseitige Unterstützung leisten oder sich bürgerschaftlich engagieren. Selbst die Wahrnehmung von Realität wird durch die Digitalisierung verändert, denn die physische Realität wird zunehmend durch **Virtuelle Realitäten** (VR) ergänzt oder ersetzt. So kann man etwa immobilen oder dementen Menschen im Pflegeheim per VR-Brille eine Reise in ihre frühere Heimat ermöglichen. Oder es werden mittels **Augmented Reality** digitale Objekte in die reale Welt eingeblendet, so dass auf dem Smartphone etwa beim Gang durch eine Stadt Informationen über die reale Welt angezeigt werden, die dort nicht sichtbar sind. Rein virtuelle Spielewelten schaffen wiederum eine ganz eigene Wirklichkeit, in die Menschen zum Teil so tief eintauchen, dass sie das reale Leben vernachlässigen und suchtartiges Verhalten entwickeln.

Hohe Nutzungsquote von Digitaltechnologien

Dass die hier exemplarisch genannten Phänomene keine gesellschaftlichen Randerscheinungen sind, kann schlaglichtartig für die Bevölkerung der Bundesrepublik Deutschland mit folgenden Zahlen aus dem Jahr 2018 verdeutlicht werden (vgl. ard-zdf-onlinestudie.de, de.statista.com, Abruf: 30.7.2019).

- 63,3 Millionen Menschen nutzen das Internet, 85 Prozent davon sind täglich online.
- Die durchschnittliche tägliche Nutzungsdauer beträgt bei über 14-jährigen Menschen 196 Minuten, in der Altersklasse zwischen 14 und 29 Jahren sogar fast sechs Stunden.
- 57 Millionen Menschen besitzen ein Smartphone und der Anteil der mobilen Internet-Nutzer beträgt 68 Prozent.
- Nur noch zehn Prozent der Menschen waren noch nie im Internet unterwegs.

3.3. Wirkungen auf soziale Organisationen

Ein Sektor wie die Sozialwirtschaft, der Hilfsangebote für Menschen in vielen Lebensphasen und -lagen bereitstellt, ist permanent mit gesellschaftlichen Veränderungen konfrontiert. Es ist daher keine überraschende Erkenntnis, dass sich auch der digitale Wandel auf die Arbeit der Verbände und Einrichtungen auswirkt. Nach Auffassung des Fachverbandes für IT in Sozialwirtschaft und Sozialverwaltung FINSOZ e. V. 2017, S. 3) wird jedoch die Dynamik dieser Entwicklung von den Verantwortlichen der Branche vielfach noch unterschätzt. Denn „das schwierige am technischen Fortschritt ist oft sein Tempo: Die meisten Unternehmenslenker erkennen ihn nicht, bevor er als Bedrohung ihres Geschäftsmodells auftaucht und bisher weitgehend unbekannte Wettbewerber stark macht.“ (Kollmann/Schmidt 2016, S. 43)

Digitalisierungstrends und Sozialgesetzgebung

„Die Freie Wohlfahrtspflege vor der Digitalisierung wird eine andere sein, als die nach der Digitalisierung“, so Dr. Gerhard Timm, Geschäftsführer der Bundesarbeitsgemeinschaft der Freien Wohlfahrtspflege (2017, S. 1). Wenn sich Verhaltensweisen von Menschen grundlegend verändern, neue Technologien den Menschen mit Hilfebedarf deutlich mehr Autonomie ermöglichen, neue Geschäftsmodelle entstehen und andere Marktteilnehmer auftauchen, so können die über viele Jahrzehnte gewachsenen Grundfesten der Branche durchaus ins Wanken geraten. Dies wird dadurch noch verstärkt, dass zentrale Eigenschaften des digitalen Wandels in hohem Maße mit aktuellen sozialpolitischen Entwicklungstrends korrespondieren. Die Umgestaltung der ursprünglich korporativ organisierten Wohlfahrtspflege zu einem **Sozialmarkt** mit dedizierten Wettbewerbselementen und stärkerer Orientierung an den Hilfebedarfen der Klienten (vgl. etwa Klug 1997; Dahme u.a. 2005) ist, beginnend mit der Altenhilfe, schon seit den 90er Jahren des letzten Jahrhunderts im Gang. Durch die aktuelle Gesetzgebung etwa in den Pflegestärkungsgesetzen (PSG) I-III und im Bundesteilhabegesetz (BTHG) wird dieser Trend bestätigt. Ziel des Gesetzgebers ist es dabei vielfach, neben einer Begrenzung der Kosten auch die Personenzentrierung, die Stärkung der Kundensouveränität und damit einhergehend eine stärkere Ausdifferenzierung des Leistungsspektrums zu forcieren. Denkt man diese Tendenzen weiter in die digitale Welt, so münden sie mit relativ hoher Wahrscheinlichkeit in Formen einer **digitalen Dienstleisterauswahl,** bei denen sich Adressaten ihren Hilfemix individuell zusammenstellen und dabei die Auswirkungen ihrer Wahl auf das verfügbare Budget online nachverfolgen können. Nächster konsequenter Schritt wäre die **digitale Leistungsbuchung** und -stornierung sowie eine **digitale Dienstleisterbewertung** nach Art von Amazon oder eBay. Zum Hilfemix können dabei natürlich auch hybride – also gemischt analog-digitale – oder rein digitale Dienstleistungen gehören.

Die vielfältigen Facetten, Chancen und Risiken dieser Veränderungen zeichnen sich erst langsam ab und können in den folgenden Abschnitten nur in ihren Umrissen beschrieben werden.

3.3.1. Vermittlungsplattformen für soziale Dienste

Neben dem klassischen Online-Handel haben sich in vielen Branchen mittlerweile internetbasierte Plattformen etabliert, die sich zwischen den Endkunden und die Anbieter schalten. Den Endkunden versprechen sie eine **Reduktion der Suchkosten,** indem sie die einzelnen Angebote sortieren, filtern, vergleichen und mit Kundenbewertungen anreichern. Den Anbietern können sie **Marketingkosten** sparen, da potenzielle Kunden über die Plattform auf sie aufmerksam werden.

Web-Plattformen breiten sich aus

Zunehmend ist zu beobachten, dass sich solche Plattformen auch im Bereich haushaltsnaher und sozialer Dienstleistungen etablieren. Sie vermitteln entweder meist selbstständig tätige Betreuungskräfte direkt oder stellen den Kontakt zu Institutionen her. Getreu dem Motto „Plattformen sind gut zu Konsumenten, schlecht zu Produzenten“ (Kollmann/Schmidt 2016, S. 79) werden die Leistungen der Vermittlungsplattformen dabei regelmäßig nicht (allein) vom Endkunden, sondern (primär) vom Anbieter der Dienstleitung bezahlt. Auf diesem Markt sind heute bereits verschiedene nationale Firmen und internationale Konzerne wie care.com/betreut.de oder pflegix.de tätig und es ist vermutlich nur eine Frage der Zeit, bis internationale Konzerne wie Google oder Amazon auf diesem Feld aktiv werden.

Dabei sind die genannten Web-Plattformen vermutlich erst der Anfang. **Digitale Assistenten** für die Wohnung, die von Konzernen wie Amazon oder Google angeboten und mit natürlicher Sprache gesteuert werden, ermöglichen schon heute, Musik oder Filme abzuspielen, Heizung und Licht zu regeln oder einzukaufen. Haben sich diese intelligenten Helfer erst einmal in den Wohnzimmern etabliert, wollen Menschen mit Hilfebedarf wahrscheinlich auch das Essen auf Rädern über sie bestellen oder der Sozialstation Bescheid geben, dass sie am nächsten Tag später kommen soll, weil die Enkelin zu Besuch ist. Auch der Hausnotruf wird vermutlich über sie organisiert werden. Junge Startup-Unternehmen haben sich dazu

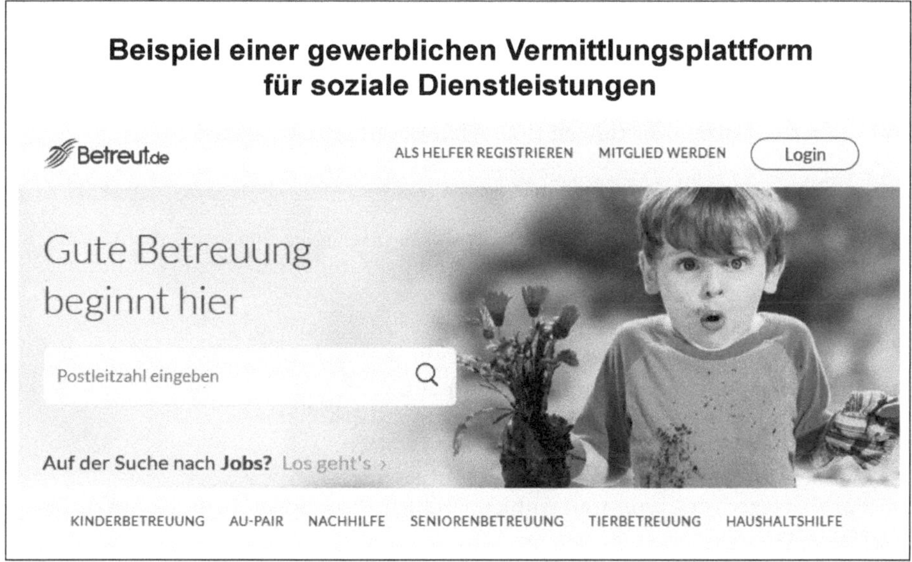

Abbildung 24: Beispiel einer gewerblichen Vermittlungsplattform für soziale Dienstleistungen

Quelle: betreut.de, Abruf: 23.8.2019

bereits in Position gebracht und erste etablierte Hausnotruf-Anbieter experimentieren bereits mit dieser Technik.

Daten als Treiber des Geschäftsmodells

Das Prinzip der großen Player auf den digitalen Märkten ist aus dem elektronischen Einkauf bekannt: Wer ambulante Pflege gebucht hat, der könnte sich auch für Windeln, eine Haushaltshilfe oder Wohnberatung interessieren. Die Anbieter kombinieren schon heute mittels Big Data gekonnt alle ihnen verfügbaren Daten, um ihren Kunden die Wünsche quasi von den Augen abzulesen. Dies könnte noch einen Schritt weitergehen: Werten Google & Co. alle ihnen zugänglichen Informationen wie Suchverhalten im Web, Mailverkehr, Einkaufsverhalten, Geotracking von Smartphones und Postings in Sozialen Netzwerken aus, so können sie künftig Hilfebedarfe vermutlich mit hoher Wahrscheinlichkeit voraussagen: familiäre oder Schulprobleme, Sucht, Suizidgefahr oder beginnende Demenz könnten schon in relativ naher Zukunft mit Methoden aus der Welt von Big Data und Künstlicher Intelligenz (vgl. Abschnitt 4.3.10.) wahrscheinlich recht präzise diagnostiziert werden. Wie viele andere Aktivitäten dieser Konzerne berühren solche Szenarien zahlreiche rechtliche und ethische Fragen von Datenschutz und Menschenwürde (vgl. Kapitel 8.). Doch es sind auch wirtschaftliche Aspekte damit verbunden, denn die Kosten für die Vermittlung von Hilfsangeboten würden natürlich nicht den Hilfsbedürftigen, sondern den Sozialdiensten auferlegt. Diese würden zugleich immer weniger über den Gesamtbedarf ihrer Klienten erfahren, weil diese sich ihren Hilfemix über Portale außerhalb der Wohlfahrtspflege zusammenstellen und bspw. die Einrichtung der Caritas nur den Auftrag für Tagespflege und die der

AWO den zur Frühförderung bekäme. Zudem werden die Plattformanbieter wahrscheinlich auch in diesen Märkten versuchen, ihre Wertschöpfungstiefe zu steigern und selbst hybride – also gemischt digital-menschliche – oder rein digitale Sozialdienstleistungen anzubieten. Ansätze dafür könnten etwa der Hausnotruf oder roboterbasierte Assistenzleistungen (vgl. nächster Abschnitt) sein.

Grundlegende Prinzipien für Plattform-Märkte

- **Werthaltige Informationen**, nicht Produkte oder Dienstleistungen sind der Treibstoff dieses digitalen Geschäftsmodells: Kundenbedarfe, Preisbildung, Bewertungen usw.
- **Netzwerkeffekte** schaffen eine schnelle Verbreitung:
  Viele Anbieter ziehen viele Anfrager an und umgekehrt.
- **Anbieter vom Kundenkontakt entkoppeln:**
  Abhängigkeit von der Plattform schaffen und erhöhen,
  Daten sammeln und zum eigenen Vorteil nutzen.
- **Gut sein zu Anfragern – schlecht zu Anbietern:**
  Für Anfrager oft kostenfrei, Anbieter zahlen Provisionen bzw. Transaktionsgebühren.

Gemeinnützige Plattform-Initiative

Die Verbände der freien Wohlfahrtspflege sind daher auf der Suche nach Plattform-Strategien (vgl. Welskop-Deffaa 2019). Ob dies eher gemeinsam oder im Wettbewerb gegeneinander geschehen wird, ist bislang offen. Eine Reihe großer Träger aus der kirchlichen Wohlfahrtspflege haben die oben genannten Risiken erkannt und selbst die Initiative ergriffen, um dem bislang vor allem gewerblich getriebenen Plattformmarkt eine **gemeinnützig geprägte Alternative** gegenüberzustellen. Im Herbst 2019 hat die von 15 solcher Träger gegründete mitunsleben GmbH für den Bereich der Pflege die Plattform **„mitpflegeleben.de“** ins Leben gerufen, weitere Plattformen für die Behindertenhilfe sowie für Angebote im Bereich Kinder, Jugend und Familie sollen folgen.

3.3.2. Digitale Produkte

Technologiekombinationen ermöglichen neue Geschäftsmodelle

Die Entwicklung **technischer Assistenzsysteme** für Menschen im Alter oder mit Behinderungen wurde seit der Jahrtausendwende stark aus öffentlichen Forschungsfonds gefördert. Die meisten Forschungen waren stark ingenieurwissenschaftlich getrieben und heraus kamen dabei vielfach technisch hochgerüstete, aber kaum bezahlbare oder praktisch nutzbare Spezialprodukte, von denen sich bislang fast keines im Massenmarkt etablieren konnte. Heute sind hier andere Entwicklungen beobachtbar: Standardprodukte aus der Welt der Mobiltechnologie wie Smartphone, Smartwatch und Tablet sind bereits mit zahlreichen Funktionen ausgestattet und so einfach bedienbar, dass sie auch für Menschen mit starken motorischen oder kognitiven Einschränkungen sinnvoll nutzbar sind. Ergonomische Apps, Wischfunktion, Sprachsteuerung, Videokamera, GPS und verschiedene Sensoren machen sie zu Alleskönnern, die viele dieser Spezialentwicklungen ganz oder teilweise überflüssig machen. Weiterhin zeigt sich, dass insbesondere junge Startup-Unternehmen andere technische Standardkomponenten wie Bewegungsmelder oder Infrarot-Sensoren geschickt mit intelligenter Software zu Smarthome-

Anwendungen kombinieren und für die Ausgabe oder Steuerung wiederum Mobil-Apps nutzen. So entstehen völlig neue, für den Massenmarkt taugliche Konfigurationen etwa für Kommunikation, Heizungs- und Lichtsteuerung, Sturzdetektion oder Hausnotruf. Sie haben im Unterschied zu den Ergebnissen aus der klassischen Forschung im Bereich Ambient Assisted Living (AAL) das Potenzial, Geschäftsmodelle aus dem Bereich der Sozialdienstleistungen grundlegend zu verändern. Sie sind zudem preisgünstig, autonomiefördernd und konsequent kundenorientiert konzipiert. Hinzu kommt, dass diesen Produkten im Gegensatz etwa zum klassischen Hausnotrufsystem nicht der Makel der Hilfsbedürftigkeit anlastet. Im Gegenteil: ihre Nutzung – z. B. in Form einer Smartwatch gilt als schick und modern; darüber hinaus bringen sie oft noch viele attraktive Zusatzfunktionen wie Spiele oder Fotoalben mit.

Auch auf diesem Feld wird die Entwicklung weiter voranschreiten. Neue Produkte aus dem Bereich der **Wearables**, also direkt am Körper oder in der Kleidung befestigte Mini-Computer mit Internetverbindung, werden neue Anwendungsfelder eröffnen. **Augmented Reality Brillen** mit integriertem Display können etwa Pflegekräften oder pflegenden Angehörigen wichtige Patienten- oder Fachinformationen einblenden, **Activity Tracker** liefern Vitalwerte oder in die Kleidung integrierte **GPS-Sensoren** lassen verirrte Menschen mit Demenz leicht wieder auffinden.

3.3.3. Künstliche Intelligenz und Robotik

Starke und schwache KI

Die Erforschung der Künstlichen Intelligenz (KI) begann bereits in den sechziger Jahren des letzten Jahrhunderts mit der Vision, binnen kurzer Zeit mit Computern das Niveau umfassender menschlicher Intelligenz zu erreichen oder zu überflügeln (vgl. etwa Weizenbaum 1993). Angesichts der damals verfügbaren theoretischen Grundlagen und Technologien, stellte sich diese Vision bald als unerreichbar heraus und die KI-Forschung verschwand weitgehend in der Versenkung. Neuen Schwung erhielt sie erst wieder um das Jahr 2010, als die softwaretechnische Abbildung neuronaler Netze, verbunden mit dem Zugriff auf hochleistungsfähige Hardware, deutliche Fortschritte machte (vgl. Abschnitt 2.2.3.). Heute wird pragmatisch zwischen **starker** und **schwacher KI** unterschieden: Die starke KI spielgelt die Vision aus der Anfangszeit wider, während die schwache KI nicht die Nachbildung eines menschenähnlichen Bewusstseins anstrebt, sondern sich auf begrenzte Anwendungsgebiete wie die Bild- oder Mustererkennung konzentriert. Zentrale Eigenschaften solcher KI-Systeme sind die Selbstlernfähigkeit sowie die Möglichkeit, mit unbekannten Faktoren im jeweiligen Handlungskontext umzugehen.

KI in Alltagsanwendungen

Während sich die meisten Experten heute darin einig sind, dass bis zur Erreichung der Vision der starken KI mindestens noch einige Jahrzehnte vergehen werden, macht die „schwache" KI derzeit rasante Fortschritte und ist auf zahlreichen Gebieten schon im praktischen Einsatz. Viele davon gehören bereits zu täglichen Nutzungsformen von IT, ohne dass den Nutzern bewusst ist, dass Künstliche Intelligenz dahinter steckt: Spracherkennungssysteme in Smartphones wie Siri oder Cortana, Online-Übersetzungstools wie der Google Translator oder das automatische zuordnen von Fotos zu Kategorien (tagging) in verschiedenen Online-Fotogalerien gehören ebenso dazu wie Motivfinder in digitalen Kameras.

KI-Anwendungen im sozialen Sektor

Anwendungen Künstlicher Intelligenz sind auf dem heutigen Stand der Technik auch im Kontext sozialer Dienstleistungen denkbar: Die Suche nach und Aufbereitung von sozialrechtlichen Entscheidungen für die Beratung von Klienten, die Auswertung einer umfassenden Betreuungsdokumentation zur Begründung für einen Antrag auf Höherstufung oder die Vorauswahl von Bewerbern für Führungs- oder Fachkraft-Positionen gehören dazu. Bislang werden sie aber noch nicht im Regelbetrieb eingesetzt und selbst Pilotanwendungen sind noch eher selten.

Ausprägungsformen der Robotik

Im Bereich der Robotik kann unterschieden werden zwischen folgenden Typen:

- Roboter zur **Unterstützung von Körperfunktionen** wie Exoskelette ermöglichen etwa gelähmten Menschen wieder das Gehen oder unterstützen bei schweren Hebetätigkeiten in der Pflege.
- **Serviceroboter** übernehmen Haushaltsdienstleistungen (z. B. Saug- oder Mähroboter) oder Hol- und Bringdienste in Einrichtungen (z. B. Wäsche oder Essen), dabei bewegen sie sich autonom und sind dazu in der Lage, auf Veränderungen in der Umgebung zu reagieren.
- **emotionale Roboter** ahmen zumeist Tiere nach (z. B. Robben, Hunde) und werden in der Therapie bei Demenz oder Autismus eingesetzt.
- **kollaborative Roboter** arbeiten mit dem Menschen zusammen und assistieren etwa beim Essen oder bei der Verrichtung von Arbeitsschritten. Sie sind bislang primär in der industriellen Fertigung im Einsatz.
- **humanoide Roboter** sind der menschlichen Gestalt nachempfunden. Sie können hören und sprechen, beherrschen Ansätze von Mimik und/oder Gestik und können sich auf Rollen oder mit Beinen frei im Raum bewegen.

Herausforderungen der Robotik

Insbesondere die Felder der kollaborativen und humanoiden Robotik sind heute stark mit der oben beschriebenen Entwicklung im Bereich der Künstlichen Intelligenz verknüpft, da sich diese Maschinen im räumlichen und kommunikativen Umfeld von Menschen bewegen sollen und die dort auftretenden Herausforderungen nicht durch starre Programmierung oder Informationszugriffe auf klassische Datenbanken lösbar sind. Hinzu kommen Herausforderungen aus dem Bereich der Sensorik und Motorik, etwa bei der Fortbewegung oder dem Greifen von Gegenständen. Obwohl die Fortschritte in der Entwicklung rasant sind, hat bislang kaum ein Roboter umfassende Marktreife erreicht, viele spezialisieren sich noch auf bestimmte motorische oder kommunikativ-soziale Fähigkeiten. Getrieben werden die Entwicklungen aus dem militärischen Sektor sowie aus der industriellen und der universitären Forschung. Künftige Einsatzfelder in der Sozialwirtschaft sind vielfältig und können von der Unterstützung der professionellen Pflege, der direkten Assistenz für Menschen mit körperlichen oder geistigen Behinderungen bis hin kommunikative Begleitung reichen.

Emotionale Roboter sind im Vergleich zu humanoiden Robotern weniger komplex und werden für therapeutische Zwecke eingesetzt. Basierend auf Erkenntnissen aus der tiergestützten Therapie, ahmen sie als positiv empfundene Elemente tierischen Verhaltens nach und ermöglichen so – zumeist eingebunden in eine zwischenmenschliche Interaktion – den Zugang zu Menschen mit Erkrankungen wie

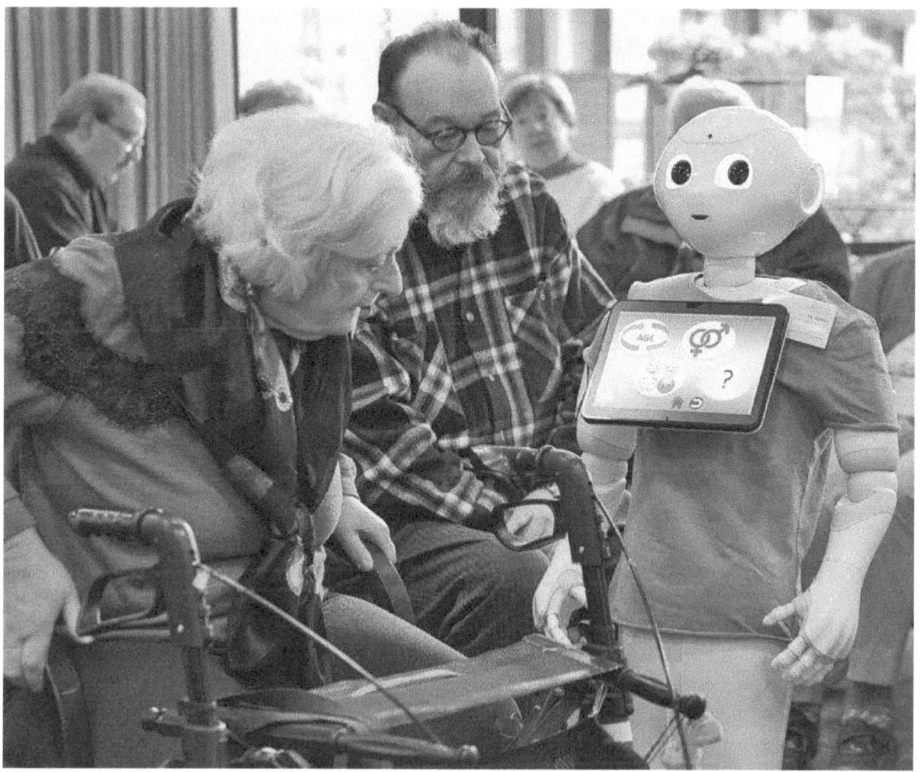

Abbildung 25: Test des humanoiden Roboters Pepper in einem Pflegeheim in Frankfurt a. M.

Foto: Arne Bensiek
Quelle: freiepresse.de/ratgeber/gesundheit/roboter-in-der-pflege-maschine-mit-spassfaktor-artikel10378418, Abruf: 6.8.2019

Demenz oder Autismus. Bekanntestes Beispiel derzeit ist das Robbenbaby Paro (parorobots.com), das bereits in zahlreichen Pflegeeinrichtungen eingesetzt wird.

3.4. Handlungsbedarfe für soziale Organisationen

Nähe in digitalen Welten

„Nah am Menschen" – so oder ähnlich lautet ein zentrales Versprechen vieler Verbände oder Träger der Wohlfahrtspflege seit ihren Gründungszeiten, das sich in verschiedenen Varianten in Logos und Slogans widerspiegelt. Die Branche nimmt als damit „dritter Sektor" für sich in Anspruch, einen besseren Draht zu Menschen mit einem wie immer gearteten Unterstützungsbedarf zu haben, als Staat und gewerbliche Wirtschaft dies vermögen. Um dieses Versprechen einzulösen, muss die Sozialwirtschaft in den Lebenswelten präsent sein, in denen sich diese Menschen bewegen. Lag der Fokus bislang auf klassischen Sozialräumen (vgl. etwa Budde 2006), so kommen im 21. Jahrhundert vermehrt **Informationsräume** oder digitale Lebenswelten hinzu. Die Herausforderung für die Anbieter sozialer Dienste besteht nun darin, dass die Kanäle in die klassischen Sozialräume ja nicht einfach „abgeschaltet“ werden können, die neuen jedoch hinzukommen. Noch lange Zeit wird es, insbesondere unter den Adressaten sozialer Dienste, neben den **Digital Natives** (mit Digitaltechnik aufgewachsene Menschen) und den **Digital Immigrants** (mit Digitaltechnik im Lauf des Lebens vertraut gewordene Menschen) auch **Offliner** geben, also Menschen, die keine Erfahrungen mit digitaler Technik haben. Auch digital affine Menschen handeln letztendlich in einer realen Umgebung. Offensichtlich ist jedoch, dass insbesondere die Generation der Digital Natives, aber auch ein guter Teil der Immigrants mittlerweile viele ihrer Lebensbezüge mit digitalen Mitteln organisieren. Dazu gehören immer mehr auch solche, die in den Bereich sozialer Dienstleistungen oder des bürgerschaftlichen Engagements fallen und damit soziale Organisationen im Kern berühren. Exemplarisch dafür können etwa die Suche nach Kita- oder Pflegeplätzen auf Portalen, Information über die Qualität von Arbeitgebern bei Jobnetzwerken oder spontan über soziale Netze selbstorganisierte Hilfsaktionen für geflüchtete Menschen genannt werden, für die sich bislang ausschließlich die klassischen Hilfsorganisationen für zuständig erklärt haben. Die Sozialwirtschaft muss also zusehen, dass sie sich nicht aus der immer digitaler werdenden Mitte der Gesellschaft verabschiedet, weil sie die entsprechenden Kulturtechniken nicht umfassend beherrscht und die Kommunikationskanäle dieser Menschen nicht bedient.

Digitalisierung als umfassende Aufgabe

Bei der Identifikation konkreter Handlungsansätze zur Gestaltung des digitalen Wandels taucht unweigerlich die Frage auf, von welchen **Akteuren** in der Sozialwirtschaft diese praktisch leistbar sind. Während große Komplexträger mit oft mehreren tausend Mitarbeitern über entsprechende Ressourcen verfügen oder diese aufbauen können, sehen sich kleinere Einrichtungen und Dienste schnell überfordert. Sie verfügen weder über die notwendige IT- und Medienexpertise, noch über Stabsabteilungen für Strategie- oder Qualitätsentwicklung, die hier unterstützend oder treibend tätig werden könnten. Auch die finanziellen Spielräume für Projekte sind oft eng begrenzt. Hier müssen es sich die Spitzenverbände auf Bundes-, Landes-, Diözesan- oder Bezirksebene zur Aufgabe machen, die kleineren Träger auf dem Weg in die Digitalisierung zu unterstützen. Dies ist einerseits eine klassische Querschnittsaufgabe, die in den verschiedenen Fachreferaten für Alten-, Behinderten- oder Familienhilfe verankert und von dort in die Einrichtungen getragen werden muss. Andererseits sind jedoch auch viele Fachreferenten noch wenig mit der Thematik vertraut, so dass zunächst wohl neue Kapazitäten benötigt werden, die den Aufbau von Knowhow auf verschiedenen Ebenen vorantreiben können. Doch die Verbände werden dieses umfängliche Thema nicht komplett in Eigenregie stemmen können. Gefragt ist hier sicherlich auch die politische Ebene. Während der digitale Wandel in der Wirtschaft unter dem Stichwort „Industrie 4.0“ oder „Arbeit 4.0“ mit Millionenbeträgen gefördert wird, ist die Sozialwirtschaft bislang weitgehend außen vor, hat aber bereits begonnen, Unterstützungsbedarf zu signalisieren.

Ein Grundsatzpapier der Bundesarbeitsgemeinschaft der Freien Wohlfahrtspflege (BAGWF 2017) nennt im Zusammenhang mit der Digitalisierung folgende sechs Handlungsfelder:

Handlungsfelder aus Sicht der Wohlfahrtspflege

1. ***Sozialraumorientierte soziale Arbeit:*** *Ziel ist es, analoge Angebote durch digitale zu ergänzen und weiterzuentwickeln, um Beteiligung zu stärken und neue Formen des Engagements einzubeziehen.*
2. ***Freiwilliges Engagement und Selbsthilfe:*** *Ziel ist es, Engagierten ein Forum für den Austausch im Netz und für digitale Formen der Mitwirkung zu bieten und sie zugleich in fach- und verbandspolitische Diskurse einzubinden.*
3. ***Beratung und Therapie:*** *Ziel ist es, die erfolgreichen Angebote der online-Beratung auszubauen und konzeptionell weiterzuentwickeln.*
4. ***Qualifikation und Bildung:*** *Ziel ist es, dass sich haupt- und ehrenamtliche Mitarbeitende auf allen Ebenen der Verbände qualifizieren müssen im Umgang mit neuen Anforderungen, die sich in der Digitalisierung für die soziale Arbeit ergeben. Es geht dabei um das Verstehen der Erfordernisse digitaler Produkte, Prozesse und Organisation, um methodische Kenntnisse des vernetzten, kollaborativen Arbeitens sowie um die Fähigkeit zur Gestaltung von Veränderung.*
5. ***Management und Innovation:*** *Ziel der Freien Wohlfahrtspflege bleibt es, sozial innovative Dienstleistungsmodelle sowie neue Struktureinheiten zu entwickeln, die für zukünftige Herausforderungen adäquate Lösungsansätze ermöglichen und neuartige Kooperationen fördern.*
6. ***Potentiale digitaler Innovation nutzen und durch Personal- und Organisationsentwicklung implementieren:*** *Ziel ist die organisatorische Anpassung von verbandlichen Prozessen, die durch digitale Innovationen erforderlich wird. Dabei sind strukturelle Agilität und neue Formen des Wissensmanagements zu entwickeln und zu fördern.*

3.5. Entwicklung von Digitalisierungsstrategien

Die von der BAGFW benannten Ziele auf Verbands- oder Einrichtungsebene umzusetzen, erweist sich in der Praxis als sehr komplex, da alle Dimensionen einer sozialen Organisation davon betroffen sind: Marktkommunikation, Adressatenkontakte, Mitarbeiterakquise, Personalentwicklung, die Ausgestaltung der Dienstleistungen, fachlich-methodische Fragen und vieles mehr. Diese Komplexität kann nur mit einem strategischen Ansatz beherrschbar gemacht werden.

3.5.1. Digitalisierungs-, Unternehmens- und IT-Strategie

Es gilt also, eine Digitalisierungsstrategie zu entwickeln, die aus der Unternehmensstrategie abgeleitet und in sie eingebunden werden muss. Denn zunächst sollte die jeweilige Organisation wissen, wohin sie sich in den kommenden Jahren bewegen möchte, um zu prüfen, wo sich auf diesem Weg digitale Technologien als nützlich und hilfreich erweisen können. Dabei sollten die eigenen Unternehmensstrukturen und das eigene Angebot an sozialen Dienstleistungen auf seine Zukunftsfähigkeit überprüft werden, damit nicht geschieht, was Dopheide (2017, S. 124) treffend so beschreibt:

> „Mist, wenn er digitalisiert wird, bleibt nämlich trotzdem Mist. Digitalisierter Mist. Der größte anzunehmende Unfall besteht deshalb vermutlich darin, dass man das, was man immer schon gemacht hat, mit Hilfe digitaler Lösungen noch schneller macht. So steigert man im schlechtesten Fall bloß die Geschwindigkeit, mit der man sich aus dem Markt schießt."

Insbesondere für kleinere soziale Organisationen besteht die Herausforderung, dass sie häufig erst eine Unternehmensstrategie entwickeln müssen, die auf einer Analyse der Umweltfaktoren sowie der eigenen Stärken und Schwächen beruht und konkrete Maßnahmen für die kommenden vier bis fünf Jahre benennt.

Technik schafft neue Möglichkeiten

Gleichzeitig können mit neuen Digitaltechnologien neue Hilfefelder (etwa Online-Sucht) entstehen oder die Technik kann neue Hilfeformen wie Videochat-Beratung oder Telediagnostik ermöglichen. Die Digitalisierung kann also auch Impulse für die Unternehmensstrategie liefern. Unternehmens- und Digitalisierungsstrategie müssen daher eng miteinander verwoben werden. Gleiches gilt zwischen der Digitalisierungs- und der IT-Strategie (vgl. dazu auch Abschnitt 7.2.): Aus Digitalisierungsvorhaben wie etwa dem Einsatz von Assistenz- oder Mobiltechnologien entstehen neue Anforderungen an die IT-Infrastruktur, an das IT-Management oder die IT-Sicherheit. Ebenso können aus der IT-Strategie Impulse für Digitalisierungsvorhaben kommen, wenn etwa die unternehmensweite Nutzung von Smartphones neue Kommunikationsmöglichkeiten mit Adressaten eröffnet.

Abbildung 26: Zusammenhang von Unternehmens-, Digitalisierungs- und IT-Strategie

Eine grundlegende Herausforderung bei der Entwicklung solcher Strategien stellen heute die schnellen, oft sprunghaft laufenden Entwicklungen, insbesondere im Bereich der Digitalisierung, zunehmend aber auch in vielen anderen gesellschaftlichen Feldern dar. Gebündelt wird dieses Phänomen unter dem Begriff „VUKA-Welt", was für die Begriffe Volatilität, Unsicherheit, Komplexität und Ambiguität steht (vgl. Mack u. a. 2016).

Sich schnell verändernde Rahmenbedingungen

- **Volatilität** bedeutet, dass die Systeme in Politik, Wirtschaft und Gesellschaft tendenziell unstabiler werden und die Veränderungs-geschwindigkeit in ihnen zunimmt. Ein Beispiel aus der Politik ist die zunehmende Diversifizierung des Parteienspektrums mit immer schwerer prognostizierbaren Wahlentscheidungen. In der Wirtschaft sind es die in Abschnitt 3.1. beschriebenen disruptiven Geschäftsmodelle, die ganze Branchen binnen kurzer Zeit verändern können.
- Damit ist eine **Unsicherheit** verbunden, die sich in einer mangelnden Kenntnis der Paradigmen und Regeln ausdrückt, die künftig in den einzelnen Systemen gelten. Veränderungen wie etwa neue Wettbewerber können plötzlich auftauchen und eine disruptive Wirkung entfalten – oder eben auch nicht. Entsprechend werden Prognosen unzuverlässiger, je länger sie in die Zukunft reichen.
- **Komplexität** meint, dass die Zahl der Einflussfaktoren auf Entwicklungen stetig wächst und nur noch schwer beherrschbar ist, insbesondere wenn in die Systeme eingegriffen wird. So kann etwa eine kleine funktionale Änderung in einer Social Media Anwendung eine große Verärgerung bei den Nutzern hervorrufen.
- **Ambiguität** schließlich bezeichnet die Mehrdeutigkeit von Phänomenen, dass etwa keine klaren Interessenskonstellationen mehr erkennbar sind. Firmen können bspw. gleichzeitig Kooperationspartner und Wettbewerber sein und Kunden gleichzeitig Anbieter von Produkten oder Dienstleistungen im Internet.

Vielen Führungskräften erscheint es daher schwierig bis unmöglich, tragfähige Strategien zu entwickeln. Faiß (2018, S. 103) stellt dem entgegen:

> „Träger und Einrichtungen, die sich aktiv mit ihrem Leistungsportfolio, dem Wettbewerb, ihrer Produktionskette, den Geschäftsprozessen und dem IT-Einsatz auseinandersetzen, haben bessere Handlungsoptionen zur Reaktion auf externe Entwicklungen und bei der Nutzung ihrer internen Potenziale."

Unternehmens- und Digitalisierungsstrategien dürfen dabei nicht mehr als starre Gebilde verstanden werden, sie müssen in kürzeren Abständen (mindestens einmal jährlich) flexibel an sich verändernde Gegebenheiten angepasst werden.

Neben der Unternehmensstrategie wirken verschiedene weitere Einflussfaktoren auf eine Digitalisierungsstrategie ein:

Einflussfaktoren auf Digitalisierungsstrategien

- Wie oben schon angedeutet, sind **technologische Innovationen** ein maßgeblicher Treiber des digitalen Wandels. Soziale Organisationen müssen also ein „Radar" für solche Innovationen entwickeln um frühzeitig zu erkennen, welche davon möglicherweise das eigene Kerngeschäft berühren oder gar gefährden und welche sinnvoll in vorhandene Sozialdienstleistungen, interne Abläufe oder in die Mitarbeiterakquise integriert werden können.

- Der mögliche Einsatz verschiedener Technologien unterliegt natürlich auch zahlreichen **rechtlichen Rahmenbedingungen.** In erster Linie ist hier der Datenschutz zu benennen (vgl. Kapitel 8.), ebenso spielen Fragen der Finanzierung oder Vorgaben der Kostenträger eine Rolle.
- Einen wichtigen Einflussfaktor stellen die **Kundenbedarfe** dar. Soziale Dienstleistungen und der Zugang zu ihnen wurden bislang eher entlang der Finanzierungslogik der Leistungsträger als vom Bedarf der Zielgruppen her gedacht. Da im Zeitalter der Digitalisierung neue Wettbewerber auftauchen und sich Zugangswege verändern (vgl. Abschnitt 3.3.1.), müssen Angebote künftig stärker vom Bedarf der Zielgruppen her gedacht werden.
- Ähnliches gilt angesichts eines zunehmenden Fachkräftemangels auch bei den **Mitarbeitenden.** Auch sie kennen aus ihrem privaten Alltag zahlreiche digitale Anwendungen wie etwa Instant-Messaging (z. B. WhatsApp) oder Cloudspeicherdienste (z.B. Dropbox) und möchten solche Technologien auch in ihrem beruflichen Alltag nutzen.
- Schließlich sollten Anbieter sozialer Dienstleistungen ihre Digitalisierungsstrategie immer auch **ethisch reflektieren:** Passen die Projekte und Maßnahmen zu den grundlegenden Werten der Organisation und seines Trägers? Wird dadurch etwa die Autonomie der Menschen gewahrt oder gestärkt und wie wird der Gefahr der „Entmenschlichung“ begegnet? Welche Risiken und Nebenwirkungen produziert der Einsatz bestimmter Technologien neben der eigentlich intendierten Wirkung?

3.5.2. Reifegrad-Ebenen einer Digitalisierungsstrategie

Der erste Schritt der Strategieentwicklung besteht in einer umfassenden Analyse des Ist-Standes in Sachen IT und Digitaltechnologien. Dabei wird man häufig auf ein Reihe grundlegender Themen stoßen, die hier nur kurz angerissen und in den nachfolgenden Kapiteln dieses Buches ausführlicher adressiert werden.

IT-Infrastruktur und IT-Management

Basis jedes Digitalisierungsansatzes ist ein gewisser **Reifegrad** in den Bereichen **IT-Infrastruktur und IT-Management** (vgl. Kapitel 7.). Damit sind zum einen die technische Ausstattung und zum anderen die Organisation des IT-Betriebes und seine Einbindung in die strategische Planung gemeint. Nicht zu vergessen sind hier auch **Datenschutz und IT-Sicherheit** (vgl. Kapitel 8.). Gerade in kleineren Einrichtungen gibt es bei diesen Themen vielfach immensen Nachholbedarf, doch auch viele große Träger haben noch kein professionelles Niveau erreicht. So hat etwa die Hälfte der im IT-Report für die Sozialwirtschaft (vgl. Kreidenweis/Wolff 2019, S. 25) untersuchten Organisationen keine ausgewiesene IT-Leitungsposition und weniger als die Hälfte verfügt über eine eigene Stelle dafür. Entsprechend gelingt es den Organisationen seit vielen Jahren nur bruchstückhaft, Ziele wie die Steigerung der fachlichen Qualität oder der Effizienz von Arbeitsabläufen mit Hilfe des Einsatzes von IT zu erreichen (vgl. Kreidenweis/Wolff 2018, S. 20) oder die Potenziale der IT in Bereichen wie Dienst- und Einsatzplanung oder Hilfeplanung und

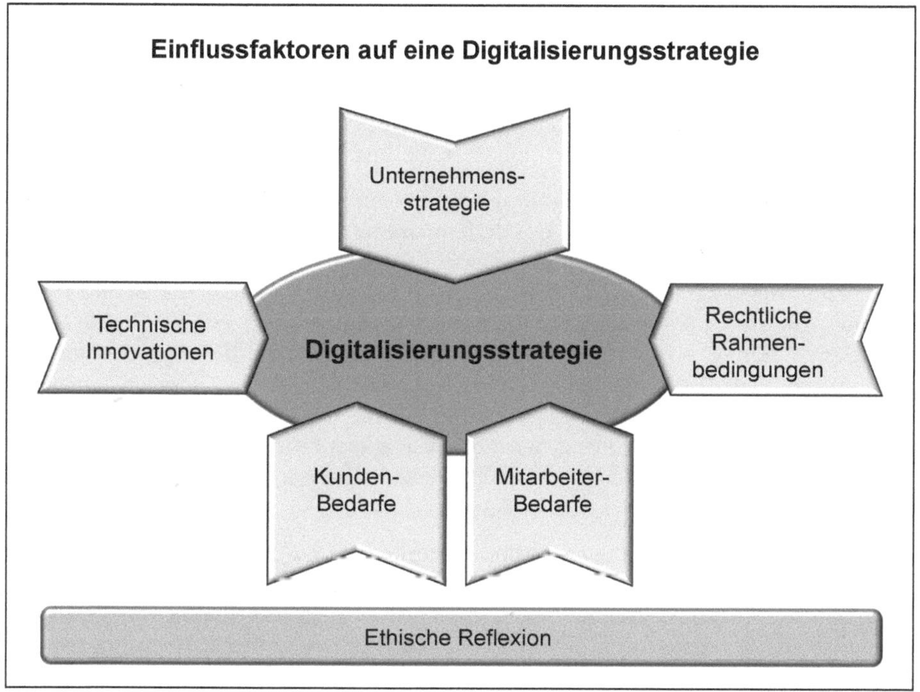

Abbildung 27: Einflussfaktoren auf eine Digitalisierungsstrategie

Dokumentation auszuschöpfen. Besonders negativ schneiden hier Organisationen mit weniger als 100 Mitarbeitenden ab (a. a. O., S. 21 f.).

Geschäfts-prozess-management

Ein weiteres Basisthema ist die **Reife des Managements von Geschäftsprozessen** (vgl. Kapitel 6.), denn digitale Geschäftsmodelle sind in aller Regel stark prozessgetrieben und leben von einer agilen, radikal kundenfokussierten Gestaltung der Abläufe im Unternehmen (vgl. Eisenreich/Ufer 2018). Hier stellt sich konkret die Frage, wie gut die Organisationen ihre Prozesse kennen und ob diese unter optimalem Einsatz von IT effizient gestaltet sind. Zwar betreiben viele Organisationen mittlerweile ein Qualitätsmanagement, das Prozesse dokumentiert. Doch dies ist häufig von der Zertifizierungslogik dominiert, von den Fachkräften wenig akzeptiert und ohne expliziten Fokus auf Effizienz und IT-Nutzung gestaltet (vgl. Faiß/Kreidenweis 2016, S. 38 f.). Das Geschäftsprozessmanagement kann daher als Weiterentwicklung des Qualitätsmanagements betrachtet werden, das die Prozessgestaltung als strategisches Wertschöpfungsthema begreift, von den Bedarfen der internen und externen Kunden her denkt und den IT-Einsatz als integralen Bestandteil einer aktiven Optimierung betrachtet (vgl. a. a. O., S. 18 ff.). Auch hier zeigt die Praxis noch großen Entwicklungsbedarf: Prozesse sind vielfach wenig standardisiert oder definierte Standards werden nicht eingehalten, sie enthalten zahlreiche Medienbrüche, Doppelerfassungen, Rückfragen sowie andere nicht wertschöpfende Tätigkeiten und sind selten durchgängig in IT-Systemen abgebildet (vgl. Kreidenweis 2015).

Entscheidende Fortschritte auf den Feldern IT- und Prozessmanagement sind nur möglich, wenn beide Themen zusammengedacht und als **strategische Führungsthemen** im Rahmen einer Digitalisierungsstrategie begriffen werden.

Digitale Elemente integrieren

Wenn diese beiden Themen zumindest angegangen sind, dann ist es möglich, neue **digitale Elemente in vorhandene Geschäftsprozesse** zu integrieren. Das kann bspw. auf Ebene der Adressaten eine webbasierte Terminbuchung sein, die freie Termine in Echtzeit anzeigt und Buchungen automatisch in die Kalender der Berater übernimmt. Auf Mitarbeiterseite wäre es etwa ein digitaler Prozess zur Beantragung und Genehmigung von Urlaub, für Krankmeldungen oder die Abrechnung von Reisekosten. Bei der Umsetzung solcher vermeintlich kleiner Themen entstehen wichtige Lerneffekte für die Organisation: Welche organisatorischen und technischen Vorbereitungen sind nötig, wie kann die Akzeptanz bei Mitarbeitenden und Adressaten gesichert werden und wie lassen sich Erfolge messen und gesammelte Erfahrungen auf Folgeprojekte übertragen.

Komplexe Prozesse digitalisieren

Auf diesem Erfahrungshintergrund kann damit begonnen werden, auch **komplexere Prozesse** wie die Klientenaufnahme oder die Hilfeplanung auf den digitalen Prüfstand zu stellen. Manchmal wird man dabei auch zur Erkenntnis gelangen, dass es wenig Nutzen stiftet, die vorhandenen Prozesse zu optimieren, sondern es sich als notwendig erweist, Abläufe und dahinter liegende Strukturen disruptiv neu zu denken. Ein Beispiel dafür ist der Anfrage- oder Erstkontaktprozess von Klienten in einer Altenhilfe-Einrichtung mit ambulanten, teilstationären und stationären Angeboten. Häufig wird dieser Prozess intern und in der Außendarstellung noch in versäulten institutionellen Strukturen gedacht. Prospekte und Website listen jeweils Kontaktdaten der einzelnen Einrichtungen auf, an die sich der Interessent wenden kann. Operativ kann man nun auch diese Kontaktaufnahme etwa durch webbasierte Kontaktformulare digital optimieren (siehe oben: „Digitalisierter Mist“, Dopheide 2017, S. 124). Denkt man diesen Prozess jedoch radikal vom Kunden her, so ist diese institutionelle Sicht kontraproduktiv. Der Kunde steht in der Regel in einer Situation, in der er dringend pflegerische Unterstützung benötigt und keine Ahnung hat, ob er nun das Pflegeheim St. Hildegard, die Sozialstation Stadtmitte oder die Tagespflege Sonnenschein kontaktieren soll. Ein kundenorientierter Prozess würde einen einzigen Kontaktpunkt („single point of contact“) anbieten, der auch Abends und am Wochenende per Webformular, Chat, Skype, Telefon und Mail erreichbar ist und zunächst Beratung dazu bietet, welche Hilfeform in der gegebenen Situation überhaupt sinnvoll ist.

Digitalisierung früh mitbedenken

Werden neue Hilfsangebote entwickelt, ist es wichtig, den digitalen Wandel schon in der **Konzeptionsphase** mitzudenken. Dies betrifft alle Bereiche von der Gebäude-Infrastruktur (z. B. Netzverfügbarkeit am Standort und W-LAN-Zugänge) über die Personalstruktur (Digitalkompetenz) bis hin zur Nutzung geeigneter Fachsoftware, die etwa eine digitale Klientenkommunikation unterstützt. Insbesondere hier erweist sich Knowhow im Prozessmanagement als sinnvoll, denn die zentralen Prozesse sollten möglichst vor Aufnahme der Arbeit mit explizitem Fokus auf Kundenorientierung und Digitalisierung modelliert werden.

Digitalisierung bedeutet vielfach auch, viel stärker als bisher in **Netzwerkstrukturen** zu denken. Dies betrifft zum einen die Zusammenarbeit mit Institutionen, die ergänzende Hilfen bieten, zum anderen aber auch die Öffnung gegenüber Hochschulen, Startup-Unternehmen oder anderen Akteuren, mit denen innovative Geschäftsmodelle gemeinsam entwickelt, erprobt und eingeführt werden können.

Am oberen Ende dieser Skala von Schritten ist die Organisation mental und praktisch auch dazu in der Lage, stark **digital getriebene Geschäftsmodelle zu realisieren**, die aus heutiger Sicht vielleicht noch gar nicht denkbar sind.

Abbildung 28: Reifegradmodell des digitalen Wandels in sozialen Organisationen

3.5.3. Ansätze und Methoden der Strategieentwicklung

Mitarbeitende einbeziehen

Blickt man in die gewerbliche Wirtschaft (vgl. Wolff 2018), so zeigt sich, dass es zwar keine eindeutigen Erfolgsrezepte, wohl aber valide Anhaltspunkte für einen erfolgreichen Weg in die Digitalisierung gibt. Eine wichtige Erkenntnis ist, dass digitale Innovation nicht verordnet werden kann. Vielmehr gilt es, den Mitarbeitenden Freiräume für die Entwicklung von Ideen zu gewähren und die Hierarchieebenen für solche Ideen durchlässig zu gestalten.

> „Gerade aufgrund der systemischen Vielfältigkeit der Anforderungen ist die Beteiligung aller Menschen in der Organisation gefordert. (…) Dieses Vorgehen jedoch bedarf eines Umdenkens seitens der Mitarbeiter*innen wie

auch der Führungskräfte: Die Mitarbeiter*innen sind verstärkt gefordert, Verantwortung zu übernehmen. Die Führungskräfte sind gefordert ´loszulassen´ und die Mitarbeiter*innen bei den selbst organisierten Experimenten zu begleiten, anstatt vorzugeben, was zu tun ist"
(Epe 2019, S. 13 f.).

Agile Methoden nutzen

Um solche Innovationsprozesse zu fördern, eignen sich vor allem **agile Methoden** (vgl. Kuster u. a. 2019). Dieser ursprünglich aus der Software-Entwicklung stammende Ansatz löst sich angesichts der hohen Dynamik in der digitalen Welt von langwierigen Planungs- und Realisierungszyklen. Stattdessen setzen Modelle wie **Scrum** auf kurze, iterative Phasen oder **Sprints**, in denen Planung und Realisierung zusammenfließen und an deren Ende konkret jeweils ein nutzbares Zwischenergebnis steht. Ein weiteres Merkmal solcher Methoden ist häufig die Arbeit in interdisziplinären Teams sowie eine frühe und direkte Einbindung der Nutzer oder Kunden.

Innovationstrichter

Ein Beispiel für einen solchen Ansatz ist der von der niederländischen Hilfsorganisation für Menschen mit Sehbehinderungen Bartiméus (bartimeus.nl) entwickelte Innovationstrichter für digitale Innovationen (vgl. Scholten 2018).

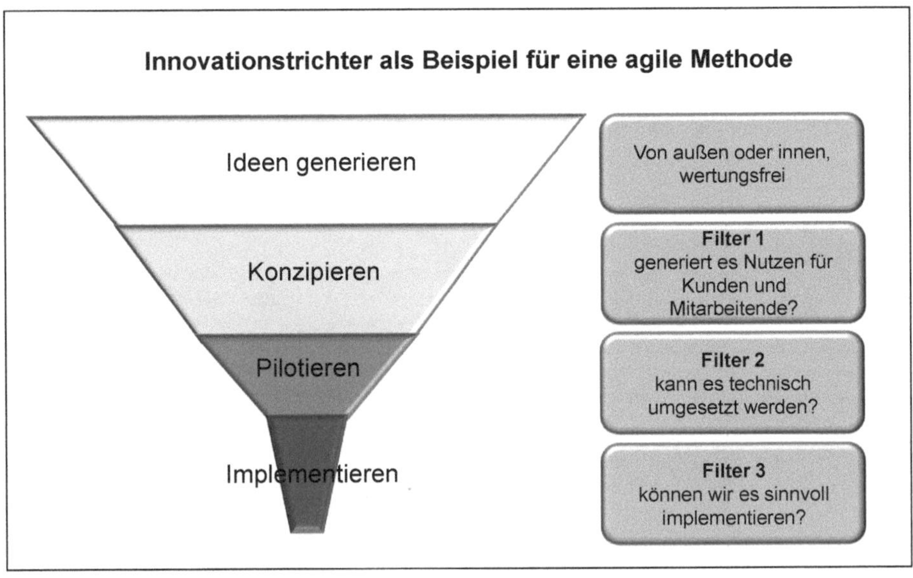

Abbildung 29: Innovationstrichter der Hilfsorganisation Bartiméus (in Anlehnung an Scholten 2018)

Der erste Schritt besteht hier darin, **Ideen** wertungsfrei entstehen zu lassen, sei es durch Mitarbeitende, Betreute, Angehörige oder andere Menschen, die mit der Organisation in Verbindung stehen. Anschließend geht es darum, aus der Idee ein erstes **Pilotprodukt** zu entwickeln. Dieses muss keineswegs perfekt sein, sondern nur Informationen dazu liefern, ob die Idee einen Nutzen für Kunden und/oder Mitarbeitende generiert. Ist dies der Fall, so wird geprüft, ob das auch sinnvoll **technisch umgesetzt** werden kann, also ob Technologien zur Verfügung stehen, um es zu einer nützlichen Anwendung reifen zu lassen. Ist auch diese Filterstufe genommen, so lautet die letzte Frage, ob die Organisation es sinnvoll in ihre Arbeitsvollzüge **integrieren** kann. Auf diese Weise wird ein aufwändiger, langwieriger und teurer Entwicklungsprozess vermieden, der Gefahr laufen kann, an den Bedürfnissen der Betreuten und Mitarbeitenden vorbei zu gehen.

Labs als Experimentierraum

Ein weiterer beispielhafter Ansatz, um Mitarbeitende und Betreute mit neuen Digitaltechnologien vertraut zu machen und Kreativpotenziale zu fördern, sind sogenannte **Labs** (Kurzwort für Laboratory, Labor). Ein Lab ist zugleich ein Ort und ein Prozess, der es den Beteiligten ermöglicht, ein Problem nicht nur aus verschiedenen institutionellen Blickwinkeln zu betrachten sondern auch von der NutzerInnen-Sicht aus zu verstehen und praxistaugliche Lösungen zu entwickeln – schnell und iterativ.

Abbildung 30: Das PIKSL-Projekt als Beispiel für ein Lab, das digitale Innovationen gemeinsam von Mitarbeitenden und Menschen mit Behinderung fördert

Quelle: piksl.net/ed, Abruf: 6.8.2019

Design Thinking als Kreativmethode

Sinnvoll ist auch der Einsatz von Methoden wie **Design Thinking**, die Kreativpotenziale fördern und kundenfokussiertes Denken in den Mittelpunkt stellen. Im

Fokus steht dabei die Entwicklung von möglichst anschaulichen Prototypen von Produkten oder Dienstleistungen. Dabei wird folgender Ablauf von Prozessschritten verfolgt (vgl. Hartmann 2018, S. 136 f.):

- **Verstehen:** Am Anfang geht es darum, die richtige Frage zu finden oder zu durchdringen, wo das Problem der Zielgruppe genau liegt. Dabei ist es zumeist sinnvoll, Vertreter der Zielgruppe direkt in den Prozess einzubinden.
- **Beobachten:** Hier beginnt die „Forschungsarbeit", um das Praxisfeld besser kennenzulernen, etwa durch teilnehmende Beobachtung oder fokussierte Interviews bei den späteren Nutzern oder Kunden, aber auch bei den Mitarbeitenden der Organisation.
- **Standpunkt definieren:** Bei diesem entscheidenden Schritt wird ein gemeinsamer Standpunkt des (heterogenen) Teams erarbeitet. Methodisch wird dabei häufig mit „Personas" gearbeitet, also archetypischen Modellen der späteren Nutzer, denen Eigenschaften etwa im Umgang mit digitalen Medien zugewiesen werden.
- **Ideen finden:** Die nächste Aufgabe besteht darin, in Form von Brainstormings in möglichst kurzer Zeit möglichst viele Ideen für die Lösung des Problems zu finden. Hier sind auch „wilde" Ideen erlaubt, Kritik findet nicht statt.
- **Prototyp entwickeln:** In der vorletzten Phase werden dann eine oder mehrere dieser Ideen ausgewählt und Prototypen dafür entwickelt. Dies soll möglichst ein Prozess sein, an dem alle Sinne beteiligt sind. Entsprechend werden häufig Mal- und Bastelmaterialien dafür genutzt. Für die Entwicklung von Dienstleistungen eignen sich Rollenspiele oder kleine Video-Produktionen.
- **Prototyp testen:** Am Ende wird der Prototyp potenziellen Nutzern zum Test und für Feedbacks freigegeben. Aufgrund der Rückmeldungen wird der Prototyp weiter verbessert und verfeinert, oder es wird an einen früheren Punkt des Prozesses zurückgesprungen und bspw. eine andere Idee aufgegriffen und zum Prototypen entwickelt. Das Ende des Zyklus ist erreicht, wenn aus dem Prototypen ein Produkt oder eine Dienstleistung entwickelt werden kann.

Der Sinn der hier kurz geschilderten und anderer agiler Methoden für den Bereich sozialer Dienstleistungen erschließt sich zum einen aus der hohen Geschwindigkeit, die bei gleichzeitig relativ geringem Ressourceneinsatz mit ihnen erreicht werden kann. Zum anderen fördern sie stark das Denken vom (digitalen) Bedarf der Kunden her. Denn meist packen neue Konkurrenten aus der digitalen Welt wie etwa Plattform-Anbieter die Märkte von der Konsumentenseite an. Mit moderner Technik schaffen sie ein besseres Kundenerlebnis (was angesichts der aktuellen digitalen Präsenz der Wohlfahrt nicht schwierig ist) und gelangen so binnen kürzester Zeit an wertvolles Wissen um Marktstrukturen und den Zugang zu den Kunden.

Digitalisierung von unten und oben her denken

Zusammenfassend wird auf dem Weg zur Digitalisierung der Sozialwirtschaft eine **Bottom-up getriebene Top-Down-Strategie** benötigt: ein Mix aus strategischer Zielsetzung und Steuerung durch die Führungsebene auf der einen Seite und praktischem Tun, Experimentieren, Scheitern und Neuanfangen auf der anderen Seite. All dies im Bewusstsein, dass das Zeitfenster für die digitale Transformation nicht unbegrenzt lange offen bleibt, da sich kommerzielle und internationale Wettbewerber, teils aber auch andere, agil arbeitende Sozialträger sich längst auf den Weg gemacht haben, um sich in die Wertschöpfungsketten einzuklinken und entscheidende Kundenschnittstellen zu besetzen.

Anliegen dieses Kapitels war es zu zeigen, dass die Digitalisierung **keine vorübergehende Modeerscheinung** ist und sich soziale Organisationen zwingend mit ihr beschäftigen müssen. „Insgesamt wird die Innovationsfähigkeit der Freien Wohlfahrtspflege auf den Prüfstand gestellt und hinterfragt. Die Zeiten wohlgefälligen Ausruhens auf den Lorbeeren bisheriger Erfolge sind vorbei" (Timm 2017, S. 4). Der digitale Wandel wird die Gesellschaft und damit auch die Sozialwirtschaft entscheidend prägen. Für den Prozess des Wandels in ihren Organisationen benötigen Führungskräfte und Mitarbeitende dringend Digitalkompetenz. Die weiteren Kapitel in diesem Band sollen wichtige Informationen dazu liefern und Leitungs- oder Fachkräfte ermutigen, die ersten Schritte zu gehen.

Arbeitsaufgaben

6. Ihr schon leicht ergrauter Sozialarbeiter-Kollege Fred Steinzeitler meint, dass das Thema Digitalisierung ja ganz interessant sei, aber nichts mit Sozialer Arbeit zu tun hätte. Hier würde doch der Mensch im Mittelpunkt stehen und nicht der Computer. Versuchen Sie ihm zu erklären, warum er mit dieser Auffassung möglicherweise falsch liegt und warum sich die Soziale Arbeit mit der Digitalisierung auseinandersetzen muss.
7. Sie treten Ihre neue Stelle als Sozialarbeiter/-in in einer Beratungsstelle an. Die Leiterin erzählt Ihnen stolz, dass sich die Stelle nun auch digitalisiert hat. Beratungskontakte würden nicht mehr handschriftlich, sondern auf Excel-Listen statistisch erfasst und in Word dokumentiert. Auch hätte man inzwischen eine Homepage, auf der das Angebot der Stelle beschrieben ist und eine Telefonnummer und E-Mail-Adresse zur Kontaktaufnahme steht. Handelt es sich Ihrer Auffassung nach hier wirklich um Digitalisierung? Geben Sie der Leiterin einen Ausblick, was Digitalisierung für die Arbeit von Beratungsstellen bedeuten könnte.

Literatur und Links zum Kapitel

ard-zdf-onlinestudie.de/ardzdf-onlinestudie-2018, Abruf: 30.7.2019.

BAGFW: Digitale Transformation und gesellschaftlicher Zusammenhalt – Organisationsentwicklung der Freien Wohlfahrtspflege unter den Vorzeichen der Digitalisierung. https://www.bagfw.de/veroeffentlichungen/stellungnahmen/positionen/detail/digitale-transformation-und-gesellschaftlicher-zusammenhalt-organisationsentwicklung-der-freien-wohlfahrtspflege-unter-den-vorzeichen-der-digitalisierung, Abruf: 4.9.2019.

Budde, Wolfgang (Hrsg.): Sozialraumorientierung. Wege zu einer veränderten Praxis. Wiesbaden 2006.

Dahme, Heinz-Jürgen/Kühnlein, Gertrud/Wohlfahrt, Norbert: Zwischen Wettbewerb und Subsidiarität. Wohlfahrtsverbände unterwegs in die Sozialwirtschaft. Berlin 2005.

de.statista.com/themen/2033/internetnutzung-in-deutschland, Abruf: 30.7.2019.

Dopheide, Christian: Zur Digitalisierung des Sozialen. Ethische und ökonomische Reflexionen. Baden-Baden 2017.

Eisenreich, Thomas/Ufer, Uwe: Digitale Geschäftsmodelle gestalten. In: Kreidenweis, Helmut (Hrsg.): Digitaler Wandel in der Sozialwirtschaft. Grundlagen – Strategien – Praxis. Baden-Baden 2018. S. 103–132.

Epe, Hendrik: „Culture eats strategy for breakfast" – Über die "richtige" Strategie der Digitalisierung. In: Blätter der Wohlfahrtspflege Nr. 1/2019, S. 12–14.

FINSOZ e.V.: Positionspapier Digitalisierung der Sozialwirtschaft. Berlin 2017. Quelle: finsoz.de/sites/default/files/pressemeldungen/finsozev_positionspapier-digitalisierung-2.auflage.pdf, Abruf: 4.9.2019.

Faiß, Peter/Kreidenweis, Helmut: Geschäftsprozessmanagement in sozialen Organisationen. Baden-Baden 2016.

Faiß, Peter: Digitalisierungsstrategien für Verbände und Komplexträger entwickeln. In: Kreidenweis, Helmut (Hrsg.): Digitaler Wandel in der Sozialwirtschaft. Grundlagen – Strategien – Praxis. Baden-Baden 2018. S. 103–117.

Gorgs, Claus: Fahrt ins Grüne. In: Manager Magazin Nr. 12/2016, S. 106–110.

Hartmann, Christian: Digitale Dienstleistungen entwickeln – Innovationskultur mit neuen Methoden fördern. In: Kreidenweis, Helmut (Hrsg.): Digitaler Wandel in der Sozialwirtschaft. Grundlagen – Strategien – Praxis. Baden-Baden 2018. S. 133–144.

Klug, Wolfgang: Wohlfahrtsverbände zwischen Markt, Staat und Selbsthilfe. Freiburg im Breisgau 1997.

Kollmann, Tobias/Schmidt Holger: Deutschland 4.0. Wie die Digitale Transformation gelingt. Wiesbaden 2016.

Kreidenweis, Helmut: Branchensoftware: Prozesse verbessern, Wirkung steigern. In: Sozialwirtschaft, Nr. 4/2015, S. 20–23.

Kreidenweis,Helmut/Wolff Dietmar: IT-Report für die Sozialwirtschaft 2018. Eichstätt 2018.

Kreidenweis, Helmut/Wolff Dietmar: IT-Report für die Sozialwirtschaft 2019. Eichstätt 2019.

Kuster, Jürg u. a. (Hrsg.): Handbuch Projektmanagement. Agil – Klassisch – Hybrid. Berlin 2019

Mack, Oliver u. a. (Hrsg.): Managing in a VUCA World. Springer, Heidelberg/New York 2016.

Rifkin, Jeremy: Das Ende der Arbeit und ihre Zukunft. New York 1995.

Scholten, Hans: Social meets Google. In: Kreidenweis, Helmut/Halfar, Bernd: Dokumentation 13. Fachtagung Sozialinformatik. Eichstätt 2018. sozialinformatik.de/fileadmin/1805/pdf_documents/Fachtagung/Tagungsdokumentation_2018.pdf, Abruf: 3.9.2019.

Schöttler, Roland: unveröffentlichtes Vortragsmanuskript: Innovation in der Sozialwirtschaft. Nürnberg 2016.

Süddeutsche Zeitung 4./5.3. 2017, S. 10.

Timm, Gerhard: smart welfare – Chancen und Herausforderungen für die Wohlfahrtspflege. bagfw.de/2017_SozialraumDigital/Doku/Timm_Vortrag.pdf,, Abruf: 26.10.2017.

Weizenbaum, Joseph: Wer erfindet die Computermythen? Der Fortschritt in den großen Irrtum. Freiburg/Basel/Wien 1993.

Welskop-Deffaa, Eva M.: Freie Wohlfahrtspflege in der Plattformökonomie: Seismografin, Solidaritätsstifterin, strategische Herausforderungen. In: Archiv für Wissenschaft und Praxis der sozialen Arbeit Nr. 2/2019, S. 22–31.

Wolff, Dietmar: Was kann die Sozialbranche aus der Wirtschaft lernen – was besser nicht? In: Kreidenweis, Helmut (Hrsg.): Digitaler Wandel in der Sozialwirtschaft. Grundlagen – Strategien – Praxis. Baden-Baden 2018. S. 45–56.

4. Informationstechnologie in sozialen Organisationen

Zusammenfassung

Das vierte Kapitel zeigt zunächst einige historische Entwicklungslinien der IT-Nutzung in sozialen Organisationen auf und umreißt, wie Informationstechnologie heute in der Sozialwirtschaft vorrangig genutzt wird. Dabei werden einzelne Klassen von Anwendungssystemen wie betriebswirtschaftliche oder fachspezifische Software kurz vorgestellt. Der dritte Abschnitt widmet sich künftigen Entwicklungstrends wie Mobilität, Klienten-Integration, Big Data oder Assistenz-Technologien.

4.1. Historische Entwicklungslinien

Um die gegenwärtige Situation und künftige Entwicklungen der IT in sozialen Organisationen besser einordnen zu können, ist es hilfreich, einen Blick auf die bisherigen Entwicklungslinien zu werfen.

Vier Entwicklungsphasen

Die Geschichte des IT-Einsatzes in sozialen Einrichtungen und Verbänden kann idealtypisch in **vier Phasen** dargestellt werden. In der Praxis gehen diese Phasen jedoch fließend ineinander über oder werden durch Ungleichzeitigkeiten in den verschiedenen Arbeitsfeldern und Organisationstypen innerhalb der Sozialwirtschaft überlagert. Dennoch markieren sie wichtige Schritte bei der Entwicklung der IT-Nutzung, insbesondere der fachspezifischen Softwarelösungen.

4.1.1. Erste Phase: Verwaltungssoftware

Verwaltung und Abrechnung

In der ersten Phase, etwa von Mitte der 80er bis Mitte der 90er Jahre, des 20. Jahrhunderts wurden vor allem verwaltungstechnische Anwendungen in den Bereichen **Finanzbuchhaltung, Lohn- und Gehaltsabrechnung, Stammdatenverwaltung und Leistungsabrechnung** entwickelt und genutzt. Diese Software-Lösungen basierten auf den Betriebssystemen MS-DOS oder (seltener) UNIX. Aufgrund ihrer rein textorientierten, nicht intuitiv bedienbaren Oberflächen und wegen ihrer administrativen Ausrichtung waren sie kaum für Fachkräfte aus der Sozialen Arbeit oder Pflege geeignet und wurden von ihnen auch kaum genutzt.

Primäre Einsatzfelder solcher Programme waren zunächst größere stationäre Einrichtungen der Alten- oder Behindertenhilfe, welche die zu dieser Zeit noch sehr teure Hardware überhaupt finanzieren konnten. Mit der beginnenden Verbreitung günstigerer und leistungsfähiger PCs nutzten allmählich auch kleinere Einrichtungen entsprechende Programme.

Externe Partner waren in dieser Phase nicht an die internen Verwaltungslösungen angebunden, die Kommunikation mit ihnen erfolgte ausschließlich auf klassischen Wegen, also per Briefpost, Fax oder Telefon. Die externen Partner – vor allem Kostenträger – begannen in dieser Phase ebenfalls solche verwaltungsorientierten Insellösungen zu betreiben.

```
C+S          C & S Software                    C & S GmbH
                                               Augsburg
             Stammdaten Bewohner               18. 3.92

Bew.- Nr.   :      1       Pflegestufe :    Herkunftsreg.:  1 Bewerbung
Name        : Krummholz                     Heim - Nr.    :    1
Vorname     : Hans                          Station       :
Anrede      :  1 Herr                       Gruppe        :     1 betreute
Titel       :  1 Dipl.-Pol.                 Zimmer        : 2001
Telefon 1   : 0821-555088                   Zimmer-Kz.    :  1 Einzelzimmer
Telefon 2   : 0821-553016       Art: Telefon
Geb.- Dat.  : 12.11.1906                    Aufnahme      :  1. 1.1992
Geb.- Name  :                               Entlassung    :   .  .
Geb.- Ort   : München                       Ehepartner    :

                                            Konfession    :  5 sonstige Ang
Geschlecht  : M männlich                    Mitglied      :
Fam.-Stand  : L ledig                       Maßnahme      :
Ausweis-Nr. : PA 423589   Sort-Kz.:         Aktenzeichen  : AZ 47/231 K
frei def.1  : 121104   National.  :         Rentenv.- Nr. : 121104K31810
frei def.2             Namenstag  :   .

1=anzeigen 2=speich.  3=BS lösch 4=löschen  5=EXP/^IMP 6=vorwärts 7=Auswahl
```

Abbildung 31: Bildschirm-Maske eines weit verbreiteten DOS-Programms zur Heimverwaltung der C&S GmbH aus dem Jahr 1992

Quelle: Handbuch C&S Heim, ohne Ort, Autor und Seitenangabe

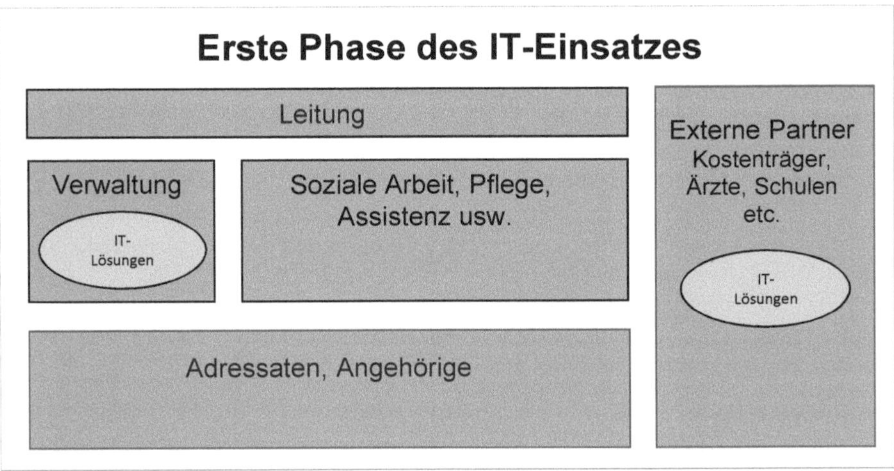

Abbildung 32: Erste Phase mit IT-Einsatz in der Verwaltung

4.1.2. Zweite Phase: Ausweitung auf Leitung und Fachlichkeit

Planung, Dokumentation und Betriebswirtschaft

Die zweite Phase von Mitte der 90er Jahre bis etwa zur Jahrtausendwende brachte auf der Ebene der fachspezifischen Software-Lösungen zweierlei Entwicklungen: Zum einen wurden vermehrt Zusatzfunktionen oder eigenständige Programme für die fachliche Arbeit wie **Pflege**- oder **Falldokumentation** entwickelt und eingesetzt. Zum anderen ging der Trend hin zu differenzierteren **Auswertungswerkzeugen** im betriebswirtschaftlichen Bereich und **Adressaten- bzw. Leistungs-Statistiken** auf fachlicher Ebene. Mit der Fachsoftware, verstärkt aber auch mit Office-Anwendungen begann sich der IT-Einsatz damit langsam auf die Leitungsebene sowie die fachlichen Bereiche auszudehnen. Dort blieb er jedoch zunächst auf eine eher **punktuelle Nutzung** beschränkt. Als Betriebssystem wurde nun meist Windows eingesetzt. Die Programme bekamen grafische Oberflächen, was die Bedienbarkeit deutlich erleichterte und die Akzeptanz steigerte. Ebenso installierten die Einrichtungen vermehrt Netzwerke, jedoch zunächst oft noch ohne Anbindung an das Internet. Entsprechend blieb die Kommunikation mit externen Partnern weitgehend auf dem Niveau der ersten Phase.

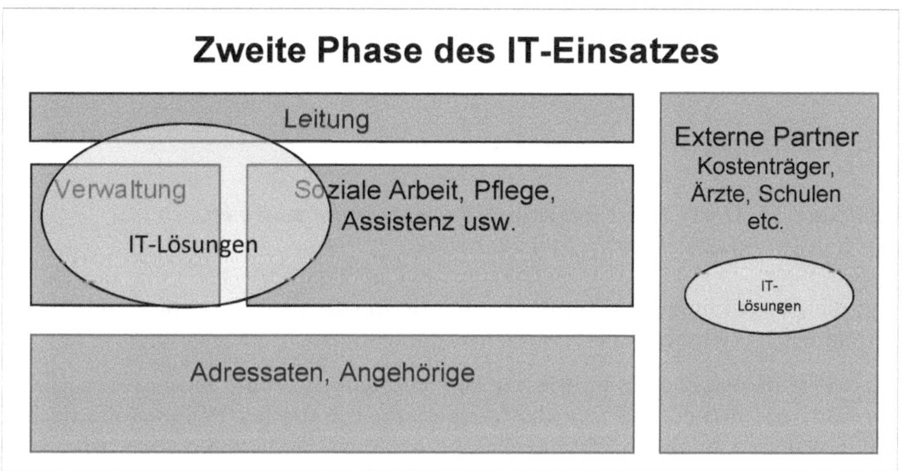

Abbildung 33: Zweite Phase mit ersten Anwendungen für Leitung und fachliche Arbeit

4.1.3. Dritte Phase: Intensive fachliche Nutzung und Controlling

Fallbezogene Planung und Evaluation

Die dritte Phase begann etwa mit der Jahrtausendwende und ist auf fachlicher Ebene vor allem durch eine Integration **fallbezogener Planungs- und Evaluationsfunktionen** in die Software gekennzeichnet. Beschränkten sich die Fachprogramme bis dahin zumeist auf die nachgehende Dokumentation Sozialer Arbeit und Pflege, so wurden nun vermehrt Module für Hilfe- oder Pflegeplanung sowie zur Kontrolle der Erreichung geplanter Ziele entwickelt und eingesetzt. Damit hatte die IT endgültig den fachlich-methodischen Kernbereich der Sozialen Arbeit und Pflege erreicht. Die Entwicklung und Verbreitung derartiger Systeme ist jedoch bis heute nicht abgeschlossen und differiert zwischen und innerhalb der Arbeitsfelder erheblich.

Ähnliches geschah auf betriebswirtschaftlicher Ebene: die zunächst retrospektiv angelegten Auswertungswerkzeuge wurden zunehmend durch **prospektiv-planerische Tools** ergänzt, die etwa Umsatzhochrechnungen, vermehrt auch differenziert nach Touren, Abteilungen oder Adressaten ermöglichten. Darauf aufbauend be-

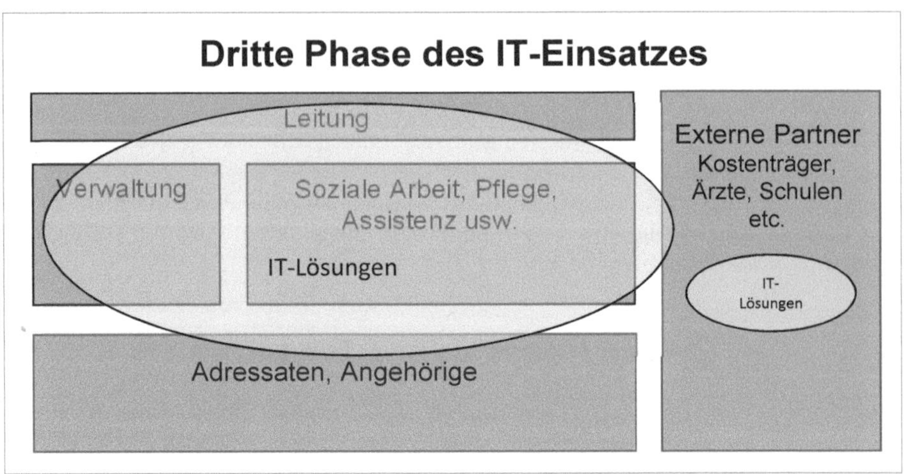

Abbildung 34: Dritte Phase mit Anwendungen für die zentralen Funktionsbereiche sozialer Organisationen

gann die Entwicklung von Funktionen für ein **integriertes Controlling**, das fachliche und betriebswirtschaftliche Daten zusammenführt.

Büro-Anwendungen breiten sich aus

Parallel zu diesen Entwicklungen im Bereich fachlicher und betriebswirtschaftlicher Software breitete sich mit der Verfügbarkeit grafischer Benutzeroberflächen (Windows) ab Anfang bis Mitte der 90er Jahre auch die Nutzung von **Office-Software** für Textverarbeitung, Tabellenkalkulation, Datenbankverwaltung und Präsentation aus. Mit Hilfe der darin eingebauten Konfigurationsmöglichkeiten, Makro- und Formelsprachen begannen manche soziale Organisationen, fachspezifische Anwendungen in Eigenregie zu entwickeln.

Waren bis zur zweiten Phase die fachlichen und betriebswirtschaftlichen Anwendungen die primären Treiber für die Verbreitung der IT in den Einrichtungen, so übernahmen etwa ab dem Jahrtausendwechsel zunehmend Office-Lösungen, E-Mail und Internet diese Rolle. In dieser Phase wurden vielfach auch lokale Netzwerke verschiedener Standorte sozialer Organisationen miteinander verbunden und mit der Installation eines zentralen Anwendungsbetriebes begonnen.

Intensive Internet-Nutzung setzt ein

In der dritten Phase setzte auch eine zunehmende **Nutzung des Internets** ein. Ähnlich wie in anderen Branchen bildete sich das volle Nutzungsspektrum heraus: E-Mail wurde langsam zur dominierenden Kommunikationsform, sowohl intern als auch mit externen Partnern und vermehrt auch mit Adressaten. Websites, wurden entwickelt, die das Angebot der Einrichtungen darstellten und das Internet wurde für Recherchen aller Art genutzt. Ebenso entwickelten sich branchenspezifische Nutzungsformen des Internets wie **Auskunftsdatenbanken** über soziale Dienstleistungen. Eine direkte Interaktion von IT-Lösungen sozialer Organisationen mit den Systemen externer Partner blieb in dieser Phase weiterhin die Ausnahme. Informationen wurden weiterhin auf den klassischen Wegen und teils nun auch per E-Mail ausgetauscht.

In der Arbeit mit Adressaten spielte die IT neben der Mail-Kommunikation und vereinzelten Angeboten der **Online-Beratung** nur im Bereich der Medienpädagogik eine größere Rolle. Klassische Medien im Bereich Video und Fotografie wurden durch digitale Medien ersetzt und Computerspiele genutzt. Mit der zunehmenden Verbreitung **sozialer Medien** wurde auch begonnen, ihre Nutzung mit den entsprechenden Begleiterscheinungen wie Cybermobbing oder Flaming zu thematisieren oder ihre Nutzung zu reglementieren.

4.1.4. Vierte Phase: Ausweitung auf übergreifende Prozesse

Die vierte Phase ist ein noch relativ junges Phänomen in der Sozialwirtschaft, das um das Jahr 2016 einsetzte. Viele Organisationen befinden sich jedoch noch in der dritten Phase und haben noch nicht damit begonnen, die nachfolgend beschriebenen Formen der IT-Nutzung zu realisieren.

Diese Formen sind vor allem durch Phänomene der **Digitalisierung** (vgl. Kapitel 3.) geprägt, also der Entwicklung und Verbreitung neuer Technologien, sowie einer wachsenden Durchdringung der Gesellschaft mit ihnen.

Waren die IT-Konfigurationen sozialer Organisationen in den ersten drei Phasen weitgehend in sich geschlossen, so beginnen sie sich nun in zwei Richtungen zu öffnen: **Adressaten oder Angehörige** können bspw. über Terminabfragen oder die Einsicht in die Dokumentation direkt auf die Systeme der Organisation zugreifen, Sensorsysteme in Wohnungen oder in der Kleidung von Betreuten informieren über kritische Ereignisse wie Stürze oder Apps ermöglichen die direkte Kommunikation mit Betreuern.

Ebenso werden erste Bestrebungen sichtbar, die bislang starren IT-technischen Grenzen zwischen den an der Sozialen Arbeit oder Pflege beteiligten Institutionen durchlässiger zu gestalten (vgl. FINSOZ 2019).

Ziel dabei ist es, die Abläufe wie Beantragungen, Genehmigungen, Berichterstattung oder Rechnungstellung durch die Eliminierung von Medienbrüchen effizienter und schneller zu gestalten. Zum anderen geht es etwa im Bereich der Telematik-Infrastruktur im Gesundheitswesen mit der elektronischen Patientenakte auch darum, für die Betroffenen mehr Transparenz in den Versorgungsprozessen zu schaffen.

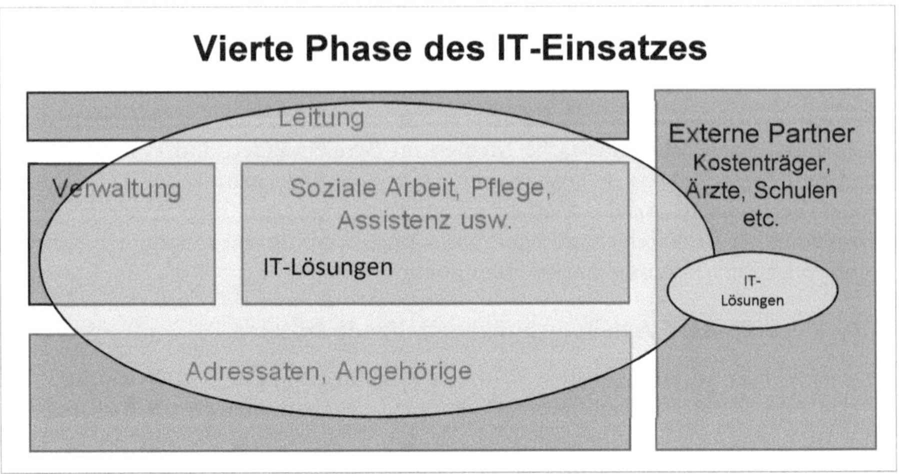

Abbildung 35: Vierte Phase mit zunehmender Integration der Adressaten Sozialer Arbeit in die digitale Informationsverarbeitung sowie einer sektorenübergreifenden Integration institutioneller IT-Systeme

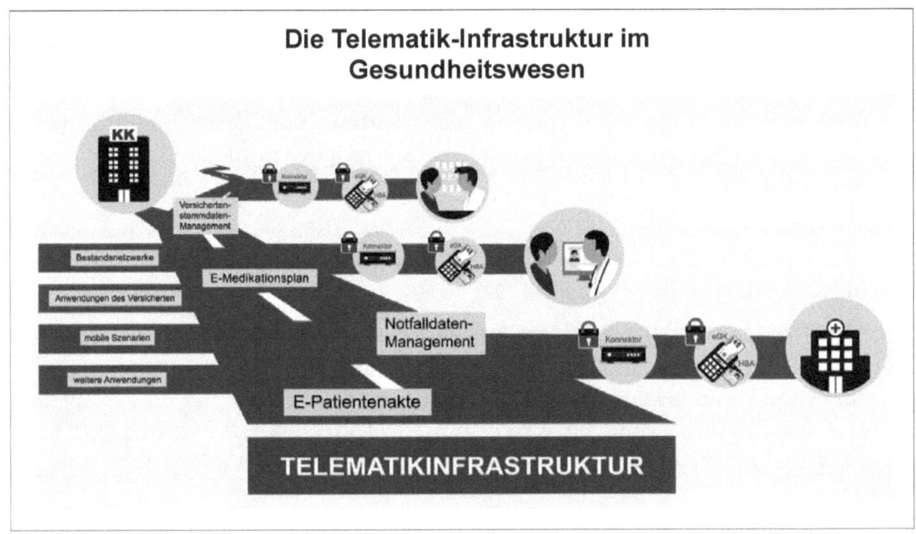

Abbildung 36: Die Telematik-Infrastruktur als Beispiel für Interoperabilität von IT-Systemen im Gesundheitswesen

Quelle: gematik.de/telematikinfrastruktur, Abruf: 16.8.2019

Diese Entwicklungen befinden sich jedoch vielfach noch im Anfangsstadium. Zwar sind geeignete Technologien in der Regel vorhanden. Als hemmende Faktoren erweisen sich vielmehr die stark föderal-kleinteiligen Strukturen der Sozialwirtschaft in Deutschland sowie ein mangelndes Problembewusstsein oder fehlender Wille des Gesetzgebers, die Digitalisierung in diesem Bereich voranzutreiben (vgl. dazu auch Abschnitt 4.3.5.).

4.2. IT-Einsatz in sozialen Organisationen heute

Hohe Divergenz der Techniknutzung

Der Einsatz von Informationstechnologie ist heute in praktisch allen sozialen Organisationen selbstverständlicher Bestandteil der Arbeit. Sieht man jedoch genauer hin, so werden erhebliche Unterschiede sichtbar. Diese liegen insbesondere in der **Tiefe und Intensität der Techniknutzung.** Zwar sind inzwischen alle Arbeitsplätze in Sekretariaten und Verwaltungsbereichen mit Computern bestückt. Ebenso arbeiten überall Fachreferenten in Verbandszentralen oder größeren Einrichtungen mit PCs und die obere Leitungsebene ist zumeist mit dienstlichen Smartphones ausgestattet. In der fachlichen Arbeit ist jedoch ein eigenes Endgerät für viele Mitarbeitende, insbesondere in stationären Einrichtungen, nicht selbstverständlich, hier gibt es bislang pro Wohnbereich häufig nur ein Endgerät, zumeist einen PC oder Thin Client. Laut IT-Report für die Sozialwirtschaft sind heute 84 Prozent der **Mitarbeitenden** sozialer Organisationen regelmäßige IT-Nutzer, das Verhältnis zwischen Mitarbeitenden und Endgeräten beträgt jedoch noch fast 2:1 (Kreidenweis/Wolff 2019, S. 14).

Etwa 89 Prozent der Endgeräte werden vorwiegend von Mitarbeitenden genutzt, elf Prozent sind in der unmittelbaren Adressatenarbeit – etwa zu Bildungs- oder Unterhaltungszwecken – eingesetzt (a. a. O., S. 20). Der Anteil von Smartphones und Tablets am gesamten Bestand beträgt dabei nur 24 Prozent, jedoch mit stark steigender Tendenz in den letzten Jahren (a. a. O., S. 21).

Von ihrem Gesamtumsatz geben soziale Organisationen im Durchschnitt 1,5 Prozent pro Jahr für Informationstechnologie aus, was weitgehend unabhängig von der Größe der untersuchten Einrichtungen gilt. Dieser Wert ist seit 2014 um 50 Prozent angestiegen (a. a. O., S. 16). Legt man alle IT-Kosten einer sozialen Organisation (Software, Hardware, Personal usw.) auf alle Endgeräte um, so kostet ein Endgerät pro Jahr ca. 1.200 Euro. Dies entspricht etwa den Gesamtkosten von 30 Arbeitsstunden einer Fachkraft oder den Kosten für zwei Prozent ihrer Gesamtarbeitszeit pro Jahr.

Das **Anwendungssoftware-Portfolio** sozialer Organisationen setzt sich heute zumeist aus Standardsoftware, betriebswirtschaftlichen Lösungen, Fachsoftware und teilweise speziellen Programmen für Management-Informationen zusammen. In den folgenden Abschnitten werden die einzelnen Software-Typen näher erläutert.

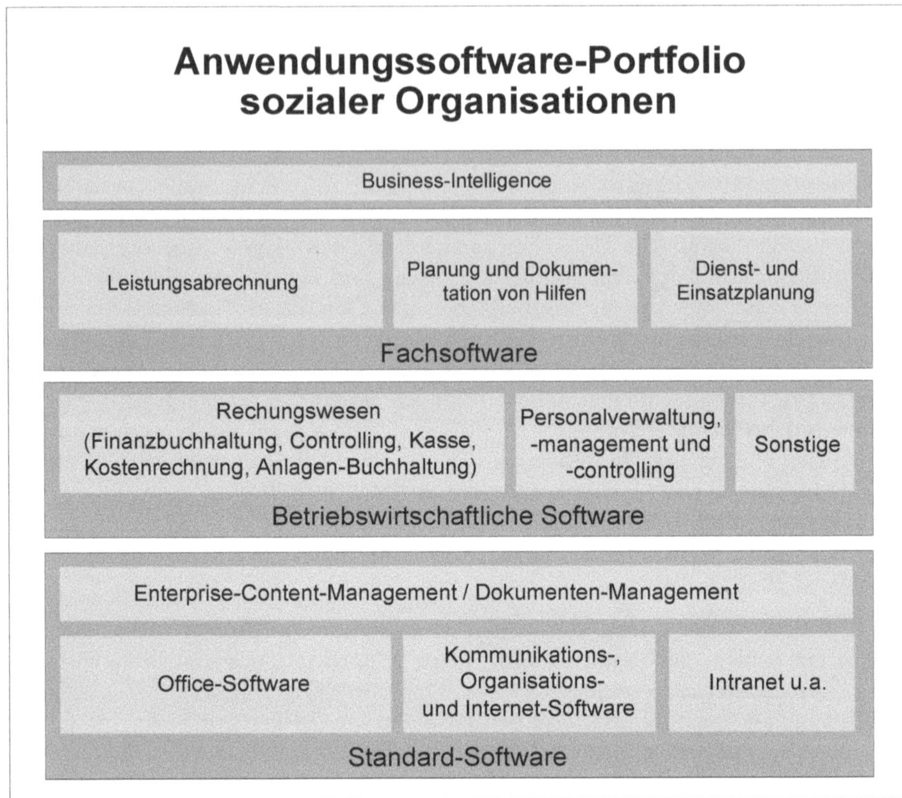

Abbildung 37: Idealtypisches Anwendungssoftware-Portfolio mittlerer bis großer sozialer Organisationen

4.2.1. Betriebssysteme und Standardsoftware

Microsoft Windows dominiert

Knapp 90 Prozent der klassischen Endgeräte (PCs, Thin Clients, Notebooks) in sozialen Organisationen arbeiten mit dem **Betriebssystem** Microsoft Windows in seinen verschiedenen Versionen. Das Open Source Betriebssystem Linux wird nur auf sechs Prozent der Geräte eingesetzt und Apples MAC OS kommt auf drei Prozent. Im Serverbereich liegen ebenfalls die Microsoft-Betriebssysteme mit 87 Prozent klar vorne. Je nach Funktion der Server kommen hier auch andere Systeme zum Einsatz – allen voran Linux mit einem durchschnittlichen Anteil von zehn Prozent (vgl. Kreidenweis/Wolff 2019, S. 20 ff.).

Alternative Linux

Die **Linux-Systemwelt** unterscheidet sich in vielerlei Hinsicht von den meist von internationalen Großkonzernen entwickelten und vertriebenen Massenprodukten.

und Open Source?

Open Source (wörtl. offene Quelle) oder „Freie Software" bezeichnet Programme, deren Quellcode für jedermann zugänglich ist. Open Source Software ist jedoch nicht, wie häufig angenommen, lizenzfrei. Vielmehr existieren verschiedene Lizenzmodelle, die im Kern folgende Regelungen beinhalten:

- Der Quellcode liegt in einer für Menschen (genauer gesagt: Software-Entwickler) lesbaren und verständlichen Form vor und ist öffentlich zugänglich.
- Die Software darf beliebig kopiert, verbreitet und genutzt werden, kommerzielle Nutzung ist ausdrücklich erlaubt und es gibt keine Zahlungen an den Lizenzgeber.
- Die Software darf verändert und in der veränderten Form weitergegeben werden, die beiden erstgenannten Regeln bleiben dabei jedoch bestehen.

Offener vs. geheimer Programmcode

Für Microsoft und andere kommerzielle Software-Hersteller zählt der Programm-Code hingegen zu den am besten gehüteten Firmengeheimnissen. Linux und viele Anwendungsprogramme auf Linux-Basis stammen von einer weltweiten, per Internet vernetzten Gruppe (Community) engagierter Programmierer, die oft in ihrer Freizeit an diesen Projekten arbeiten. Vermehrt beteiligen sich heute auch Firmen an solchen Projekten oder stellen ihre ursprünglich kommerziellen Produkte unter einer Open Source Lizenz zur Verfügung. Einnahmen erwarten sie sich dabei von Serviceleistungen rund um die Software wie Hotline, Wartung oder firmenspezifische Anpassungen.

Abbildung 38: Pinguin Tux – Markenzeichen des Open Source Betriebssystems Linux

Weltweit haben sich mehrere Firmen darauf spezialisiert, anwendergerechte Pakete aus den sonst oft im Internet verstreuten Programmen zu schnüren. Auch wurden deutschsprachige Handbücher oder Online-Hilfen verfasst. Diese Pakete werden meist deutlich unter dem Preis entsprechender Microsoft-Systeme als **Linux-Distributionen** vertrieben. Ferner leisten diese Firmen auf Wunsch kostenpflichtigen Support.

Bislang konnte sich die Linux-Welt in der Sozialwirtschaft nicht auf breiter Ebene etablieren und eine Trendwende in Richtung Open Source ist derzeit nicht in Sicht.

Im Bereich der Smartphones und Tablets hat sich die Betriebssystem-Landschaft völlig anderes entwickelt, was sich auch in der sozialwirtschaftlichen Nutzung widerspiegelt: Hier sind 44 Prozent der Endgeräte mit dem Betriebssystem Android von Google ausgestattet, gefolgt von Apples iOS mit 38 Prozent. Windows hält hier nur einen Marktanteil von 15 Prozent (vgl. Kreidenweis/Wolff 2019, S. 21 f.).

Im Bereich der **Standardsoftware** dominieren analog zur Windows-Welt in sozialen Organisationen ebenfalls die Microsoft-Produkte für Office-, E-Mail- und Internet-Funktionen. Genaue Zahlen liegen hier jedoch nicht vor.

4.2.2. Rechnungswesen-Software

Software-Lösungen für das Rechnungswesen werden für alle Aufgabenbereiche dieses Feldes angeboten, teils als Gesamtpaket und teils in Form einzelner Module. Letztere basieren zumeist auf einer gemeinsamen Datenbank oder können Daten untereinander austauschen. Die zentralen Funktionsbereiche des Rechnungswesens sind:

- Finanzbuchhaltung
- Kostenrechnung
- Kassenführung (Kassenbuch)
- Anlagenbuchhaltung

Branchenabhängige und -unabhängige Produkte

Die in sozialen Organisationen genutzte Rechnungswesen-Software kann in zwei Gruppen unterteilt werden:

- Programme, die von **Fachsoftware-Anbietern** stammen, welche diese Software selbst entwickelt haben. Diese Lösungen berücksichtigen einige Spezialanforderungen dieser Branche und kooperieren meist eng mit der Fachsoftware dieses Anbieters.
- Die andere, deutlich größere Gruppe stammt von national oder international agierenden **branchenunabhängigen Anbieterfirmen**. Die Palette dieser Produkte ist sehr breit. Entsprechend der unterschiedlichen Einrichtungsgrößen reicht sie von High-End-Lösungen über Programme für mittelständische Unternehmen bis hin zu Produkten für Kleinbetriebe.

Unterschiede zeigen sich vor allem im Funktionsumfang, der einen der Unternehmensgröße entsprechend unterschiedlichen Bedarf widerspiegelt. So benötigen große Organisationen etwa Funktionen zur Zusammenfassung (Konsolidierung) der Buchhaltungen von Untereinheiten oder die Möglichkeit zur dezentralen Erfassung von Buchungsdaten in ein zentrales System. Kleinere Einzeleinrichtungen brauchen dagegen oft eher eine leicht zu bedienende Software, die die Übergabe der Daten an den Steuerberater für die Erstellung der Jahresabschlüsse ermöglicht.

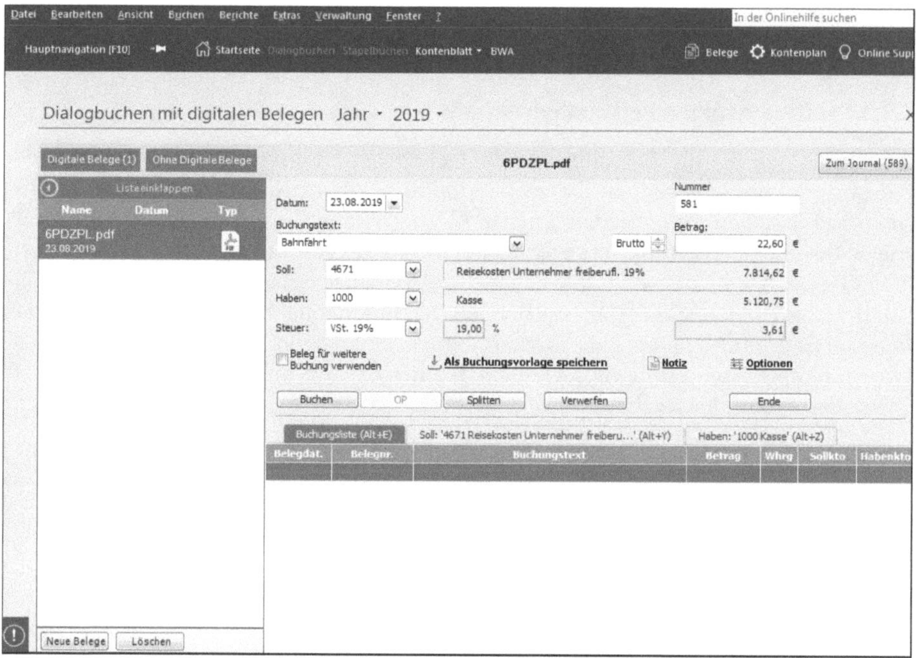

Abbildung 39: Buchungsmaske für digitale Belege aus dem branchen-unabhängigen Programm Lexware Buchhalter für kleinere Unternehmen

Quelle: Haufe-Lexware GmbH & Co. KG

Typische Herausforderungen für Rechnungswesen-Software in sozialen Organisationen sind folgende:

- Zeitaufwändige Abstimmungsbedarfe mit vielen Prozessbeteiligten bei einer nicht standardisierten und automatisierten Bearbeitung eingehender Rechnungen.
- Verwaltung von Förderprojekten und mit ihnen verbundene Nachweise der Fördermittelverwendung.
- Flexible Abbildung sich verändernder Organisationsstrukturen, etwa durch Fusionen oder die Abgabe und Übernahme von Tätigkeitsfeldern.
- Aufbau eines Controllings, welches die Daten aus allen beteiligten Systemen konsolidiert und aufbereitet.
- Regelmäßige Berichterstattung gegenüber Dachverbänden, Fördergebern und weiteren Partnern.

Für kleinere und mittlere Organisationen wird die **Auslagerung** (Outsourcing) der gesamten Buchhaltung als Alternative zur eigenständigen Durchführung angeboten. Outsourcing-Partner sind zumeist Steuerberater oder verbandseigene Servicezentren, die eine eigene Software betreiben. Beim partiellen Outsourcing werden die Buchungsdaten in speziellen Erfassungsprogrammen von der Einrichtung selbst eingegeben und zur weiteren Bearbeitung an das Service-Unternehmen weitergeleitet.

4.2.3. Software für die Personalwirtschaft

Spezialprogramme und Outsourcing

Als Grundlage für die Berechnung von Gehältern, Urlaubsansprüchen und anderen personalwirtschaftlichen Daten werden in der Sozialwirtschaft häufig der Tarifvertrag für den öffentlichen Dienst (TVöD) oder die kirchlichen Arbeitsvertragsrichtlinien (AVR) angewandt. In der Personalverwaltung werden daher vielfach IT-Lösungen eingesetzt, die sich auf die Verfahrensregeln dieser Tarife spezialisiert haben. Noch stärker als im Bereich der Finanzbuchhaltung kommt hier das Outsourcing zum Tragen, das insbesondere kleinere und mittlere Träger nutzen. Outsourcing-Partner sind hier vielfach Rechenzentren aus dem Umfeld der Kirchen oder Wohlfahrtsverbände sowie Steuerberater.

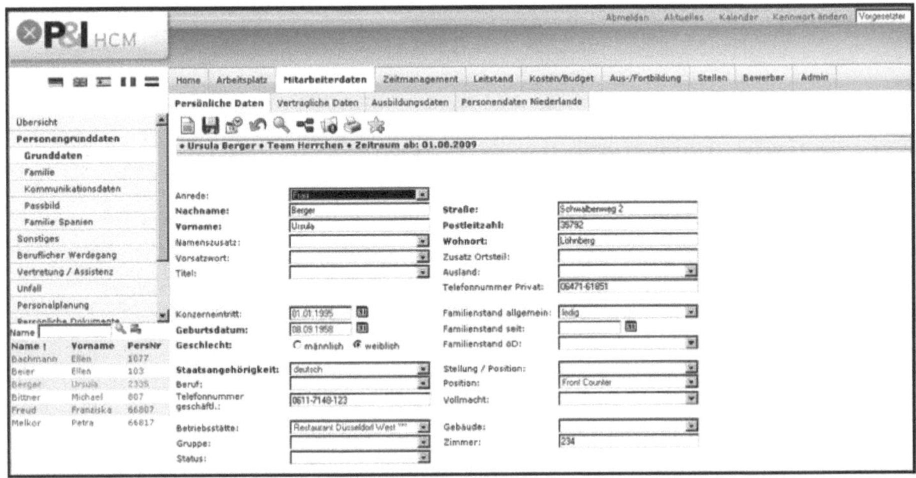

Abbildung 40: Eingabe-Maske mit Daten für die Lohn- und Gehaltsabrechnung in der Software P&I HCM

Quelle: pi-ag.com, Abruf: 16.8.2019

Konzentrierte sich personalwirtschaftliche Software bislang primär auf die Lohn- und Gehaltsabrechnung, so werden in Zeiten eines wachsenden Fachkräftemangels Funktionen des **Personalmanagements** immer wichtiger. Dazu gehören etwa ein komplett digitalisiertes Bewerbungsverfahren mit Bewerberauswahl, ein softwarebasiertes Fortbildungsmanagement sowie verschiedene Unterstützungsfunktionen für Talent-Management bzw. Personalentwicklung.

Moderne Personal-Software bietet darüber hinaus web- oder app-basierte **Mitarbeitenden-Selfservice-Portale**, über die Gehaltsabrechnung eingesehen, Bescheinigungen angefordert, eigene Adress- oder Kontodaten geändert oder interne Fortbildungen gebucht werden können.

4.2.4. Branchenspezifische Software

Primäres Kennzeichen fach- oder branchenspezifischer Anwendungsprogramme – kurz Fach- oder Branchensoftware genannt – ist, dass ihre Funktionalität auf einen bestimmten Organisationstypus ausgerichtet ist. Je nach Zuschnitt der Software kann dies nur eine einzige Einrichtungsart wie die ambulante Suchtberatung oder eine Gruppe von Einrichtungsarten wie Beratungsstellen unterschiedlicher Ausprägung sein. Außerhalb dieses Bereiches kann sie zumeist nicht sinnvoll eingesetzt werden. Je weiter der Einsatzbereich einer Fachsoftware gesteckt ist, umso flexibler muss sie gestaltbar sein. Einige moderne Fachprogramme sind so flexibel, dass sie in unterschiedlichsten Einrichtungsarten einsetzbar sind. Dabei muss in der Einführungsphase eine organisationsspezifische Anpassung, das sogenannte **Customizing oder Tayloring** (vgl. Abschnitt 7.6.2.) erfolgen.

Bedeutung von Fachsoftware wächst

Für wichtige Funktionen bei der Erbringung sozialer Dienstleistungen wie Abrechnung, Dokumentation oder Dienst- bzw. Einsatzplanung wird heute weitgehend Fachsoftware einschlägiger Anbieter genutzt, selten sind noch selbst erstellte Lösungen auf der Basis von Office-Programmen im Einsatz. Die Durchdringung mit Fachsoftware unterscheidet sich in den einzelnen Arbeitsfeldern. Die höchste Verbreitung weist die ambulante und stationäre Pflege auf, zu den Schlusslichtern gehören die Kinder- und Jugendhilfe sowie die Hilfe für Migranten. Im Mittelfeld bewegt sich die Hilfe für Menschen mit Behinderungen.

Breite Funktionalität

Die **Funktionalität** gängiger Fachsoftware für soziale Organisationen kann in folgende Hauptgruppen untergliedert werden:

- Stammdatenverwaltung und Leistungsabrechnung
- Dienst- und Einsatzplanung
- Planung und Dokumentation von Hilfen (s. dazu Abschnitt 5.3.1.)
- Auswertungen und Statistik

Hinzu kommen teilweise noch weitere Funktionalitäten wie Ressourcenverwaltung (Räume, Fahrzeuge etc.), Terminverwaltung, Adressverwaltung für kooperierende Institutionen und Ansprechpartner, Spendenverwaltung und manches mehr.

Über alle Funktionsbereiche hinweg wird zumeist die Ausgabe von Formularen, Listen und Anschreiben sowie die Übergabe entsprechender Daten in Office-Programme unterstützt. Eine Zugriffsrechte-Verwaltung regelt den Zugang der Mitarbeitenden zu den verschiedenen Datenbeständen.

Teilweise werden die oben genannten Funktionsbereiche durch eigenständige Programme repräsentiert, teilweise sind sie als einzeln wählbare Module eines Programmsystems konzipiert oder in einem Komplettprogramm zusammengefasst.

Anbieter klein und mittelständisch

Anbieter dieser fachspezifischen Software sind fast durchweg gewerbliche Unternehmen, deren Markt bislang weitgehend auf Deutschland oder den deutschsprachigen Raum begrenzt ist. Ebenso gibt es in Österreich und in der Schweiz eine Reihe von Anbietern, die in wenigen Fällen auch in Deutschland aktiv sind. Die Mehrzahl der Anbieterfirmen bewegt sich mit zwei bis 50 Mitarbeitenden im kleinen bis mittelständischen Bereich, nur wenige zählen über 100 Mitarbeitende (vgl. Kreidenweis/Wolff 2019, S. 41).

Stammdatenverwaltung und Leistungsabrechnung

Komplexe Abrechnungssystematiken

Programme zur Verwaltung von Stammdaten und Abrechnung (Fakturierung) von Tagessätzen oder Einzelleistungen gibt es für alle gängigen Arbeitsfelder, in denen Aufgaben dieser Art anfallen. Dazu gehören sämtliche stationäre und teilstationäre Betreuungsformen sowie zahlreiche ambulante Hilfeformen, in denen personen- oder familienbezogene Leistungen erbracht werden. Hauptaufgabe dieser Software ist es, die administrative Arbeit so weit als möglich zu automatisieren. Dies betrifft vor allem die oft komplizierten Berechnungsmodalitäten für Leistungen. Sie hängen ab von zahlreichen Faktoren wie Anwesenheitszeiten, Hilfebedarfsstufen, Wochentage und Zeiten der Leistungserbringung, Qualifikation der Fach- oder Hilfskraft und manchem mehr. Der Abrechnung zugrunde liegt eine **Stammdatenverwaltung** für die betreuten Personen, die Kostenträger oder weitere Partner der Organisation.

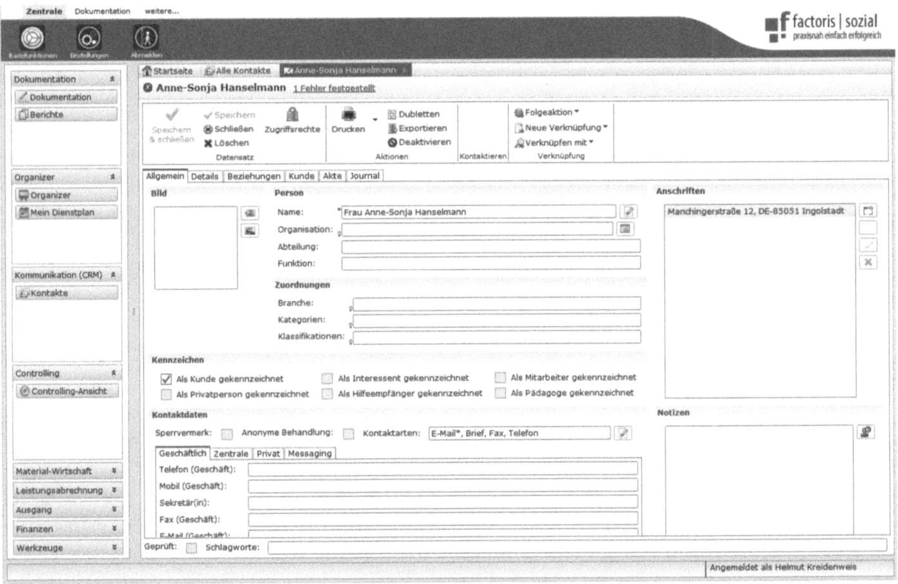

Abbildung 41: Bildschirm-Maske aus der webbasierten Fachsoftware factoris sozial für Jugendhilfe-Einrichtungen

Quelle: factoris GmbH

Die abgerechneten Leistungen werden häufig über eine **Daten-Schnittstelle** an eine Finanzbuchhaltungs-Software übergeben. Dort werden sie automatisch als Debitoren (offene Posten) eingebucht. Die Überwachung des Zahlungseingangs und die Verbuchung der Zahlungen werden zumeist in der Finanzbuchhaltung durchgeführt.

Dienst- und Einsatzplanung

Der Einsatz spezieller Fachsoftware für die Dienst- und Einsatzplanung ist insbesondere in stationäre Einrichtungen mit Wechselschicht-Betrieb sowie für ambulante Dienste mit flexiblen Einsätzen und komplexen Tourenplänen verbreitet. Ziel ist es hier zumeist, die vorhandenen Personalressourcen optimal einzusetzen, eine mitarbeiterfreundliche Planung zu realisieren und gleichzeitig die Qualität der sozialen Dienstleistung sicherzustellen.

Software überwacht Einhaltung von Regeln

Grundlage der Planung bilden die Stammdaten der Mitarbeitenden, deren Qualifikation, mögliche Einsatzzeiten, Urlaub oder Krankheit. Hinzu kommen gesetzliche Vorgaben wie das Jugendarbeitsschutzgesetz sowie Fachkraftquoten, die es einzuhalten gilt. In der ambulanten Einsatzplanung müssen weiterhin die Daten der Aufträge oder Einsätze bei den Adressaten berücksichtigt und mit den Mitarbeitendendaten sowie den externen Vorgaben in Einklang gebracht werden. Die Programme erstellen auf dieser Informationsbasis mit Hilfe komplexer Algorithmen oft einen Vorschlag für die kommende Planungsperiode, der anschließend manuell nachbearbeitet wird. Nach Ende einer Planungsperiode und Erfassung der Ist-Abweichungen ermittelt die Software automatisch Mehrarbeitszeiten der Mitarbeitenden sowie tarifvertragliche Zeitzuschläge für Nacht- oder Feiertagsarbeit. Diese Daten können an personalwirtschaftliche Programme (vgl. Abschnitt 4.2.3.) übergeben und damit bei der Gehaltsabrechnung automatisch berücksichtigt werden.

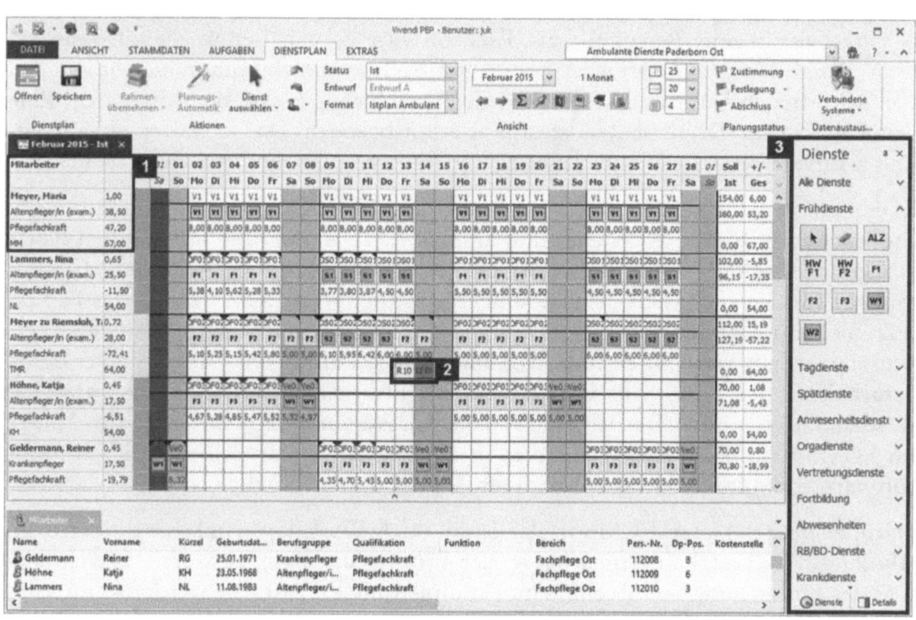

Abbildung 42: Dienstplanungsmaske aus der Software Connext Vivendi PEP

Quelle: connext.de, Abruf: 16.8.2019

Neuere Funktionalitäten in Dienstplan-Programmen sind **Mitarbeitenden-Selfservices**, mit denen sie per Website oder Mobil-App ihre aktuellen Dienste einsehen, Arbeitszeiten erfassen, Wunschdienste angeben oder Diensttausche initiieren können.

Auswertungen und Statistik

Einfache Statistikfunktionen sind Standard

Funktionen zur statistischen Auswertung von Daten sind in zahlreichen Fachsoftware-Lösungen zu finden. Diese Auswertungsmöglichkeiten beschränken sich zumeist auf die Auszählung numerischer Daten und deren prozentuale Darstellung. Oft sind häufig benötigte Standard-Auswertungen wie Belegungs-, Abwesenheits- oder Erlösstatistiken fest integriert. Teilweise können auch eigene Auswertungsraster erstellt und im Programm hinterlegt werden. Wissenschaftliche Statistikfunktionen wie Häufigkeitsverteilungen, Signifikanz- oder Varianzanalysen werden nur selten geboten. Hierzu müssen die Daten zumeist an spezialisierte Statistik-Programme übergeben werden. Für den Export muss eine dafür geeignete Schnittstelle zur Verfügung stehen.

4.2.5. Enterprise Content Management Systeme (ECMS)

Dokumente digitalisiert verwalten

Diese Klasse von Software-Systemen, im deutschen Sprachraum teils auch als **Dokumentenmanagement-Software** bezeichnet, dient in erster Linie dazu, Dokumente aller Art auf digitale Weise zu verwalten. Dokumente sind dabei zu unterscheiden von Datenbankinhalten wie etwa den Stammdaten von Mitarbeitenden oder Klienten, die in einer Personal- bzw. Fachsoftware vorgehalten werden. Dokumente in diesem Sinne sind bspw. Arbeitszeugnisse oder Fortbildungsbescheinigungen von Mitarbeitenden sowie Arztbriefe oder Gerichtsbeschlüsse bei Adressaten. Eine dritte Klasse von Dokumenten ist organisationsbezogen. Dazu gehören etwa Miet- und Kaufverträge, Dienstanweisungen, Qualitätshandbücher und vieles mehr.

In den meisten sozialen Organisationen werden solche Dokumente bislang in klassischen Aktenordnern abgeheftet und archiviert. Teils aufgrund von akutem Platzmangel, vielfach aber vor allem um den Verwaltungs- und Suchaufwand zu minimieren, werden diese Dokumente zunehmend digital in ECMS verwaltet. Papierdokumente müssen dazu gescannt und einer Informationskategorie bzw. einer Person zugeordnet werden, digitale Dokumente wie ein ausgehendes, in einer Textverarbeitung verfasstes Schreiben können direkt in einem solchen System abgelegt werden. Geht es um Mitarbeitenden- oder Adressatendokumente, wird die Ablage im ECMS häufig mit dem Datensatz in der Personal- bzw. Klientenverwaltungssoftware verknüpft, so dass ein direkter Zugriff daraus möglich ist.

Darüber hinaus bieten ECMS in der Regel auch **Workflow-Funktionalitäten** (vgl. Abschnitt 6.7.) an, mit denen bspw. der Prozess des Eingangs, der Abzeichnung und der Einbuchung von Rechnungen komplett digital gestaltet werden kann.

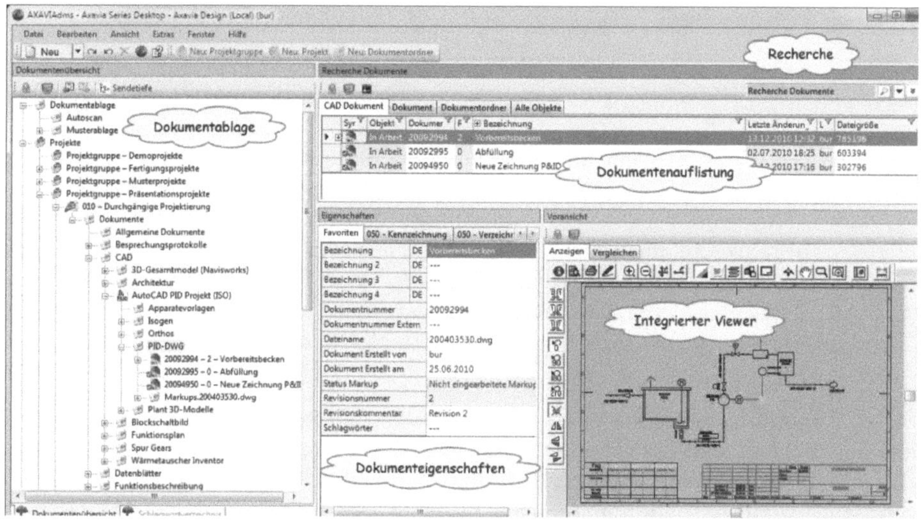

Abbildung 43: Bildschirm-Maske aus dem Dokumentenmanagement System der Firma Axavia

Quelle: axavia.com, Abruf: 23.8.2019

4.2.6. Business Intelligence (BI)

Zweck von Business Intelligence Software ist es, Führungskräften komprimierte Informationen zur Verfügung zu stellen, die sie bei Entscheidungen zur Steuerung der Organisation unterstützen. Teils sind diese Daten zwar in den oben geschilderten Programmtypen wie betriebs- und personalwirtschaftliche Software oder Fachsoftware enthalten, ihre Zusammenführung ist jedoch ohne BI-System mit hohem manuellem Aufwand verbunden. Dies gilt besonders dann, wenn Daten aus mehreren Systemen kombiniert werden müssen, um bspw. den Anteil an Personalkosten an den Gesamtkosten für Bewohner mit Pflegegrad drei in mehreren Wohnbereichen vergleichen zu können.

Daten zur Unternehmenssteuerung

BI-Systeme sind darauf spezialisiert, diese Daten aus den Vorsystemen weitgehend automatisiert zu sammeln, in darauf spezialisierten Datenbanken (sog. Data Warehouses) zu speichern, auszuwerten und verständlich aufzubereiten. Da die Einrichtung solcher Systeme vielfach aufwändig und teuer ist, kommen sie bislang vor allem bei großen Sozialträgern zum Einsatz.

4.3. Entwicklungstrends

Die folgenden Abschnitte konzentrieren sich vor allem auf Entwicklungen im Bereich fachspezifischer und betriebswirtschaftlicher Software. Am Ende werden noch einige weitere Trends benannt, die die IT-Nutzung in sozialen Organisationen in den kommenden Jahren voraussichtlich prägen werden. In welcher Geschwindigkeit dies jeweils geschieht, ist freilich offen und hängt vor allem davon ab, inwieweit sich die sozialen Organisationen der Dynamik des digitalen Wandels stellen.

4.3.1. Customizingfähigkeit

Bisherige Software oft unflexibel

Noch immer ist ein Teil der auf dem Markt befindlichen Fachprogramme durch weitgehend **fest programmierte Masken-Strukturen und Verarbeitungsregeln** gekennzeichnet. Ohne aufwändige Zusatzprogrammierung können sie nicht oder nur sehr begrenzt an individuelle Anforderungen einzelner Einrichtungen angepasst werden. Oft bieten sie lediglich die Möglichkeit, Inhalte von Auswahlfeldern (z. B. zur Angabe von Merkmalen wie Staatsangehörigkeit oder Konfession) sowie abrechnungsrelevante Angaben wie Pflegesatz-Höhe und Abrechnungszyklen organisationsspezifisch anzupassen.

Customizing ermöglicht individuelle Anpassung

Steigende und in immer kürzeren Zeitabständen sich verändernde Anforderungen aus Fachlichkeit und betriebswirtschaftlicher Steuerung fordern von zukunftsorientierten Systemen eine höhere **Flexibilität**. Moderne Programmgenerationen folgen daher verstärkt dem **Customizing-Konzept**, das eine weitgehende Anpassung an organisationsspezifische Bedarfe ermöglicht, ohne in den Programmcode eingreifen zu müssen. So können bspw. Datenfelder, Eingabemasken, Prozessabläufe (vgl. Abschnitt 4.3.2.) oder Abrechnungsmodelle von der anwendenden Organisation weitgehend frei gestaltet werden. Ebenso sind solche Lösungen zumeist **skalierbar**, so dass sie gleichermaßen in kleineren Diensten oder großen Komplexeinrichtungen eingesetzt werden können.

Die Anpassung solcher Customizing-Systeme an die individuellen Gegebenheiten einzelner Einrichtungen ist jedoch aufwändig. Obwohl dazu keine klassische Programmierung erforderlich ist, können komplexere Anpassungsprozesse oft nur gemeinsam mit dem Software-Anbieter bewerkstelligt werden. Dafür können diese Systeme mit deutlich geringerem Aufwand zukünftigen, bislang noch unbekannten organisatorischen oder gesetzlichen Änderungen folgen. Dies erhöht die **Zukunftssicherheit** der Investition und erspart einen noch deutlich aufwändigeren Wechsel des Software-Anbieters, wenn sich die Anforderungen verändern.

4.3.2. Prozessorientierung

Eine zentrale Voraussetzung für die Digitalisierung in der Sozialwirtschaft ist eine flexible und konsequent mit IT unterstützte Binnenorganisation. Sie muss dazu in der Lage sein, die künftig vermehrt über digitale Schnittstellen laufende Kommunikation mit der Umwelt intern in die richtigen Kanäle zu leiten und medienbruchfrei zu bearbeiten. Hier spielt die Fachsoftware eine entscheidende Rolle. Denn mit ihrer Hilfe werden zahlreiche klientenbezogene Aufgaben organisiert, durchgeführt, dokumentiert und ausgewertet. Dabei sind häufig mehrere Bereiche, Personen und Professionen an der Aufgabenerledigung beteiligt (vgl. dazu Kapitel 6.).

Logik der Datenverarbeitung dominiert

Fachsoftware für die Sozialwirtschaft wurde jedoch bislang oftmals entlang der Logik der klassischen Datenverarbeitung entwickelt. Typische Merkmale dafür sind Programmstrukturen, die datentechnisch verwandte Funktionen in Auswahlmenüs gruppieren. Um etwa alle für die Aufnahme eines Adressaten relevanten Daten erfassen zu können, müssen Bildschirmmasken aus verschiedenen Auswahlmenüs einzeln geöffnet, bearbeitet und wieder geschlossen werden. Der Nutzer muss sich durch verschiedene Programmbereiche für Adressatendaten, Kostenträgerinformationen oder Leistungsverzeichnisse hangeln. Der Lernaufwand dafür ist hoch, die Bearbeitung zeitraubend und es besteht die Gefahr, dass notwendige Angaben vergessen werden.

Diese funktionelle Sicht muss daher durch eine prozessorientierte Sicht ergänzt oder ersetzt werden (vgl. Faiß/Kreidenweis 2016). Denn auch in der Sozialwirtschaft wächst die Erkenntnis, dass echte Effizienz- und Qualitätseffekte mit Software häufig erst dann zu erzielen sind, wenn sich wichtige Prozesse wie die Aufnahme eines Klienten, das Management von Abwesenheiten oder der Wechsel einer Hilfestufe möglichst durchgängig digital abbilden lassen. Im derzeitigen Software-Angebot gibt es hier noch große Entwicklungspotenziale (vgl. Kreidenweis 2015). Programme mit einer konsequent prozessorientierten Architektur sind noch selten, manche Hersteller haben jedoch Elemente davon wie die Möglichkeit zur Verfolgung des Prozessstatus, die Steuerung der Prozessschritte oder die Übergabe von Aufgaben in ihre Programme integriert (vgl. Abschnitt 6.7.).

Prozessorientierung als Maßstab

Der digitale Wandel in sozialen Organisationen kann jedoch nur gelingen, wenn Fachsoftware als zentrale Schaltstelle der Arbeit mit Interessenten, Klienten, Angehörigen und Leistungsträgern einer konsequenten Prozesslogik folgt. Alle klientenbezogenen Prozesse mit hohem administrativem Anteil müssen in ihr möglichst durchgängig abbildbar sein. Wo dies nicht möglich ist, muss die Software entsprechende Schnittstellen zu Fremdsystemen bedienen, welche nicht nur Daten, sondern auch prozessbezogene Informationen übergeben (vgl. Abschnitt 6.7.). Die Prozessarchitektur muss dabei so gestaltet sein, dass ausgebildete Administratoren in den Einrichtungen die Prozesse im System selbst modellieren und anpassen können, denn nur so kann der Anforderung nach Flexibilität und stetigen Optimierung Rechnung getragen werden. Hilfreich sind dabei grafische Oberflächen, die den Prozess mit den beteiligten Instanzen visuell darstellen und Änderungen per „drag and drop“ ermöglichen.

Zwar haben zumindest die größeren Träger der Sozialwirtschaft im Bereich der Hardware-, Netzwerk- und Servertechnologie mit vergleichbaren gewerblichen Betrieben gleich gezogen. Anders sieht es jedoch häufig bei fachspezifischer Software aus. Hier sind teils noch Programme im Einsatz, deren Technologien und Benutzeroberflächen aus den 90er Jahren des letzten Jahrhunderts stammen. Ein Grund dafür sind die bislang oft wenig professionell organisierten Prozesse der Auswahl von Software (vgl. Abschnitt 7.5.), ein anderer das begrenzte Volumen der nationalen Teilmärkte sowie die im Vergleich zu anderen Branchen geringeren Gewinnmargen für IT-Anbieter, die das Entwicklungstempo bremsen.

4.3.3. Mobilität

Mobile Nutzung vermeidet Doppelarbeit

Die Möglichkeit zur mobilen Nutzung stellt für künftige Branchensoftware in vielen Arbeitsfeldern ein zentrales Merkmal dar. Der Schwerpunkt des Fachsoftware-Einsatzes verlagert sich immer stärker von klassischen Verwaltungstätigkeiten hinein in die direkte Arbeit mit den Adressaten. Und dieses findet häufig nicht in mit PCs ausgestatteten Büroräumen der Sozialträger statt, sondern entweder im häuslichen und sozialen Umfeld der Adressaten oder in den Lebens- oder Therapieräumen innerhalb der stationären und teilstationären Einrichtungen. In Zeiten, in denen knapp 80 Prozent der deutschen Bevölkerung ein Smartphone nutzen (vgl. de.statistista.com, Abruf: 16.8.2019), werden viele Mitarbeitende eine permanente Doppelerfassung solcher Daten auf Papier und anschließend am stationären PC nicht mehr akzeptieren. Auch aus wirtschaftlicher Sicht müssen solche nicht wertschöpfenden Tätigkeiten möglichst beseitigt werden, zudem sie die Fehler- und Ausfallquote stark erhöhen.

Einfache und flexible Bedienung

Weitere Erfahrungen zeigen, dass insbesondere junge Mitarbeitende als intensive Smartphone- oder Tablet-Nutzer immer weniger bereit sind, sich mit hochkomplexen Softwaremasken klassischer PC-basierter Fachanwendungen auseinanderzusetzen. Sie äußern vermehrt das Bedürfnis, intuitiv bedienbare Apps mit einer exakt auf das mobile Einsatzszenario zugeschnittenen Funktionalität nutzen zu wollen.

Um den unterschiedlichen Anforderungen verschiedener Nutzergruppen oder Einsatzszenarien gerecht werden zu können, wird es voraussichtlich notwendig sein, seitens der Anbieter eine Art **Baukastensystem** für Mobil-Apps von Fachsoftware bereitzustellen, aus dem sich die Sozialträger die jeweils benötigten Apps für Mitarbeitende, Adressaten und Angehörige zusammenstellen können.

Grundlegende Anforderungen dabei sind:

- Nutzbarkeit unter allen marktgängigen Mobil-Betriebssystemen und automatische Anpassung an Auflösung und Anzeigeformat der Geräte.
- Eine sicher Ende-zu-Ende verschlüsselte Echtzeit-Verbindung zwischen Mobilgerät und Fachanwendung, mit deren Hilfe die Daten direkt in deren Datenbank geschrieben und aus ihr ausgelesen werden.
- Ein Offline-Modus, der eine Erfassung von Daten auch bei fehlender Funkverbindung ermöglicht und den Zugriff auf wichtige, vorab übertragene Informationen erlaubt.
- Eine Sperr- oder Löschfunktion für lokal gespeicherte personenbezogene Daten, die bei Geräteverlust aus der Ferne aktiviert werden kann.

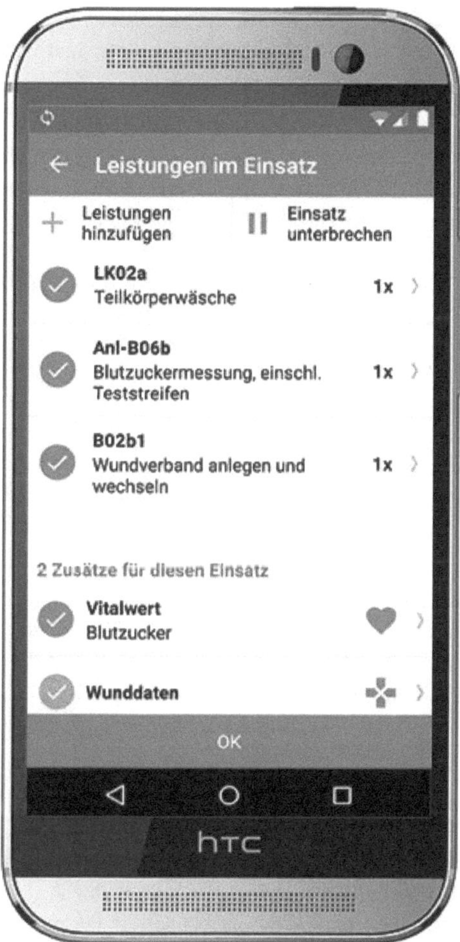

Abbildung 44: Mobile Smartphone-Lösung zur Erfassung von Daten in der ambulanten Pflege der Firma Connext

Quelle: connext.de, Abruf: 16.8.2019

Browser-basierte Nutzung

Komplexe Benutzerschnittstellen für PC-Monitore werden in der Regel wohl weiterhin etwa für Planungsaufgaben gebraucht werden, jedoch müssen auch diese künftig stärker der mobilen Bedienungslogik folgen. Denn auch solche Arbeiten werden sich im digitalen Zeitalter immer weniger in klassischen Büroräumen abspielen. Klassische Programm-Masken, die entweder lokale Software-Installationen oder eine aufwändige Terminal-Server-Infrastruktur im Hintergrund benötigen, sind hierfür auf Dauer deutlich weniger geeignet, als moderne **webbasierte Oberflächen,** die über marktgängige Browser bereitgestellt werden können und sich flexibel an unterschiedliche Endgeräte anpassen. Wie zahlreiche Beispiele auch aus anderen Branchen zeigen, sind diese Oberflächen heute selbst bei komplexen Anwendungen wie Dienstplanung den klassischen Masken ebenbürtig und ermöglichen den Anwendern deutlich flexiblere Nutzungsformen.

4.3.4. Nutzerorientierung

Mängel bremsen Produktivität

Betrachtet man die oben genannten Anwendungsszenarien von Fachsoftware im Bereich von Interessenten, Klienten, Angehörigen sowie Mitarbeitenden in unterschiedlichen Beschäftigungsverhältnissen, so erfordern diese eine intensive Auseinandersetzung mit der Nutzerfreundlichkeit oder **Usability** der Software. Denn die überwiegende Mehrzahl der heute bereitgestellten Benutzeroberflächen sind zumeist nur für geschulte Experten gut nutzbar und zwischen den Erwartungen der Anwenderseite an die Benutzerfreundlichkeit und den derzeit angebotenen Benutzeroberflächen zeigt sich eine erhebliche Differenz (vgl. Kreidenweis/Wolff 2017, S. 22 ff.). Die Anstrengungen auf Anbieterseite zur Verbesserung der Usability sind hingegen noch ausbaufähig: Laut einer Befragung unter Anbietern von Dokumentationssystemen für die Pflege verfügen 88 Prozent über kein eigenes Budget für die Verbesserung der Usability ihrer Software und gut einem Drittel ist der Begriff Usability Engineering noch nicht einmal geläufig. (Root u. a. 2017, S. 45)

Viele, insbesondere ältere Fachsoftware-Systeme, weisen heute erhebliche Defizite im Bereich der Usability auf, die eine intensive Software-Nutzung bereits innerhalb der Mitarbeiterschaft erschweren und die Produktivität bremsen. So sind die Oberflächen oftmals extrem nüchtern gestaltet, es stehen keine sinnvollen Hilfefunktionen bereit, dem Nutzer wird nicht angezeigt, wo er sich gerade befindet oder Eingabefehler werden weder abgefangen, noch durch hilfreiche Fehlermeldungen erklärt.

Neben der klassischen, in der DIN ISO 9241 definierten Usability wird künftig vor allem bei den nicht- oder semi-professionellen Nutzern die **User Experience**, also das subjektive Erleben vor, während und nach Nutzung der Software, eine erhebliche Rolle spielen. Für beides werden auf Seiten der Anbieter speziell ausgebildete Experten benötigt, die jenseits der klassischen Programmierung dazu in der Lage sind, entsprechende Oberflächendesigns für unterschiedliche Gerätetypen zu entwickeln. Dies gilt noch verstärkt, wenn künftig Externe wie Adressaten, Angehörige oder Ärzte über eine Web-Schnittstelle oder eine Mobil-App auf die Systeme zugreifen sollen (vgl. Abschnitt 4.3.7.).

4.3.5. Offene Architekturen

Bisherige Branchensoftware-Architekturen in der Sozialwirtschaft sind nicht nur gegenüber den Interessenten und Klienten abgeschottet, sie bieten auch kaum Möglichkeiten zur Kommunikation mit Systemen, die außerhalb des Einflussbereichs der anwendenden Organisationen liegen. Grund dafür ist allerdings weniger eine mangelnde Bereitschaft der Software-Anbieter als fehlende politische Vorgaben, die etwa einen Datenaustausch zwischen sozialen Organisationen und mit Partnern etwa im Gesundheitswesen fördern und fordern. Ebenso ausbaufähig ist vielfach noch die Binnenvernetzung, also die Verknüpfung verschiedener Fachsoftware-Systeme untereinander sowie mit gängigen Standardprogrammen wie Microsoft Exchange oder SharePoint, die in der Branche zum Einsatz kommen.

Horizontale Vernetzung

Eine Form der **horizontalen Vernetzung** ist eine Verbindung mit anderen Akteuren, die an einem Fall arbeiten oder im gleichen Sozialraum tätig sind. Denkt man etwa an die Leitlinien des Bundesteilhabegesetzes, so ist es naheliegend, dass sich Adressaten ihren Hilfemix aus dem Portfolio mehrerer Anbieter zusammenstellen. Dabei ist es durchaus sinnvoll, dass diese Anbieter unter Berücksichtigung des Datenschutzes (vgl. Kapitel 8.) ihre Hilfeleistungen miteinander verzahnen. Fachsoftware muss sich gegenüber solchen Möglichkeiten öffnen, wofür wiederum standardisierte Schnittstellenformate benötigt werden. Der Fachverband für IT in Sozialwirtschaft und Sozialverwaltung FINSOZ e. V. hat bereits ein erstes solches Austauschformat entwickelt (vgl. finsoz.de, Abruf: 4.9.2019) und arbeitet an seinem weiteren Ausbau.

Vertikale Vernetzung

Die **vertikale Vernetzung** bezieht sich vor allem auf die Kommunikation zwischen Leistungserbringern und Leistungsträgern, die im Zeitalter der Digitalisierung noch immer zum überwiegenden Teil auf dem aufwändigen und langsamen Austausch von Papier basiert. Ein Negativbeispiel dafür ist das 2016 verabschiedete Bundesteilhabegesetz (BTHG), das keinerlei Regelungen zu einem elektronischen Datenaustausch enthält und noch nicht einmal einen bundeseinheitlichen Fachstandard definiert, der eine Grundlage dafür bilden könnte. Auch die im SGB V und XI für die Pflege definierten Formen des elektronischen Datenaustauschs basieren auf einer über dreißig Jahre alten Technologie, sind hochgradig ineffizient und fehleranfällig und das SGB VIII kennt wie das BTHG keinerlei Regelungen dafür.

Dennoch sind vor allem von Seiten des medizinischen Sektors Bestrebungen in Gang, die Informationsflüsse zunehmend digitaler zu gestalten und erste Anwendungsformen in der Sozialwirtschaft wie das neue Qualitätsprüfungsverfahren in der stationären Altenhilfe sind bereits umgesetzt (vgl. das-pflege.de, Abruf: 28.8.2019).

4.3.6. Software-Integration

Heterogene Software-Landschaften

Die zunehmende IT-Durchdringung sozialer Organisationen bringt es oft mit sich, dass die Zahl der in einer Einrichtung eingesetzten Programme steigt. Dies wird zunächst häufig als unvermeidbar angesehen und kann durch horizontale Integration (s. vorausgehender Abschnitt) abgefedert werden. Je weiter der „Software-Zoo“ einer Organisation jedoch wächst, desto deutlicher zeigen sich folgende Probleme:

- Die **Administration** der Programm-Landschaft wird immer aufwändiger, da für jedes Programm separat Neuversionen eingespielt, getestet und überwacht werden müssen. Werden Daten zwischen den Programmen per Schnittstelle übergeben, kommt es nach Updates nicht selten zu Störungen.
- Anwender müssen sich in immer mehr unterschiedliche Benutzeroberflächen und Programmlogiken einarbeiten. Der **Schulungsaufwand** steigt ebenso wie die Häufigkeit von Fehlbedienungen.

- Die Daten von Mitarbeitenden, Adressaten oder anderen Partnern werden oftmals mehrfach in unterschiedlichen Programmen erfasst, Der Arbeitsaufwand ist hoch und **Inkonsistenzen** werden dadurch begünstigt.
- Auf der Führungsebene stehen keine konsistenten und zeitnahen **Steuerungsinformationen** zur Verfügung, sie müssen mühsam oder mit teuren BI-Systemen (vgl. Abschnitt 4.2.6.) aus den Einzelsystemen zusammengetragen und in vergleichbare Form gebracht werden.

Letztendlich bedeutet all dies, dass die IT kaum mehr wirtschaftlich betrieben werden kann und die **Produktivität** der IT-nutzenden Fach- und Verwaltungsbereiche sinkt.

Diesen Entwicklungen kann durch verschiedene **Integrationsstrategien** begegnet werden:

Integration durch ERP

Mit dem Einsatz von **ERP-Systemen** (Enterprise Ressource Planning) wird versucht, eine einheitliche Softwarelösung für alle relevanten Abläufe in Bereichen wie Finanzen, Personal, Abrechnung und Dokumentation bereitzustellen. Die Daten werden in einer gemeinsamen Datenbank mit verschiedenen Zugriffen aus unterschiedlichen Funktionsbereichen gehalten und Dopplungen so vermieden. Arbeitsprozesse können auch über Abteilungsgrenzen hinweg in der Software abgebildet werden.

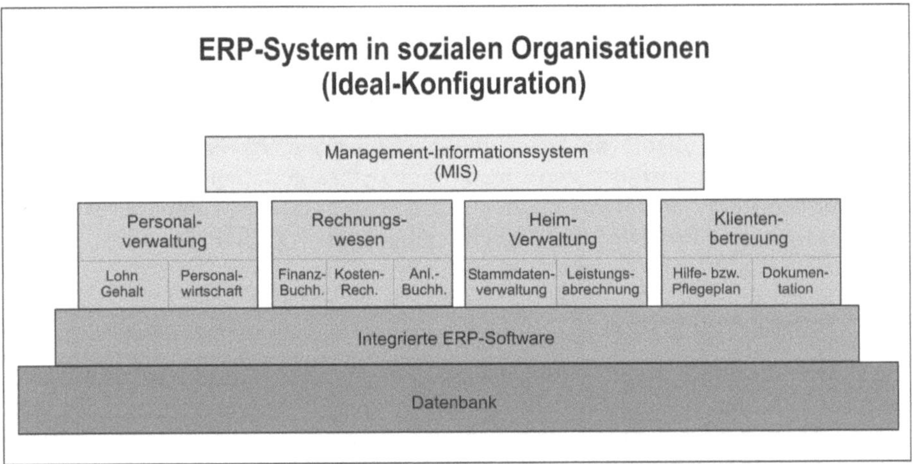

Abbildung 45: Ideal-Konfiguration eines ERP-Systems am Beispiel einer großen Sozialeinrichtung

Nachteil derartiger Systeme ist jedoch eine enorme Programmkomplexität, verbunden mit einem hohen Anpassungsaufwand an die individuellen Bedürfnisse der Unternehmen und entsprechend hohe Investitionskosten. Daher konnte sich dieser Ansatz in der gewerblichen Wirtschaft nur teilweise durchsetzen. Auch für die Sozialwirtschaft gibt es bislang nur Lösungen, die einen mehr oder minder großen Teil der benötigten Funktionen mit einer einheitlichen Software abdecken.

Ein echtes Komplettangebot mit hoher Funktionstiefe in allen Bereichen existiert bis heute nicht. Die Vielfalt an Hilfearten und deren komplexe, durch regionale Regelungen stark variierende Anforderungen würden einen solchen Entwicklungsprozess extrem aufwändig und schwierig beherrschbar gestalten. Daher ist das ERP-Konzept in sozialen Organisationen nur teilweise umsetzbar, zumeist werden nur Anwendungen wie Rechnungs- und Personalwesen oder Rechnungswesen und Klientenverwaltung darin integriert, die weiteren Systeme sind mehr oder minder gut durch Schnittstellen angebunden.

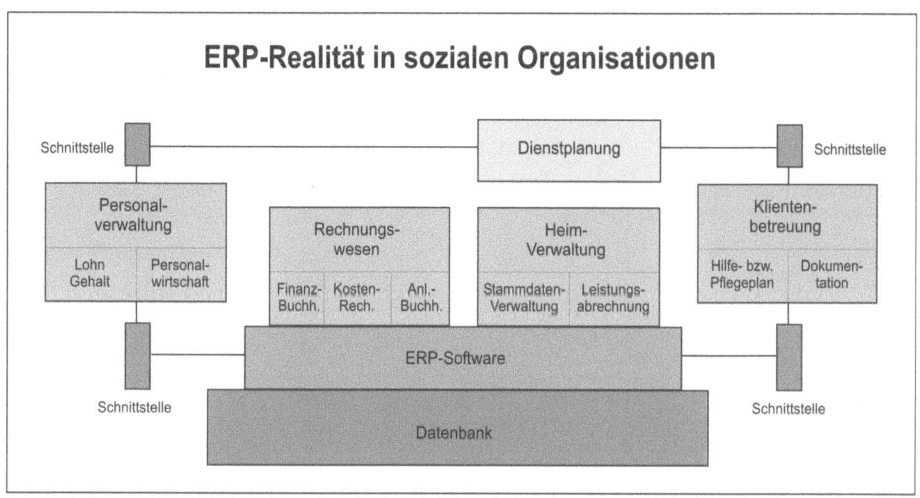

Abbildung 46: Beispielhafte Darstellung der ERP-Realität in einer großen Sozialeinrichtung

Neuer Ansatz Serviceorientierte Architekturen

Die oben beschriebenen Grenzen des ERP-Konzepts führten zusammen mit den Möglichkeiten der Vernetzung von Software via Internet zu einem neuartigen Ansatz, um die Konsolidierung der IT-Systeme in Unternehmen und darüber hinaus voranzutreiben. Die Grundidee wird heute zumeist unter dem Begriff der **Serviceorientierten Architekturen (SOA)** gefasst. Sie besteht darin, Software nicht mehr als komplexen, einheitlichen Block zu entwickeln, sondern sie in Form einzelner überschaubarer Pakete – hier **Services** oder **Webservices** genannt – zu kapseln. Dies sind eigenständige Programme, die über eine standardisierte Schnittstelle anderen Services eine oder mehrere genau definierte Funktionen bereitstellen. Diese Services arbeiten eng zusammen und bieten in der Summe alle Funktionen, die in einer Wertschöpfungskette gebraucht werden. Dabei ist es nicht mehr nötig, die gesamte Software an einem Ort bereitzuhalten, sie kann verteilt im Internet (Stichwort: Cloud-Computing, vgl. Abschnitte 2.3.4. und 4.3.9.) existieren und nur bei Bedarf genutzt werden. Zentraler Gedanke ist dabei immer die flexible, also schnell und kostengünstig veränderbare, **Abbildung von Geschäftsprozessen**, die in und zwischen Unternehmen ablaufen (vgl. Kapitel 6.). Dies geschieht entweder direkt zwischen den Services oder mittels einer **Integrationsschicht**. Dort werden die Daten so verwaltet und aufbereitet, dass es auf Anwenderebene nicht mehr relevant ist, welche Einzelsysteme sich darunter verbergen. So können bspw. Doppelanlagen von Personendaten vermieden und Auswertungsabfragen an die beteiligten Programme zentral gesteuert werden.

Einsatzmöglichkeiten in der Sozialwirtschaft

Überträgt man das SOA-Konzept gedanklich auf die Sozialwirtschaft, so könnten etwa Geschäftsprozesse wie das Aufnahmeverfahren, die Hilfeplanung oder die Leistungsabrechnung als eigenständige Services definiert werden. Ändert sich nun einer dieser Prozesse aufgrund neuer externer Vorgaben oder interner Reorganisation, so kann der betreffende Dienst separat angepasst oder sogar ausgetauscht werden, die anderen Dienste sind davon nicht betroffen. Darüber hinaus ist durch die konsequente Trennung von Anwendungen, Integrations- und Präsentationsschicht eine bessere Einbindung unterschiedlicher, auch mobiler Endgerätetypen und Datenverbindungen möglich.

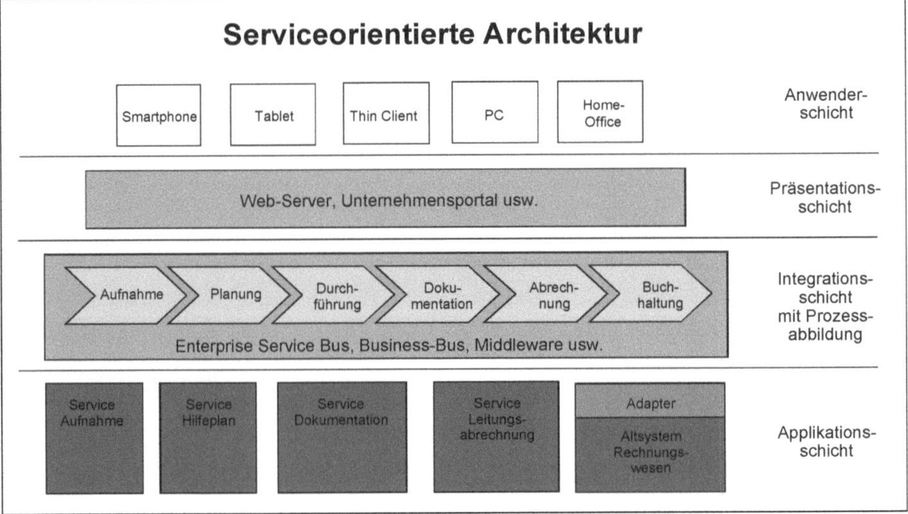

Abbildung 47: Beispielkonfiguration einer künftig möglichen Serviceorientierten Architektur in einer sozialen Organisation

In einem weiteren Schritt könnten Services **verschiedener Akteure** der Sozialwirtschaft miteinander kombiniert werden. In der Kommunikation zwischen Kostenträger und Leistungserbringer könnten sich etwa Services für den Prozess der Kostenzusage in den Systemen beider Partner gegenseitig aufrufen und so eine durchgängig elektronische Abwicklung gewährleisten.

Derzeit sind solche Szenarien in der Sozialwirtschaft jedoch noch Zukunftsmusik, doch gehen immer mehr Anbieter inzwischen dazu über, Schnittstellen nicht mehr in Form einfacher Übergabedateien, sondern als Webservices im oben beschriebenen Sinne zu realisieren.

4.3.7. Interessenten-, Klienten- und Angehörigenintegration

Der digitale Wandel hat längst die Art und Weise verändert, wie Konsumenten mit den Anbietern von Waren oder Dienstleistungen kommunizieren und selbst öffentliche Verwaltungen haben mittlerweile entsprechende Neuerungen eingeleitet (vgl. dazu Kapitel 3). Ihnen gemeinsam ist das Merkmal der **elektronischen Integration der Kunden in die Geschäftsprozesse**. An die Stelle von Face-to-Face, Telefon- oder manueller Mail-Kommunikation treten zunehmend Internetportale, die vielerlei Funktionen umfassen: Die Online-Buchung oder Absage von Terminen, die Anzeige der aktuellen Verfügbarkeit von Angeboten, das genaue Nachverfolgen des Lieferstatus oder verschiedene webbasierte Bezahlmodelle. Treiber dieser Entwicklungen ist ein **beidseitiger Nutzenseffekt**: Die Kunden können sich zunächst anonym auf Basis von Echtzeit-Informationen informieren, die Services rund um die Uhr nutzen und bekommen weitere auf ihren Bedarf zugeschnittene Produkte präsentiert. Die Anbieter wiederum sparen erhebliche Kosten, da die Kunden ihre Daten selbst in direkt weiterverarbeitbarer elektronischer Form erfassen. Zentrale Prozesse können damit standardisiert und automatisiert werden und Übermittlungsfehler und Nachfragen werden weitgehend vermieden. Zudem lernen sie die Kunden durch ihr Bedienungsverhalten besser kennen und können ihre Angebote auf dieser Basis optimieren.

Digitale Kundenintegration bringt beidseitig Nutzen

Der Sozialwirtschaft sind derartige Modelle der Interessenten- und Kundenintegration bislang noch weitgehend fremd. Zwar gibt derzeit fast ein Drittel der Softwareanbieter an, über Klientenzugänge zur eigenen Software zu verfügen (vgl. Kreidenweis/Wolff 2017, S. 46), jedoch sind diese vielfach noch im Pilotstadium, bieten lediglich passiven Informationsabruf oder werden von den Einrichtungen noch kaum genutzt. Nur ein geringer Anteil der Einrichtungen bietet bislang etwa eine Online-Buchung von Erst- oder Schnupperterminen an. Eine Kontaktaufnahme ist meist nur zu stark limitierten Zeiten per Telefon oder per E-Mail möglich. Dabei könnten Fachsoftware-Systeme auf Basis der von Beratungs- und Verwaltungskräften aktuell geführten elektronischen Kalender freie Termine über einen Webservice bereitstellen, der nahtlos in die Website integriert werden kann. Eine gut gestaltete Oberfläche könnte dabei bereits erste Stammdaten und das Anliegen abfragen sowie bei Unsicherheit etwa einen Chat oder eine Rückrufmöglichkeit bereitstellen. Diese Informationen könnten in die Fachsoftware zurückfließen und die Grundlage für die Stammdatenverwaltung bilden. Ebenso sind wertvolle statistische Auswertungen über Website-Besuche, abgebrochene und gelungene sowie wahrgenommene Terminvereinbarungen möglich.

Noch kaum Anwendung in der Sozialwirtschaft

Zahlreiche Möglichkeiten der digitalen Klientenintegration sind auch in laufenden Beratungs- oder Betreuungsprozessen denkbar. So kann etwa der nachfolgende Beratungstermin aus der Fachsoftware auf eine **Mobil-App für die Klienten** übertragen und mit einer automatischen Erinnerungsfunktion versehen werden, vereinbarte Aufgaben des Klienten können aus der Dokumentation in der Fachsoftware übernommen und ebenfalls darin angezeigt werden. Der Klient kann deren (Nicht-)Erledigung bestätigen, was auch mit einem Motivations-Gimmick wie einer kurzen Animation mit Sound verbunden werden kann. Über einen geschützten Chat-Kanal können Berater und Klient Kontakt aufnehmen und dem Klienten

Mehrwerte durch digitale Integration

stehen Notfall-Informationen, Dokumente oder hilfreiches Bild- oder Videomaterial für seine Themen in der App bereit (vgl. dazu auch Abschnitt 5.3.3.).

In anderen Hilfearten wie der ambulanten und stationären Altenpflege oder der Eingliederungshilfe könnten **Angehörigen-Apps** mit Zugriff auf Elemente der elektronischen Pflege- oder Betreuungsdokumentation in der Fachsoftware aktuelle Informationen über die Situation des Betreuten und die durchgeführten Maßnahmen bereitstellen. So könnte die Transparenz und Informationsversorgung deutlich verbessert und manche Gespräche und Rücksprachen erspart werden. Ähnliches gilt für Dienste wie Essen auf Rädern, bei denen der Lieferstatus von Angehörigen nachverfolgt werden könnte. In Angeboten wie dem ambulanten betreuten Wohnen könnten Adressaten, Angehörige oder gesetzliche Betreuer über eine App selbst ihren Betreuungsbedarf steuern, indem sie aus dem in der Fachsoftware vordefinierten Leistungskatalog oder auf Basis eines dort hinterlegten Budgets selbst Leistungen buchen oder stornieren. Auch Ärzte oder Therapeuten könnten – eine entsprechende Einwilligung der Betroffenen vorausgesetzt – einen begrenzten Zugriff auf Dokumentationsinhalte wie etwa die Medikation bekommen und ihre Aktivitäten selbst dort dokumentieren.

Abbildung 48: Beispiel für digitale Angehörigen-Integration in der stationären Altenhilfe

Quelle: medifox.de, Abruf: 20.8.2019

Ähnlich wie die Integration von Adressaten oder Angehörigen ist auch ein begrenzter Systemzugriff von **externen Professionellen** wie Ärzten, Logopäden, Lehrern oder sonstigen am Fallgeschehen beteiligten Personen denkbar. Damit kann –

im Gegensatz etwa zu E-Mail – eine datensichere Kommunikation stattfinden, Termine können besser koordiniert oder Rückfragen vermieden werden.

4.3.8. Integration neuer Datentypen

Zahlreiche aktuelle Entwicklungen im Bereich der **Assistenz-Technologien** (vgl. Abschnitt 4.3.11.), aber auch aus dem Consumer-Bereich, bringen es mit sich, dass unterschiedliche Geräte Daten generieren, die für die medizinische, pflegerische oder soziale Betreuung von Menschen hilfreich sein können. Ein Beispiel hierfür sind Vitaldaten, die von Geräten zur Blutdruck- und Blutzuckermessung heute vielfach bereits digital erfasst werden und über eine Funkschnittstelle (W-LAN, LTE usw.) weitergegeben werden können. Gleiches gilt für Smartwatches, die solche Funktionalitäten bereits im Standard integriert haben. Weitere Datenquellen können digitale Sturzdetektoren, Bewegungsmelder, GPS-basierte Ortungsgeräte, Elektroherde, Lichtanlagen und andere Alltagsgegenstände sein, die unter dem Stichwort „Internet der Dinge" (Internet of Things) zunehmend mit digitaler Technik ausgestattet werden.

Geräte liefern digitale Informationen

Fachsoftware-Systeme müssen künftig in der Lage sein, Daten aus solchen Quellen einzulesen, die zumeist großen Datenmengen sinnvoll zu komprimieren, in eine für Menschen nutzbare Form zu bringen und in die Klientendokumentation zu integrieren. Vereinzelt werden von Anbietern dafür bereits Schnittstellen geschaffen, jedoch sind diese zumeist an ganz bestimmte Produkttypen gebunden. Hier wäre es sinnvoll, einen branchenweiten Standard zu schaffen, der den Einrichtungen oder Betroffenen die Freiheit lässt, unterschiedliche Systeme zu nutzen (vgl. FINSOZ 2019).

4.3.9. Cloud Computing

Während sich in nahezu allen Branchen der Trend zum Cloud Computing verstärkt, konnte sich dieses Konzept in der Sozialwirtschaft bislang noch nicht auf breiter Ebene durchsetzen. Derzeit werden im Durchschnitt nur 15 Prozent der gesamten Aufwendungen für IT für die Auslagerung von IT-Services verwendet und nur ein Teil davon wiederum für Cloud Computing (vgl. Kreidenweis/Wolff 2019, S. 15).

Software und Daten aus der Steckdose

Dabei stellt die Nutzung externer Rechen- und Speicherkapazitäten oder eines extern gemanagten Software-Betriebes gerade für kleinere Sozialorganisationen eine enorme Entlastung von IT-Tätigkeiten dar, für die intern oft keine hinreichenden Kompetenzen vorhanden sind. Zwar ist das Cloud Computing selten preisgünstiger wie ein Eigenbetrieb der IT, jedoch stellt es zumeist eine deutliche Erhöhung der Sicherheit dar. Viele Angebote enthalten zudem bereits Services wie den Zugriff auf Daten vom Home-Office oder von Mobilgeräten, die aufgrund ihrer Komplexität von der eigenen IT oft nicht oder nur eingeschränkt bereitgestellt werden können.

Abbildung 49: Beispiel eines Cloud-Angebotes aus der Sozialwirtschaft des Caritasverbandes für die Diözese Würzburg e. V.

Quelle: caritas-digital21.de, Abruf: 16.8.2019

Eine Hürde stellt für viele kleinere Sozialorganisationen jedoch die Gestaltung der Vertragsbeziehungen mit den Cloud-Anbietern dar, welche umfangreiches technisches und juristisches Knowhow voraussetzt. Es sollte daher Aufgabe der Wohlfahrtsverbände wie Caritas oder Diakonie sein, ihre Einrichtungen entsprechend zu beraten oder solche Services etwa über Rahmenverträge zugänglich zu machen.

4.3.10. Big Data und Künstliche Intelligenz

Mit dem Schlagwort Big Data wird ein Bündel verschiedener Technologien bezeichnet, die es ermöglichen, sehr große Datenmengen maschinell auszuwerten. Das „big" bezieht sich dabei auf drei Dimensionen:

- **Volume:** den Umfang der Daten
- **Velocity:** die Geschwindigkeit, mit der diese Daten erzeugt und übermittelt werden
- **Variety:** die große Bandbreite unterschiedlicher Datentypen

Aufgrund der zunehmenden Nutzung und Vernetzung digitaler Geräte in allen Arbeits- und Lebensbereichen ist ein enormer Anstieg in allen drei Bereichen feststellbar.

Auswertbarkeit unstrukturierter Daten

Neu am Big Data Konzept ist dabei vor allem die Auswertbarkeit unstrukturierter, also nicht in exakt definierten Datenbankfeldern (vgl. Abschnitt 2.4.) gespeicherter Informationen: Texte, Daten von Sensoren sowie Bilder, Audio- und Videodaten. Im Unterschied zu klassischen Datenbanken oder Statistikprogrammen sind solche Systeme auch dazu in der Lage, eigenständig Muster in den Datenbeständen zu erkennen und Prognosen zu generieren („Predictive Analytics"). Dabei werden häufig auch Methoden aus dem Bereich **des Maschinellen Lernens** (vgl. auch Abschnitt 2.2.3.) eingesetzt.

Während die Big Data-Nutzung in der Forschung und in der gewerblichen Wirtschaft schon weit vorangeschritten ist, sind in der deutschen Sozialwirtschaft bislang keine praktischen Anwendungsformen bekannt (vgl. Bastian/Schrödter 2019). In Neuseeland und den USA werden jedoch bereits Systeme erprobt oder eingesetzt, die aus Daten wie ethischem Hintergrund, sozialen Informationen über die Eltern und weiteren offen verfügbaren Daten einen „risk score" für Kinder errechnen, der bei der Entscheidung herangezogen wird, ob ein Sozialarbeiter die Familie besuchen sollte (vgl. Gapski 2018, S. 75).

Große Datenmengen in der Sozialwirtschaft

Auch in den Fachsoftwaresystemen, betriebswirtschaftlichen Anwendungsprogrammen und Textdateien, insbesondere großer Träger, sind bereits heute sehr viele Daten gespeichert, die bislang entweder gar nicht oder nur für klassische statistische Auszählungen im Bereich des Finanzcontrollings, für Auslastungsstatistiken und ähnliches genutzt werden. Grundsätzlich wäre es möglich, diese Daten mit Big Data Methoden etwa für die **interne Unternehmenssteuerung** zu nutzen. Durch die Kombination von Belegungsdaten, Abbruchquoten von Hilfen, Daten zu Mitarbeiterfluktuation und Krankmeldungen sowie regelmäßiger Mitarbeiterbefragungen könnten bspw. Indikatoren für Konfliktrisiken in Teams oder Einrichtungen ermittelt werden (vgl. Mack 2018, S. 220).

Organisationsübergreifend könnte das **Wirkungscontrolling** von Hilfen unterstützt werden, indem etwa Daten zu Diagnosen, Arten, Dauer und Beendigungsgründen von Hilfen mit Entwicklungsberichten, Interviews mit Adressaten und Angehörigen sowie Evaluationsdaten und Daten zur Finanzierung der Hilfen kombiniert werden. Daraus wäre es möglich, Muster zu erkennen, welche Hilfeformen in welchen Fällen mit einer höheren Wahrscheinlichkeit bestimmte Effekte zeitigen oder nicht.

Im Bereich der **Assistenz-Technologien** (vgl. Abschnitt 4.3.11.) ist es denkbar, durch die Auswertung zahlreicher Sensordaten, kombiniert mit Daten von GPS-Modulen in Smartphones oder Smartwatches und Dokumentationseinträgen von Fachkräften, bestimmte Muster zu erkennen, die auf eine Gefährdungslage (z. B. Sturz oder Orientierungsprobleme) allein lebender alter Menschen hinweisen.

Die Anwendung solcher Methoden ist jedoch sehr komplex und setzt umfangreiches Spezialwissen, geeignete Software und die Verfügbarkeit und Kombinierbarkeit der Daten voraus. All dies ist in der Sozialwirtschaft aktuell nicht vorhanden.

Datenschutz und Ethik beachten

Wichtig ist dabei die Klärung **datenschutzrechtlicher Fragen** (vgl. Kapitel 8.), denn hier werden sehr persönliche Informationen von Menschen verarbeitet, was generell nur vertretbar ist, wenn die Daten streng geschützt oder in anonymisierter Form zusammengeführt und ausgewertet werden. Werden Big Data Systeme im Sinne von Predictive Analytics zur Unterstützung von oder als Grundlage für Entscheidungen für Interventionen oder Therapien bei Menschen genutzt, so sind auch drängende **ethische Themen** zu diskutieren. Denn Big Data Analysen sind keineswegs – wie es häufig zunächst scheint – objektiv, da die Daten, mit denen die Systeme gefüttert und trainiert werden, in aller Regel von Menschen ausgewählt oder erfasst wurden. So hat bspw. eine Studie in den USA gezeigt (vgl. O ́Neil 2016, S. 117 ff.), dass Systeme zur Vorhersage einer Sozialprognose von Straftätern deutlich schlechtere Prognosen für dunkelhäutige Straftäter generieren, weil die Datengrundlage überwiegend von weißen, rassistisch geprägten Polizisten stammte.

4.3.11. Assistenz-Technologien

Unter dem Begriff Assistenz-Technologien oder **Ambient Assisted Living** (AAL) werden verschiedene Digitaltechnologien zusammengefasst, die Menschen mit Behinderungen oder Menschen im Alter direkt oder indirekt – über Angehörige oder professionelle Helfer – unterstützen. Ziel ihres Einsatzes ist es, die Lebensqualität zu erhöhen und eine unabhängige Lebensführung so weit und so lange als möglich zu gewährleisten. Als weiteres Ziel wird häufig eine wirtschaftliche Organisation von Pflege und Betreuung genannt, bei der die menschliche Arbeitskraft gezielter eingesetzt werden kann (vgl. Klein 2011).

Breite Palette an Unterstützungsformen

Die Palette möglicher Unterstützungsformen ist vielfältig und reicht von Systemen, die körperliche Funktionseinschränkungen kompensieren über aktivitäts- und teilhabefördernde Systeme bis hin zu Technologien, die Pflege und Betreuung unterstützen.

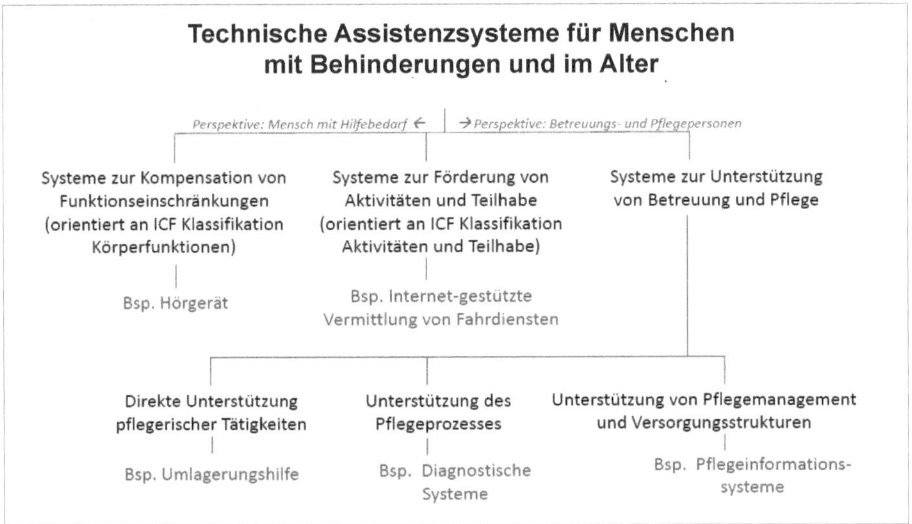

Abbildung 50: Klassifizierung technischer Assistenzsysteme
Quelle: Kunze 2018, S. 165

Andere Klassifizierungen (z. B. Landeshauptstadt Hannover o. J., S. 4) differenzieren nach

- **Sicherheit,** z. B. Hausnotruf, Ortungsgeräte Herdabschaltung, Sturzsensoren
- **Gesundheit,** z. B. Fitnessarmbänder, digitale Messgeräte für Blutdruck etc., elektronische Tablettenspender
- **Kommunikation und Unterhaltung,** z. B. Seniorentelefone, Hörverstärker, Tür- und Telefonklingelsender, Sprachassistenten, Virtual Reality-Brillen
- **Komfort und Selbständigkeit,** z. B. Aufstehhilfen, Schlüsselfinder, Saug- und Mähroboter

Diese Aufzählung enthält einerseits Technologien wie Tablettenspender, die speziell für die genannten Zielgruppen entwickelt werden. Andererseits sind auch Produkte wie Saugroboter oder Sprachassistenten („Alexa“) enthalten, die für den Massenmarkt entwickelt wurden, aber auch bei Menschen mit motorischen oder psychischen Einschränkungen sinnvoll Anwendung finden können.

Anfänglich dominierten im Bereich der Assistenz-Technologien stark ingenieurwissenschaftlich getriebene Forschungsprojekte, die jedoch wenig Anwenderbezug aufwiesen und nur selten in markttaugliche Produkte mündeten. Mittlerweile kombinieren viele Unternehmen, darunter zahlreiche Startups, verschiedene bereits vorhandene Technologien so miteinander, dass daraus kostengünstige Anwendungen entstehen. Auf Seiten der Forschung wird derzeit stark in die Robotik (vgl. Abschnitt 3.3.3.) investiert, jedoch haben die meisten Anwendungen noch nicht das Stadium der Marktreife erreicht.

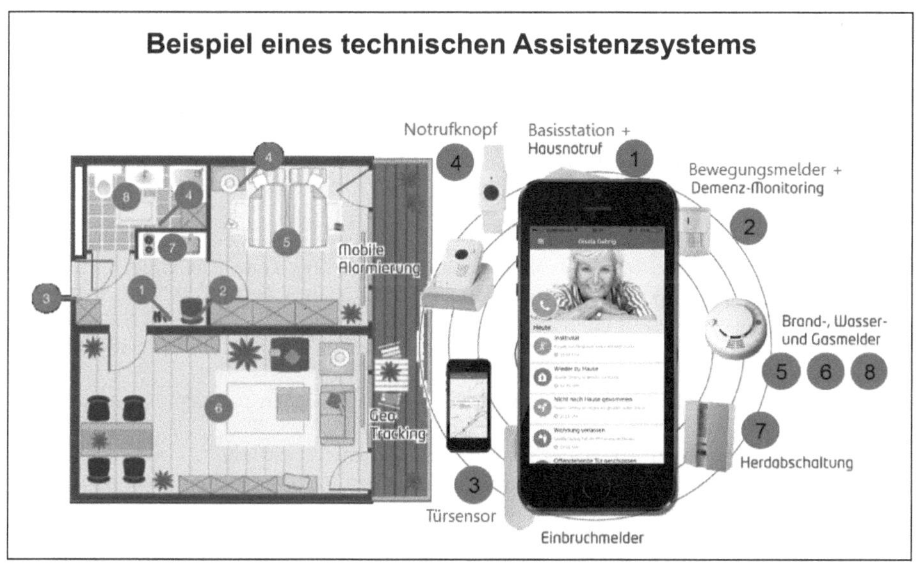

Abbildung 51: Beispiel eines Assistenzsystems aus verschiedenen Komponenten, das den Hausnotruf um Sensortechnik und eine smartphone-gestützte Steuerung erweitert

Quelle: ambioassist.com, Abruf: 10.6.2019

Verzahnung mit Sozialdienstleistungen

Entscheidend für die Durchsetzung von Assistenz-Technologien ist zum einen die **Akzeptanz** durch die Betroffenen und Angehörigen, zum anderen aber auch ihre **Verzahnung mit sozialen Dienstleistungen** wie etwa dem Hausnotruf oder der ambulanten bzw. stationären Pflege. Auf Seiten der sozialen Organisationen ist es dazu notwendig, umfassendes Wissen über diese Systeme aufzubauen, um sie in den eigenen Einrichtungen einsetzen und Adressaten kompetent beraten zu können.

Angesichts des Fachkräftemangels im Bereich der Pflege und Betreuung sowie der Tendenz zur Ambulantisierung vieler sozialer Dienstleistungen wird den Assistenz-Technologien zumeist ein großes Wachstumspotenzial prognostiziert (vgl. etwa Kunze 2018, S. 175).

Arbeitsaufgaben

8. An Ihrer neuen Arbeitsstelle einer ambulanten Suchthilfeeinrichtung finden Sie eine PC-basierte Fachsoftware für Klientenverwaltung vor, die Ihnen etwas „angestaubt" vorkommt: Die Benutzeroberfläche ist eintönig grau, es kommen viele unverständliche Kürzel darauf vor und vieles wird immer wieder ausgedruckt oder in Word neu erfasst. In der Diskussion mit ihren Kollegen zeigt sich aber, dass diese mit dem Programm leidlich zufrieden sind, weil man damit doch die Adressen verwalten, Leistungen abrechnen und Pflichtstatistiken erstellen kann. Nach welchen Kriterien würden Sie die Software systematisch prüfen, um Argumente für eine Umstellung auf eine modernere Software zu finden?
9. Ihr Chef, Leiter eines Sozial-Zentrums mit Ambulanter Pflege, Schuldnerberatung, offener Behindertenarbeit und Jugendberufshilfe, zeigt Ihnen begeistert den Prospekt eines Fachsoftware-Anbieters. Dort steht in großen Buchstaben „Sozisoft – Die ERP-Lösung für alle Arbeitsfelder des Sozialwesens". Er meint, dass damit nun wohl alle Software-Probleme der Einrichtung zu lösen wären. Welche Antwort würden Sie ihm geben?

Literatur und Links zum Kapitel

Bastian, Pascal / Schrödter, Mark: Risikodiagnostik durch „Big Data Analytics" im Kinderschutz. In: Archiv für Wissenschaft und Praxis der sozialen Arbeit Nr. 2/2019, S. 40–49.

das-pflege.de, (Datenauswertungsstelle nach § 113 Abs. 1b SGB XI), Abruf: 28.8.2019.

de.statista.com/infografik/17190/ausgewaehlte-daten-zur-smartphone-nutzung-in-deutschland, Abruf: 16.8.2019.

Faiß, Peter/Kreidenweis, Helmut: Geschäftsprozessmanagement in sozialen Organisationen. Baden-Baden 2016.

FINSOZ e. V.: Positionspapier Digitalisierung braucht Interoperabilität. Potenziale offener Standards für den Informationsaustausch nutzen. Berlin 2019. Quelle: finsoz.de/sites/default/files/positionspapier-interoperabilitaet.pdf, Abruf: 4.9.2019.

finsoz.de/ag-interoperabilitaet, Abruf: 4.9.2019

Gapski, Harald: Big Data und Soziale Arbeit. Kontexte, Beispiele und Perspektiven aus einer kommunikationswissenschaftlichen Sicht. In: Hammerschmidt, Peter/Sagebiel, Juliane/Hill, Burkhard/Beranek, Angelika (Hrsg.): Big Data, Facebook, Twitter & Co. und Soziale Arbeit. Weinheim/Basel 2018, S. 75–93.

Klein, Barbara: Technisierte Versorgung oder mehr Zeit für Kernaufgaben? Auswirkungen neuer Technologien auf die Pflegekräfte. In: Archiv für Wissenschaft und Praxis der sozialen Arbeit Nr. 3/2011, S. 86–98.

Kreidenweis, Helmut: Branchensoftware: Prozesse verbessern, Wirkung steigern. In: Sozialwirtschaft, Nr. 4/2015, S. 20–23.

Kreidenweis, Helmut/Wolff, Dietmar: IT-Report für die Sozialwirtschaft 2017. Eichstätt 2017.

Kreidenweis, Helmut/Wolff, Dietmar: IT-Report für die Sozialwirtschaft 2019. Eichstätt 2019.

Kunze, Christophe: Technische Assistenzsysteme in der Sozialwirtschaft – aus der Forschung in die digitale Praxis. In: Kreidenweis, Helmut (Hrsg.): Digitaler Wandel in der Sozialwirtschaft. Grundlagen – Strategien – Praxis. Baden-Baden 2018, S. 215–223.

Mack, Thomas: Big Data: Chancen für die Sozialwirtschaft. In: Kreidenweis, Helmut (Hrsg.): Digitaler Wandel in der Sozialwirtschaft. Grundlagen – Strategien – Praxis. Baden-Baden 2018, S. 163–177.

O'Neil, Cathy: Angriff der Algorithmen. München 2016.

Root, Erika/Timmermanns, Simon/Gräfe, Britta u. a.: UCARE-CARDS: Schaffung von Usability-Bewusstsein für die Entwicklung von Software in der Pflege. In: Wissenschaft trifft Praxis. Usability und User Experience in der Arbeitswelt von morgen. Bad Honnef 2017, S. 44–49.

5. Nutzung digitaler Technologien in der Sozialen Arbeit

Zusammenfassung

In diesem Kapitel werden eingangs zwei unterschiedliche theoretische Grundkonzepte Sozialer Arbeit und Folgerungen daraus für die Nutzung digitaler Technologien diskutiert. Dabei wird herausgearbeitet, wie sich Soziale Arbeit von anderen Formen der Dienstleistungserbringung unterscheidet und was dies für die Konstruktion und Anwendung digitaler Technologien bedeutet. Den zweiten Schwerpunkt bildet die exemplarische Darstellung dreier Nutzungsformen digitaler Technologien: Fachsoftware, Online-Beratung sowie app-basierte Beratungs- und Therapieunterstützung.

5.1. Soziale Arbeit als personenbezogene Dienstleistung

Professionsverständnis Sozialer Arbeit

In der jüngeren Geschichte der Sozialen Arbeit haben sich unterschiedliche theoretische Ansätze entwickelt, um ihre Handlungskontexte zu erklären und Grundlagen für ihr methodisches Arbeiten zu schaffen. Manche dieser Theorien begreifen Soziale Arbeit als professionelles Handeln, das sich nahezu ausschließlich in **hermeneutisch-fallverstehenden und dialogischen Sphären** zwischen Sozialarbeitern und Adressaten abspielt und sich jeglichem rational-analytischen Zugang entzieht (etwa Stüwe/Ermel 2019, S. 73 ff.). Unter solchen Annahmen erscheinen digitale Technologien als wenig geeignet, die Handlungspraxis zu unterstützen, sie werden vielmehr als Instrument einer „Technokratisierung Sozialer Arbeit“ (Dewe/Stüwe 2016, S. 36) verstanden, welche die Adressaten zu einem Objekt instrumentell-technischer Manipulation macht und die Soziale Arbeit primär reglementiert und kontrolliert. Organisationen und die in ihnen verwendeten Fachsoftware-Systeme erscheinen aus dieser Perspektive eher als Objekte, welche sie an der Entfaltung ihrer Professionalität hindern und ihr Handeln einengen.

Für diese Sichtweise auf den Technikeinsatz in der Sozialen Arbeit gibt es bislang jedoch keine empirischen Belege. Vielmehr zeigt eine aktuelle Studie (vgl. Halfar 2019), dass Fachkräfte im Durchschnitt etwa ein Drittel ihrer Arbeitszeit nicht mit den Adressaten, sondern mit organisatorischen Tätigkeiten verbringen. Soziale Arbeit ist heute vielfach in interdisziplinär-organisatorische Handlungskontexte eingebunden. Sie unterliegt einer gesetzlich oder vertraglich geforderten Strukturierung, Qualitätssicherung und Dokumentationspflicht, weil die Kostenträger ein berechtigtes Interesse an einem Nachweis von Wirkung oder zumindest der Einhaltung von Mindeststandards formulieren.

Rahmenbedingungen gestalten

Versteht man diese Handlungskontexte zudem als sozio-technische Systeme (vgl. Abschnitt 1.5.), so sind sie mindestens in Teilbereichen formbar. Soziale Arbeit als Profession ist daher gut beraten, sich entsprechende Kompetenzen anzueignen, um ihre organisationalen Rahmenbedingungen und die technischen Artefakte für ihr Handlungsfeld so mitzugestalten, dass sie die Ziele ihrer Arbeit besser erreichen und dies auf effiziente Weise auch belegen kann.

In der oben genannten Sichtweise auf Soziale Arbeit wird auch ausgeblendet, dass es weltweit anerkannte Prozessmodelle wie das Case-Management gibt (vgl. etwa

Löcherbach u. a. 2009), welche der sozialen Arbeit ein strukturierendes Gerüst verleihen und durchaus in Software sinnvoll abgebildet werden können. Dabei muss freilich immer differenziert werden, auf welchen Handlungsebenen Informationstechnologie die Soziale Arbeit wirksam unterstützen kann und wo dies eher weniger oder nicht der Fall ist.

Soziale Arbeit als Dienstleistung

Verortet man die Soziale Arbeit theoretisch als eine **spezifische Form der Produktion personenbezogener Dienstleistungen** (vgl. etwa Halfar 2009), so eröffnet sich dadurch die Möglichkeit, Handlungsvollzüge nach Kriterien der Effizienz und Effektivität zu betrachten, ohne dabei die Spezifika Sozialer Arbeit aus dem Auge zu verlieren. Wenn Soziale Arbeit wirksam mit digitalen Technologien unterstützt werden soll, so muss – im Sinne der Sozialinformatik als einer spezifischen Informatik für dieses Feld – zunächst geklärt werden, welche Merkmale die Produktion von Dienstleistungen gegenüber der Herstellung von Gütern aufweist und wie sich die Soziale Arbeit dabei von anderen Formen der Dienstleistungsproduktion unterscheidet. Erste Überlegungen dazu finden sich bereits in Abschnitt 1.5.

Spezifika der Güterproduktion

Bei der Herstellung von **Gütern** aller Art liegt die Kontrolle über den Fabrikationsprozess ganz in den Händen des produzierenden Unternehmens. Es kann im Rahmen der physikalischen und technischen Grenzen darüber bestimmen, in welcher Folge von Arbeitsschritten, mit welchen Werkzeugen und mit welcher Qualität diese Produktion erfolgt. Entsprechend kann also etwa die Steuerungssoftware einer Fertigungsstraße so programmiert werden, dass sie mit höchster Effizienz stets das gleiche Ergebnis mit gleicher Qualität produziert. Das Erzeugnis – etwa ein Auto oder ein Brötchen – ist **tangibel**, seine Eigenschaften können objektiv gemessen, gefühlt oder geschmeckt werden.

Spezifika der Dienstleistungsproduktion

In die Produktion von **Dienstleistungen** ist hingegen der **Kunde als externer Faktor** eingebunden, er trägt mehr oder weniger stark zur Herstellung der Dienstleistung bei. Dieser Beitrag kann sehr unterschiedlich ausgeprägt sein und reicht vom Stillhalten des Kopfes beim Friseur bis hin zur fast vollständigen Eigenproduktion etwa der Dienstleistung „Kontakt" in sozialen Netzwerken. Ein wesentlicher Unterschied zur Güterproduktion ist jedoch, dass das Verhalten der Kunden **prinzipiell nicht vorhersagbar** ist. Dennoch beeinflusst es die Qualität der Dienstleistung oft erheblich. Hält bspw. der Kunde des Friseurs seinen Kopf nicht still, wird die Frisur wahrscheinlich darunter leiden. Oder werden Kontakte in sozialen Netzwerken missbraucht, kann dadurch erheblicher Schaden für die beteiligten Menschen und das anbietende Unternehmen entstehen. Mit steigendem Grad der Kundenintegration, wächst auch die Abhängigkeit der Dienstleistungsqualität vom Beitrag des Kunden. Ein IT-System, das zur Unterstützung von Dienstleistungsprozessen entwickelt wird, muss also im Hinblick auf die Produktionsabläufe prinzipiell flexibler gestaltet sein, als eines, das die Güterproduktion unterstützt. Auf diese Weise können unterschiedliche Ausprägungen des Kundenverhaltens berücksichtigt werden.

Das Ergebnis eines Dienstleistungsprozesses ist **intangibel**, seine Eigenschaften können nur während oder nach der Erbringung beurteilt und vielfach auch nur indirekt – etwa über Befragungen zur Kundenzufriedenheit – gemessen werden.

Auch in der **Sozialen Arbeit** findet man unterschiedliche Grade der **Kundenintegration** in die Dienstleistungserbringung; die Unterschiede zeigen sich vor allem durch die erforderliche Eigenaktivität der Adressaten. Ist sie bspw. bei Erziehungshilfen oder der Schuldnerberatung sehr hoch ausgeprägt, so nimmt sie etwa bei der Pflege schwerst-mehrfachbehinderter Menschen ein eher geringeres Ausmaß an. Häufig ist der Adressat sogar Hauptproduzent der Dienstleistung, da Verhaltensänderungen immer von ihm selbst vollzogen werden müssen. Der Sozialen Arbeit kommt dabei lediglich die Rolle der beratenden Begleitung oder des „Empowerments“ (etwa Herriger 2014) zu.

Produktion sozialer Dienstleistungen

Ein wesentliches Merkmal unterscheidet die Soziale Arbeit jedoch von vielen sonstigen Dienstleistungen: Kann das nicht vorhersagbare Kundenverhalten dort nur als möglichst gut zu beherrschender (Stör-)Faktor angesehen werden, so stellt es der Sozialen Arbeit ein zentrales Ziel dar: **selbstbestimmtes Handeln**, eigenständiges Finden von Lösungswegen, sogar unter Inkaufnahme von Lernerfahrungen durch Misserfolge, gehören zu ihren wesentlichen Charakteristika. Hinzu kommt eine oft sehr **hohe Komplexität** der Prozesse. So gilt es etwa neben den psychosozialen Belastungen einer Person die Dynamik der Multiproblemfamilie ebenso im Auge zu behalten wie die beteiligten schulischen, medizinischen, oder sozialen Institutionen. Dabei konfligieren nicht selten verschiedene Maximen und Werte, die situationsbezogen gegeneinander abgewogen werden müssen. Die Dienstleistungskonfigurationen und die in ihnen zu fällenden Entscheidungen sind also durch eine Vielzahl an Faktoren beeinflusst, durch (inter-)subjektive Einschätzungen geprägt und nur teilweise logisch-kausal erklärbar.

Ziel: autonome Kunden

5.2. Standardisierungsdilemma

Eine Fachsoftware, welche die Planung oder Dokumentation derart komplexer und wenig vorhersagbarer Dienstleistungsprozesse unterstützen soll, muss demnach besondere Voraussetzungen erfüllen.

Setzen Organisationen der Sozialen Arbeit eine solche Software ein, können sie, wie in Abschnitt 1.5. beschrieben, als **soziotechnische Systeme** betrachtet werden. Im Feld sozialer Dienstleistungen ist die Kontingenz des sozialen Teilsystems, wie oben gezeigt, nicht Nebenbedingung oder Störfaktor, sondern zentrales Ziel. Entsprechend sind häufig auch die Prozesse und Kategoriensysteme offener gestaltet als in anderen Branchen. Deshalb wurden sie bislang von Seiten der Organisationen oft wenig gesteuert, ihre Ausgestaltung wurde nicht selten den einzelnen Fachkräften oder Teams überlassen, die Software-Unterstützung war eher gering.

Doch wie oben bereits erwähnt, existieren auch in der Sozialen Arbeit **prozessual strukturierte Methoden** wie das Case Management sowie **fachliche Standards** zur Klassifikation von personalen Merkmalen, Risikoeinschätzungen oder Hilfebedarfen. Diese wurden zumeist auf wissenschaftlicher Basis entwickelt und sollen dazu dienen, ein bestimmtes Qualitätsniveau und die Transparenz Sozialer Arbeit sicherzustellen. Ebenso gilt es, die Adressaten vor willkürlichen Entscheidungen zu schützen und die verfassungsrechtlich garantierte Gleichbehandlung (Grundgesetz Art. 3) zu gewährleisten. Deshalb haben diese Klassifizierungssysteme etwa in

Standard vs. Einzelfall

Form von Pflege- oder Hilfebedarfsstufen zum Teil auch Eingang in gesetzliche Normierungen gefunden und werden zur Bemessung der Leistungsfinanzierung oder Personalausstattung herangezogen.

Soziale Arbeit befindet sich somit in einem stetigen, nicht vollständig auflösbaren **Spannungsfeld** zwischen Formalisierung bzw. Standardisierung und Einzelfallorientierung (vgl. Hansen 2010, S. 144). Böhringer beschreibt dies als „Dilemma zwischen Klient_innenorientierung und Orientierung an organisationalen Vorgaben für die Erstellung von Dokumenten oder andere medial vermittelte Arbeitsaufgaben auszubalancieren“ (2015, S. 275).

Standardisierung steigert Produktivität

Software-Systeme, die fachliche Prozesse und Kategoriensysteme der Sozialen Arbeit abbilden möchten, befinden sich mithin ebenso in einem prinzipiellen **Dilemma zwischen Standard und Offenheit.** Sehr hohe Offenheit macht sie tendenziell kaum mehr von einer reinen Textverarbeitung unterscheidbar, entsprechend sinkt der Grad der Algorithmisierung bzw. Automatisierung und damit der **Effizienzeffekt** der Programme. Eine hohe Standardisierung ermöglicht hingegen mehr Automatisierung und erhöht die Effizienz, schränkt jedoch die Offenheit für individuelle Vorgangsdefinitionen und Deutungsmuster drastisch ein.

Gleiches gilt zwar grundsätzlich auch für papiergestützte Standards und Prozessbeschreibungen, jedoch ist der **Normierungsgrad** bei Fachsoftware deutlich höher: Zum einen kann sie durch entsprechende Funktionsroutinen nicht vorgesehene Nutzungsformen durch vordefinierte Eingaben und Abläufe stärker eindämmen, zum anderen sind Abweichungen von der intendierten Nutzung deutlich leichter und schneller überprüfbar.

An dieser Stelle wird ein weiteres Dilemma der Formalisierung und Algorithmisierung von Realität im Kontext Sozialer Arbeit sichtbar, das bereits in Kapitel 1 kurz thematisiert wurde. Sesink (2003, S. 59) beschreibt es so:

> „Ein Weltausschnitt wird durch formalisierende Abstraktion auf seine (wesentlichen?) Strukturen reduziert. Als wesentlich können von vornherein nur formale Bezüge erscheinen. Was als wesentlich gilt, ist also auf dieser fundamentalen Ebene nicht etwa ein Ergebnis des Modellierungs- und Formalisierungsaktes, sondern eine Entscheidung, die ihm bereits zugrunde liegt. (...) Alles am zu modellierenden Weltausschnitt, das sich der Formalisierung entzieht, also was (...) individuell und einzig ist, erscheint von vornherein als unwesentlich.“

Abstrahierung verändert Realität

Kernpunkt dieser Kritik ist, dass durch die Akte der Formalisierung und Algorithmisierung von vorne herein bereits bestimmte **Anteile der Realität ausgeblendet** werden, die für professionelles Handeln in der Sozialen Arbeit von Bedeutung sind oder sein können. Nach dieser Auffassung ist es also weniger von Bedeutung, welche Formularsysteme oder IT-Lösungen eingesetzt werden; allein die Tatsache dass mit formalisierenden Medien gearbeitet wird, verfälscht die Realität.

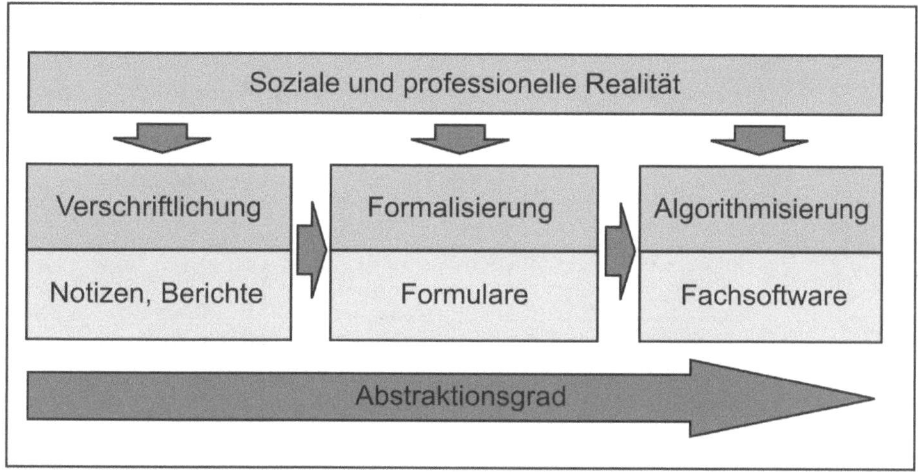

Abbildung 52: Formen der Abbildung von Realität und Grade der Abstrahierung in der Sozialen Arbeit

Dem steht jedoch die Tatsache gegenüber, dass Software-Systeme für die Soziale Arbeit sehr unterschiedlich beschaffen sein können. Entsprechend verschieden ist auch ihr **Grad an Formalisierung und Algorithmisierung.** So sind etwa neben Programmen mit überwiegend standardisierten Auswahlfeldern oder (teil-)automatisierten Bewertungssystemen auch solche verfügbar, die an vielen Punkten als Freitext erfassbare Beobachtungen oder Einschätzungen ermöglichen. Dabei beschränken sie sich weitgehend auf die Ein- und Ausgabe dieser Informationen, verfügen also kaum über Automatismen zu ihrer Bearbeitung. Ebenfalls denkbar und teilweise realisiert sind Systeme, die bspw. eine frei gestaltbare, assoziativ-grafische Abbildung von Beziehungssystemen ermöglichen. Wie weiterhin bereits in Abschnitt 1.5. gezeigt, wird die Technik in soziotechnischen Systemen immer auch durch Menschen und Organisationen beeinflusst und spezifisch angeeignet, so dass sich daraus komplexe Zusammenhänge ergeben, die sich einfachen Erklärungsmustern entziehen.

Da jedoch eine breite empirische Grundlagenforschung zu den hier genannten Fragestellungen bislang fehlt, ist letztlich ungeklärt, wie sich der Einsatz solcher Software-Systemen allgemein und in unterschiedlichen Konfigurationen auf die Wahrnehmung und Entscheidungsfindung von Professionellen sowie die gesamte Dynamik des Hilfeprozesses und seine Ergebnisse auswirkt.

5.3. Formen der Nutzung digitaler Technologien

Breites Spektrum an Nutzungsformen

Soziale Arbeit als professionelle, institutionalisierte Arbeit mit Adressaten sowie als Unterstützungsinstanz für Selbsthilfe und bürgerschaftliches Engagement kann digitale Technologien auf vielfältige Weise nutzen. Mittlerweile hat sich ein breites Spektrum möglicher Nutzungsformen entwickelt, das kaum mehr überblickbar ist. Ein nicht unerheblicher Teil davon ist im Bereich der Medienpädagogik zu verorten, auf die in diesem Band nicht näher eingegangen wird (vgl. Vorwort).

Die folgende Matrix mit den drei Elementen Adressat, Fachkraft und Organisation kann einen groben Überblick geben:

	Adressat	Fachkraft	Organisation
Adressat	Adressat : Adressat	Adressat : Fachkraft	Adressat : Organisation
Beispiel	Selbsthilfeforen, Soziale Netzwerke, Messengerdienste, Nachbarschaftsplattformen	Online-Beratung, Messengerdienste, E-Mail, Soziale Netzwerke, Mobil-Apps	Interaktive Websites, webbasierte Vermittlungsplattformen, Social Media Auftritt bzw. -kommunikation
Fachkraft	Fachkraft : Adressat	Fachkraft : Fachkraft	Fachkraft : Organisation
Beispiel	Online-Beratung, Internetgestütztes Informationssystem, Gaming, E-Mail, E-Learning, Mobil-App, Messengerdienste	Expertenforum, Fachspezifisches Wiki, Fachsoftware, Soziale Netzwerke, Messengerdienste, Collaboration- und Mail-Software	Fachsoftware, E-Learning in der Fortbildung, Mitarbeitenden-Selfservices im Personalbereich, Collaboration- und Mail-Software
Organisation	Organisation: Adressat	Organisation : Fachkraft	Organisation : Organisation
Beispiel	Websites, webbasierte Vermittlungsplattformen, Social Media Auftritte	Intranet, Fachsoftware, Collaboration- und Mail-Software	Belegungsportal, Extranet, digitale Klientenakten, webbasierte Vermittlungsplattformen

Abbildung 53: Matrix möglicher Nutzungsformen von Digitaltechnologien in der Sozialen Arbeit (in Anlehnung an Ley 2007)

Die folgenden Abschnitte greifen exemplarisch drei für die professionelle Soziale Arbeit interessante Nutzungsformen heraus und zeigen ihre Anwendung sowie damit verbundene fachliche Diskussionen, Chancen und Grenzen auf. Einige andere der in Abbildung 39 genannten Formen sind in den Abschnitten 3.3. und 4.2. beschrieben.

5.3.1. Fachsoftware zur Planung und Dokumentation von Hilfen

Kern-funktionalitäten

Software für die Planung und Dokumentation von Hilfen ist heute für sehr viele Arbeitsfelder der Sozialen Arbeit, Betreuung und Pflege verfügbar. Sie ist zumeist in umfassende Branchenprogramme integriert, die auch die Abrechnung von Leistungen oder statistische Auswertungen beinhalten. Gemeinsame Basis bildet meist eine Stammdaten- und Adressverwaltung (vgl. Abschnitt 4.2.4.).

Variationsbreite entspricht fachlicher Vielfalt

Funktionalität und Aufbau dieser Programme zeigen sich sehr unterschiedlich. Darin spiegeln sich sowohl unterschiedliche **Intentionen** einer Dokumentation (Abrechnung, rechtliche Absicherung, pädagogische Planung usw.) als auch eine große **Variationsbreite im fachlichen Verständnis** von Planung, Durchführung und Dokumentation von Hilfeprozessen wieder. Ein Teil der Programme ist durch vordefinierte Auswahlfelder für die zu erfassenden Informationen stark standardisiert. Andere setzen eher auf offenere Eingabeformen in Textfeldern.

Zu den **fachlichen Kernfunktionalitäten** dieser Systeme zählen meist

- die **Erfassung der Vorgeschichte** einschließlich vorangegangener Hilfen (Anamnese),
- die Erfassung von **Problemen und Ressourcen** der Adressaten und ihrem sozialen Umfeld (Diagnose),
- die **zu planenden bzw. geplanten Hilfen und Maßnahmen** (z. B. Hilfe-, Förder- oder Teilhabeplan),
- die quantitative bzw. qualitative **Dokumentation** der erbrachten Leistungen sowie von Ereignissen oder Interventionen im Hilfeverlauf,
- ein **Berichtswesen**, das Aussagen zu einem Fallverlauf zusammenfasst bzw. eine **fallbezogene Evaluation** der Zielerreichung ermöglicht.

Steckt Sozialarbeit drin?

Aus fachlicher Perspektive ist für den Nutzwert solcher Programme entscheidend, in wie weit sie die konzeptionelle Ausrichtung der jeweiligen Einrichtung widerspiegeln und ob dies auf einem fachlichen Niveau geschieht, das professionellen Standards entspricht. Auf eine kurze Formel gebracht, geht es um die Frage: „Steckt Sozialarbeit drin, wo Sozialarbeit drauf steht?“ (Mosebach/Göppner 2005, S. 46). In der Praxis ist dies nicht immer selbstverständlich. Software für die Soziale Arbeit wird zumeist aus einer unterschiedlich ausgeprägten Gemengelage ökonomischer und fachlicher Anforderungen der Einrichtungen sowie der Kostenträger entwickelt. Hinzu kommen oft Elemente mehr oder weniger wissenschaftlich fundierter Verfahren der Anamnese oder Diagnose sowie Eigenideen der Herstellerfirmen. Die Fachlichkeit wird dabei vielfach durch Sachzwänge, Traditionen oder überkommene Wissensstände gebrochen.

Entwicklungskooperationen zwischen Software-Herstellern, Praxis und Wissenschaft, die Programme auf einer gesicherten Wissensbasis konsistent erstellen und optimieren sowie deren Nutzung evaluieren, sind bislang noch nicht die Regel. Dennoch zeigen Beispiele, dass sich dies als fruchtbarer Weg erweist. „Das Ergebnis ist eine Software, die (…) das wiedererkennen lässt, was Theorie und Praxis im Vorfeld als Konzept zugrunde gelegt haben“ (Löcherbach/Macsenaere/Meyer 2008, S. 308).

Methodenreife entscheidet

Ein wichtiger Faktor für das fachliche Niveau einer Software ist auch die **Methodenreife** in dem jeweiligen Arbeitsfeld, ein anderer die Tiefe und Homogenität der **staatlichen Regulierung.** In der Altenhilfe etwa, wo sich bereits ein zumeist bundesweit etabliertes Set an Expertenstandards, Qualitätsrichtlinien oder Dokumentationsrastern herausgebildet hat, findet sich dieses in der entsprechenden Pflegesoftware wieder. Die Hilfen für Menschen mit Behinderungen mit ihren landesspezifisch unterschiedlichen Modellen der Gesamt- und Teilhabeplanung fallen hier schon deutlich zurück. Hier hat es der Gesetzgeber, insbesondere bei der Einführung des neuen Bundesteilhabegesetzes im Jahr 2016, versäumt, bundesweit gültige Standards zu etablieren und ihre softwaretechnische Umsetzung gesetzlich zu verankern (vgl. FINSOZ 2017). Die Kinder- und Jugendhilfe schließlich mit ihrer breiten Methodenpalette und einer ausgeprägten regionalen Kleinteiligkeit der Steuerung bildet unter den großen Arbeitsfeldern in dieser Hinsicht das Schlusslicht.

Andererseits ist die **Methodenpluralität** in einer demokratischen Gesellschaft mit unterschiedlichen Werthaltungen, insbesondere in den pädagogisch geprägten Arbeitsfeldern, bewusst gewollt. Daher wird es auch in Zukunft kaum möglich und sinnvoll sein, zu vollständig einheitlichen Methodensets und Kategoriensystemen zu kommen und diese in Software abzubilden. „So sehr also Software-Entwickler daran interessiert sind, fachlich auf wissenschaftliche Kategorien zurückzugreifen, so wenig finden sie in dieser Frage brauchbare Grundlagen vor“ (Axhausen 2003, S. 206).

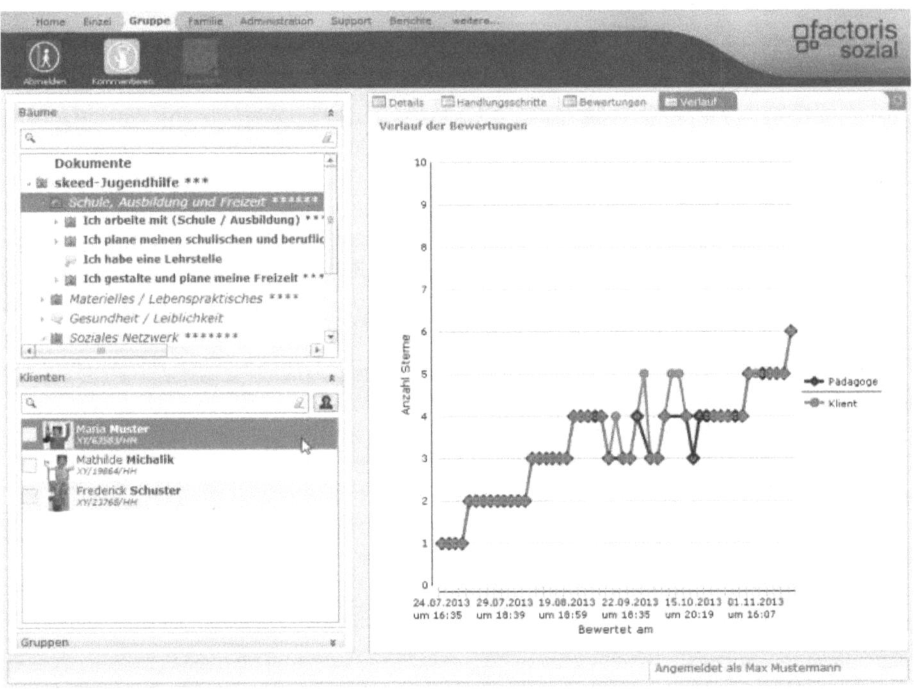

Abbildung 54: Beispiel einer partizipativen Dokumentationsmethode mit grafischer Darstellung in der Fachsoftware factoris sozial

Quelle: heise.de/download/product/factoris.sozial-94177?hg=1&hgi=0&hgf=false, Abruf: 27.8.2019.

Datenschatten und Realität

Eine weitere, mit dem in Abschnitt 4.2. beschriebenen Grunddilemma verbundene fachliche Frage beim Einsatz von Dokumentationssystemen ist der Zusammenhang zwischen der Realität und dem **„Datenschatten“** (Becker 2010) von Adressaten, der in einer solchen Software abgebildet wird. Dieses Problem der **Abstraktion und Reduktion von Komplexität** existiert grundsätzlich auch bei papiergestützten Formularsystemen, wie sie bislang häufig zu Dokumentationszwecken eingesetzt wurden. Denn jede Variante von Dokumentation stellt lediglich eine Konstruktionsleistung der dokumentierenden Person dar, die aufgrund einer bestimmten persönlichen und fachlichen Orientierung sowie einer vorgegebenen Organisationslogik erfolgt (vgl. Merchel/Tenhaken 2015, S. 172). Bei Fachsoftware wirkt sich dies durch **programmlogische Verknüpfungen** jedoch verstärkend aus: So bilden etwa Merkmale, die als Diagnose festgehalten wurden, die Grundlage für die Maßnahmenplanung und diese wiederum strukturiert die Dokumentation und schließlich auch Evaluation der Hilfen. Hier zeigt sich die Bedeutung der Qualität der zugrunde liegenden Kategoriensysteme, aber auch eine grundlegende Gefahr des Einsatzes von Fachsoftware in der Planung und Dokumentation von Hilfen: Durch ihre Inhalte und Ablaufstrukturen prägt sie zwangsläufig die Wahrnehmung der Fachkräfte auf ihre „Fälle“ und die damit zusammenhängenden Entscheidungsprozesse mit. Ihr Einfluss auf die Qualität Sozialer Arbeit ist somit erheblich.

Unterscheidungskriterien

Damit stellt sich die Frage, wie sich in der Praxis eine fachlich angemessene Software von einer weniger angemessenen unterscheiden lässt. **Formale Methoden** zur Definition und Überprüfung von Anforderungen an Software werden in Abschnitt 7.5. beschrieben. Auf der **inhaltlichen Ebene** ist diese Frage angesichts der Vielfalt an Arbeitsfeldern und Konzepten der Sozialen Arbeit nur schwer beantwortbar. Im Bereich der Hilfen für Einzelpersonen oder Familien können folgende Leitfragen Anhaltspunkte zur Beurteilung der fachlichen Qualität von Software liefern:

- Werden neben den Problemen auch die **Ressourcen** des Adressaten und seines sozialen Umfeldes in angemessenem Umfang erfasst?
- Sind Darstellungen, insbesondere der Problem- und Ressourcenwahrnehmung oder der Definition von Zielen, sowohl aus der **Perspektive der Fachkräfte als auch aus Sicht der Adressaten, Angehörigen** und weiterer Beteiligter möglich?
- Sind neben standardisierten Feldern an allen wichtigen Stellen auch **Freitext-Einträge** möglich, die das Festhalten fallindividueller Informationen erlauben?
- Ist eine **historische Dimension** der Erfassung dieser Informationen vorhanden, so dass alte Einträge nicht von neuen überschrieben werden, sondern mit ihrem jeweiligen Eingabedatum erhalten bleiben?
- Können in den Planungsprozess von Hilfen alle zuvor erfassten Ressourcen und Probleme einbezogen werden und können **Ziele auch als Freitext** formuliert werden?
- Sind die im jeweiligen Arbeitsfeld etablierten und wissenschaftlich anerkannten **Klassifikationssysteme** bei Anamnese, Diagnostik und Hilfe- bzw. Maßnahmenplanung hinterlegt und können diese durch selbst definierte Kategorien ergänzt werden?
- Gibt es eine **chronologische, textbasierte Dokumentation** von Hilfeprozess und fachlichem Handeln, die nach selbst definierbaren Kategorien gliederbar und mit einer Volltextsuche versehen ist?
- Wird in der textbasierten Verlaufsdokumentation systematisch nach **Kategorien** wie Tatsachenwahrnehmung, Interpretation und Handlungen unterschieden?

- Sind **Ziele** auch während des Hilfeverlaufs **anpassbar** bzw. ist der Hilfeplan **zyklisch fortschreibbar** und werden die definierten Zieldimensionen jeweils historisch vorgehalten?
- Ist eine systematische **Evaluation** der Zielerreichung integriert, die neben nummerischen Werten wie Zielerreichungsgrade auch Freitexteingaben erlaubt?
- Kann bei der Evaluation nach den unterschiedlichen **Sichtweisen** der Beteiligten differenziert werden?
- Können die anwendenden Organisationen in allen Bereichen zusätzliche **Datenfelder** anlegen sowie vorhandene Datenfelder ausblenden bzw. umbenennen?
- Können in der Software auf frei konfigurierbare Art die **Arbeitsprozesse** in der Organisation abgebildet und an neue Bedingungen und Erkenntnisse stetig angepasst werden?
- Sind die Software bzw. dokumentationsrelevante Teile davon auch als datensichere **Mobil-App** für Tablets oder Smartphones verfügbar, so dass eine Doppelerfassung (zuerst Papier und später PC) vermieden werden kann?
- Enthält die Software auch **partizipative Elemente**, die Adressaten bspw. über eine Mobil-App oder ein Web-Portal die Einsicht in die und Mitarbeit an der Dokumentation bzw. Evaluation ermöglichen?
- Ist die Software so aufgebaut, dass sie sich am Prinzip der **Zweckbindung und Datenminimierung** (vgl. Abschnitt 8.1.2.) orientiert, also die Erfassung personenbezogener Daten auf das notwendige Maß begrenzt?

Tenhaken (2019, S. 315) resümiert, dass „ein Mehrwert durch eine digitale Fallbearbeitung in der Dokumentation pädagogischer Prozesse sicherlich gegeben ist. Aber die Steuerung solcher Entwicklungen muss stärker durch professionsspezifische Anforderungen gelenkt werden."

5.3.2. Online-Beratung

Vorteil Niedrigschwelligkeit

Erste Ansätze von Online-Beratung im Bereich der Sozialen Arbeit gab es bereits Mitte der 90er Jahre des letzten Jahrhunderts. Spätestens seit der Verbreitung von Sozialen Medien und Messengerdiensten ist das Internet zu einem Ort intensiver sozialer Kontakte geworden. Im Zuge der Durchdringung aller Lebensbereiche mit digitalen Medien (vgl. Kapitel 3.) ist es für viele und insbesondere jüngere Menschen selbstverständlich geworden, sich auch bei psychischen oder sozialen Problemen Hilfe aus dem Netz zu holen. So zeigen verschiedene Befragungen (etwa Eichenberg/Brähler 2013), dass das Internet für die Hälfte aller Internetnutzer in Deutschland bei psychischen Problemen eine Anlaufstelle darstellen würde.

Mittlerweile hat sich die Beratung im Internet zu einem Angebot entwickelt, das sich sowohl als eigenständiges Setting als auch als Ergänzung zur klassischen Beratung versteht. Die Vorteile der Online-Beratung werden vor allem in folgenden Punkten gesehen (vgl. auch Klein 2015, S. 131 ff.):

- Niedrigschwelligkeit
- präventive Wirkung
- Anonymität

- Ungebundenheit von Ort und Zeit
- Erreichen neuer Adressatenkreise.

Ergänzende Methode

Nahezu alle seriösen Konzepte betonen, dass Online-Beratung nicht in Wettbewerb zu den klassischen Beratungsformen tritt, sondern sie als **zusätzliche Methode** bzw. weiteren Kanal ergänzt (vgl. etwa Thiery 2019). Bei online nicht zu lösenden Fragen und Problemen wird zumeist versucht, Kontakt zu einer persönlichen Beratung herzustellen. **Grenzen** werden vor allem dort gesehen, wo die Anwendung therapeutischer Methoden notwendig erscheint oder wenn auf Seiten der Adressaten grundlegende schriftsprachliche Kompetenzen unterentwickelt sind.

Neben kostenfreien Angeboten aus dem Bereich der Wohlfahrts- oder Fachverbände oder Krankenkassen gibt es auch eine wachsende Zahl **gewerblicher Angebote,** vor allem aus dem psychologischen oder juristischen Bereich. Studien zu deren Umfang oder Qualität liegen bislang jedoch nicht vor.

Spezielle Techniken und Kommunikationsformen

Auf der Ebene der Grundhaltungen und Methoden lehnt sich die Online-Beratung an die Face-to-face-Beratung an. Aufgrund der rein textbasierten Kommunikation hat sie aber auch **spezielle Techniken** entwickelt. Sie sollen die fehlenden Sinneskanäle so weit als möglich kompensieren und Missverständnisse vermeiden. Zu diesen Techniken gehören etwa die Nutzung von Emoticons, bestimmte Fragetechniken oder Rückversicherung zum Verständnis von Aussagen (vgl. etwa Brunner 2006).

Auf Basis der gängigen Internet-Technologien sind unterschiedliche Formen der Beratungskommunikation möglich:

- E-Mail
- Text-Chat
- Foren (Browser- oder App-basiert)
- Video-Telefonie, Video-Chat.

Zentrales Merkmal Schriftkommunikation

Videogestützte Formen sind im Bereich der Online-Beratung derzeit nicht verbreitet, da sie deutlich stärker an das Setting der Face-to-Face-Beratung heranrücken und viele der oben beschriebenen Vorteile der Online-Beratung nicht mehr gegeben sind. Gerade diese Merkmale machen jedoch die Online-Beratung für viele Nutzer attraktiv. Vor allem gilt dies für schambesetzte Themen oder für Menschen mit Kontaktstörungen oder depressiven Zügen (vgl. Buckel u. a. 2003, S. 32). Attraktiv ist Online-Beratung auch für Personen, die aufgrund von motorischen Einschränkungen keine Beratungsstelle aufsuchen können oder die in Regionen mit schlechter psychosozialer Versorgung leben.

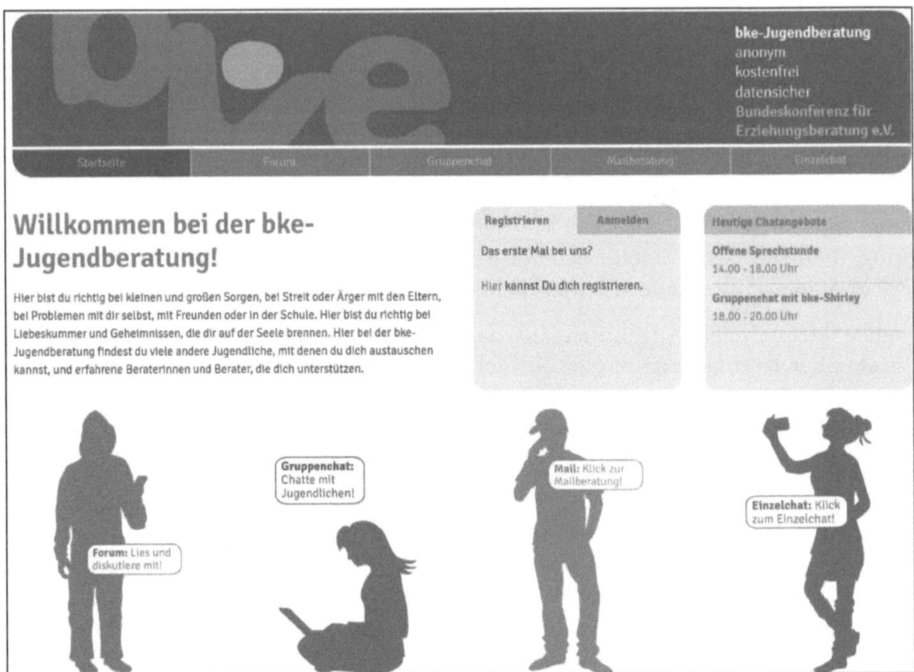

Abbildung 55: Startseite des Online-Beratungsdienstes für Jugendliche der Bundeskonferenz für Erziehungsberatung

Quelle: jugend.bke-beratung.de, Abruf: 27.8.2019.

Angebote der Online-Beratung können unterschieden werden nach

- den technischen Kommunikationsinstrumenten,
- dem Professionalisierungsgrad und Grad der Nutzerintegration,
- dem Beratungssetting.

Asynchrone und synchrone Techniken

Hinsichtlich der **technischen Kommunikationsinstrumente** wird zwischen asynchronen und synchronen unterschieden. Asynchrone Instrumente mit zeitversetzter Kommunikation sind E-Mail und Foren, ein synchrones Instrument mit Echtzeit-Kommunikation ist der Chat.

Foren können mit einer Pinnwand verglichen werden, auf der Ratsuchende zumeist in thematisch gegliederten Bereichen ihre Fragen oder Anliegen hinterlassen. Sie sind in der Regel nach einer mehr oder weniger stark personalisierten Anmeldung öffentlich zugänglich. Je nach Art des Angebots antworten entweder ausgebildete Berater oder andere Anwender des Forums. Der sich so entwickelnde Beratungsdialog kann von allen anderen Anwendern mitgelesen werden, je nach Konzept sind auch Kommentare oder Beiträge anderer Nutzer möglich.

Beratungschats werden in virtuellen Chaträumen durchgeführt, die von den Nutzern während der Öffnungszeiten jederzeit betreten oder verlassen werden können. Alle Nutzer, die sich aktuell im Chatraum aufhalten, sind mit Pseudonymen oder Echtnamen (Vornamen) sichtbar. Im Rahmen der Online-Beratung werden Chats zumeist nur zu bestimmten Zeitfenstern und unter Anwesenheit ausgebildeter Berater durchgeführt.

Professionelle und Peer-Beratung

Beim **Professionalisierungsgrad und Grad der Nutzerintegration** wird zwischen Settings mit professionellen Beratern wie Sozialarbeitern oder Psychologen, ausgebildeten Peer-Beratern und normalen Nutzern mit beratenden Beiträgen unterschieden. Dabei existieren sowohl rein professionell geführte Angebote als auch solche mit Mischformen aus Professionellen und Peer-Beratern sowie Professionellen, Peer-Beratern und Nutzern.

Einzel- und Gruppenberatung

Als **Beratungssettings** stehen die Einzel- und die Gruppenberatung zur Verfügung. Dabei treten die beiden Settings jeweils in spezifischen Kombinationen mit den technischen Instrumenten und dem Professionalisierungsgrad auf. So wird die Einzelberatung primär per Mail und Einzel-Chat sowie zumeist von ausgebildeten Beratern angeboten. Gruppenberatungen finden in Chaträumen oder Foren statt, sie werden als professionelle Angebote sowie als Mischformen aus professioneller und Peer-Beratung angeboten. Dabei besteht häufig auf Wunsch des Nutzers oder Vorschlag eines professionellen Beraters die Möglichkeit, in ein Einzelberatungs-Setting zu wechseln.

Künftige Herausforderungen

Die weitere Entwicklung der Online-Beratung hängt unter anderem davon ab, wie sie folgenden Herausforderungen in Zukunft begegnet:

- **Finanzierung:** Die bisherigen Finanzierungssysteme für soziale Dienstleistungen sind durch die Kriterien örtlicher und sachlicher Zuständigkeiten geprägt. Das Internet bringt jedoch eine Entgrenzung der Sozialräume mit sich, die mit diesen Prinzipien nicht vereinbar ist. Hier müssen vom Gesetzgeber neue Formen der finanziellen Förderung entwickelt werden, die der stärkeren Bedeutung medialer Räume in der Lebenswelt vieler Menschen gerecht werden.
- **Soziale Medien:** Viele, vor allem junge Menschen verbringen einen großen Teil Ihrer Online-Zeit in Sozialen Medien und dort findet vielfach auch eine nicht professionell begleitete Peer-to-Peer-Beratung statt. Für die Online-Beratung stellt sich damit die Frage, wie sie ihrem Prinzip der Lebensweltorientierung noch gerecht werden kann, wenn ihre Angebote nicht ausreichend in den Informationsräumen präsent sind, in denen sich die Menschen bewegen.
- **Beratungsbots:** Bots oder Chatbots sind Programme auf Basis künstlicher Intelligenz, die menschliche Sprache interpretieren und Antworten generieren können, um eine bestimmte Aufgabe zu erledigen. In verschiedenen Wirtschaftsbereichen werden sie bereits für Kunden-Erstkontakte oder zur Beantwortung von Anfragen eingesetzt. Einzelne Anwendungen gibt es bereits im Kontext psychologischer Beratung und es ist zu erwarten, dass diese Angebote mit zunehmender Fähigkeiten der Künstlichen Intelligenz weiter ausgebaut werden.

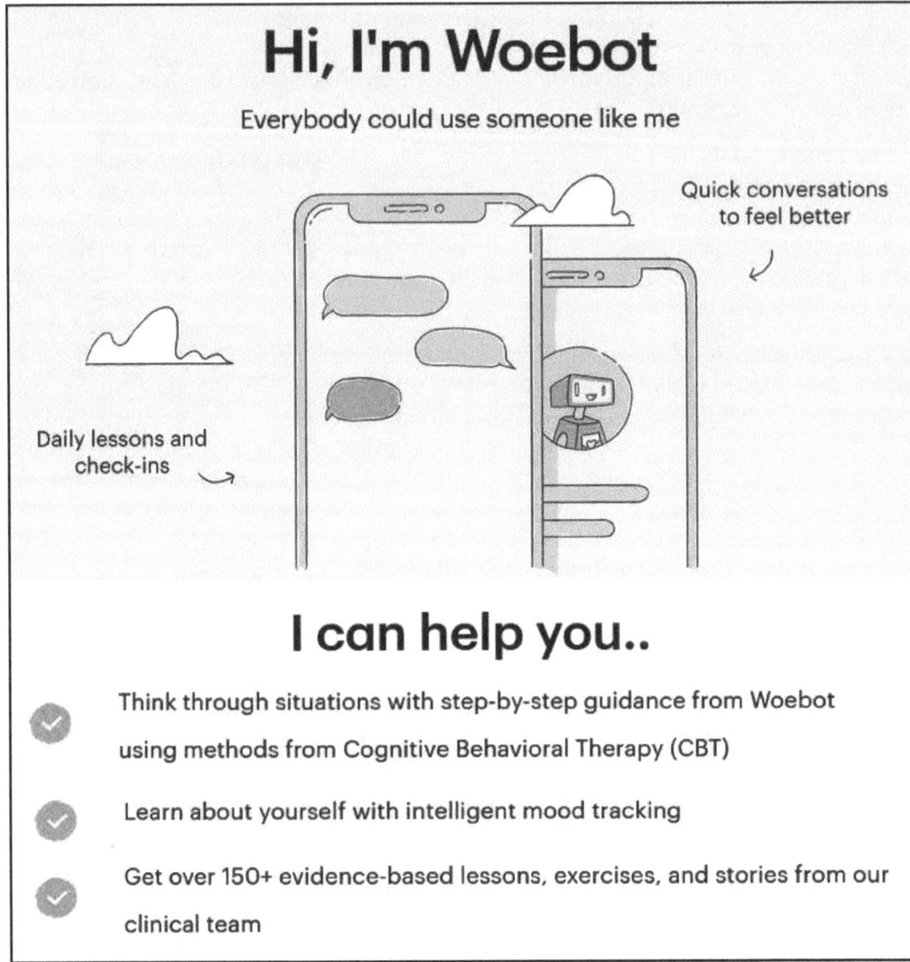

Abbildung 56: Beispiel des US-amerikanischen Beratungsbots Woebot für psychische Probleme

Quelle: woebot.io, Abruf: 27.8.2019.

5.3.3. App-basierte Beratungs- und Therapieunterstützung

Therapiebegleitende Apps

Neben der Online-Beratung bilden sich derzeit unterschiedliche Formen einer Unterstützung klassischer Face-to-Face-Beratungs- oder Betreuungssettings per Mobil-App heraus. Ihr Ziel ist es vor allem, den Adressaten zwischen den Beratungsterminen verschiedene Unterstützungsleistungen anzubieten, die diese auf ihrem privaten Smartphone nutzen können. Sie werden aber auch in stationären Settings eingesetzt, um Informationen zur Einrichtung zu liefern oder den persönlichen Tagesplan anzuzeigen.

Zu den Funktionalitäten solcher Apps können unter anderem gehören:

- Erinnerung an Präsenztermine
- Datengeschützter Chat oder asynchroner Austausch mit den Beratenden
- Abbildung von Behandlungsplänen
- Notfall-Informationen
- Dokumentation und Reflexion des eigenen Verhaltens und Verlangens (z. B. bei Suchtproblemen)
- Erkennen von Verhaltensmustern.

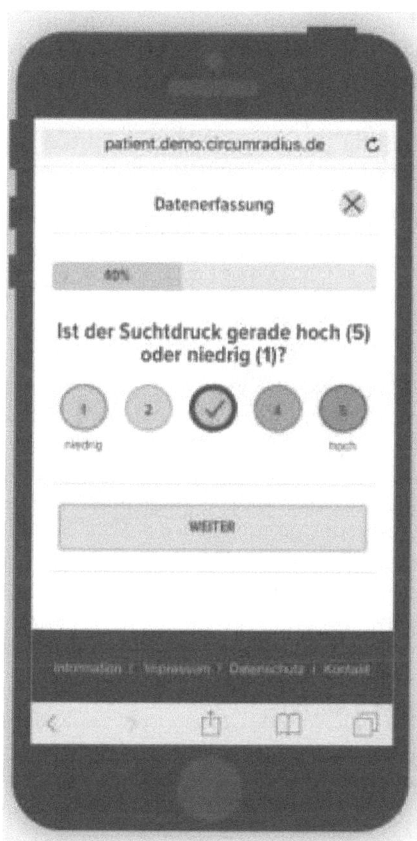

Abbildung 57: Beispiel einer therapieunterstützenden Mobil-App für den Suchtbereich

Quelle: circumradius.de, Abruf: 27.8.2019.

Die Entwicklung und Nutzung derartiger Apps befindet sich derzeit noch im Anfangsstadium. Angesichts der starken Verbreitung von Smartphones in nahezu allen Bevölkerungsgruppen dürften sie jedoch ein hohes Verbreitungs- und Nutzungspotenzial haben. Nicht zuletzt können solche Apps auch einen maßgeblichen

Beitrag dazu leisten, die Datenschutzprobleme mit Messengerdiensten wie WhatsApp (vgl. Abschnitt 8.2.) zu lösen, wenn den Adressaten eine attraktive Alternative dazu bereitgestellt wird, die durch verschiedene Zusatzfunktionen einen Mehrwert bietet.

Wie sich diese digitale Erweiterung klassischer Beratungssettings auf die Berater-Klientenbeziehung, auf die Arbeitskontexte von Beratern und deren Institutionen sowie auf Wirkungen und Erfolge von Beratung auswirken, ist noch völlig unerforscht.

Nutzung allgemein verfügbarer Apps

Ein weiteres **Nutzungsfeld von Mobil-Apps** eröffnet sich durch zahlreiche Apps, die zwar nicht für den Einsatz in Hilfesettings entwickelt wurden, die Adressaten aber in spezifischen Situationen unterstützen können. Beispiele dafür wären etwa Apps zur Förderung von Bewegung, gesunder Ernährung oder Gewichtsreduktion, Lernapps oder Lernspiele für verschiedenste Bereiche. Schwierig zu beurteilen sind bei solchen Apps häufig Fragen des Datenschutzes, so dass sie Adressaten nicht ungeprüft empfohlen werden sollten.

Leider haben bislang weder Fach- und Wohlfahrtsverbände, noch wissenschaftliche Institute ein Verzeichnis pädagogisch sinnvoller und geprüfter Apps entwickelt, so dass Praktiker auf diesem Feld nach wie vor auf eigene Erfahrung oder „Mundpropaganda“ angewiesen sind.

Arbeitsaufgaben

10. In der Kinder- und Jugendhilfeeinrichtung, in der Sie arbeiten, soll eine Fachsoftware zur Planung und Dokumentation der Hilfen angeschafft werden. Einer Ihrer Kollegen ist vehement dagegen, weil er meint, dass die Software kein individuelles Arbeiten mehr ermöglichen und alle Kinder in ein Einheitsschema pressen würde. Was entgegnen Sie ihm?
11. Im Beratungsdienst für psychisch kranke Menschen, in der Sie arbeiten, lässt die Nachfrage spürbar nach. In einem Teamgespräch meint eine Kollegin, dass man neue Klienten sicher über ein schickes Angebot der Online-Beratung gewinnen könne. Was ist Ihre Position dazu?

Literatur und Links zum Kapitel

Axhausen, Silke: PC-gestützte Falldokumentationssysteme – Grenzen und Möglichkeiten. In: König, Joachim/Oerthel, Christian/Puch, Hans-Joachim (Hrsg.): Soziale Arbeit im gesellschaftlichen Wandel. Ziele, Inhalte, Strategien. Dokumentation ConSozial 2002. Starnberg 2003, S. 203–222.

Becker, Mathias: Datenschatten. Auf dem Weg in die Überwachungsgesellschaft? Hannover 2010.

Böhringer, Daniela: Formulare in Aktion. Die interaktive Herstellung von Dokumenten in der Arbeitsverwaltung. In: Kutscher, Nadia/Ley, Thomas/Seelmeyer, Udo (Hrsg.): Mediatisierung (in) der Sozialen Arbeit. Baltmannsweiler 2015, S. 260–277.

Brunner, Alexander: Methoden des digitalen Lesens und Schreibens in der Online-Beratung. 2006. Quelle: e-beratungsjournal.net/ausgabe_0206/brunner.pdf, Abruf: 2.9.2019.

Buckel, Sabine/Hofmeister, Dieter/Kraus, Hermann/Schultze, Nils G./Wagner, Norbert/Weißhaupt, Ulrike: Online-Beratung. Hilfe im Internet für Jugendliche und Eltern. Fürth 2003.

Dewe, Bernd/Stüwe, Gerd: Basiswissen Profession. Weinheim/Basel 2016.

Eichenberg, Christiane/Brähler, Elmar: Internet als Ratgeber bei psychischen Problemen. In: Psychotherapeut, Nr. 1/2013, S. 63–72.

FINSOZ e. V.: Positionspapier Bundesteilhabegesetz. BTHG novellieren – Chancen der Digitalisierung nutzen. finsoz.de/sites/default/files/positionspapier_bthg_0.pdf, Abruf: 5.9.2019.

Halfar, Bernd: Sozialwirtschaft als spezifische Dienstleistungsproduktion. In: Nachrichtendienst des Deutschen Vereins für Öffentliche und Private Fürsorge, Nr. 11/2009, S. 479–483.

Halfar, Bernd: Fachkräftemangel. Ein Blick aus dem Elfenbeinkeller. In: Regens Wagner Jahresbericht 2018/2019, Dillingen a. d. Donau, 2019, S. 14–17.

Hansen, Flemming: Standards in der Sozialen Arbeit. Berlin 2010.

Herriger, Norbert: Empowerment in der sozialen Arbeit. Eine Einführung. Stuttgart 2014.

Klein, Alexandra: Soziale Unterstützung Online – Unterstützungsqualität und Professionalität. In: Kutscher, Nadia/Ley, Thomas/Seelmeyer, Udo (Hrsg.): Mediatisierung (in) der Sozialen Arbeit. Baltmannsweiler 2015, S. 130–150

Ley, Thomas: Wer wird von was, wie und warum beeinflusst? – Präsentation auf dem Workshop „(R)Evolution durch IT“ im ISS e. V. 2007 (unveröff.).

Löcherbach, Peter/Klug, Wolfgang/Remmel-Faßbender, Ruth/Wendt, Wolf Rainer: Case Management. Fall- und Systemsteuerung in Theorie und Praxis. München 2009.

Löcherbach, Peter/Macsenaere, Michael/Meyer, Friedrich-Wilhelm: Computergestütztes Case-Management in der Kinder- und Jugendhilfe. In: König, Joachim/Oerthel, Christian/Puch, Hans-Joachim (Hrsg.): In Soziales investieren – Mehr Werte schaffen. Dokumentation ConSozial 2007. München 2008, S. 302–310.

Merchel, Joachim/Tenhaken, Wolfgang: Dokumentation pädagogischer Prozesse in der Sozialen Arbeit. In: Kutscher, Nadia/Ley, Thomas/Seelmeyer, Udo (Hrsg.): Mediatisierung (in) der Sozialen Arbeit. Baltmannsweiler 2015, S. 170–191.

Mosebach, Ursula/Göppner, Hans-Jürgen: Sozialinformatik. Studieren in virtuellen Räumen. In: Sozialmagazin, Nr. 6/2005, S. 46–53.

Sesink; Werner: Wozu Informatik? Ein Antwortversuch aus pädagogischer Sicht. In: Nake, Frieder/Rolf, Arno/Siefkes, Dirk (Hrsg.): Informatik zwischen Konstruktion und Verwertung. 2003, S. 59–62.

Stüwe, Gerd/Ermel, Nicole: Lehrbuch Soziale Arbeit und Digitalisierung. Weinheim/Basel 2019.

Tenhaken, Wolfgang: Fachsoftware in der Kinder- und Jugendhilfe. Dokumentation pädagogischer Prozesse und mehr mithilfe digitalisierter Verfahren? In: Jugendhilfe Nr. 3/2019, S. 310–316.

Thiery, Heinz: Digitalisierung der Beratungs- und Unterstützungsangebote. In: Jugendhilfe, Nr. 3/2019, S. 253–257.

6. Geschäftsprozessmanagement

Zusammenfassung

Dieses Kapitel zeigt auf, warum es im Zusammenhang mit der Nutzung digitaler Technologien wichtig ist, sich kritisch mit den Arbeitsabläufen in der Organisation auseinanderzusetzen. Kern des Kapitels bilden Methoden zur Darstellung und Verbesserung solcher Prozesse. Ebenso wird vorgestellt, welche Funktionalitäten von Software solche Abläufe gut unterstützen. Thema ist aber auch, wo im Bereich sozialer Dienstleistungen die Grenzen einer Prozessoptimierung liegen.

Prozesse beeinflussen Effizienz

Die Art und Weise, wie die Arbeitsabläufe gestaltet sind, beeinflusst die Wirtschaftlichkeit, Wirksamkeit und Zukunftsfähigkeit sozialer Organisationen erheblich. Dies gilt insbesondere, wenn Informationstechnologie verstärkt für die interne Organisation eingesetzt wird und zunehmend auch Adressaten und externe Partner digital in die Ablaufstrukturen integriert werden. Kenntnisse des Geschäftsprozessmanagements (GPM) sind hierfür eine wichtige methodische Grundlage. Nur so gelingt es, die komplexen Anforderungen sinnvoll zu strukturieren und in eine Form zu überführen, die auch eine professionelle Nutzung entsprechender IT-Werkzeuge wie Fach- und betriebswirtschaftliche Software oder webbasierter Vermittlungsportale ermöglicht.

Methoden des Geschäftsprozessmanagements fanden bislang jedoch nur zögerlich Eingang in soziale Organisationen. Sie haben ihre Wurzeln in **Betriebswirtschaftslehre** und **Wirtschaftsinformatik** und sind an der Schnittstelle dieser beiden Disziplinen angesiedelt. Aus dieser Zwischenstellung wird deutlich, dass sie sowohl Fragen der Organisation und Gestaltung von Unternehmensabläufen als auch den Einsatz von Informationstechnologien betreffen.

Merkmal Wertschöpfung

Für den Begriff des **Prozesses** oder **Geschäftsprozesses** gibt es eine Reihe unterschiedlicher Definitionen. Im betriebswirtschaftlichen Kontext wird der Prozess-Begriff oft als ein „Bündel von Aktivitäten“ (Greiling/Marschner 2007, S. 61) definiert, die in einer zeitlichen, sachlogisch und räumlich gegliederten Abfolge bearbeitet werden. Schmelzer/Sesselmann (2010, S. 62 f.) merken an, dass „in diesem Sinne Hunderte oder Tausende von Prozessen in einem Unternehmen“ ablaufen, in denen Teilaufgaben bearbeitet und Teilergebnisse erzeugt werden. Ein Prozess wird in ihrer Definition erst dann zu einem Geschäftsprozess, wenn die darin enthaltenen Aktivitäten funktions- und organisationsüberschreitend verknüpft sind und als **wertschöpfend** charakterisiert werden können. Hanschke und Lorenz (2012, S. 9) fügen dem noch die Kundenperspektive hinzu: Geschäftsprozesse „werden durch ein Kundenbedürfnis initiiert und erstrecken sich über alle erforderlichen Aktivitäten bis zur Befriedigung des Kundenbedürfnisses.“ Der Kundenbegriff ist dabei weit gefasst und umfasst auch interne Kunden im Unternehmen wie etwa andere Abteilungen oder Mitarbeitende.

Definition

Ein **Geschäftsprozess** ist eine zeitlich-sachlogisch gegliederte Abfolge von Arbeitsschritten in einer Organisation oder zwischen Organisationen, an der mehrere Personen oder Bereiche beteiligt sind. Er leistet einen Beitrag zur Wertschöpfung und ist auf die Befriedigung externer oder interner Kundenbedürfnisse gerichtet.

Wertschöpfende Geschäftsprozesse führen also zu einer von den internen oder externen Zielgruppen wahrnehmbaren Bedürfnisbefriedigung. Nicht wertschöpfende, aber notwendige Geschäftsprozesse – etwa in der Verwaltung – sind auf möglichst wirtschaftliche Art zu erbringen. Nicht wertschöpfende und überflüssige Geschäftsprozesse sollten abgebaut werden.

Um Geschäftsprozesse beurteilen oder verändern zu können, sind verschiedene Aktivitäten erforderlich, die wiederum auf spezifischen Methoden beruhen. Dieses Bündel an Aktivitäten wird **Prozess- oder Geschäftsprozessmanagement** genannt. In der Literatur (z. B. Schmelzer/Sesselmann 2010, Hanschke/Lorenz 2012) werden beide Begriffe weitgehend synonym genutzt.

Definition

Das **Geschäftsprozessmanagement** beschäftigt sich mit der Identifikation, Modellierung, Analyse, Optimierung, Implementierung und Steuerung von Arbeitsprozessen in Organisationen (vgl. Faiß/Kreidenweis 2016, S. 17).

Prozessgestaltung und IT-Einsatz

In der gewerblichen Wirtschaft wird das Management von Prozessen vielfach weit stärker unter dem Aspekt der Produktivität betrachtet. Begrifflich gefasst als **Business Process Reengineerings** war es immer schon eng mit dem Einsatz von Informationstechnologien verknüpft (vgl. etwa Gadatsch 2013). Umgekehrt wurden durch den IT-Einsatz auch völlig neue Formen von Geschäftsprozessen wie das Online-Banking oder das Web-Shopping geschaffen. Es geht beim Geschäftsprozessmanagement, also nicht nur um die Anpassung von IT-Systemen an vorhandene Arbeitsprozesse. Technologische Innovationen machen auch die Einführung neuer oder die Veränderung vorhandener Geschäftsprozesse erforderlich.

6.1. Gestaltungsebenen

Im Geschäftsprozessmanagement kann zwischen einer strategischen und einer operativen Gestaltungsebene unterschieden werden.

6.1.1. Strategisches Geschäftsprozessmanagement

Unternehmensstrategie als Grundlage

Grundlage für das strategische Geschäftsprozessmanagement bildet die Unternehmensstrategie. Aus ihr leiten sich die zentralen Prozesse des Unternehmens in seinen verschiedenen Geschäftsfeldern oder Tätigkeitsbereichen ab.

Schmelzer/Sesselmann (2010, S. 88 ff.) weisen dem strategischen Geschäftsprozessmanagement Aufgaben zu, welche die Voraussetzungen für das operative Geschäftsprozessmanagement schaffen. Dazu gehört,

- eine Prozesskultur zu schaffen und die Mitarbeitenden zu prozessorientiertem Denken und Handeln zu motivieren (strategische Prozessführung),
- Strukturen und Rollen zu etablieren, die das Geschäftsprozessmanagement im Unternehmen verankern und tragen (strategische Prozessorganisation),
- Ziele und Verantwortlichkeiten zu definieren, die eine laufende Steuerung der Prozesse im Unternehmen gewährleisten (strategisches Prozesscontrolling).

Diese aufgabenorientierte Sichtweise erweist sich auch für sozialwirtschaftliche Organisationen als fruchtbar, in denen die oben genannten Grundlagen häufig noch geschaffen werden müssen.

Definition

Das strategische Geschäftsprozessmanagement leitet aus der Unternehmensstrategie die Prioritäten für die Prozessoptimierung ab und gestaltet die kulturellen, strukturellen und personellen Voraussetzungen für das operative Geschäftsprozessmanagement im Unternehmen.

In diesem Lehrbuch, das sich schwerpunktmäßig auf den Einsatz digitaler Technologien in sozialen Organisationen beschäftigt, soll dieser Aspekt jedoch nicht weiter vertieft werden.

6.1.2. Operatives Geschäftsprozessmanagement

Einzelprozesse im Fokus

Das operative Geschäftsprozessmanagement ist mit Hilfe verschiedener Methoden (vgl. Abschnitt 6.6.) auf der Ebene der einzelnen Geschäftsprozesse gestaltend tätig. Es identifiziert die Prozesse mit Optimierungspotenzial, modelliert und optimiert sie, führt sie ein und gestaltet die laufende Prozesssteuerung. Ebenso kümmert es sich um die wechselseitige Anpassung von Prozessen und IT-Systemen und überprüft den Erfolg der ergriffenen Maßnahmen.

Definition

Aufgabe des operativen Geschäftsprozessmanagements sind die methodengestützte Identifikation, Modellierung, Analyse, (IT-gestützte) Optimierung sowie das Controlling von Prozessen in Organisationen.

In der Praxis ist es grundsätzlich auch möglich, etwa anlässlich eines Software-Auswahlprojektes (vgl. Abschnitt 7.5.), zunächst auf der operativen Ebene zu beginnen. Die oben benannten strategischen Aufgaben zur Verankerung des Geschäftsprozessmanagements im Unternehmen dürfen dabei jedoch nicht aus dem Auge verloren werden, da sonst keine Nachhaltigkeit in den Wirkungen dieser Methode erreicht werden kann.

Abbildung 58: Zusammenhang von Unternehmensstrategie, strategischem und operativem Geschäftsprozessmanagement

6.2. Ziele und Nutzen

6.2.1. Zielebenen

Qualitätsmanagement nicht effizienzorientiert

Im bisherigen **Qualitätsmanagement** vieler sozialer Organisationen liegt der Fokus des prozessualen Denkens vor allem auf der Sicherstellung der Qualität der Adressatenarbeit. Ziel ist häufig die **Zertifizierung** nach einem vorgegebenen Qualitätsmanagementsystem. Der Einsatz von Informationstechnologie ist dabei oft ebenso wenig Thema wie die Effizienz der verwaltungsorientierten Abläufe innerhalb der Einrichtungen und Dienste. Dies hat vielfach zur Folge, dass Mitarbeitende das Qualitätsmanagement als zusätzliche Belastung wahrnehmen und kaum Entlastungseffekte durch Prozessverbesserungen eintreten.

Im Unterschied dazu verfolgt das Geschäftsprozessmanagement Ziele auf unterschiedlichen Ebenen:

- Die **Kostensenkung durch Zeitersparnis** ist in vielen Organisationen ein wesentlicher Treiber für den Einstieg in diese Reorganisationsmethode. Ihr liegt der Erfahrungswert zu Grunde, dass Abläufe durch organisatorische Maßnahmen und verbesserte IT-Unterstützung teils erheblich verschlankt werden können, ohne dass die Prozessqualität darunter leidet. Mögliche Maßnahmen sind etwa eine Reduzierung der Zahl der Beteiligten oder der Zahl der Schritte durch Zusammenfassung an einem Arbeitsplatz.
- Eng damit verknüpft ist häufig das Ziel der **Laufzeitreduzierung**, die mit ähnlichen Maßnahmen oder auch mit einer Parallelisierung von Prozessschritten erreicht werden kann. Dabei kann gleichermaßen an den Bearbeitungszeiten, Warte- und Liegezeiten sowie an den Transportzeiten angesetzt werden, indem

etwa ein physischer durch einen digitalen Transport ersetzt wird oder Teile der Bearbeitung automatisiert werden.

- Parallel dazu wird das Ziel der **Qualitätssteigerung** verfolgt, das integraler Bestandteil des Prozessmanagements ist. Hier wird etwa überlegt, wie durch Plausibilitätskontrollen in einer Software oder auch durch menschliche Prüfvorgänge Fehler vermieden bzw. beseitigt werden können. Vielfach dienen auch die oben genannten Maßnahmen bereits dadurch der Steigerung von Qualität, dass Übermittlungsfehler und lange Wartezeiten für die Kunden vermieden werden.

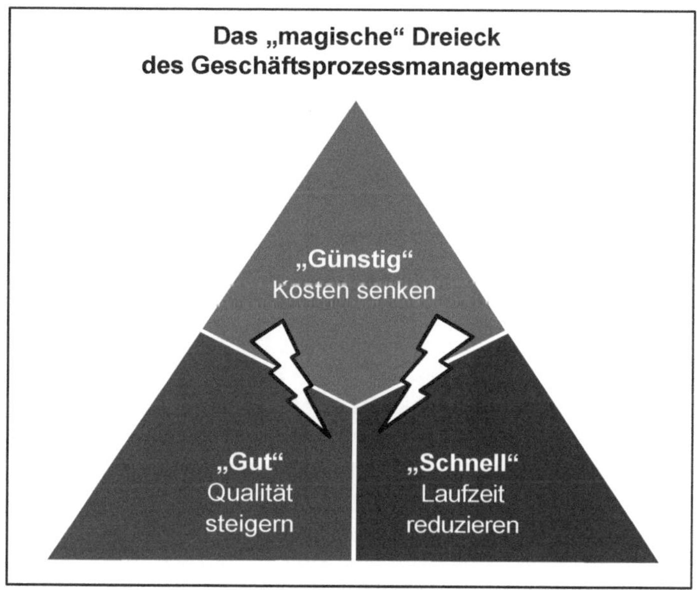

Abbildung 59: Das „magische Dreieck“ des Geschäftsprozessmanagements

Vielfach kommt es in der Praxis zu **Konflikten** zwischen den drei Zielebenen: So kann sich etwa eine Maßnahme zur Zeitersparnis negativ auf die Qualität auswirken. Umgekehrt können Aktivitäten der Qualitätssicherung die Kosten in die Höhe treiben. Auch eine Beschleunigung kann negative Wirkungen auf die Faktoren Kosten und Qualität entfalten. Zielkonflikte

Die Kunst des Geschäftsprozessmanagements ist es, alle Zielebenen im Auge zu behalten und die Prozesse so zu gestalten, dass positive Effekte auf allen drei Ebenen erzielt werden. Unterstützt man Prozesse konsequent mit geeigneten IT-Werkzeugen, so ist das vielfach auch möglich.

Unabhängig von diesen zentralen unternehmerischen Zielen fördert das Geschäftsprozessmanagement bei allen Beteiligten einen am **Kundennutzen** und der **Wertschöpfung** orientierten Blick auf das eigene Tun. Auch hilft es dabei, die eigene Arbeit als sinnvollen Teil eines Ganzen zu betrachten. So kann etwa sichtbar gemacht werden, dass eine zunächst aufwändigere elektronische Erfassung bestimmter Informationen in späteren Arbeitsschritten deutliche Entlastungseffekte nach sich zieht.

6.2.2. Nutzenseffekte

Blind- und Fehlleistungen

Neben der eigentlichen **Nutzleistung** finden sich in Prozessen häufig auch Tätigkeiten, die keinen Beitrag zum Prozessergebnis leisten. Prozessschritte, die Arbeitszeit verschlingen, ohne dass sie eine Wirkung entfalten, werden **Blindleistungen** genannt. Beispiele dafür sind die Suche nach Dokumenten, die Mehrfacherfassung von Informationen oder Rückfragen, die sich aus der unvollständigen Informationslieferung in einem vorausgehenden Prozessschritt ergeben. **Fehlleistungen** sind Leistungen, die eigentlich als Nutzleistung geplant waren, aber nicht oder nur teilweise verwertbar sind, da bei ihrer Erbringung Fehler aufgetreten sind. Hierzu zählen etwa eine fehlerhafte Leistungserfassung, die zu einem Verlust von Erlösen führt oder die Übermittlung eines falschen Einzugstermins für einen Bewohner, der einen Vorbereitungsprozess im Wohnbereich auslöst, welcher zu diesem Zeitpunkt gar nicht benötigt wird.

Bei den Nutzenseffekten kann zwischen Vorteilen für verschiedene Zielgruppen unterschieden werden:

Nutzen für die Organisation

Konfliktlösung durch Prozessblick

Das Geschäftsprozessmanagement kann dabei helfen, verschiedene Konflikte in sozialen Organisationen zu lösen. Denn der Fokus verschiebt sich von einem Zuständigkeitsdenken (Aufbauorganisation) zur eher sachorientierten Diskussion entlang der Abläufe. Statt über Personen wird über Prozessschritte gesprochen und diese Abstraktion eröffnet den Weg zu pragmatischen Lösungen. Dabei können etwa verschiedene Varianten einer zentralen oder dezentralen Leistungserfassung und -abrechnung im Vorfeld der Realisierung „auf dem Reißbrett“ durchgespielt oder von Pilotnutzern erprobt werden. Läuft etwas nicht wie geplant, können anhand des Prozessmodells schnell Ideen zur Verbesserung entwickelt werden.

Zudem ist das Geschäftsprozessmanagement auch Motor und Unterstützer von Innovationen. So können etwa bereits im Vorfeld der Eröffnung neuer Einrichtungen die zentralen Prozesse definiert werden, um gravierende Pannen in der Startphase zu vermeiden. Dabei entstehen nicht selten Ideen zur Prozessgestaltung, die unter dem Druck des Tagesgeschäfts nicht entwickelt worden wären.

Nutzen für Mitarbeitende

Die Neu- oder Umgestaltung von Prozessen wird von Mitarbeitenden anfangs nicht selten als Bedrohung wahrgenommen. Angst vor Veränderungen des eigenen Aufgabenzuschnitts oder gar vor Verlust des Arbeitsplatzes macht die Runde. In der Tat kann eine Prozessoptimierung auch zum Verlust liebgewonnener Tätigkeiten oder zu einer höheren Transparenz in der Leistungserbringung führen und teilweise entfallen auch Tätigkeiten komplett. Hier besteht jenseits des GPM Handlungsbedarf auf Seiten der Führungskräfte um sozialverträgliche Lösungen zu finden.

Der überwiegende Teil der Mitarbeitenden wird die Effekte des GPM jedoch deutlich auf der Haben-Seite verbuchen. Entlastung von Routinetätigkeiten, weniger Ärger wegen unvollständiger Informationsweitergabe und unnötiger Arbeitsteilung oder ähnliche Effekte, die dazu beitragen, mehr Energie auf die eigentlichen Kernaufgaben konzentrieren zu können.

Gestaltungsoptionen und übergreifender Blick

Über das passive Erleben von Effekten hinaus eröffnete die Kultur und Praxis des GPM vielen Mitarbeitenden auch die Chance, die Prozesse aktiv mitzugestalten. Mit klaren Zuständigkeiten für Prozesse gibt es einen Ansprechpartner für Verbesserungsideen und allein schon eine für alle leicht zugängliche und verständliche Visualisierung der Abläufe kann dazu animieren, über die Sinnhaftigkeit einzelner Schritte oder ganzer Prozesse nachzudenken.

In jedem Fall bietet die Prozessdokumentation aber Orientierung und Handlungssicherheit. Insbesondere neuen Mitarbeitenden verhilft sie zu einer schnelleren und qualitativ höherwertigen Einarbeitung.

Das GPM fördert bei den Mitarbeitenden auch das Verständnis für ihren Beitrag zu bereichsübergreifenden Prozessen und den Gesamtnutzen für das Unternehmen. Damit finden auch punktuelle Veränderungen der eigenen Arbeit wie etwa die direkte Eingabe abrechnungsrelevanter Tätigkeiten in eine Fachsoftware bessere Akzeptanz. Denn es wird klar, dass diese Information anschließend noch durch zwei oder drei weitere Stellen im Unternehmen wandert, nicht neu erfasst werden muss und sich Rückfragen erübrigen.

Nutzen für Adressaten, Angehörige und Partner

Indirekter Nutzen

Mit hoher Wahrscheinlichkeit wird eine Prozessoptimierung Adressaten, Angehörigen oder Zuweisern nicht direkt auffallen. Aber es wird sicherlich bemerkt und geschätzt, wenn Anfragen nach ihrer Aufnahme schnell und klar beantwortet werden, wenn Überleitungsprozesse reibungslos verlaufen oder wenn mehr Zeit für die Elternarbeit zur Verfügung steht, weil Verwaltungsaufgaben der Wohnbereichsleitungen teilautomatisiert oder in die Sekretariate verlagert wurden.

Die bewusste Neugestaltung von Prozessen kann in Verbindung mit digitalen Technologien auch die Integration der Klienten oder Angehörigen in die Prozesse (vgl. Abschnitt 4.3.7.) vorantreiben und damit ihre Partizipation und Zufriedenheit steigern.

6.3. Aufbau- und Ablauforganisation

Arbeitsteilung gestaltet Organisationen

Soziale Organisationen sind heute ebenso wie öffentliche Verwaltungen oder Wirtschaftsbetriebe arbeitsteilig organisiert. Diese Arbeitsteilung macht es notwendig, Regelungen über die Aufteilung der anfallenden Aufgaben zu treffen. Die traditionelle Organisationslehre nimmt dabei vor allem die funktionale Unternehmensorganisation in den Blick: Arbeitsaufgaben sind Stellen zugeordnet, welche in Unterabteilungen und Abteilungen gebündelt sind. Diese Betrachtungsweise wird als **Aufbauorganisation** bezeichnet und in Form von **Organigrammen** dargestellt.

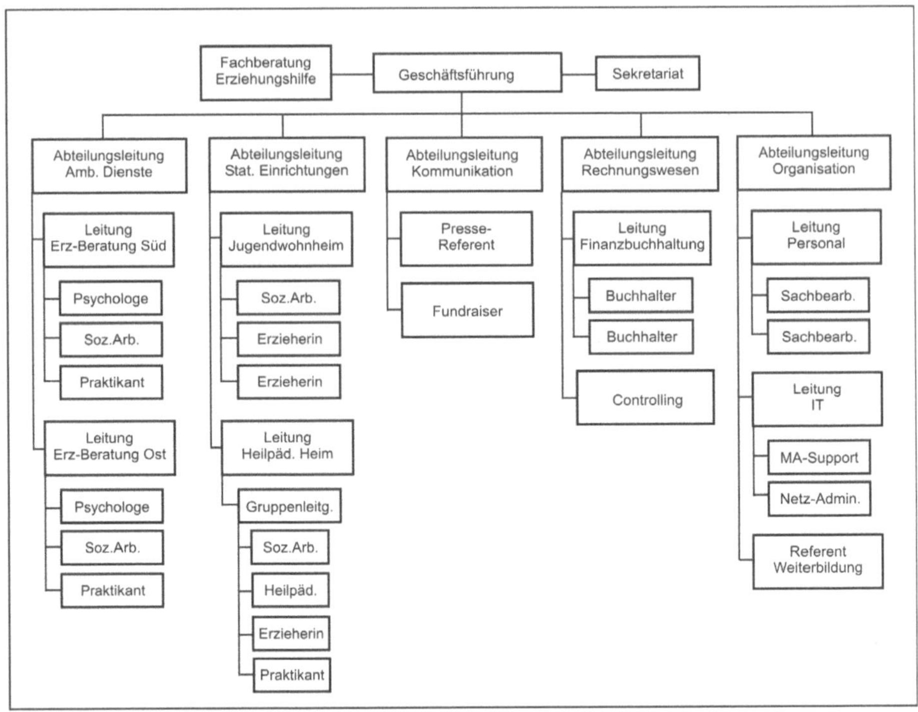

Abbildung 60: Beispiel-Organigramm einer sozialen Organisation

Abläufe sichtbar machen

In dieser Darstellungsform von Organisationen sind zwar die hierarchischen Gliederungen und Aufgabenbereiche gut erkennbar. Sie sagt jedoch nichts darüber aus, wie die Organisation tatsächlich arbeitet. Der Kern ihrer Tätigkeit, die Dienstleistung oder das Produkt für die Kunden oder Zielgruppen bleibt unsichtbar, die Perspektive des Organigramms ist **nach innen gerichtet** und **statisch.**

Will man die eigentliche Arbeit einer Organisation betrachten, so ist die Ergänzung durch eine **dynamische** Perspektive notwendig, die die **Ablauforganisation** wiedergibt.

Die prozessorientierte Sicht ergänzt die aufbauorganisatorische Sicht um die sachlogische Abfolge der Aufgaben und macht sie einer Analyse zugänglich. So könnte etwa im oben (Abbildung 62) dargestellten Prozess erkannt werden, dass an der Erstellung einer Presse-Information zu viele Stellen und Hierarchie-Ebenen beteiligt sind, was einen zu hohen Arbeitsaufwand und eine zu langsame Bearbeitung mit sich bringt.

Gegenseitige Beeinflussung

Aufbau- und Ablauforganisation beeinflussen sich in der Praxis gegenseitig. Häufig gibt die Aufbauorganisation die im Prozess beteiligten Stellen vor, die Prozessmodellierung im IST-Zustand (vgl. Abschnitt 6.6.2.) konkretisiert die Ablaufschritte im bisherigen Verfahren. Umgekehrt werden mit der Konzentration auf die wertschöpfende und kundenorientierte Optimierung nicht nur neue Abläufe

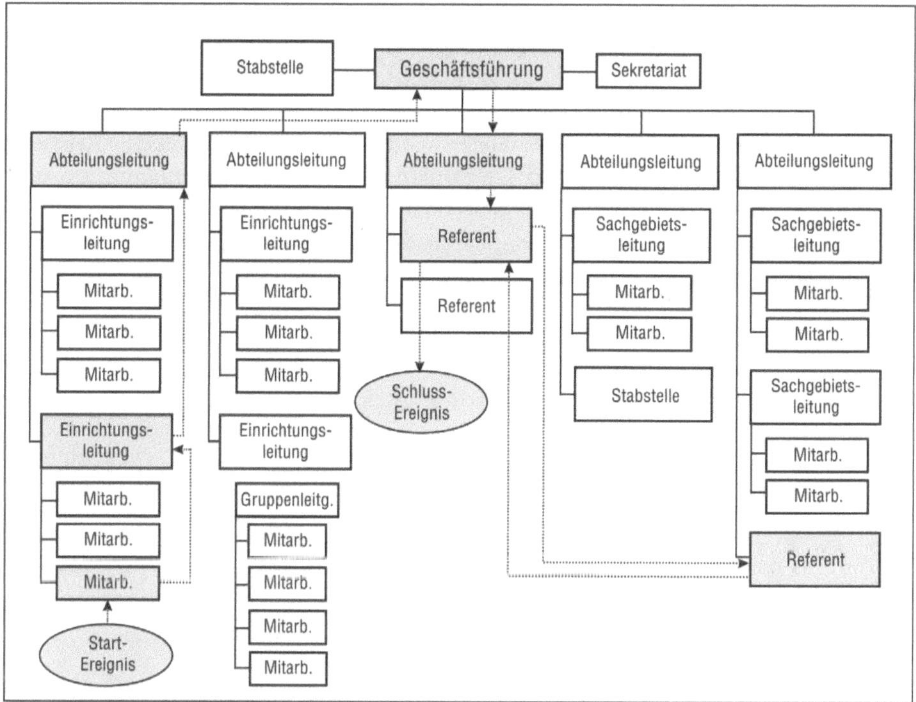

Abbildung 61: Beispiel-Organigramm einer sozialen Organisation mit integriertem Arbeitsprozess

geprägt, sondern gegebenenfalls auch Stellen und die Abteilungs- oder Teamstrukturen verändert.

Das Geschäftsprozessmanagement ergänzt also die klassisch aufbauorientierte Unternehmensorganisation um wesentliche Aspekte. Klassische Konfliktthemen wie Pädagogen- vs. Verwaltungsaufgaben, zentrale vs. dezentrale Aufgaben bleiben nicht auf Zuständigkeits- und häufig auch Machtfragen begrenzt, sondern können durch sachliche Argumente aus der Prozesssicht des Kunden ergänzt werden. Ebenso unterstützt die Prozesssicht die Ergebnis- und Wertschöpfungsorientierung und vermeidet eine binnenlastige Organisationsentwicklung, bei der die Bedürfnisse der eigentlichen Zielgruppen – Adressaten, Angehörige und Leistungsträger – in den Hintergrund rücken.

6.4. Typen von Geschäftsprozessen

Kern-, Unterstützungs- und Management-prozesse

In nahezu allen Organisationen können drei verschiedene Typen von Prozessen unterschieden werden.

- Die **Kern- oder Leistungsprozesse** sind maßgeblich für die Wertschöpfung einer Organisation, also die Herstellung eines Produktes oder die Erbringung einer

Dienstleistung. In sozialen Organisationen gehören dazu alle Tätigkeiten der direkten Betreuung, Beratung oder Pflege von Menschen.

- **Unterstützungsprozesse** sind unternehmensinterne Dienstleistungen, die der Aufrechterhaltung der Kernprozesse dienen. Von ihrem Funktionieren hängt daher die Effizienz und Qualität vieler Kernprozesse maßgeblich ab. Beispiele für Unterstützungsprozesse sind Dienstplanung, Leistungsdokumentation und -abrechnung, Finanzbuchhaltung oder Personalverwaltung.
- Die **Managementprozesse** beschreiben zentrale Leitungsaufgaben wie etwa die Personalplanung und -entwicklung, die Finanz- oder Haushaltsplanung oder die Entwicklung und Fortschreibung einer Unternehmensstrategie.

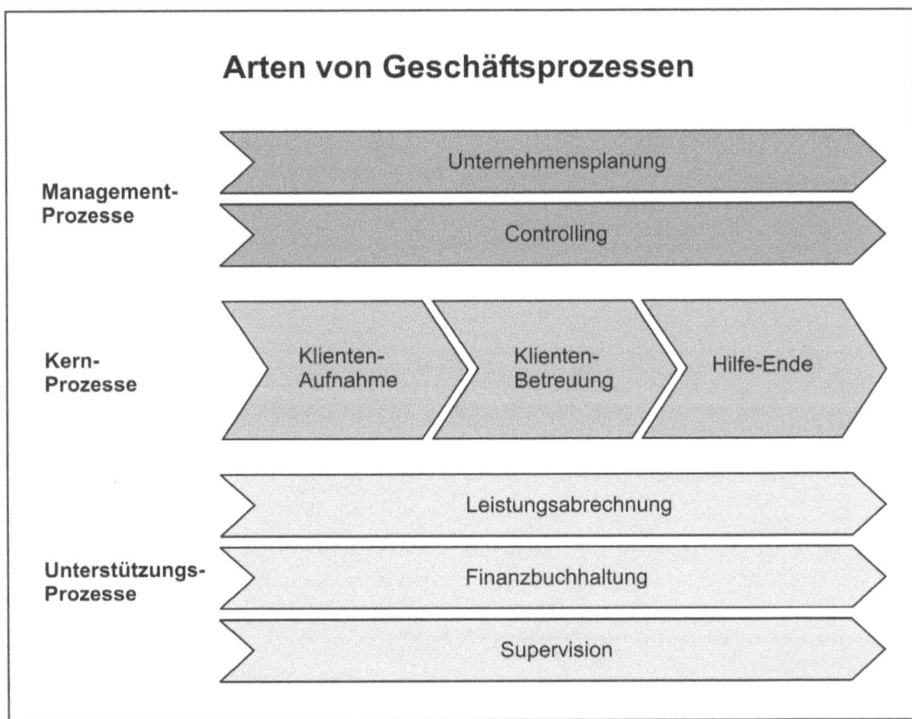

Abbildung 62: Beispiele für Management-, Kern- und Unterstützungsprozesse in sozialen Organisationen

Prozessanalyse vor der IT-Einführung

Wird der Einsatz einer neuen IT-Lösung geplant, spielen Fragen der **Prozessorganisation** eine entscheidende Rolle. In der Praxis neigen soziale Organisationen jedoch nicht selten dazu, ihre überkommenen Strukturen unreflektiert in eine neue Software zu übertragen. Das Ergebnis solcher Innovationen erweist sich jedoch häufig als unbefriedigend, da die Verbesserungspotenziale innerhalb der vorhandenen Strukturen nur gering sind (vgl. Kreidenweis 2015). Die unreflektierte Abbildung alter Prozesse in IT birgt auch die Gefahr, sie auf Jahre hinaus zu „zementieren“ und nur noch schwer für Änderungen zugänglich zu machen. Man spricht in diesem Kontext auch von der „Elektronifizierung von Ineffizienz“. Auf eine kurze Formel gebracht heißt dies:

Alte Abläufe + teure Technik = alte teure Abläufe

6.5. Prozesse und teilstrukturierte Aufgaben

Natürlich gewachsene Prozesse

Das Geschäftsprozessmanagement ist dabei keine „Wunderwaffe“. Es entfaltet seine Stärken vor allem im Bereich der stark standardisierten oder standardisierbaren Abläufe. Weil insbesondere administrative Prozesse in sozialen Organisationen bislang kaum aktiv gestaltet wurden, haben sich oft zahlreiche Varianten von Abläufen herausgebildet, die lediglich auf alten Gewohnheiten oder der Möglichkeiten und Fähigkeiten von Mitarbeitenden zur Nutzung von Informationstechnologie beruhen. Ein Beispiel dafür sind unterschiedliche Meldewege für Abwesenheiten von Klienten, die handschriftlich per Hauspost, auf einem Excel-Formular per E-Mail oder telefonisch an die Zentrale weitergeben werden. Hier findet sich ein weites Feld für Optimierung durch das Setzen von Standards, die die individuell gestalteten Hilfen für Klienten in keiner Weise negativ beeinflussen.

Eine Besonderheit der Kernprozesse sozialer Organisationen ist die intensive **Ko-Produktion** durch die Klienten. Ohne ihre aktive Mitarbeit ist kein Fortschritt in der Stabilisierung der Persönlichkeit oder der gesellschaftlichen Integration erzielbar (vgl. Abschnitte 1.5. und 5.1.). Damit bestimmt der Adressat aber auch den Ablauf der helfenden Interaktion erheblich mit. Unabhängig von der Adressatengruppe oder fachlichen Methodik ist deshalb eine gewisse Prozess- und Ergebnisoffenheit sozialer Dienstleistungen verbunden. In der Praxis gibt es freilich Unterschiede: So weist etwa die ambulante Arbeit mit Multiproblem-Familien in der Regel weniger strukturierte oder strukturierbare Elemente auf als die Pflege alter Menschen in einer stationären Einrichtung.

Interaktive Klienten-arbeit ist kein Prozess

An dieser Stelle wird deutlich, dass sich vor allem die stark durch direkte Interaktion mit den Klienten geprägten Kernprozesse in sozialen Organisationen wie Beratung, Therapie oder Betreuung einer Gestaltung durch die Instrumente des GPM in weiten Teilen entziehen. Hier handelt es sich um **teilstrukturierte Aufgaben**, deren innere Struktur auf fachlichen Konzepten wie dem Case Management oder dem Pflegezyklus beruht. Diese teilstrukturierten Aufgaben können durch den Einsatz wissenschaftlich gesicherter und praxiserprobter Standards und durch klassische Organisationsmittel wie Kompetenzprofile, Checklisten, Handreichungen usw. optimiert werden.

Andere Abläufe bieten durchaus Ansätze einer Optimierung mit Methoden des GPM, da sie zwar interaktive Elemente enthalten, aber etwa durch Vorgaben des Leistungsträgers eine prozesshafte Struktur aufweisen, in der viele Informationen durch verschiedene Beteiligte sequenziell bearbeitet werden müssen. Typische Kernprozesse dieser Art sind:

- Clearing, Assessment
- Aufnahme/Hilfebeginn

- Planung von Hilfen
- Überleitung in andere Hilfen oder Änderung der Hilfebedarfe
- Entlassung/Hilfe-Ende.

Dabei orientieren sich die Prozessinhalte in jedem Fall an der individuellen Situation der Klienten, geregelt werden jedoch die Grundstruktur der Inhalte, die Abfolge von Schritten sowie die Zuständigkeiten dafür.

Fokus auf Unterstützungsprozessen

Neben dem Blick auf die Kernprozesse ist es sinnvoll, den Fokus stark auf die oft unmittelbar an sie andockenden **Unterstützungsprozesse** zu richten: die Dokumentation von Ereignissen oder Tätigkeiten und ihre weitere Verarbeitung bzw. Abrechnung, die Organisation der Essens- oder Medikamentenversorgung, die Dienstplanung und vieles mehr. Diese Unterstützungsprozesse laufen häufig über mehrere Personen oder Bereiche hinweg ab und beanspruchen einen hohen Teil der Arbeitszeit von Betreuungs- oder Pflegekräften, aber auch entsprechende Ressourcen in administrativen Bereichen des Unternehmens. Neben diesen „fachnahen“ Abläufen müssen natürlich auch die klassischen Verwaltungsprozesse in der Finanzbuchhaltung, im Personalwesen oder in der Gebäudeverwaltung betrachtet werden.

Sorgfältige Unterscheidung

In der Realität ist die **Grenzziehung** zwischen den verschiedenen Prozesstypen und teilstrukturierten Aufgaben nicht immer einfach. Wird etwa in der einen Hilfeform die Dokumentation als Kernprozess angesehen, weil sie essenziell zur Planung des weiteren Hilfeverlaufs beiträgt, ist sie in der anderen ein Unterstützungsprozess, da sie lediglich als Grundlage für die Abrechnung dient. Anders verhält es sich bspw. bei der Kassenverwaltung, die auf den ersten Blick einen standardisierbaren Unterstützungsprozess darstellt, bei genauerem Hinsehen aber durchaus pädagogisch begründbare Sonderformen der Ausgabe von Geldern an Klienten enthalten kann.

Entscheidend ist daher weniger das „Label“, mit dem man einen Vorgang versieht, sondern die Wahl der richtigen Mittel um das Ziel der Verbesserung zu erreichen. Merkt man, dass es schwer fällt, die im nächsten Abschnitt geschilderten Methoden auf einen Vorgang anzuwenden, so kann das ein Hinweis darauf sein, dass es sich hier nicht um das geeignete Werkzeug handelt.

6.6. Methoden des Geschäftsprozessmanagements

Haben soziale Organisationen die Bedeutung und die Nutzenspotenziale des Geschäftsprozessmanagements erkannt, so entsteht der Bedarf, die eigenen Abläufe zu durchleuchten, um Verbesserungspotenziale aufspüren und umsetzen zu können. Hierzu kann ein Set von Methoden genutzt werden, das sich in der Praxis vielfach bewährt hat (vgl. Faiß/Kreidenweis 2016).

6.6.1. Prozesse identifizieren und priorisieren

Im ersten Schritt geht es zunächst darum, sich mit geeigneten Methoden einen Überblick über die Prozesslandschaft in der Organisation zu verschaffen, um anschließend diejenigen Geschäftsprozesse gezielt auszuwählen, von deren Optimierung sich das Unternehmen den größten Nutzen verspricht.

Dazu ist es sinnvoll, die Prozesslandschaft einer Organisation in einer **Prozesslandkarte** zu visualisieren. Diese gibt einen groben Überblick über die verschiedenen Prozesse, der jedoch für ein Optimierungsvorhaben noch weiter verfeinert werden muss.

Prozesslandkarte verschafft ersten Überblick

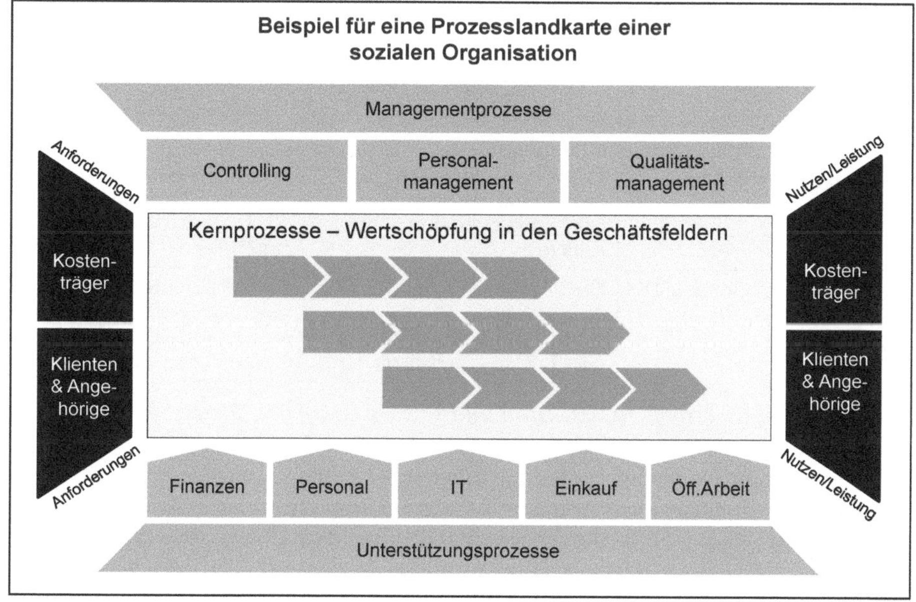

Abbildung 63: Beispiel-Prozesslandkarte einer sozialen Organisation

Da bereits kleinere Organisationen eine Vielzahl an Prozessen aufweisen und die Modellierung und Optimierung von Prozessen ein aufwändiges Vorhaben ist, müssen nun diejenigen Prozesse identifiziert werden, deren Bearbeitung einen großen **Nutzenseffekt** verspricht.

Ist die Einführung einer neuen Fach- oder betriebswirtschaftlichen Software Anlass für die Prozessoptimierung, so begrenzt sich die Anzahl möglicher Prozesse bereits auf diejenigen, die im Bereich des grundsätzlichen Funktionsumfangs einer solchen Software liegen. Wird etwa ein Programm für Klientenverwaltung, Leistungsabrechnung und Dokumentation eingeführt, können alle Prozesse im Finanz- oder Personalwesen oder in der Dienst- und Einsatzplanung außen vor bleiben.

Ein Instrument zur **Selektion und Priorisierung** von Prozessen ist ihre Beurteilung anhand folgender Kriterien:

Prozesse gezielt auswählen

Kriterium	Erläuterung	Beispiele
Wertschöpfender Charakter	Ziel des Prozesses ist ein klarer Nutzen für die Organisation, für Klienten/Angehörige oder Kostenträger	Anfahrt, Durchführung der geplanten Tätigkeiten und Dokumentation in der ambulanten Pflege
Häufiges Vorkommen und hohe Bindung von Personalressourcen	Der Prozess hat eine hohe Wiederholfrequenz und die Mitarbeitenden verbringen viel Zeit damit	Planung und Durchführung externer Termine mit Bewohnern stationärer Einrichtungen
Beteiligung mehrerer Personen oder Bereiche	Der Prozess durchläuft unterschiedliche Stationen innerhalb der Organisation	Aufnahme neuer Klienten mit Verwaltung, Pädagogik, Sozialdienst und Regionalleitung
Hoher Anteil an Blind- und Fehlleistungen	Im Prozess sind viele nicht wertschöpfende Schritte enthalten und es kommt häufig zu Fehlern	Unnötige Kontrollschleifen, Mehrfach-Erfassungen, Rückfragen, Missverständnisse
Kein oder nicht optimaler IT-Einsatz	Der Prozess wird manuell durchgeführt oder nur bruchstückhaft mit Office-Software oder E-Mail unterstützt	Formulare werden in Word ausgefüllt, per E-Mail verschickt, gedruckt und in Ordnern abgelegt

Abbildung 64: Kriterien zur Selektion und Priorisierung von Prozessen

Die Priorisierung wird am besten in tabellarischer Form vorgenommen. Ist ein Kriterium bei einem Prozess gegeben, so wird es ihm zugewiesen. Die Summe der Kriterien zeigt dann, ob und gegebenenfalls in welcher Phase des Optimierungsprojektes ein Prozess modelliert und optimiert werden soll. Dabei bietet sich folgendes Raster an, das organisationsspezifisch variiert werden kann.

Anzahl zutreffender Kriterien	Prioritätsstufe	Beispiele für Konsequenzen
4-5	A – Klar attraktiv	Diese Prozesse werden in jedem Fall optimiert. Neu zu beschaffende Software muss sie möglichst durchgängig unterstützen
3	B – Machbar	Diese Prozesse werden zu einem späteren Zeitpunkt – etwa im Rahmen eines Software-Projektes – nach der Ersteinführung optimiert und umgesetzt
1-2	C – Nicht attraktiv	Der Aufwand einer Optimierung dieser Prozesse steht im Regelfall in keinem sinnvollen Verhältnis zu seinem Ertrag und kann unterbleiben

Abbildung 65: Stufen zur Priorisierung von Prozessen

6.6.2. Prozesse im IST-Zustand modellieren

Um ausgewählte Geschäftsprozesse analysieren zu können, muss die vorgefundene Realität zunächst auf nachvollziehbare Weise abgebildet werden. Für diesen als **Modellierung** bezeichneten Schritt haben sich unterschiedliche Methoden entwickelt. Grundsätzlich kann zwischen **textlichen Beschreibungsmethoden** und **grafischen Visualisierungsmethoden** unterschieden werden. In der Praxis wird häufig eine Kombination beider Formen benutzt: Im Zentrum steht dabei die grafische Abbildung, die durch eine zumeist kurz gehaltene textliche Beschreibung ergänzt wird.

Verschiedene Modellierungsmethoden

- Weit verbreitet ist die grafische Modellierungsmethode des Programmablaufplans, oft auch **Flussdiagramm** oder **Flowchart** genannt. Sie ist in der DIN 66001 normiert.
- In der gewerblichen Wirtschaft ist darüber hinaus die Methode der **ereignisgesteuerten Prozessketten** (EPK, vgl. Staud 2006) weit verbreitet. Sie legt stärkeren Wert auf die formallogischen Verknüpfungen von Prozessschritten und eignet sich deshalb gut als Grundlage für eine spätere IT-technische Implementierung der Prozesse in dafür ausgelegter betriebswirtschaftlicher Software.
- Als Modellierungsbasis für die Programmierung betrieblicher Anwendungssysteme wurde die **Unified Modelling Language** (UML) geschaffen. Sie ist in der ISO/IEC 19501 normiert.

Für die Auswahl einer geeigneten Modellierungsmethode sind vor allem der Gegenstandsbereich, die Vorerfahrungen in der jeweiligen Organisation sowie die intuitive Nutzbarkeit entscheidend. Da im Rahmen des Qualitätsmanagements in sozialen Organisationen bereits häufig die Symbolik der Flussdiagramme Verwendung findet, ist diese Methode vielen Mitarbeitenden im Grundsatz bereits bekannt. Sie eignet sich gleichermaßen als Grundlage für organisatorische Optimierungen wie für IT-Implementierungen und wird daher im Folgenden genauer erläutert.

Grundstruktur von Geschäftsprozessen

Geschäftsprozesse bestehen immer aus einem **Input**, aus der **Transformation** und einem **Output**. Sie beginnen mit einem Auslöser oder Startereignis, erstrecken sich anschließend über eine unterschiedliche Anzahl von Bearbeitungsschritten und enden mit einem Schlussereignis. Die wichtigsten Bestandteile eines Geschäftsprozesses sind in folgender **Symbolbibliothek** zusammengefasst:

Symbol	Erläuterung	Beispiele
Start, Ende	Auslöser, der den Start eines Prozesses verursacht sowie Endpunkt eines Prozesses. Es kann auch mehrere Auslöser sowie Endpunkte geben. Bei langen Prozessen ist eine Unterteilung in mehrere Teilprozesse ratsam, um sie übersichtlich zu halten	Anfrage eines Interessenten per Mail, Telefon oder über ein Vermittlungsportal; Abschluss oder Abbruch einer Beratung; Monats- oder Quartalsende
Manuelle Tätigkeit	Manuell, also ohne Nutzung von IT, ausgeführter Prozessschritt	Telefonische Klärung, Teamsitzung, Versand eines Antrages, Abheften eines Dokuments
IT-gestützte Tätigkeit	IT-unterstützter oder automatisch von der Software ausgeführter Prozessschritt	Erfassung von Klientendaten in einer Fachsoftware, Berechnung von Zeitzuschlägen aufgrund des IST-Dienstplanes
Entscheidung	Alternativer weiterer Ablauf des Prozesses je nach Ergebnis der Entscheidung	Aufnahme des Interessenten möglich? Ja: weitere Aktivitäten wie Planung Erstgespräch usw., Nein: Information an den Interessenten mit Absage
Teilprozess	Verweis auf einen Teilprozess, für den ein eigener Flowchart existiert	Durchführung einer umfassenden Diagnostik im Rahmen einer Aufnahme; Durchführung eines externen Praktikums eines Betreuten
Dokument	Erstellung eines Dokuments. Zusatzinformationen: Womit und auf welchem Medium erstellt, wie weitergeleitet	Vertrag als Word-Ausdruck unterschrieben per Brief; Excel-Tabelle in PDF gewandelt als Mail-Anhang

Abbildung 66: Symbolbibliothek zur Modellierung von Geschäftsprozessen

Angewandt auf den Prozess einer Anfrage von Adressaten in einer sozialen Organisation sieht die Darstellung eines Prozesses bspw. folgendermaßen aus:

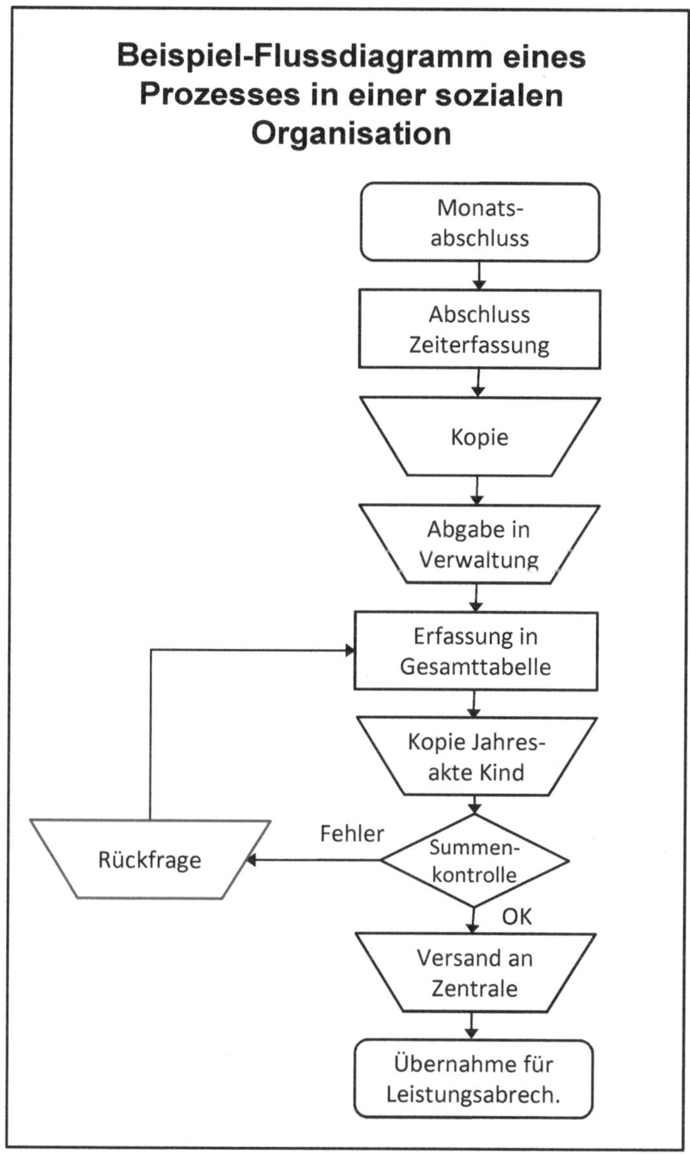

Abbildung 67: Beispiel einer Prozessmodellierung in Form eines einfachen Flussdiagramms aus dem Bereich der Frühförderung

Um den Aufwand bei der Prozess-Modellierung in Grenzen zu halten, konzentriert man sich zunächst auf den **Normalfall** des Prozessgeschehens. Im Anschluss daran werden die möglichen Ausnahmefälle erörtert. Wenn diese in größerer Häufung auftreten oder wenn sie mit einem erheblichen Mehraufwand verbunden

Normalfall und Ausnahmen

sind, werden sie mit Hilfe von Entscheidungsrauten und Verzweigungen in den Flowchart integriert, ansonsten lässt man sie weg.

Aufbau-organisation integrieren

Flowcharts der oben gezeigten Art bilden zwar die zeitliche Abfolge und innere Logik von Prozessen ab, ihnen fehlt jedoch die Ebene der **Aufbauorganisation,** in der sie ablaufen. Als Weiterentwicklung des einfachen Flussdiagramms wird deshalb das **Schwimmbahn-Diagramm** genutzt: Es macht durch den Wechsel zwischen den einzelnen Schwimmbahnen sichtbar, über welche Unternehmensbereiche oder Stellen innerhalb eines Bereiches der Prozess verläuft. Hieraus lassen sich häufig wichtige Erkenntnisse für die Neugestaltung ableiten, weil an den Übergängen oder **Schnittstellen** nicht selten Optimierungsbedarfe identifiziert werden können.

Medien und Zeit-verbrauch integrieren

Um weitere wichtige Informationen für die Prozessoptimierung zu sammeln, ist das **Kombi-Schwimmbahndiagramm** geeignet. Das Diagramm ist dabei mit Informationen zu den verwendeten Medien, Zeit pro Prozessschritt und Anzahl der Prozessschritte pro Monat sowie einer Analyse von Schwachstellen ergänzt.

Für die Ermittlung der Zeit, die pro Mitarbeitendem oder Adressat für einen Prozessschritt benötigt wird, genügt eine Schätzung der am Prozess beteiligten Mitarbeitenden. Die Anzahl der Schritte pro Monat ergibt sich zumeist aus der Anzahl der betreuten Adressaten oder ähnlichen vorliegenden Daten. Daraus wird die Zeitsumme errechnet, die für den jeweiligen Schritt in der Organisation pro Monat aufgewendet wird. Die Summe dieser Summen ergibt schließlich den Zeitverbrauch für den gesamten Prozess pro Monat, welcher auch auf ein Jahr hochgerechnet werden kann.

Beispiel Kombi-Schwimmbahndiagramm

Päd. MA	Abt. Frühförderung	Zentr. L-Abrechnung	Medium	Zeit MA/Kl.	Anzahl	Zeit Summe	Schwachstelle
Monats-abschluss							
Abschluss Zeiterfassung			Zeiterfassungsformular Excel	10	18	180	Keine Kontrolle gegen genehmigten Stundenumfang, versehentliche Formelveränderungen
Ausdruck und Kopie			Drucker, Kopiergerät	7	18	126	Medienbruch
Abgabe in Verwaltung			Excel-Tabelle als Ausdruck	15	18	270	Zeitverzögerung
	Erfassung in Gesamttabelle			120	1	120	Medienbruch, Doppelerfassung
	Kopie Jahre-akte Kind		Kopiergerät	3	62	186	Medienbruch
Rückfrage	Fehler – Summen-kontrolle		Telefon	5	8	40	Hohe Rückfragenquote wegen Tabellenfehlern oder Falscheingaben
	Versand an Zentrale	Übernahme für Leistungsabrech.	Excel-Tabellen plus Originalbelege	15	1	15	Medienbruch, Doppelerfassung
Summe						937	

Abbildung 68: Schwimmbahn-Diagramm mit einem Beispiel-Prozess im IST-Zustand aus dem Bereich der Frühförderung

Bereits während der IST-Modellierung werden den beteiligten Mitarbeitenden in der Regel die **Schwachstellen** der einzelnen Prozessschritte deutlich. Im aus der Industrie stammenden Konzept des Lean Managements werden sie auch **Verschwendungen** genannt (vgl. Kamiske/Brauer 2012, S. 42).

Schwachstellen identifizieren

Diese werden stichwortartig in der letzten Spalte erfasst und sind eine wichtige Quelle für die spätere Optimierung. Typische Schwachstellen sind:

Schwachstelle/Verschwendungsart	Beispiele aus sozialen Organisationen
Wartezeiten	Klient erkrankt, der Wohnbereich hat den Therapeuten nicht informiert – Wartezeit auf den Klienten und zeitlicher Leerlauf.
Störungen des Informationstransfers	Die elektronische Übernahme der zuschlagspflichtigen Arbeitszeiten aus der Dienstplanung in die Gehaltsabrechnung funktioniert nicht zuverlässig, es sind manuelle Kontrollen erforderlich.
Redundante Informationen	Der Aufnahmestatus der Klienten wird in einer Excel Tabelle geführt, nicht in der Fachsoftware, in der seine Basisdaten bereits gespeichert sind. Statistiken werden händisch geführt, nicht aus der Fachsoftware heraus abgerufen.
Medienbrüche	Dokumente werden ausgedruckt und in Aktenordnern abgelegt. In Excel erfasste Arbeitszeiten werden als Zeitnachweis ausgedruckt und zentral für die Zuschlagsberechnung und Führung des Arbeitszeitkontos neu erfasst.
Ablage- und Dokumentationsprobleme	Leistungsträgerbescheide sind nicht im gesicherten elektronischen Zugriff von zentraler Verwaltung und dezentraler Betreuung, sondern werden mehrfach kopiert vorgehalten.
Ungeklärte Schnittstellen	Die Zentralverwaltung überweist eine gekürzte Summe für eine Beschaffung, ohne den Grund für die Abweichung zu benennen.
Fehler und Nacharbeiten	Der Leistungsträger lehnt einen Höherstufungsantrag ab, weil eine Anlage nicht beiliegt. Reklamation an die interne IT-Abteilung: Beim neu gelieferten Smartphone funktioniert der Mailabruf nicht.

Abbildung 69: Übersicht und Beispiele von Schwachstellen oder Verschwendungsarten

Je mehr solcher Schwachstellen in einem Prozess identifiziert werden, desto höher ist in der Regel auch der Ertrag des folgenden Schrittes der Prozessoptimierung.

6.6.3. Prozesse optimieren

Sind die Prozesse identifiziert, selektiert und im IST-Zustand modelliert, so kann auf Basis der Schwachstellenanalyse der entscheidende Schritt der Prozessoptimierung angegangen werden.

Prozessoptimierungen können sich auf Kernprozesse, Unterstützungsprozesse und Managementprozesse beziehen. Im Zusammenhang mit der Einführung von IT-Lösungen geht es zunächst häufig um **Unterstützungsprozesse** an der Schnittstelle zwischen Verwaltung und Sozialer Arbeit oder Pflege. Mit der Ausbreitung von Fachsoftware rücken vermehrt die Kernprozesse in den Blickpunkt des Interesses. Bei Managementprozessen sind vor allem die IT-gestützte Bereitstellung von Informationen sowie Werkzeuge zur Unterstützung der Entscheidungsfindung interessant.

Prozessoptimierung als Organisationsentwicklung

Die Optimierung von Arbeitsprozessen kann als Aufgabe im Rahmen von **Organisationsentwicklung** begriffen werden, ist in der Praxis jedoch häufig eng mit der Einführung neuer informationstechnologischer Instrumente verknüpft. Dabei geht es einerseits darum, gewachsene Abläufe und ihre Verankerung in der Aufbauorganisation mit organisationsanalytischem Blick zu durchleuchten. Andererseits kann auch das Wissen um neue technische Möglichkeiten zu einer Neugestaltung von Prozessen führen. So können bspw. einzelne Bearbeitungsschritte oder Teilprozesse durch Automatisierung entfallen oder durch Digitalisierung der Informationsbasis eine völlig neue Gestalt bekommen.

In der Literatur gibt es zahlreiche Methoden zur Prozessoptimierung (vgl. Faiß/Kreidenweis 2016, S. 69 f.), die sich jedoch in der Mehrzahl auf industrielle Prozesse beziehen oder umfangreiche Methodenkenntnisse voraussetzen.

Prozessglättung als intuitive Methode

Die **Prozessglättung** (vgl. Faiß/Kreidenweis 2016, S. 71) ist wohl der intuitivste Ansatz zur Prozessoptimierung und hat sich in der Praxis sozialer Organisationen bewährt. Folgende Liste benennt Standard-Optimierungsmöglichkeiten für eine Prozessglättung und erklärt diese anhand branchenspezifischer Beispiele:

Optimierungsansatz	Beispiele aus sozialen Organisationen
Entbehrliche Prozessschritte entfernen	Statt interner Verteilung der Interessentendaten an Wohnen, Arbeiten und Medizin erfolgt eine Ablage dieser Daten in der gemeinsamen IT-gestützten Interessentenakte. An Stelle manueller, zentraler Erfassung der Arbeitszeitnachweise aus den Einrichtungen eine Zeiterfassung im Selfservice der Dienstplan-Software einrichten.
Teilprozesse parallel ausführen	Das Umlaufverfahren zur Stellungnahme zu einem Interessenten in Wohnen, Arbeiten und Medizin durch einen parallelen Zugriff auf die gemeinsame Interessentenakte und parallele Erarbeitung der Stellungnahmen ersetzen.
Kontrollschritte abbauen	Abzeichnen ohne inhaltliche Auseinandersetzung mit dem Gegenstand auflösen, automatische Plausibilitätsprüfungen in der Software nutzen, z. B. für ein Über-

Optimierungsansatz	Beispiele aus sozialen Organisationen
	schreiten von Kontingenten an Betreuungseinheiten oder Arbeitszeiten.
Prozessschritte zusammenfassen	Möglichst homogene Prozessabschnitte ohne Verantwortungswechsel gestalten, Schnittstellen/Übergaben minimieren. Grenzen bestehen jedoch beim Abbau der Arbeitsteilung zwischen Fach- und Hilfskräften, examinierten und nicht-examinierten Kräften, welche zum Teil gesetzlich oder per Leistungsvertrag normiert ist. Verwaltungstätigkeiten können jedoch meist problemlos an einer zentralen oder dezentralen Stelle gebündelt werden, wenn die zur Bearbeitung notwendigen Informationen (IT-gestützt) dort bereitgestellt werden.
Unnötige Wege vermeiden	Wegzeiten im Tagesgeschäft – etwa in der stationären Pflege oder Betreuung – durch mobile elektronische Datenerfassung und -bereitstellung vermeiden. Optimierung der Arbeitsumgebung, etwa räumliche Nähe des Dienstzimmers oder des Erfassungsterminals gewährleisten.
Durchlaufzeiten verkürzen	Möglichst abschließende Bearbeitung in einem Schritt, Wartezeiten und Flaschenhälse identifizieren und abbauen (s. dazu auch folgender Punkt).
Prozesssteuerung ermöglichen/optimieren	IT-gestützte Visualisierung des Prozessstatus: An welcher Stelle im Unternehmen „hängt“ der Ablauf gerade? Transparenz für Steuerung durch statistische Auswertung der Durchlaufzeiten sicherstellen.

Abbildung 70: Standard-Optimierungsmöglichkeiten bei der Prozessglättung

Da die IST-Modellierung oft bereits die Schwachstellen der Prozesse vor Augen geführt hat, besteht in aller Regel kein Mangel an Ideen zur Optimierung. Lediglich für IT-basierte Ansätze fehlt teilweise das notwendige Wissen. Hier helfen etwa Besuche einschlägiger Fachmessen (z.B. ConSozial, Altenpflege) oder die Einladung ausgewählter Anbieter zu Präsentationen weiter, um praktisch erfahrbar zu machen, welche Möglichkeiten zur Verbesserung moderne Fachsoftware bereits bietet (vgl. Abschnitte 4.2.4. und 4.3.).

Enorme Produktivitätsreserven

Gelingt es, wichtige Geschäftsprozesse mit geeigneter IT-Unterstützung umfassend zu reorganisieren, so können enorme **Produktivitätsreserven** gehoben werden. Das nachfolgende Beispiel zeigt den Prozess der Abrechnungsvorbereitung aus Abbildung 69 nach einer Optimierung unter Einsatz einer neuen Fachsoftware mit angeschlossener Mobil-App für die Leistungserfassung per Smartphone. Der Zeitaufwand für seine Bearbeitung kann dadurch um 70 bis 80 Prozent und die Durchlaufzeit auf weniger als ein Viertel reduziert werden. Gleichzeitig wird die Qualität des Prozesses deutlich verbessert, da Fehlerquellen und Medienbrüche ausgeschaltet werden und die Daten von der Erfassung bis zur Abrechnung nur an einer einzigen Stelle existieren.

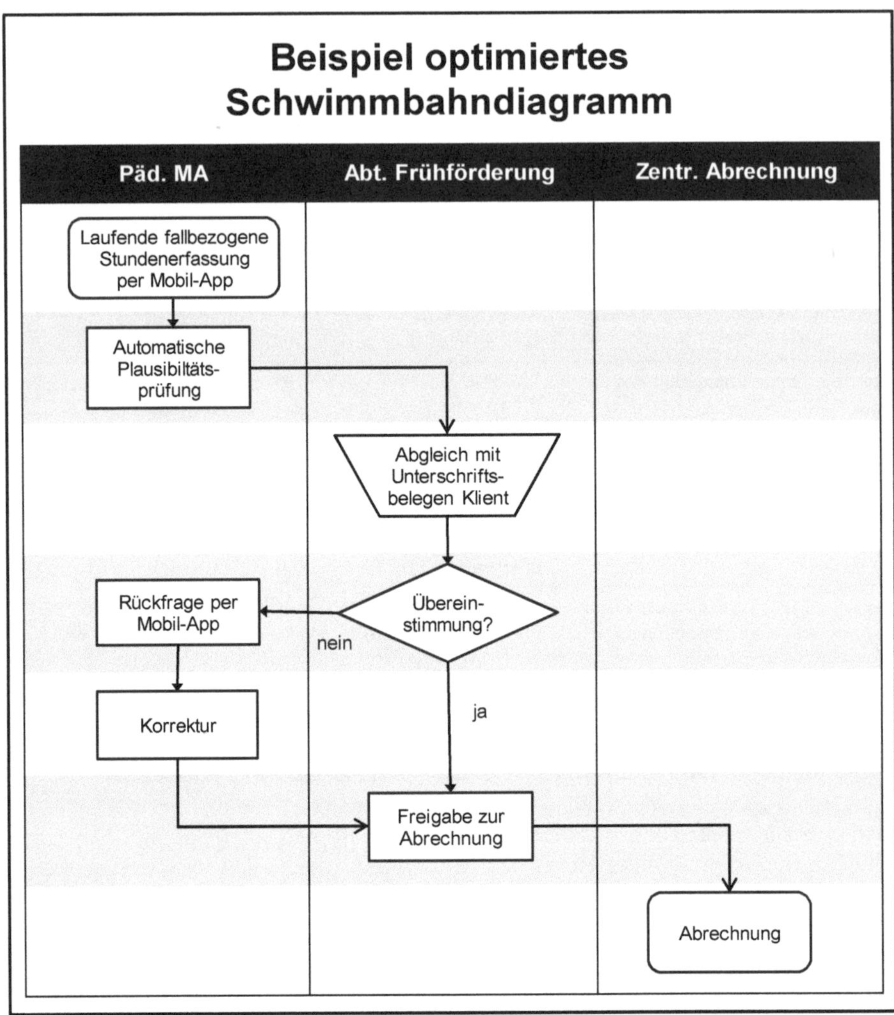

Abbildung 71: Neuorganisation des Geschäftsprozesses aus Abbildung 67 und 68

6.7. Prozessoptimierung und IT-Einsatz

IT und Prozesse parallel denken

Die Durchdringung der sozialen Organisationen mit IT ist in den letzten Jahren deutlich gestiegen. In nahezu allen Einrichtungsteilen sind Endgeräte mit Netzwerkzugang verfügbar und die Ausstattung mit Smartphones und Tablets nimmt immer mehr zu (vgl. Abschnitt 4.2.). Heute existieren praktisch kaum noch Prozesse, in denen IT nicht in irgendeiner Form genutzt wird. Häufig stellt sich allerdings die Frage, ob die aktuellen Anwendungspraktiken wirklich prozessunterstützend sind oder nicht auch Merkmale von Verschwendung (vgl. Abschnitte 6.6.2. und 6.6.3.) aufweisen. Wie in anderen Branchen längst üblich, ist es daher mittlerweile auch in der Sozialwirtschaft sinnvoll, Prozessoptimierung und IT-Einsatz konsequent parallel zu denken.

Aus den modellierten SOLL-Prozessen, die aus einer Prozessglättung hervorgehen, können gezielt **Software-Anforderungen** abgeleitet werden. Zwar lassen sich bei Weitem nicht alle Anforderungen an eine Software aus dem Prozess ableiten – es sind auch zahlreiche rechtliche, fachliche und funktionale Anforderungen umzusetzen – aber die Anforderungen an Prozesssteuerung und Informationsflüsse in den Arbeitsabläufen werden auf diese Weise deutlich sichtbar. Auch Anforderungen an die Programmarchitektur können sich aus den SOLL-Prozessen ergeben, wenn dort etwa eine mobile Informationsbereitstellung oder Dokumentation vorgesehen ist.

Folgendes, durch eine entsprechende Spalte ergänztes Schwimmbahn-Diagramm zeigt Beispiele für die Ableitung von Software-Anforderungen aus einem SOLL-Prozess. Diese Anforderungen können anschließend in ein Lastenheft (vgl. Abschnitt 7.5.2.) übernommen werden.

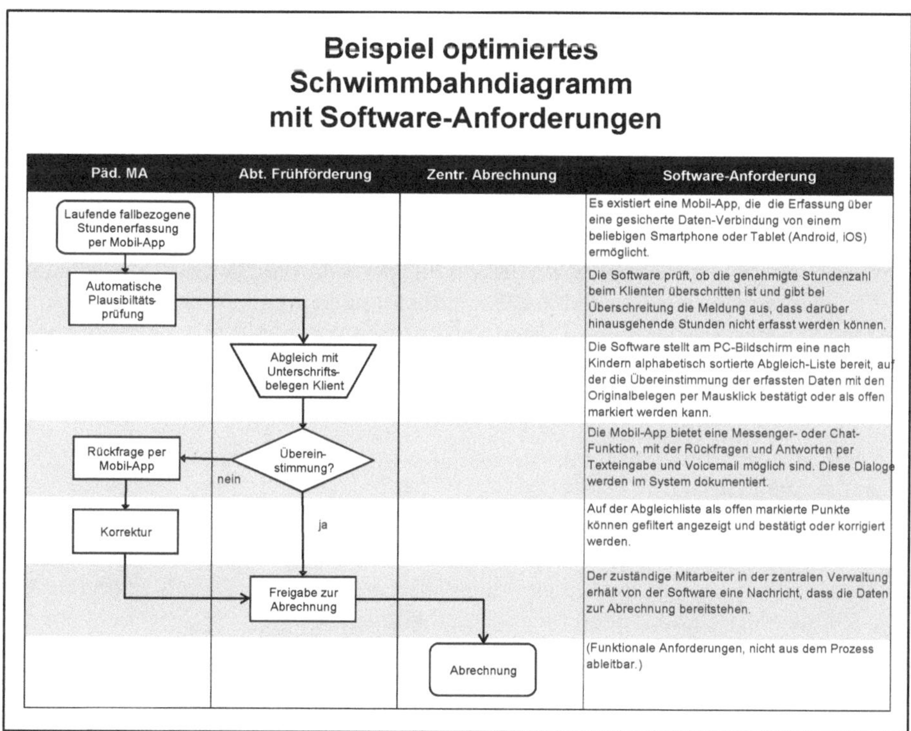

Abbildung 72: Beispiel einer Ableitung von Software-Anforderungen aus dem geglätteten SOLL-Prozess

Wie in Abschnitt 4.3.2. bereits benannt, ist es heute noch nicht selbstverständlich, dass Fachsoftware-Systeme derartige Anforderungen an die Abbildung von Prozessen erfüllen. Voraussetzung dafür, dass die Software-Anbieter solche Funktionen entwickeln, ist jedoch eine entsprechende Nachfrage von Seiten der Praxis.

6.7.1. Merkmale prozessunterstützender Software

Die Merkmale, die eine Software erfüllen muss, um Prozesse in sozialen Organisationen wirksam zu unterstützen, sind zwar im Detail pro Prozess verschieden, lassen sich aber auf ein überschaubares Set an grundlegenden Eigenschaften reduzieren.

Customizing als Prozessanpassung

Eine Grundvoraussetzung für die Abbildungsmöglichkeit von Prozessen ist eine hohe **Customizingfähigkeit** der Software (vgl. auch Abschnitt 4.3.1.). Damit

- kann die Navigation zur Ansteuerung von Bildschirmmasken (Menüs, Reiter, Baumstruktur) an die Schrittfolge der Prozesse angepasst werden,
- können Bildschirmmasken oder Maskeninhalte je nach Rolle des Bearbeiters im Prozess ein- und ausgeblendet werden,
- können Inhalte auf Bildschirm-Masken so platziert werden, dass sie der prozesshaften Abarbeitung entsprechen,
- können Maskenfolgen passend zur Prozessreihenfolge angeordnet werden,
- ist es möglich, Pflichtfelder zu definieren, ohne die eine weitere Bearbeitung keinen Sinn macht oder zu Folgefehlern führen würde,
- können mitunter auch Plausibilitätsprüfungen für Dateneingaben hinterlegt werden, die manuelle Prüfschleifen im Prozess überflüssig machen oder minimieren.

Trigger als Prozessauslöser

Um einen Prozess oder Prozessschritt auszulösen sind häufig **Trigger** notwendig. Als Trigger werden konfigurierbare Benachrichtigungen und Aktionen bezeichnet, die etwa bei einem Ablauf von Fristen automatisch vordefinierte Schritte auslösen.

Die von einem Trigger ausgelösten Benachrichtigungen und Aktionen können unterschiedlich ausgeprägt sein:

- Popup-Fenster mit einer Information: genutzt bei wichtigen Ereignissen, die eine zeitnahe Reaktion erfordern.
- Info-Eintrag in einem Verlaufsprotokoll, das bspw. im Rahmen einer Schichtübergabe genutzt werden kann.
- Benachrichtigung per E-Mail einschließlich einem Link zu Detailinformationen, die in der Anwendung abgerufen werden können.

Prozess als Objekt

Ein zentrales Merkmal prozessunterstützender Software-Architekturen ist, dass Prozesse als **eigenständige Objekte** im Programm umgesetzt werden. In funktionaler Sicht einer Software führt eine Neuaufnahme zu einem mehr oder minder vollständigen „Klienten-Datensatz“. In prozessunterstützender Sicht ist der neue „Klienten-Datensatz“ mit einem „Aufnahme-Datensatz“ als Objekt für den Aufnahmeprozess verknüpft. Dieser „Aufnahme-Datensatz“ trägt ein Beginn- und Endedatum, verfügt über Statusinformationen („abrechnungsfähig“), hat eine Bearbeitungshistorie sowie auswertungsfähige Prozesskennzahlen (z. B. „Aufnahmelaufzeit“).

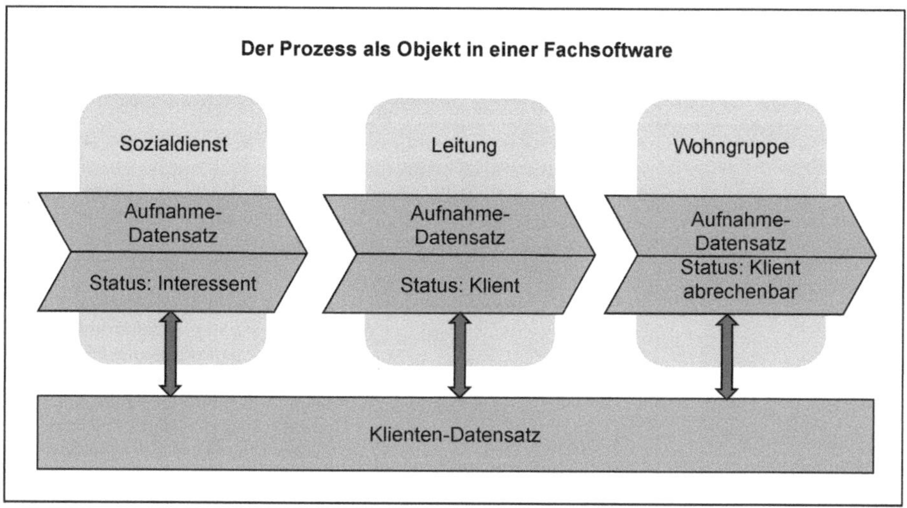

Abbildung 73: Beispiel-Darstellung des Prozesses als Objekt in Verbindung mit dem klassischen Klienten-Datensatz

6.7.2. Konkrete Funktionstypen

Soll die Ausprägung der Prozessorientierung einer Software im Rahmen eines Auswahlprozesses geprüft werden, so müssen im Lastenheft entsprechende Funktionen eindeutig und prüffest benannt werden (vgl. Abschnitt 7.5.2.).

Prozessorientierte SoftwareArchitekturen

Die nachfolgend genannten Funktionen können als Indikator dafür gelten, inwieweit ein Programm prozessorientiert arbeitet. In der Praxis ist es jedoch nicht die einzelne Funktion, sondern ihre kluge Implementation und Kombination, die den Reifegrad der Prozessorientierung einer Software bestimmt. Voraussetzung dafür ist in der Regel eine **integrierte Programmarchitektur**, bei der die Software komplett durch einen Hersteller verantwortet wird, der alle Programmteile auf der selben technologischen Basis und mit gemeinsamer Datenbank entwickelt hat (vgl. Abschnitte 4.3.5. und 4.3.6.).

Funktionsgruppe	Funktion	Beispiel
Verfolgung des Prozessstatus	Können die Prozesse in der Software inklusive Startdatum, wesentlicher Zwischenschritte und Abschlussdatum verfolgt werden?	Es ist für die Einrichtungsleitung sichtbar, ob der Sozialdienst die Neuaufnahme eines Klienten bereits an die Wohnbereichsleitung weitergeleitet hat.
	Können dem Prozess fortschrittsbezogene Prozessstatus-Merkmale zugeordnet werden?	Der Status einer Person ändert sich von Interessent zu Klient und schließlich zu abrechenbarem Klient.
	Kann der Prozessfortschritt über die Prozessstatus-Merkmale grafisch visualisiert werden?	In einem vereinfachten Flowchart ist farblich markiert, dass für den jeweiligen Klienten ge

Funktionsgruppe	Funktion	Beispiel
		rade der Schritt „Diagnostisches Eingangsverfahren“ aktuell in Bearbeitung ist.
	Können fallübergreifend Prozessmengengerüste und -kennzahlen ausgewertet und zur Prozesssteuerung genutzt werden?	Durchschnittliche Dauer zwischen Erstkontakt und qualifizierter Auskunft an Interessenten, ob eine Betreuung möglich ist.
Steuerung der Prozessschritte	Können die Bearbeitungsschritte dem Prozess zugeordnet werden?	Der Programmadministrator kann den Eingabebereich für Leistungsträgerdaten hinter der Dokumentationsseite für das Aufnahmegespräch in den Programmablauf einbauen und die Eingabeberechtigung dem dezentralen Verwaltungsdienst zuordnen.
	Können Entscheidungsstrukturen mit alternativem Ablauf abgebildet werden?	Das Programm kann so eingestellt werden, dass, wenn der Klient unter 18 Jahre alt ist, im Eingabeverlauf zusätzlich der Eingabebereich für die elterliche Sorge geöffnet wird. Ansonsten wird dieser Bereich übersprungen.
	Können aus den Bearbeitungsschritten Bildschirmmasken aufgerufen und Programmfunktionen ausgelöst werden?	Aus der tabellarischen oder grafischen Ansicht der Prozessschritte kann direkt in die Stammdaten- oder Diagnostik-Maske des jeweiligen Klienten gesprungen werden, wenn die Berechtigungen dafür vorhanden sind.
	Kann der Prozessablauf so konfiguriert werden, dass Anwender Schritte überspringen können?	Das diagnostische Verfahren hat bereits im Vorfeld stattgefunden und der Schritt wird ausgelassen.
Übergaben im Prozess	Kann der Prozess an den nächsten Zuständigen übergeben werden?	Abschluss der Dokumentation des Erstgesprächs und Weiterleitung an den Fachdienst zur Kostenklärung.
	Funktioniert dies auch als Vertretungsregelung bei Abwesenheit des zuständigen Mitarbeitenden?	Beim Mitarbeitenden ist im Dienstplanmodul der Software „Urlaub“ eingetragen. Das mit der Klientenverwaltung verknüpfte Dokumentationsmodul leitet die Anfrage automatisch an den dort eingetragenen Vertreter weiter und informiert den Absender über diese Aktion.

Funktionsgruppe	Funktion	Beispiel
	Erscheint der Prozessschritt im Bearbeitungs-Eingangskorb der betreffenden Person?	Die Leitung der ambulanten Hilfen bzw. ihre Vertretung bekommt den Eintrag, dass der Entwicklungsbericht eines Klienten zur Prüfung ansteht.
	Dies gilt auch für Genehmigungsprozesse?	Der Mitarbeitende in den ambulanten Hilfen beantragt seinen Sommerurlaub, dies erscheint im gleichen Eingangskorb der Leitung wie der Entwicklungsbericht.

Abbildung 74: Prozessunterstützende Funktionen von Branchen- und Standardsoftware.

Funktionen wie diese setzen eine klare Vorstellung von den SOLL-Prozessen und eine hohe Verbindlichkeit in der Prozesskultur einer sozialen Organisation voraus. Sie können aber auch dabei unterstützen, eine solche Kultur im Unternehmen zu festigen. In jedem Falle tragen sie dazu bei, die Prozessqualitat zu sichern, Durchlaufzeiten zu verkürzen und Arbeitszeit zu sparen.

Arbeitsaufgaben

12. Welche der nachfolgend genannten Prozesse sind Kern-, Unterstützungs- oder Management-Prozesse? Begründen Sie Ihre Entscheidung.
    a) Die Einsatzplanung im ambulant betreuten Wohnen.
    b) Die Pflegeplanung für einen Altenheim-Bewohner.
    c) Die Ermittlung und Zusammenstellung der Budgets für die Haushaltsplanung des Folgejahres.
    d) Die Veranstaltung von Elternabenden in einer heilpädagogischen Tagesstätte.
13. In einer Schwachstellen-Analyse der Prozesse Ihrer Organisation haben Sie folgende Punkte entdeckt. Um welche Arten von Schwachstellen handelt es sich und mit welchen prozessbezogenen Lösungsansätzen ließen sie sich beseitigen (Auch Kombinationen sind möglich)?
    a) Daten von Adressaten werden zunächst vom Sozialarbeiter von Hand aufgenommen, von der Verwaltung in eine Datenbank eingegeben, anschließend als Aktendeckblatt ausgedruckt und den Sozialarbeitern übergeben.
    b) In der einrichtungsübergreifenden Finanzbuchhaltungssoftware finden sich zahlreiche Buchungsfehler und die Einbuchung der Belege ist mehrere Monate im Verzug. Auf Nachfrage erklärt die Buchhalterin, dass die Originalbelege oft unvollständig, teilweise nicht mehr lesbar und mit zeitlicher Verzögerung geliefert werden. Nachfragen werden nicht immer zuverlässig beantwortet.

Literatur und Links zum Kapitel

Faiß, Peter/Kreidenweis, Helmut: Geschäftsprozessmanagement in sozialen Organisationen. Leitfaden für die Praxis. Baden-Baden 2016.

Greiling, Michael/Marschner, Christian: Nutzeneffekte von Prozessoptimierungen. Kulmbach 2007.

Gadatsch, Andreas: Grundkurs Geschäftsprozess-Management. Wiesbaden 2013.

Hanschke, Inge/Lorenz, Rainer: Strategisches Prozessmanagement. Einfach und effektiv. München 2012.

Kamiske, Gerd F./Brauer, Jörg-Peter: ABC des Qualitätsmanagements. München 2012.

Kreidenweis, Helmut: Branchensoftware: Prozesse verbessern, Wirkung steigern. In: Sozialwirtschaft, Nr. 4/2015, S. 20–23.

Schmelzer, J. Hermann/Sesselmann, Wolfgang: Geschäftsprozessmanagement in der Praxis. München 2010.

Staud, Josef L.: Geschäftsprozessanalyse: ereignisgesteuerte Prozessketten und objektorientierte Geschäftsprozessmodellierung für betriebswirtschaftliche Standardsoftware. Berlin 2006.

7. IT-Management in sozialen Organisationen

Zusammenfassung

Das siebte Kapitel zeigt die Notwendigkeit auf, den IT-Betrieb in sozialen Organisationen professionell zu managen. Zentrale Grundlage dafür ist die Entwicklung einer IT-Strategie. Schwerpunkt des Kapitels bildet das IT-Projektmanagement, um Veränderungen in der IT-Landschaft wie die Einführung einer neuen Software systematisch planen und steuern zu können. Dazu werden konkrete Instrumente gezeigt. Zum Abschluss wird das IT-Servicemanagement als Methode gezeigt, um die laufende Unterstützung der Mitarbeitenden wirksam zu organisieren.

Je stärker sich eine Organisation digitalisiert und verschiedene Informationstechnologien nutzt, umso mehr wird die Technik dort zu einem **unternehmenskritischen Faktor**. Dies bedeutet, dass zahlreiche Arbeitsabläufe vom Interessentenkontakt und der Klientenaufnahme über die Leistungsabrechnung bis hin zum Controlling und Teilen der Adressatenarbeit in hohem Maße vom reibungslosen Funktionieren der Technik abhängig werden. Plakativ gesprochen: „Ohne Computer und Smartphones läuft nichts mehr".

Mittel- und langfristige Planung

Insbesondere für kleinere Träger mag ein Begriff wie IT-Management zunächst hochtrabend klingen. Dabei geht es vor allem darum, bei der Beschaffung von Hard- und Software oder bei personellen und finanziellen IT-Planungen über den aktuell wahrgenommenen Bedarf hinaus strategisch zu denken. Ad-hoc-Lösungen müssen am Ende oft teuer bezahlt werden und können eine Organisation auf Jahre hinaus lähmen. Dies gilt nicht nur für die Sozialwirtschaft: „Die fehlende Anbindung von IT-Investitionen an unternehmerische Zielvorgaben und damit am Unternehmenserfolg ist laut den Analysten des US-Marktforschungsunternehmens Gartner auch für Fehlinvestitionen verantwortlich. Rund 20 Prozent aller Investitionen von Unternehmen im Computer- und Kommunikationssektor sind letzten Endes verschwendet" (Tragner 2008, S. 22).

Daraus leitet sich ein breit gefächertes Aufgabenspektrum des IT-Managements ab: Es muss – jeweils unter Berücksichtigung der aktuellen technischen Möglichkeiten – die Beschaffung und den IT-Betrieb organisieren, die Strukturen und Prozesse der Einrichtung einbeziehen und sich dabei auf die spezifische fachliche Logik der Erbringung und Bewirtschaftung sozialer Dienstleistungen einlassen.

Definition

IT-Management ist eine geplante, auf die Gesamtstrategie einer Organisation abgestimmte Gestaltung aller technischen, organisatorischen, wirtschaftlichen und fachlichen Aspekte des Einsatzes von Informationstechnologie. Ziel des IT-Managements ist es, die Informationstechnologischen Konfigurationen so auszurichten, dass sie die Erreichung der Organisationsziele effizient und effektiv unterstützen.

IT-Verantwortung ist Management-Aufgabe

Von der Leitungsebene bezieht das IT-Management alle notwendigen strategischen Informationen zur Gestaltung seiner Planungen und stimmt diese wiederum mit der Leitungsebene ab. Die Fachbereiche, also die Teile der Organisation, in der die eigentlichen sozialen Dienstleistungen erbracht werden, formulieren Anforderungen an die IT, die in diese Planungen einfließen müssen. Gleiches gilt für die administrativen Bereiche der Organisation wie Personalverwaltung oder Rechnungswesen. Dabei hat das IT-Management die Aufgabe, einen Überblick über alle Segmente zu behalten und Entwicklungsprozesse aus IT-Sicht beratend zu begleiten.

In vielen der Sozialorganisationen ist dies bis heute nicht selbstverständlich. Die IT-Verantwortung ist in über der Hälfte der Organisationen auf einer niedrigen Hierarchie-Ebene, oft unterhalb der Verwaltungsleitung oder in einer ausgelagerten Serviceeinheit angesiedelt (vgl. Kreidenweis/Wolff 2019, S. 24). Sie ist teils eher auf den technischen Betrieb hin ausgerichtet und setzt die Anforderungen aus den Zentral- und Fachbereichen nur reaktiv um. Aus Sicht der Führungsebene und der Fachbereiche stellt der IT-Bereich nicht selten einen undurchsichtigen und stetig steigenden Kostenfaktor dar, dessen Beitrag zum Organisationserfolg nicht immer deutlich wird.

7.1. Entwicklungsstufen des IT-Managements

In Wirtschaftsunternehmen und Verwaltungen, aber auch bei größeren Sozialträgern kann man verschiedene Entwicklungsstufen beobachten, die das IT-Management im historischen Verlauf durchschreitet. Diese hängen eng mit dem Selbstverständnis des IT-Bereichs, aber auch mit Funktionszuschreibungen durch die Leitungsebene und die Fachbereiche zusammen.

Von der Aufgabenerledigung zur Beratung

In einer ersten Phase ist das **Selbstverständnis** der IT-Verantwortlichen häufig von einer Art „hoheitlicher“ Aufgabenerledigung geprägt: IT wird beantragt, geprüft, genehmigt und gewährt. Dieses Selbstverständnis ist heute vielfach bereits einem **Dienstleistungsparadigma** gewichen: Die IT ist ein Auftragnehmer im Unternehmen, der die Fachbereiche auf Anforderung mit der gewünschten Technologie beliefert. In einer weiteren, noch nicht oder erst teilweise realisierten Entwicklungsstufe, wird die IT zum aktiven **Berater** und **Service-Partner**, der gemeinsam mit den Fachbereichen Geschäftsprozesse gestaltet und eine sinnvolle IT-Unterstützung dafür entwickelt.

Aus der **Gesamtperspektive** des Unternehmens kann die Entwicklung des IT-Managements in folgenden vier Stufen dargestellt werden:

- In der ersten Stufe fokussiert sich das IT-Management auf die **technologische Infrastruktur**. Im Mittelpunkt stehen der Ausbau und die Verfügbarkeit der Hardware- und Netzwerk-Komponenten.
- Die zweite Stufe ist geprägt von einer stärkeren Einbeziehung der **Anwendungssoftware-Ebene** und der eher noch reaktiven Mitarbeit an Prozessen zu deren Auswahl oder Implementierung.

- Ein dritter Entwicklungsschritt realisiert die Hinwendung zu einer aktiven Rolle als strategisch ausgerichteter **Mitgestalter von Prozessen** und der Ausrichtung der Systemlandschaften an diesen Anforderungen.
- Eine vierte Stufe schließlich zeigt das IT-Management als **Innovator**, der mit Blick auf das Gesamtunternehmen Projekte initiiert, die Prozesse nachhaltig verbessert, neue Mobil- und Digitaltechnologien erprobt und adressatenorientierte Anwendungen unterstützt.

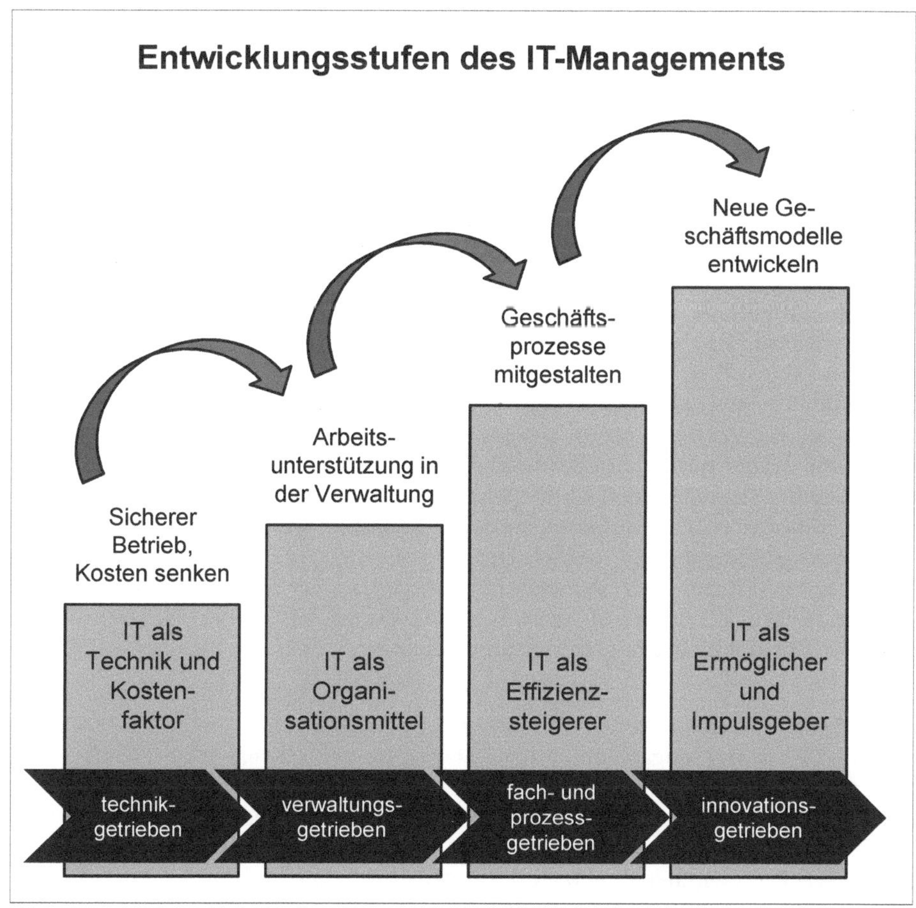

Abbildung 75: Entwicklungsstufen des IT-Managements in sozialen Organisationen

In der Mehrzahl der sozialen Organisationen wird der IT-Bereich nach den Ergebnissen des IT-Reports für die Sozialwirtschaft (Kreidenweis/Wolff 2018, S. 32) noch relativ stark als Betreiber technischer Systeme definiert. Teils wird er aber bereits als dienstleistungsorientierter Partner der Fachbereiche gesehen, was in der obigen Systematik der zweiten bis dritten Stufe entspricht. Auf der zweiten Stufe

Verwaltungsgetriebene vs. fachlich getriebene IT

konzentriert sich die IT jedoch noch stark auf die Technik-Unterstützung von Bereichen wie Rechnungswesen, Stammdatenverwaltung und Leistungsabrechnung. Auf der dritten Stufe schaltet sich die IT aktiv in die Gestaltung administrativer und fachlich orientierter Geschäftsprozesse in der Organisation (siehe Kapitel 6.) ein, um diese effizienter und effektiver zu gestalten. Diese Stufe ist in der Praxis noch nicht überall selbstverständlich. Erst die vierte Stufe macht die IT und mit ihr die Organisation reif für den in Kapitel 3. beschriebenen digitalen Wandel. Sie stellt derzeit in der Sozialwirtschaft bislang eher die Ausnahme dar, da sie ein strategisches Bewusstsein für die Digitalisierung auf der Führungsebene sowie eine entsprechende personelle Ausstattung und Kompetenz im IT-Bereich voraussetzt.

7.2. IT-Strategie-Entwicklung

Strategie stützt Entscheidungsfindung

Für viele sozialen Organisationen stellt sich die Frage, ob Sie überhaupt eine IT-Strategie benötigen und ob es sich lohnt, sich auf den Weg einer Strategie-Entwicklung zu machen. Die Antwort auf diese Frage hängt natürlich stark von der Größe der Organisation und der Intensität der IT-Nutzung ab. Für kleine Einrichtungen mit nur geringer IT-Ausstattung ist ein umfassender IT-Strategieprozess sicherlich entbehrlich. Dennoch sollte auch hier von Zeit zu Zeit überlegt werden, wo verbesserte IT-Konfigurationen Potenziale zur Arbeitsunterstützung bieten und wie diese sinnvoll in die eigenen Abläufe integriert werden können. Dazu ist es nicht immer notwendig, das gesamte in diesem Kapitel beschriebene Methodenset zu nutzen. Teilweise genügt es, einzelne Ansätze davon herauszugreifen. Mittlere und große Träger mit hoher oder wachsender IT-Durchdringung sollten sich in jedem Falle mit strategischen IT-Fragen auseinandersetzen. Dies insbesondere, wenn die Organisationen Digitalisierungsprojekte anstoßen wollen, die neben einer Digitalisierungsstrategie (vgl. Abschnitt 3.5.) immer auch eine IT-Strategie als Grundlage benötigen. Eine strategische Ausrichtung der IT verhindert auch Fehlentscheidungen, die später oft teuer bezahlt werden müssen oder die sich bei der weiteren Entwicklung der Organisation auf Jahre hinaus als Hemmschuh erweisen.

Derzeit verfügen nur 37 Prozent der sozialen Organisationen über eine schriftlich fixierte IT-Entwicklungsplanung bzw. -Strategie (vgl. Kreidenweis/Wolff 2018, S. 29 f.). Dabei zeigt sich, dass die Existenz einer solchen Strategie nicht primär eine Frage der Organisationsgröße ist: Bei den teilnehmenden Organisationen mit weniger als 100 Mitarbeitenden haben 36 Prozent eine solche Strategie, während es bei Trägern zwischen 1.000 und 1.500 Mitarbeitenden nur 27 Prozent sind. Erst bei den sehr großen Trägern ab 1.500 Mitarbeitenden liegt dieser Wert mit 46 Prozent wieder höher. Doch gerade in dieser Größenklasse, in der jährliche IT-Ausgaben im Millionenbereich getätigt werden, ist es erstaunlich, dass mehr als die Hälfte keine strategischen Planungen für die IT vornimmt.

7.2.1. IT-Strategie und Unternehmensstrategie

Zur Entwicklung einer IT-Strategie sind Informationen über die **Unternehmensstrategie** unabdingbar. Hilfreich ist es auch, wenn eine **Digitalisierungsstrategie** existiert. Daraus werden die Ziele für die IT im Unternehmen abgeleitet, die wiederum die Grundlage für alle weiteren Elemente der IT-Strategie bilden.

Grundlage Unternehmensstrategie

Zu den wichtigsten Strategiefeldern einer Unternehmensstrategie in der Sozialwirtschaft gehören:

- Entwicklung des Spektrums der Leistungsangebote
- Personalwirtschaft und Personalentwicklung
- Finanzierung
- Führung
- Prozess- und Qualitätsmanagement
- Marktkommunikation
- Digitalisierung

Die Anbindung der IT-Entwicklung an die Gesamtentwicklung und -strategie eines Unternehmens wird unter dem Begriff **IT-Governance** gefasst (vgl. etwa Fröschle/Strahringer 2006). Sie liegt in der Verantwortung der obersten Führungsebene. Ziel ist es, sicherzustellen, dass die IT die Erreichung der Unternehmensziele effizient und effektiv unterstützt.

Voraussetzung dafür ist zum einen, dass überhaupt eine Unternehmensstrategie existiert, also die Führung sich über das Tagesgeschäft hinaus darüber im Klaren ist, wohin sie die Organisation mittel- und langfristig steuern will und welche Maßnahmen sie dazu ergreifen möchte. Zum anderen ist dazu eine **strukturierte Kommunikation** zwischen Leitungsebene und IT-Verantwortlichen notwendig, die als **Business-IT-Alignment** bezeichnet wird.

Im Kern geht es darum, dass die Führungsebene die strategische Bedeutung der IT für die aktuelle und künftige Unternehmensentwicklung erkennt und konkrete Erwartungen an die IT formuliert. Ebenso muss der IT-Bereich in die unternehmerischen Planungsprozesse eingebunden sein, um rechtzeitig grundlegende technologische Weichen stellen zu können oder durch Hinweise auf neue Möglichkeiten der Technikunterstützung Impulse für strategische Entscheidungen zu geben und diese mitzugestalten. Voraussetzung dafür ist, dass das IT-Management mit strategischem Denken vertraut ist.

Strategie-Entwicklung ist ein klassischer **Management-Prozess**, der sich unabhängig von konkreten Inhalten abstrakt beschreiben lässt: Ausgangspunkt ist immer eine Analyse der aktuellen IST-Situation, an die sich die Phase der Entwicklung strategischer Optionen anschließt. Aus diesen Alternativen werden die für das Unternehmen vorteilhaftesten Varianten gewählt. Daraus wird die eigentliche Strategie formuliert, an deren einzelne Punkte die Realisierungsplanung anschließt. Letztes Element sind schließlich Maßnahmen zur Steuerung und Kontrolle der beschlossenen Realisierungswege.

Strategie-Entwicklung als Management-Prozess

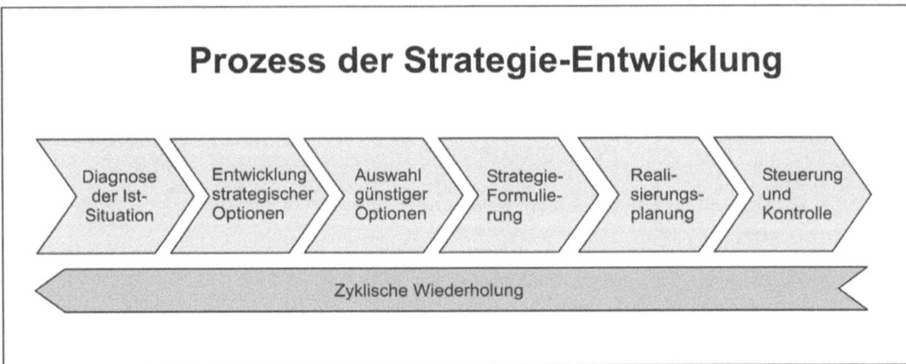

Abbildung 76: Prozess der Entwicklung von Strategien in Organisationen und Unternehmen

Angewandt auf die IT-Strategie sozialer Organisationen sollte der Prozess folgende Themenbereiche umfassen:

- IT-Infrastruktur
- IT-Organisation
- Anwendungssoftware und Prozesse
- IT-Sicherheit

7.2.2. Diagnose der IST-Situation

Beim ersten Schritt, der **Diagnose der IST-Situation** erweist sich die Kombination einer **quantitativen Betrachtung** der IT-Ausstattung und -Durchdringung mit einer **qualitativen Schwachstellen-Analyse** als sinnvoll.

Die **quantitative Erhebung** erfasst die IT-Durchdringung der einzelnen Bereiche sowie deren Ausstattung mit Software. Weitere Differenzierungen, etwa nach Art der IT-Endgeräte in PCs, Thin Clients, Notebooks, Tablets und Smartphones sind möglich. Zusätzlich erfasst werden kann die Nutzung von Assistenztechnologien, Mobil-Apps oder klientenbezogenen Anwendungen wie Online-Beratung oder Lernsoftware.

Aus den ermittelten Summen lassen sich verschiedene **Kennzahlen** ermitteln: Die IT-Durchdringungsquote gibt die Anzahl der Endgeräte pro Mitarbeitendem wieder und liegt im obigen Beispiel bei 0,3. Die IT-Anwenderquote zeigt den Anteil der IT-Anwender unter den Mitarbeitern, der hier bei 63% liegt. Vergleicht man diese Zahlen mit den jüngsten, im IT-Report für die Sozialwirtschaft (Kreidenweis/ Wolff 2019, S. 67) veröffentlichten Werten von 0,44 (Durchdringungsquote) und 84 % (IT-Anwenderquote), so lässt sich in diesem Fall erkennen, dass die Einrichtung in Sachen IT-Ausstattung unterhalb des Branchendurchschnitts liegt.

Bereich	Einrichtung	Mitarbeiter	IT-Endgeräte	IT-Anwender	Fach- und betriebsw. Software	Office- und Kommunikationssoftware
Zentral-verwaltung		30	29	30	Finanzbuchhaltung cc Heimverwaltung xy Lohnabrechnung nn	MS-Office Outlook, IE
Jugendhilfe	Haus Sonnenschein	60	22	48	Heimverwaltung xy	MS-Office Outlook, IE
	Heilpäd. Tagesgruppe	12	2	12	keine	MS-Office Outlook
Altenhilfe	Haus am Berg	140	10	16	Heimverwaltung xy Dienstplanung xy	MS-Office E-Mail
	Residenz am See	80	25	72	Heimverwaltung zz Dienstplanung zz Pflegedoku zz	MS-Office Outlook, IE
Behindertenhilfe	Stiftungsheim	260	86	185	Heimverwaltung xy	MS-Office Outlook, IE Dienstplan mit Excel
	Werkstatt	70	20	45	PPS abc Behindertenlohn xx	MS-Office Firefox, Thunderbird Förderplan mit Access
Summen		**652**	**194**	**408**		

Abbildung 77: Beispiel einer einfachen quantitativen Erhebung der IT-Nutzung im Rahmen einer IT-Strategie-Entwicklung

Neben der Anwenderebene sollten, insbesondere bei größeren Organisationen, auch die technischen Konfigurationen der Server und Netzwerke, die personelle

Ausstattung der IT sowie die Zuständigkeiten und Qualifikationen der mit IT-Aufgaben betrauten Mitarbeitenden dokumentiert werden.

Bei der qualitativen Analyse empfiehlt sich eine Gliederung nach den Dimensionen **Technik, Organisation** und **Mensch** (vgl. Abschnitt 1.5.):

Schwachstellen-Analyse	**Technik** Verfügbarkeit, Sicherheit, Qualität...	**Organisation** Aufbauorganisation, Prozesse, Informationen, Stellen ...	**Mensch** Hoffnungen und Ängste, Kommunikation, Qualifikation usw.
IT-Infrastruktur ■ Hardware ■ Netzwerke ■ Systemsoftware	■ Ausfallquote der Server zu hoch ■ Netzanbindung der Außenstellen zu schwach	■ Nur ein Netz-Spezialist vorhanden ■ Lange Reaktionszeiten bei Fehlern	■ Überlastung ■ Mangelndes aktuelles Wissen bei IT-Mitarbeitenden
IT-Organisation ■ Strukturelle Anbindung ■ Binnenorganisation ■ Prozesse und Services ■ Personal und Qualifikationen ■ Kosten	■ Kein Ticket-System zur Erfassung von Anwender-Anfragen ■ Keine Software zur Server-Überwachung	■ Kaum Planungsinfos von der Geschäftsführung ■ Unklare Aufgabenverteilung in der IT ■ IT-Gesamtkosten unbekannt	■ Kommunikationsdefizite zw. IT und Sozialarbeit ■ Führung legt wenig Wert auf IT-Qualifikation der Mitarbeitenden Wenig Prozessverständnis bei IT-Mitarbeitenden
Anwendersoftware ■ Betriebswirtsch. Software ■ Fachsoftware ■ Informationssysteme ■ Kommunikationssysteme	■ Doku-Software xy stürzt häufig ab ■ Dienstplan-Programm extrem langsam	■ Support für Programme nicht durchgängig verfügbar ■ Abrechnungssoftware fehleranfällig	■ Geringe Akzeptanz wegen veralteter Benutzeroberfläche ■ Angst vor Kontrolle und Überforderung
IT-Sicherheit ■ Interne Risiken ■ Externe Risiken	■ Kein zentraler Internetzugang für Außenstellen, dort schlecht konfigurierte Firewalls	■ Keine Notfallplanung für Schadensfälle vorhanden ■ Kaum Schulungen zu IT-Sicherheit und Datenschutz	■ Unterentwickeltes Gefährdungsbewusstsein in Fachbereichen

Abbildung 78: Beispiel einer qualitativen Schwachstellen-Analyse im Rahmen der IT-Strategie-Entwicklung

Nach dem gleichen Raster sollte auch eine Analyse der Stärken durchgeführt werden, um auch das zu würdigen, was bisher schon erreicht wurde.

Im nächsten Schritt geht es darum, mögliche **Zieloptionen** zu finden, sie zu bewerten und zu filtern, um sie später in eine konkrete Projekt- und Umsetzungsplanung überführen zu können.

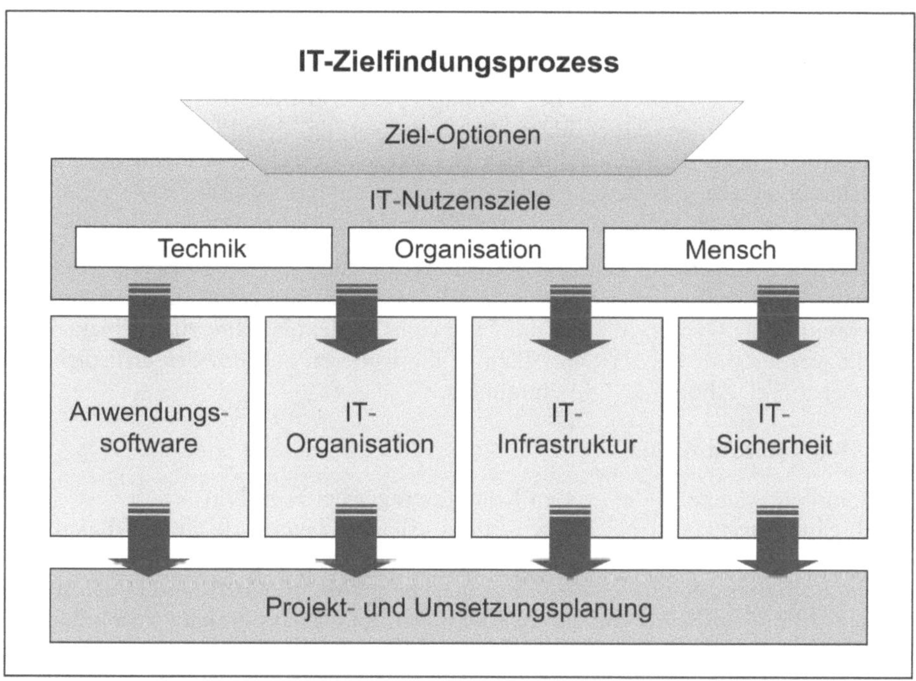

Abbildung 79: Prozess der Formulierung einer IT-Strategie mit Zieloptionen und Zieldimensionen

7.2.3. Formulierung von Zielen

Nutzens- und Systemziele unterscheiden

Bei der Formulierung von Zieloptionen und Zielen ist es wichtig, Nutzenziele und Systemziele zu unterscheiden. **Nutzensziele** repräsentieren die „Business-Perspektive" auf die IT: Hier geht es darum, welche Ziele im betriebswirtschaftlichen, organisatorischen oder fachlichen Bereich mit Hilfe von IT erreicht werden sollen. Beispiele sind etwa die Steigerung der Dokumentationsqualität, eine flexiblere Dienstplanung, die Beschleunigung der Leistungsabrechnung oder die Vermeidung von Fehlern in der Gehaltsabrechnung. **Systemziele** beschreiben dagegen Zielsetzungen auf der technologischen bzw. IT-internen Ebene wie etwa die Zentralisierung der Serverlandschaft, den Einsatz einer professionellen Firewall oder die Einführung eines Ticket-Systems zur Bearbeitung von Supportanfragen in der IT-Abteilung. Systemziele sind also keine eigenständigen Ziele, sie müssen einem oder mehreren Nutzenszielen zugeordnet werden können. So dient etwa die Server-Virtualisierung der Vermeidung von Produktivitätsausfällen in der Verwaltung und in den Fachbereichen. Elemente einer IT-Strategie sind Systemziele zumeist nur dann, wenn es sich um grundlegende Architekturfragen handelt. Ansonsten dreht es sich zumeist um routinemäßige Modernisierungsmaßnahmen im IT-Betrieb.

7.2.4. Projekt- und Umsetzungsplanung

Mit der Projekt- und Umsetzungsplanung betritt man die Ebene des konkreten Handelns, das zur Erreichung der jeweiligen Ziele erforderlich ist. Aufgabe des Strategie-Prozesses ist dabei nicht die Ausarbeitung detaillierter Projekt- und Maßnahmenpläne. Dennoch sollte sichtbar werden, wie die jeweiligen Ziele zu erreichen sind. Da in der Regel auch eine Priorisierung notwendig ist, erweist sich häufig auch eine grobe **Ressourcen- und Zeitbedarfsabschätzung** als sinnvoll.

Im Rahmen dieses Prozessschrittes sollte unterschieden werden zwischen Maßnahmen, die im **Regelbetrieb** umgesetzt werden können und solchen, für die eigene **Projekte** initiiert werden müssen. Im Falle eines Projektes sollte eine Projektskizze erstellt werden, mit der das Vorhaben in die weiteren Schritte des IT-Projektmanagements (vgl. Abschnitt 7.4.) einmündet.

7.3. IT-Organisation

Während die Mehrzahl der großen Komplexträger der Sozialwirtschaft eine eigene IT-Abteilung besitzt, ist bei kleinen und mittleren Trägern oft ein „IT-Beauftragter“ oder ein Mitarbeitender aus der Verwaltung damit betraut, die Technik am Laufen zu halten. Nichte selten wird auch die gesamte IT-Betreuung nach außen verlagert: Für Hardware und Netzwerke ist ein lokales **Systemhaus** zuständig und bei Softwarefragen wird von den Mitarbeitenden direkt die Hotline der Anbieter kontaktiert. Von Zeit zu Zeit, insbesondere wenn umfassendere Veränderungen anstehen, wird die Leitungsebene aktiv und initiiert einen Beschaffungsvorgang, der vielfach wenig strukturiert abläuft. Anschließend zieht sich die Führung wieder aus dem Themenfeld zurück.

Verantwortlichkeiten klar regeln

Fasst man das Thema IT-Organisation von seinem strategischen Ende her an, so zeigen sich Defizite in einem solchen Umgang mit IT. In diesem Abschnitt werden deshalb wichtige Grundzüge einer sinnvollen IT-Organisation in Sozialunternehmen beschrieben. Diese unterscheiden sich hinsichtlich der Einrichtungsgrößen und -arten zwar nach ihrer Intensität und ihrem Ressourcenbedarf, sind jedoch prinzipiell ähnlich strukturiert. So wird man in kleineren Einheiten etwa mehrere Aufgaben auf einer Stelle bündeln müssen, teils sogar in Kombination mit IT-fremden Aufgaben. Auch stellt sich hier verstärkt die Frage eines selektiven **Outsourcings**, weil das extrem facettenreiche IT-Knowhow auf qualitativ hohem Niveau kaum wirtschaftlich vertretbar vorgehalten werden kann. Grundsätzlich geht es immer darum, die IT-Verantwortlichkeiten klar zu regeln, Aufgaben und Rollen festzulegen und die dazu notwendigen Ressourcen bereitzustellen.

In der Sozialwirtschaft haben sich eine Reihe unterschiedlicher Modelle für die organisatorische Verankerung der IT herausgebildet, die idealtypisch in folgender Tabelle beschrieben sind:

Modell	Beschreibung	Vorteile/Chancen	Nachteile/Risiken
Einpersonen-Kombifunktion	IT-Verantwortung in Personalunion etwa mit der Verwaltungsleitung innerhalb der Linienorganisation; häufig bei kleineren Einrichtungen vorzufinden und oft mit externer Unterstützung durch Systemhaus	Geringer Ressourcenbedarf	Strategische IT-Themen kommen angesichts des Tagesgeschäfts im Nicht-IT-Teil der Stelle häufig zu kurz, hohes Ausfallrisiko, externe Partner werden nicht professionell gesteuert
Stabstelle	Reine IT-Stelle mit direkter Anbindung an die Gesamtleitung	Bereichsübergreifende Positionierung; direkter Draht zum oberen Management	Oft hohe Auslastung durch operative Arbeiten, wenig Zeit für strategische Planung, hohes Ausfallrisiko
Unterabteilung der Verwaltung oder Zentralen Dienste	IT-Bereich mit einer Leitungs- und mehreren Mitarbeiterstellen innerhalb der Linienorganisation	Nähe zu den klassischen Kernbereichen der IT-Nutzung innerhalb der Verwaltung	Gefahr der Verwaltungslastigkeit in der Denk- und Handlungsperspektive zu Lasten der Sicht der Fachbereiche, keine direkte Anbindung an die strategische Entscheidungsebene
Eigenständige IT-Abteilung	Teil der Linienorganisation mit unmittelbarer Verantwortlichkeit gegenüber der Gesamtleitung	Nähe zur Unternehmensleitung, Neutralität gegenüber Fach- und Verwaltungsabteilungen	Inseldenken innerhalb der IT-Abteilung, Abschottung gegenüber Fachbereichen
Teil einer trägereigenen Service-Gesellschaft	Häufig bei Trägern mit Holding-Struktur; Ausgliederung oft zusammen mit anderen zentralen Dienstleistungen wie Rechnungswesen, Personalwirtschaft oder Gebäudewirtschaft, zumeist mit pauschalierter oder aufwandsbezogener Leistungsverrechnung	Höherer unternehmerischer Freiheitsgrad; stärkere Service-Orientierung; höhere Kostentransparenz	Mangelnder unmittelbarer Einfluss auf die zumeist ebenfalls als eigenständige Gesellschaften agierenden Fachbereiche; Durchsetzung gemeinsamer IT-Standards erschwert; Unklarheit über die Zuständigkeit für strategische Entscheidungen
Eigene IT-Service-Gesellschaft	Unternehmenseigener IT-Dienstleister, teils auch mit Dienstleistungsangeboten für externe Organisationen des eigenen Trägers oder fremder Träger	s.o.; bei externem Angebot Vorteile durch Skaleneffekte	s.o., höheres unternehmerisches Risiko bei externem Angebot; eigene IT kann gegenüber Fremdkunden vernachlässigt werden

Modell	Beschreibung	Vorteile/Chancen	Nachteile/Risiken
Gemeinsame IT-Servicegesellschaft mehrerer Träger		s.o., Skaleneffekte durch Größe und homogene Kundenstruktur	Risiken durch Änderungen in der Geschäftspolitik der beteiligten Partner; Unklarheit über die Zuständigkeit für strategische Entscheidungen

Abbildung 80: Modelle der Verankerung des IT-Bereichs in der Organisationsstruktur sozialer Unternehmen

Die drei an erster Stelle genannten Formen haben sich vielfach historisch entwickelt, während die ausgegliederten Gesellschaften zumeist aus einem organisationsweiten Reorganisierungsprozess hervorgegangen sind.

Derzeit haben fast die Hälfte der Träger die IT direkt im Bereich der Verwaltung angesiedelt, bei 39 Prozent ist sie direkt an den Vorstand angegliedert und nur jeweils sechs Prozent betreiben sie als trägereigene Servicegesellschaft bzw. haben sie komplett ausgelagert (vgl. Kreidenweis/Wolff 2019, S. 24).

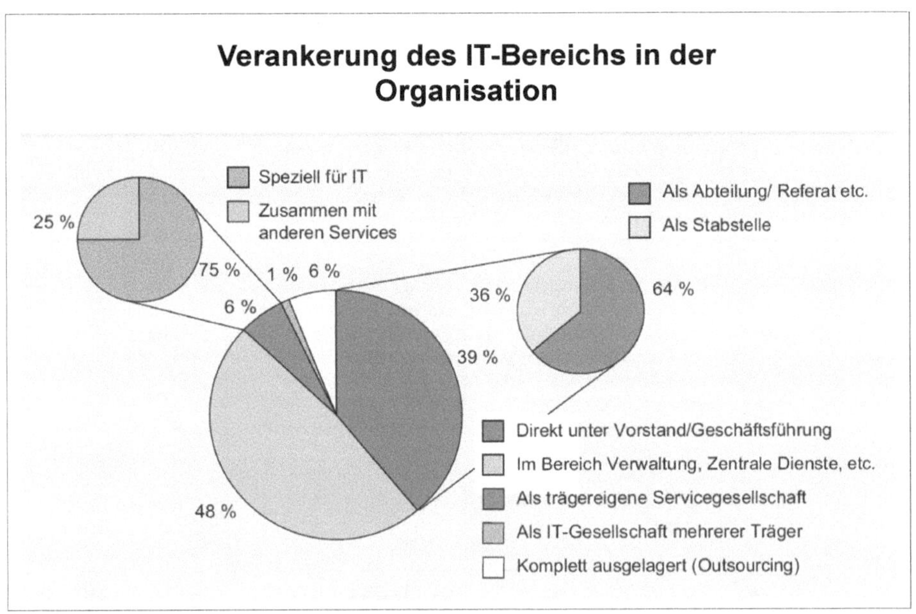

Abbildung 81: Verankerung des IT-Bereichs in der Organisationsstruktur

Quelle: Kreidenweis/Wolff 2019, S. 24

Zentrale und dezentrale Elemente

Die **binnenorganisatorische Gliederung** des IT-Bereichs ist stark von seiner Größe abhängig und steht vor allem bei kleineren IT-Teams immer im Spannungsfeld zwischen einer Generalisten- und einer Spezialisten-Funktion der Mitarbeitenden.

Einerseits ist in vielen Teilgebieten wie etwa der IT-Sicherheit vertieftes Fachwissen nötig, andererseits müssen sich die IT-Mitarbeitenden bei Abwesenheit gegenseitig vertreten können oder bei Spitzenlasten in anderen Bereichen aushelfen.

Bei größeren oder stark regional gegliederten Trägern stellt sich auch die Frage, welche IT-Funktionen zentral und welche dezentral angesiedelt werden sollen. Dies gilt insbesondere für Aufgaben des Anwendersoftware-Supports sowie für die Leitung von IT-Auswahl- und Einführungsprojekten.

Grundsätzlich können zwei Modelle unterschieden werden: Eine **zentrale IT-Abteilung** mit integriertem Support sowie eine **hybride Struktur** aus zentralen und dezentralen Elementen. Während es zumeist außer Frage steht, Aufgaben der Server- und Netzwerkbetreuung oder der IT-Sicherheit und Benutzerverwaltung zentral anzusiedeln, kann insbesondere der Support für fachspezifische Software-Lösungen in den Fachbereichen verortet werden.

Das **Aufgabenspektrum** innerhalb der IT-Organisation in sozialen Organisationen ist vielfältig und beinhaltet sowohl strategische als auch operative Aufgaben.

Strategische Aufgaben sind insbesondere

- Mitgestaltung der Digitalisierungs- und IT-Strategie
- Organisation des IT-Service
- IT-Qualitätssicherung und -Controlling
- Personalführung und -entwicklung im IT-Bereich
- Entwicklung und Fortschreibung eines IT-Sicherheitskonzepts
- Entwicklung und Fortschreibung eines Rechte- und Rollenkonzepts
- Beschaffungsstrategie
- Sourcingstrategie (In- bzw. Outsourcing)
- IT-Projektmanagement
- Beratung der Fachbereiche

Zu den wichtigsten **operativen Aufgaben** zählen

- Beschaffung und Inventarisierung von Hard- und Software
- Installation und Wartung von Servern, Arbeitsplatzgeräten und Netzwerktechnik
- Installation und Aktualisierung von Software
- Software-Anpassungen (Customizing)
- Administration von Benutzer- und Zugriffsrechten in Netzwerken, Fachsoftware oder sonstigen Systemen
- Datensicherung (Backups)
- Durchführung der technischen Maßnahmen zur IT-Sicherheit
- Überwachung der organisatorischen Maßnahmen zur IT-Sicherheit
- Organisation bzw. Durchführung von Mitarbeitenden-Schulungen
- Anwender-Unterstützung (Support, Hotline)

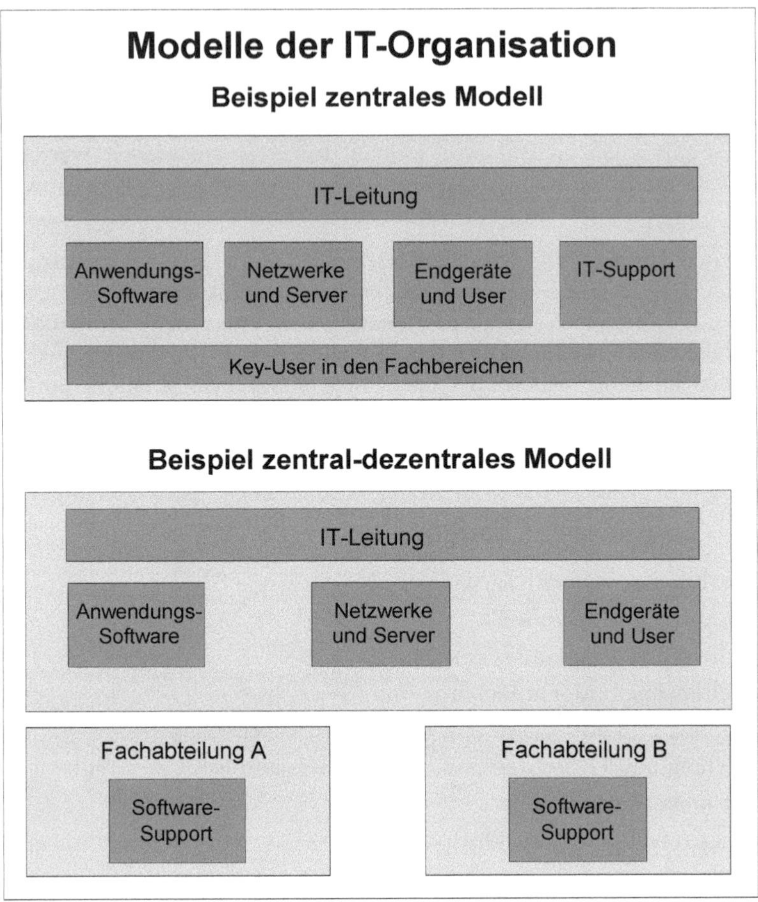

Abbildung 82: Beispiele einer zentralen und einer zentral-dezentral gemischten IT-Organisation

Während operative Aufgaben ganz oder teilweise an externe Dienstleister wie Systemhäuser ausgelagert werden können, ist dies bei strategischen Aufgaben nicht möglich. Sie müssen innerhalb der Organisation verbleiben. Werden operative Aufgaben ausgelagert, so wird die Steuerung und Überwachung ihrer Durchführung zu einer eigenen Aufgabe.

In den folgenden Abschnitten werden ausgewählte **strategische Aufgaben** des IT-Managements näher erläutert und Methoden zur Wahrnehmung dieser Tätigkeiten dargestellt. Zur Durchführung der operativen Aufgaben ist zumeist eine technisch orientierte Ausbildung erforderlich, hier unterscheiden sich soziale Organisationen nicht wesentlich von anderen Betrieben.

7.4. IT-Projektmanagement

Viele Neuerungen im IT-Bereich sozialer Organisationen wie etwa die Auswahl und Einführung einer Fachsoftware (vgl. Abschnitte 7.5. und 6.6.) sprengen den Rahmen des täglichen Routinebetriebs: Sie erweisen sich oft als sehr vielschichtig, arbeitsintensiv und erfordern die Einbeziehung verschiedener Bereiche und Kompetenzen. Zu ihrer Realisierung werden deshalb in der Regel Projekte ins Leben gerufen.

Projekte betreten Neuland

Definition

Projekte sind Vorhaben, die im Wesentlichen durch folgende Merkmale gekennzeichnet sind (vgl. Kohlhoff 2004, S. 15, DIN 69901):

- Einmaligkeit der Bedingungen und relative Neuartigkeit
- klare Orientierung auf ein Ziel
- zeitliche und personelle Begrenzung
- Komplexität und Interdisziplinarität – Einbindung verschiedener Kompetenzen
- nicht vollständig vorhersehbare Entwicklungsdynamik
- Abgrenzbarkeit gegenüber anderen Vorhaben
- spezielle Organisationsform

Eine wichtige Grundlage für erfolgreiche Projektarbeit ist die Kenntnis und Nutzung zentraler **Methoden des IT-Projektmanagements.** Sie können als eine Spezifizierung der allgemeinen Methodik des Projektmanagements (vgl. etwa Kuster u. a. 2018) verstanden werden.

Definition

Projektmanagement umfasst die Gesamtheit aller Aufgaben zur Steuerung und Koordination von Projekten. Dabei bedient es sich hierfür entwickelter Methoden und Techniken.

Wird eine IT-Strategie entwickelt oder fortgeschrieben (vgl. Abschnitt 7.2.), so gehen aus dieser häufig Umsetzungsprojekte hervor. Die Planung und Realisierung solcher Projekte kann als **taktische Ebene des IT-Managements** begriffen werden. Sie ist angesiedelt zwischen der Ebene der Strategie-Entwicklung und der operativen Ebene des Regelbetriebes.

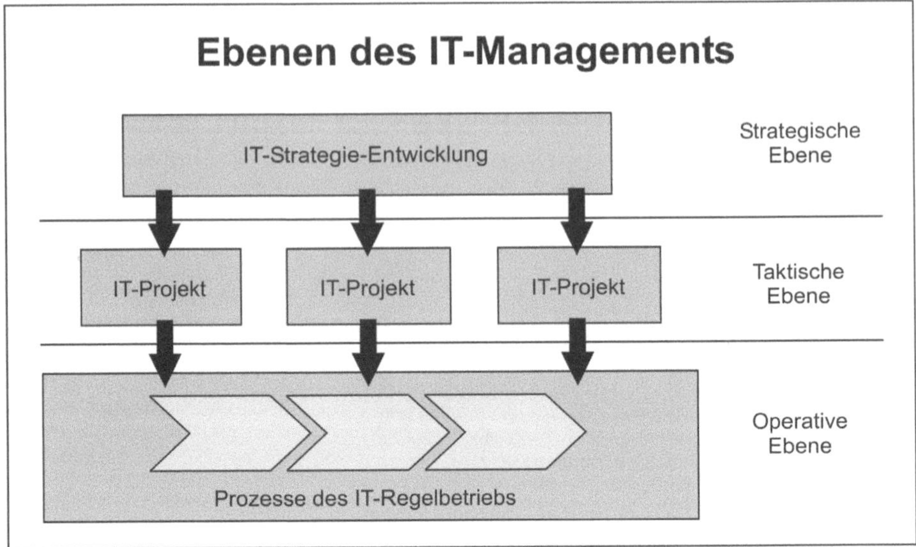

Abbildung 83: IT-Projektmanagement als taktische Ebene zwischen strategischer und operativer Ebene des IT-Managements

7.4.1. Methoden des IT-Projektmanagements

Im Projektmanagement wird unterschieden zwischen **klassischen und agilen Methoden.** Das klassische Methodenset wird oft auch als **Wasserfallmodell** bezeichnet, weil es kaskadenartig und linear verschiedene Stufen durchläuft. Die agilen Methoden wie **Scrum** oder **Kanban** entstanden ursprünglich im Bereich der Software-Entwicklung, weil die bisherige Methodik oft als zu starr und zu fern von den Kundenbedarfen erlebt wurde. Mittlerweile werden sie auch in anderen Projekten wie etwa der Entwicklung neuer Produkte eingesetzt, wenn viel Kreativität und Kundenorientierung erforderlich ist. Sie zeichnen sich durch ein **iteratives Vorgehen,** als ein schrittweises, schleifenartiges Vorgehen aus, bei dem in **Sprints** immer wieder Teilergebnisse produziert, getestet, korrigiert und weiterentwickelt werden (vgl. Kusay-Merkle 2018). In sozialen Unternehmen können sie beispielweise genutzt werden, um einen neuen, kundenorientierten Internet-Auftritt zu entwickeln oder gemeinsam mit einem Forschungsteam den Einsatz neuer Digitaltechnologien in der direkten Adressatenarbeit zu erproben.

Für die in diesem Kapitel adressierten Arten von Projekten erscheinen agile Methoden dagegen nur bedingt geeignet, da sie zumeist aus einer klaren Abfolge von Schritten und Aufgaben bestehen. Zudem würde die Nutzung agiler Methoden einen hohen Reifegrad im Projektmanagement und ein hohes Niveau an Eigenverantwortlichkeit der Projektmitarbeitenden voraussetzen, was in der Sozialwirtschaft nicht immer als gegeben vorausgesetzt werden kann.

Ein weit verbreitetes Methodenset für das klassische Projektmanagement ist **PRINCE2** (Projects in Controlled Environments – Projekte in kontrollierten Umgebungen). Dabei handelt es sich um eine prozessorientierte und skalierbare Projektmanagementmethode, die einen strukturierten Rahmen für Projekte bildet und konkrete Handlungsempfehlungen für jede Projektphase gibt (vgl. Kaiser/ Simschek 2019).

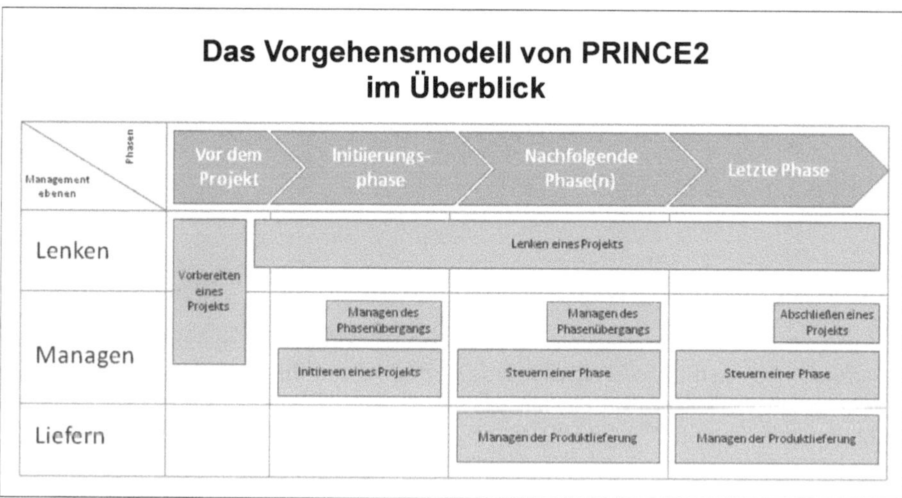

Abbildung 84: Das Vorgehensmodell von PRINCE2 im Überblick

Quelle: de.wikipedia.org/wiki/PRINCE2, Abruf: 11.8.2019.

Da IT-Projekte insbesondere in kleineren und mittleren sozialen Organisationen häufig nicht mit umfassenden Personal- und Finanzressourcen ausgestattet werden können, lässt sich der volle Umfang solcher Methoden hier selten realisieren. Zudem würde eine derartige Methodik bei überschaubaren Projekten auch die Gefahr der Überbürokratisierung in sich bergen. Im Folgenden werden daher nur zentrale Projektelemente in Anlehnung an PRINCE2 dargestellt.

Mit einem Projekt wird in der Regel **Neuland** betreten, es kann nicht oder nur bedingt auf Vorerfahrungen auf dem Themenfeld des Projektes zurückgegriffen werden. Zum Wesen von Projekten gehört es deshalb, dass es trotz gründlicher Planungen zu **Abweichungen** und unvorhergesehenen Ereignissen kommen kann. Entscheidend ist dabei, dass es **stabile Projektstrukturen** gibt, die solche Ereignisse frühzeitig erkennen und mit geeigneten Maßnahmen abfangen können.

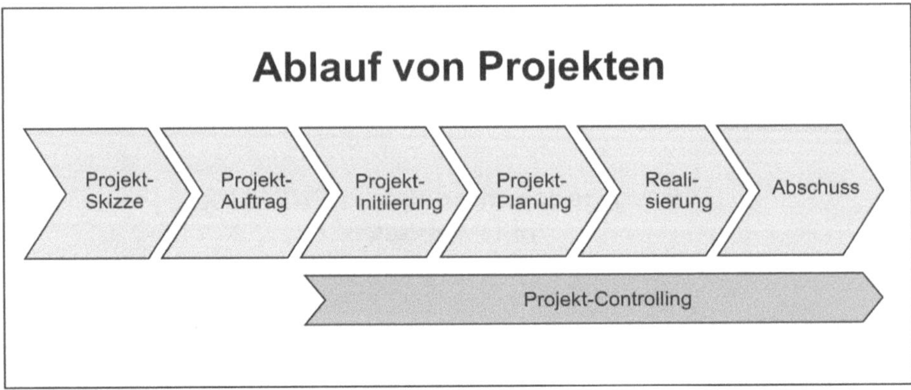

Abbildung 85: Der Ablauf von Projekten gliedert sich in verschiedene Schritte

Die folgenden Absätze stellen zentrale Methoden des IT-Projektmanagements in Kurzform vor. Ausführlichere, ebenfalls auf die Gesundheits- und Sozialwirtschaft bezogene Darstellungen finden sich in Ammenwerth/Haux 2005 und Kreidenweis 2011.

7.4.2. Projektskizze und Projektinitiierung

Start mit Projektskizze

Am Anfang eines IT-Projektes steht zunächst eine oft eher vage Idee. Ihr Ursprung kann sehr verschieden sein: das Ergebnis eines Strategieprozesses, alltägliche Defiziterfahrungen, Anforderungen durch neue gesetzliche Regelungen oder das Auslaufen vorhandener Software-Lizenzen. Erster Schritt sollte deshalb eine **strukturierte Projektskizze** sein, in der die Projektidee ohne großen Ressourcenaufwand präzisiert wird und wichtige Rahmenbedingungen benannt werden. Zentrale Inhalte einer solchen Skizze sind

- Ausgangssituation
- Ziele
- Chancen (Nutzenserwartungen) und Risiken
- Aufgabenstellung des Projektes
- Zeit- und Ressourcenbedarf
- Kostenabschätzung

Die Projektskizze dient häufig auch als **Antrag** an die Leitungsebene, die damit über eine Entscheidungsgrundlage für den Einstieg in die Projektarbeit verfügt. Durch die Zustimmung zum Projekt wird die Leitung zum **Auftraggeber**, dem – falls keine projektspezifische Steuerungsgruppe installiert wird – im weiteren Projektverlauf regelmäßig Bericht erstattet wird.

Tragfähige Projektstrukturen schaffen

Beim Schritt der **Projekt-Initiierung** werden die **Strukturen** für die Projektarbeit geschaffen. Die Projektorganisation unterscheidet sich grundlegend von der hierarchisch gegliederten Linienorganisation (vgl. Abschnitt 6.3.): Maßgeblich sind die zu erfüllende Aufgabe und die dazu notwendigen Kompetenzprofile, nicht die hierarchische Stellung der jeweiligen Personen.

Den Kern dieser Projektorganisation bilden die Projektleitung und das Projektteam. Um diesen Kern herum können je nach Art und Größe des Projektes weitere Elemente wie ein erweitertes Projektteam und eine Steuerungsgruppe angesiedelt sein.

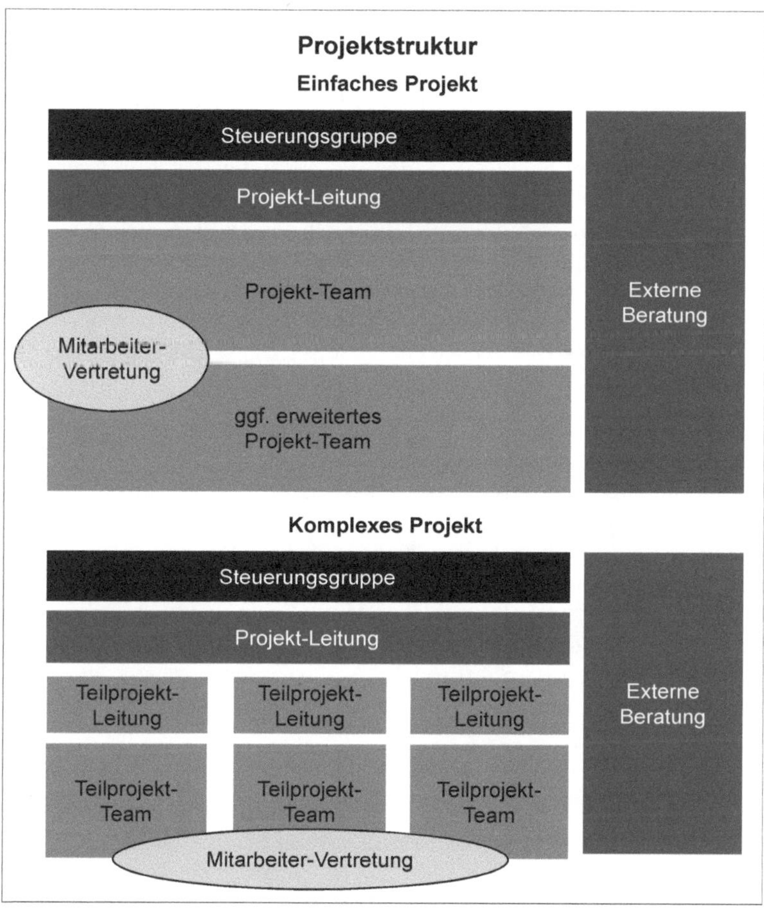

Abbildung 86: Beispiele einer Projektorganisation für ein einfaches und ein komplexes IT-Projekt

Arbeitsfähiges Projektteam

Durch die **Steuerungsgruppe** wird die Einbindung der Leitungsebene in das Projekt gewährleistet. In kleineren Organisationen und Projekten kann die Projektleitung die Kommunikation mit der obersten Leitungsebene auch direkt wahrnehmen. Bei umfangreicheren Projekten bietet sich die Bildung einer Steuerungsgruppe an, in der neben Geschäftsführung oder Vorstand verschiedene Bereichsleiter oder Inhaber von Stabsstellen wie Qualitätsmanagement oder Controlling vertreten sind. Die Steuerungsgruppe fungiert als Entscheidungs- und Kontrollgremium, das das Projekt während seiner gesamten Laufzeit begleitet und Entscheidungen von größerer Tragweite trifft.

Die **Projektleitung** übernimmt die Hauptverantwortung für das Projektmanagement. Sie zeichnet für die Erreichung der definierten Ziele und die Einhaltung des geplanten Zeit- und Kostenrahmens verantwortlich. Für diese Aufgabe kann sie je nach Projektumfang ganz oder teilweise von ihrer regulären Arbeit freigestellt sein und sich gegebenenfalls einer Assistenzfunktion für organisatorische Arbeiten bedienen.

Im **Projektteam** sollen einerseits möglichst alle vom Projekt betroffenen Bereiche, verschiedene Funktionen (z. B. Verwaltung, Sozialarbeit, Pflege) und Hierarchieebenen (Gruppenleitung, Sachbearbeiter usw.) vertreten sein. Andererseits soll es eine gewisse Größe nicht überschreiten, um arbeitsfähig zu bleiben und nicht zu viele Personalressourcen zu binden. Erfahrungen zeigen, dass sich eine Teamgröße von vier bis sieben Mitgliedern als sinnvoll erweist. Sind mehr Bereiche von dem Projekt betroffen, kann in ein Kernteam und ein erweitertes Projektteam gesplittet werden. Die Mitglieder des erweiterten Teams werden herangezogen, wenn ihr spezielles Wissen gefordert ist oder wenn grundsätzliche Entscheidungen vorbereitet werden müssen.

Methodisches und fachliches Knowhow

Ist für die Durchführung des Projektes das notwendige Knowhow in der Organisation nicht im ausreichenden Maße vorhanden ist, kann es in Form einer **externen Beratung** hinzugeholt werden. Bei der Vergabe des Beratungsauftrages gilt es zwischen methodischem und fachlich-inhaltlichem Knowhow zu unterscheiden. Methodisches Knowhow bezieht sich bspw. auf das Management eines IT-Projektes oder auf Methoden zur Definition von Software-Anforderungen (vgl. Abschnitt 7.5.2.). Fachlich-inhaltliches Knowhow meint etwa das Wissen um die konkreten Anforderungen einer sozialen Organisation oder die Kenntnis des Anbietermarktes von Fachsoftware. In vielen IT-Projekten erweist es sich als vorteilhaft, wenn ein Berater über fundiertes Wissen in beiden Bereichen verfügt.

7.4.3. Zieldefinition, Aufgaben-und Kostenplanung

Ziele überprüfbar formulieren

In der **Zieldefinition** werden die in der Projektskizze benannten Ziele entsprechend der Projektplanung in Teilziele gegliedert und so formuliert, dass ihre Erreichung objektiv nachprüfbar wird.

Für sinnvolle Zielformulierungen gelten dabei folgende Anforderungen:

- **Messbarkeit:** Ziele sollen so formuliert sein, dass aus ihnen Kriterien und Messmethoden abgeleitet werden können, anhand derer die Zielerreichung beurteilt werden kann.
- **Realisierbarkeit:** Die Ziele müssen im Rahmen des Projekts in erheblichem Umfang beeinflussbar sein.
- **Lösungsneutralität:** Ziele müssen unterschiedliche Lösungsvarianten erlauben, sie dürfen nicht von vornherein auf einen Lösungsweg fixiert sein.

Meilensteine und Arbeitspakete planen

Die **Projekt-Aufgabenplanung** schließt unmittelbar an die Zieldefinition an. Hier geht es darum, aus der Projektskizze bzw. dem Projektauftrag einen klar gegliederten und umsetzbaren Plan zu entwickeln. Die Qualität dieser Planung ist für den Erfolg eines Projektes von entscheidender Bedeutung. Hier werden aus den Teilzielen **Meilensteine und Arbeitspakete** abgleitet. Ein Meilenstein ist dabei ein wichtiger Zwischenschritt oder Entscheidungspunkt in einem Projekt, an dem die Erreichung der gesteckten Teilziele überprüft wird. Ein Arbeitspaket beinhaltet alle Tätigkeiten, die bis zur Erreichung dieses Punktes ausgeführt werden müssen. Diese Pakete werden in eine zeitliche Reihenfolge gebracht und mit **Verantwortlichkeiten und Ressourcen** versehen. Weiterhin werden Methoden und Zeitpunkte definiert, um den Projektfortschritt steuern und kontrollieren zu können. Ergebnis dieser Phase ist ein nachvollziehbarer Projektplan, der vom Auftraggeber bzw. der Steuerungsgruppe verabschiedet wird.

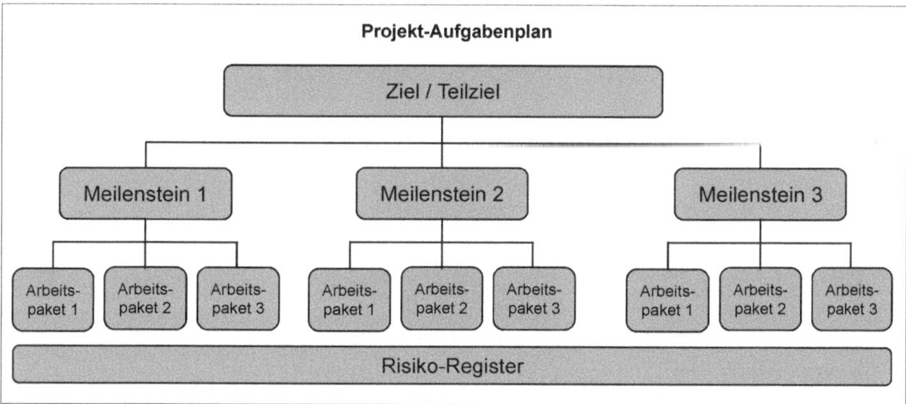

Abbildung 87: Gliederung von Projekten in Meilensteine und Arbeitspakete

Die Abfolge der einzelnen Schritte sowie die der Verantwortlichen und Beteiligten und der benötigten Zeitrahmen können in einem Projekt-Ablaufplan dargestellt werden. Zur Unterstützung dieser Aufgaben existieren komplexe Software-Programme wie Microsoft Project. Für viele Projekte in sozialen Organisationen reicht es aus, sie mit Hilfe von Tabellenkalkulationsprogrammen zu realisieren.

Bei der **Projektkostenplanung** ist zwischen Ablaufkosten und Folgekosten zu unterscheiden. Die **Ablaufkosten** entstehen im Projektverlauf vor allem durch Personaleinsatz, Beratungsdienstleistungen und sonstige Kosten für Material oder Reisen. Die **Projektfolgekosten** definieren sich bei IT-Projekten über die aus dem Projekt hervorgehenden Beschaffungen von Soft- oder Hardware sowie der zugehörigen Dienstleistungen.

7.4.4. Risikomanagement

Da mit vielen Projekten fachlich-inhaltliches Neuland betreten wird, sind unvermeidbar damit Risiken verbunden, die ein Projekt zum Scheitern bringen können.

Kalenderwoche				12	13	14	15	16	17	18	19	20	21	22	23	24	25	26	27	28	29	30	31	32	33	34	35
Start: 17. April 2009																											
Arbeitspakete	**Verantwortlich**	**Beteiligte**	**OK**																								
1. Mitarbeiter-Information	Geschäftsführung	GF, KT, BR	x																								
2. Erstanalyse Marktangebot	Projektleitung	KT, B	x																								
3. Ist-Analyse Geschäftsprozesse	Projektleitung	KT, ET, B	x																								
4. Soll-Konzept Geschäftsprozesse	Projektleitung	KT, ET, B, GF	x																								
5. Zieldefinition	Projektleitung	KT, ET, GF, B	x																								
6. Mitarbeiter-Information	Geschäftsführung	GF, KT	x																								
7. Erstellung Anforderungsprofil	Projektleitung	KT, ET, B																									
8. Vorauswahl-Verfahren	Projektleitung	KT, B																									
9. Beschaffung Detailinformationen	Projektleitung	KT																									
10. Endauswahl-Verfahren	Projektleitung	KT, B																									
11. Kaufentscheidung	Geschäftsführung	KT, GF																									
12. Mitarbeiter-Information	Geschäftsführung	KT, GF																									
									Meilenstein 1					Meilenstein 2						Meilenstein 3				Meilenstein 4			
KT = Kernteam, ET= Erweitertes Projektteam, B=Berater, GF=Geschäftsführung, BR=Betriebsrat																											

Abbildung 88: Beispiel-Projektplan für kleinere Projekte mit einem überschaubaren Aufgabenspektrum

Um diese Risiken frühzeitig zu erkennen und zu beherrschen, ist es sinnvoll, vom Projektstart bis zum Projektabschluss ein **Risikoregister** zu führen. Darin werden mögliche Projektrisiken vom Projektteam und der Steuerungsgruppe tabellarisch gesammelt, klassifiziert und bewertet. Das Register sollte folgende Punkte enthalten:

- Kurzbeschreibung des Risikos
- Erfassungsdatum
- Risiko-Kategorie (Zeit-, Qualitäts-, oder Ressourcen-Risiko)
- Erwartete Auswirkungen beim Eintritt des Risikos
- Eintrittswahrscheinlichkeit (gering/mittel/hoch)
- Auswirkungen des Eintritts (gering/mittel/hoch)
- Gegenmaßnahmen
- Verantwortlichkeit für die Maßnahmen
- Risikostatus (offen/geschlossen/eingetreten/in Bearbeitung)
- Risikotendenz (steigend/fallend/gleichbleibend)

7.4.5. Projektkommunikation und Projektcontrolling

Transparenz durch Kommunikation

IT- oder Digitalisierungsprojekte, deren Ergebnisse die Aufgabenzuschnitte oder Arbeitsweisen der Mitarbeitenden betreffen, bedürfen einer intensiven innerorganisatorischen **Projektkommunikation**. Damit kann im Umfeld des Projektes ein Klima der Transparenz geschaffen werden, das ihm die notwendige Akzeptanz und Unterstützung im Unternehmen während der Projektlaufzeit und bei der späteren Umsetzung der Projektergebnisse sichert. Die Kommunikationsstrategie sollte integraler Bestandteil der Planung sein, mit dem Projektstart beginnen und im Projektverlauf kontinuierlich fortgeführt werden. Gängige Formen sind Intranet-Seiten, Newsletter und Blogs sowie die persönliche Information in Dienstbesprechungen oder Versammlungen, wo auch Gelegenheit zu Rückfragen und Anregungen besteht.

Aufgabe des **Projektcontrollings** ist es, im Projektverlauf die Einhaltung der Planung zu überwachen und bei Abweichungen steuernd einzugreifen. Je nach Größe und Zuschnitt eines Projektes kann das Controlling bei der Projektleitung oder (besser) innerhalb der Steuerungsgruppe angesiedelt sein. Zentraler Bezugspunkt ist der Vergleich der Planungswerte mit den aktuellen IST-Werten hinsichtlich der Dimensionen Zeit, Aufwand, Ressourcenverbrauch und Ergebnisqualität. Die Überwachung des Risikoregisters ist ebenfalls Aufgabe des Projektcontrollings.

7.4.6. Projektabschluss

Ergebnisse zusammenfassen und bewerten

Erste Aufgabe in der Phase des **Projektabschlusses** ist es, die Ergebnisse zusammenzufassen und zu bewerten. Der zentrale Schritt ist die **Abnahme** der Projektergebnisse durch die Steuerungsgruppe oder den Auftraggeber. Dies erfolgt auf Grundlage eines Abschlussberichtes, verbunden mit einer Ergebnispräsentation. Wichtige Gliederungspunkte eines Abschlussberichtes sind

- Ausgangssituation und Ziele
- Projektplanung
- Verlaufsbeschreibung mit Plan-IST-Vergleich
  - Erreichung der Teilziele
  - Einhaltung des Terminplans
  - Einhaltung der Zeit- und Kostenbudgets
- Ergebnisse
- Lernerfahrungen für künftige Projekte („Lessons learned“)
- Ergebnisbewertung
- Empfehlungen für weitere Schritte

Nach Ende der Projektarbeit geht die Verantwortung von der Projektleitung auf die zuständigen Stellen in der **Linienorganisation** über. So ist etwa nach Ende eines Software-Einführungsprojektes ein neu ernannter Programm-Administrator für das Customizing und den Support verantwortlich. Gleichzeitig werden die Mitglieder des Projektteams aus ihrer Verantwortung entlassen und die Projektstruktur wird aufgelöst. Um die Leistung des Projektteams zu würdigen, kann das Projekt auch mit einem kleinen oder größeren Festakt abgeschlossen werden.

7.5. Systemauswahl

Wertschöpfung durch Software

Innerhalb der IT-Konfiguration einer sozialen Organisation ist die Anwendungssoftware das entscheidende Element für die adäquate Aufgabenerledigung im Rahmen der Kern-, Management- und Unterstützungsprozesse. Nur mit ihrer Hilfe kann Informationstechnologie **wertschöpfend** wirken.

Bildet die Software die benötigten Funktionen nur unzureichend ab oder ist sie selbst fehlerhaft, sind oft erhebliche Einbußen an Effizienz und Qualität die Folge. Wichtig ist die Wahl geeigneter Software auch, weil ihre Beschaffung erhebliche Finanzressourcen bindet und der Wechsel auf ein anderes Programm meist mit hohem Arbeitsaufwand und tiefgreifenden Störungen des betrieblichen Ablaufs verbunden ist.

Methoden-geleiteter Auswahl-prozess

Die Auswahl geeigneter Software-Lösungen für soziale Organisationen ist zumeist ein komplexer Prozess, in dessen Verlauf viele fachlich-inhaltliche, organisatorische und technische Aspekte berücksichtigt werden müssen. Um angesichts dieser Komplexität eine richtige Entscheidung treffen zu können, ist ein **methodengeleitetes Vorgehen** erforderlich.

Anders als bei vielen materiellen Gütern wie etwa Möbeln kann die Qualität fachspezifischer Software nur sehr bedingt durch Augenschein beurteilt werden. Vielmehr gilt es, eine ganze Reihe unterschiedlicher Faktorenebenen im Auge zu behalten, die meist nicht auf den ersten Blick erkennbar sind.

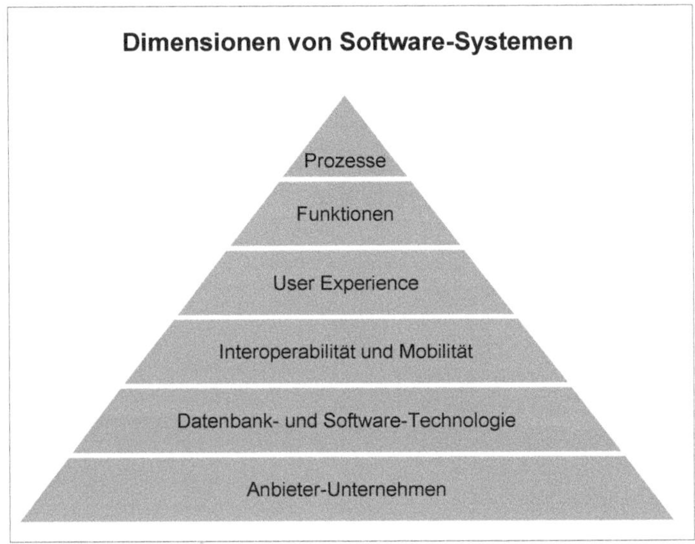

Abbildung 89: Dimensionen fachspezifischer Software-Systeme, die beim Auswahlprozess berücksichtigt werden müssen

Die grundlegende Ebene bildet das **Anbieter-Unternehmen**: Seine Zukunftsperspektiven und Entwicklungschancen sind der Boden, auf dem die Software auch in Zukunft gedeihen muss, denn Fachsoftware-Entscheidungen sind in der Regel auf längere Zeiträume angelegt. Die nächsthöhere Ebene bildet die **technologische Basis** der Software. Hier geht es um die Perspektiven der Software im Sinne ihrer Anschlussfähigkeit an neuere Entwicklungen etwa der Hardware-, Mobil- oder Internet-Technologien. Eng mit der technischen Basis verknüpft sind die **Interoperabilität**, also die Offenheit des Programms gegenüber Fremdsystemen, sowie die **Mobilität**, welche die Nutzbarkeit auf mobilen Systemen wie Tablets oder Smartphones meint. Eine weitere Anforderungsebene bildet die **User Experience**: Nur ein Programm, das sich den Nutzern gut erschließt, erklärt und ihm Freude bei der Anwendung bereitet, kann in der Praxis den erwarteten Nutzen stiften. An zweithöchster Stelle stehen schließlich die eigentlichen **fachlichen Funktionalitäten**: Sie gewährleisten, dass das Programm tatsächlich den intendierten Zweck im

Unternehmen erfüllt. Die Spitze der Pyramide und zugleich das höchste Anforderungsniveau stellen die **Prozesse** im Unternehmen dar: Sie sollen in der Software so abgebildet oder abbildbar sein, dass Informationen durchgängig und effizient fließen können (vgl. dazu Kapitel 6.).

Ein Software-Auswahlprozess gliedert sich in eine Reihe von Schritten, die zumeist sukzessive, teilweise aber auch parallel bearbeitet werden. Ablauf und Tiefe eines solchen Prozesses können je nach Umfang eines Projektes variieren, seine Grundstruktur bleibt unabhängig davon erhalten.

Als Organisationsform bietet sich das im vorangegangenen Abschnitt beschriebene **IT-Projektmanagement** an. Die Analyse und Optimierung der Geschäftsprozesse (vgl. Abschnitt 6.6.) liefert dabei wichtige Anhaltspunkte für die Definition von Anforderungen an eine geeignete Software.

7.5.1. Gestaltung und Ablauf

Im ersten Schritt gilt es festzulegen, wie der Prozess der Auswahl konkret gestaltet werden soll. Je nach Komplexität des Vorhabens ist es sinnvoll, eine unterschiedliche Anzahl an Schritten mit unterschiedlich hohem Ressourcenaufwand zu durchlaufen. Um die Qualität des Ergebnisses nicht zu gefährden, dürfen jedoch zentrale Schritte nicht ausgelassen werden. Wichtige Kriterien für die Entscheidung zwischen einem **umfassenden** und einem **vereinfachten Auswahlverfahren** sind:

- Komplexität der Anforderungen
- Bedeutung der Software für die Organisation
- Durchdringungstiefe bzw. Anwenderzahl
- Finanzvolumen
- Gesetzliche Vorschriften für die IT-Beschaffung

Spezielle gesetzliche Vorschriften für IT-Beschaffungsverfahren gelten für öffentliche Auftraggeber wie Jugendämter oder kommunale Sozialdienstleister. Für unterschiedliche Beschaffungsvolumina gelten dabei unterschiedliche Formvorschriften. Unterhalb eines Schwellwertes (2019: 221.000 €) gilt nationales Recht (Vergabeverordnung, (VgV), oberhalb europäisches Recht (Übereinkommen über das öffentliche Beschaffungswesen/Government Procurement Agreement, GPA).

Die folgende Abbildung zeigt eine Übersicht sämtlicher **Schritte eines Auswahlprozesses**, die in den kommenden Abschnitten näher erläutert werden.

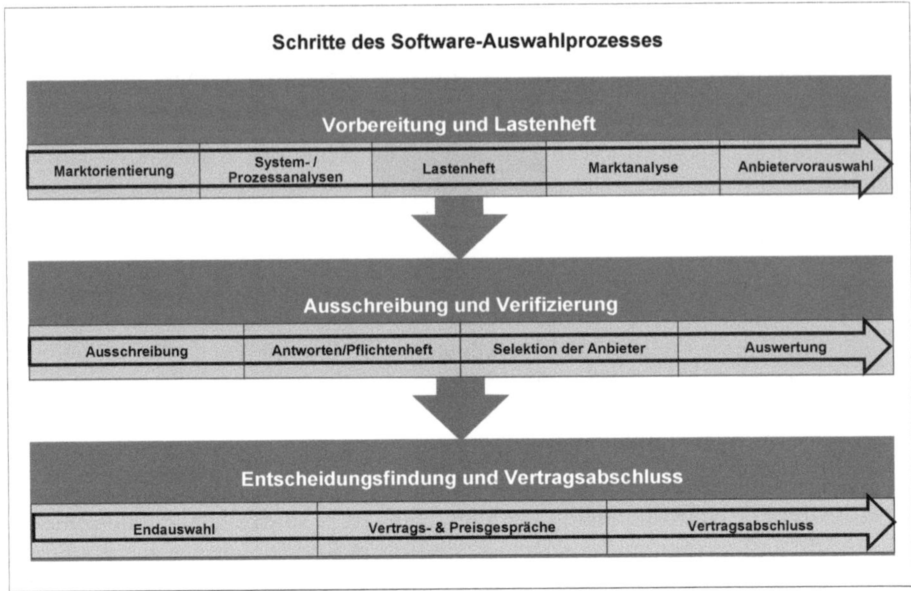

Abbildung 90: Schritte des Software-Auswahlprozesses

Markt-orientierung liefert Ideen

Zum Einstieg in einen Auswahlprozess für eine neue Software ist es sinnvoll, sich in einer ersten **Marktorientierung** über das aktuelle Angebot an einschlägigen Softwarelösungen zu informieren. So können Möglichkeiten und Grenzen der verfügbaren Technik besser eingeschätzt werden. Der Blick auf marktgängige Lösungen liefert auch Ideen für die Formulierung von Anforderungen, da er die Perspektive über den Tellerrand der eigenen Organisation erweitert und bislang vielleicht unbekannte Formen der IT-Unterstützung von Arbeitsprozessen, etwa mittels Mobiltechnologien oder Künstlicher Intelligenz, aufzeigt. Gleichzeitig entsteht eine Vorstellung davon, welche Basisfunktionalitäten heute als selbstverständlich gelten und nicht mehr aufwändig in einem Lastenheft beschrieben werden müssen.

Als Informationsquellen für die erste Informationsbeschaffung dienen vor allem

- Fachmessen (z. B. ConSozial, Altenpflege, Rehacare)
- Marktübersichten, z. B. IT-Report für die Sozialwirtschaft (Kreidenweis/Wolff 2019)
- Internet-Portale, z. B. social-software.de mit umfassender Anbieter-Übersicht
- Websites der Anbieter mit Leistungsbeschreibungen der Software
- Besuche bei anderen Organisationen
- Informationen aus Fach- und Trägerverbänden.

System-analyse zeigt Lösungs-bedarf

Insbesondere bei größeren oder stark dezentral organisierten Einrichtungen ist zu Beginn eine **Systemanalyse** sinnvoll. Dabei wird sichtbar, mit welcher Software welche Arbeitsabläufe bereits unterstützt werden, woher diese stammt und wo signifikante Schwachstellen liegen. Nicht selten kommt dabei eine, der oberen Führungsebene oder den IT-Verantwortlichen nicht hinreichend bekannte, „IT-Subkultur“ zum Vorschein, die aus einer Vielzahl von Excel-Tabellen, selbst erstellten Datenbank-Anwendungen, Word-Formularsystemen sowie anderen selbst entwickelten oder aus dem Web heruntergeladenen Programmen und Mobil-Apps besteht. Diese Analyse sollte mindestens folgende Angaben enthalten:

- Name der Software
- Technische Basis (z. B. Excel, Access)
- Einsatzbereich
- Einsatzzweck
- Hersteller (intern/extern)
- Anzahl der Nutzer
- Stärken
- Schwächen

Neben der Analyse der Systemlandschaft ist zwingend eine **IST- und SOLL-Modellierung der Geschäftsprozesse** notwendig, damit nicht alte, ineffiziente Abläufe unreflektiert in neuer Software abgebildet werden. Das Vorgehen dazu ist in Kapitel 6. beschrieben.

7.5.2. Lastenheft

In einem Software-Auswahlprozess stellt das Lastenheft das zentrale Instrument dar, um den sich alle weiteren Schritte ranken.

Definition

Nach DIN 69901-5 beschreibt ein **Lastenheft** die „vom Auftraggeber festgelegte Gesamtheit der Forderungen an die Lieferungen und Leistungen eines Auftragnehmers innerhalb eines Auftrages“.

Mit dem Begriff **Pflichtenheft** werden dagegen die „vom Auftragnehmer erarbeiteten Realisierungsvorgaben aufgrund der Umsetzung des vom Auftraggeber vorgegebenen Lastenhefts“ bezeichnet. Das Pflichtenheft ist also die Antwort des (potenziellen) Auftragnehmers auf das Lastenheft.

Ein Lastenheft muss so gestaltet sein, dass die adressierten Anbieterfirmen daraus die Zielsetzung und die Rolle des Projektes in der Gesamtorganisation sowie alle Details und Rahmenbedingungen der gesuchten Lösung erkennen können. Grundlegende Kenntnisse des Fachgebietes, in dem die Software eingesetzt werden soll, können als bekannt vorausgesetzt werden.

Struktur und Umfang des Lastenheftes richten sich stark nach der Komplexität des jeweiligen Auswahlprojektes. Die folgende Übersicht enthält ein Standard-Beispiel für den Aufbau eines Lastenheftes im Rahmen einer Software-Auswahl. Die *kursiv* dargestellten Gliederungspunkte können in vereinfachten Auswahlverfahren gegebenenfalls entfallen, alle anderen Punkte sollten mindestens in Kurzform Erwähnung finden.

Aufbau eines Lastenheftes

(Beispiel)

1. Informationen zur Organisation
   1.1. Selbstverständnis und Tätigkeitsfelder
   1.2. Aufbauorganisation (Organigramm)
   1.3. Ablauforganisation (Wichtigste Prozesse)
2. *Ausgangslage*
   2.1. *IST-Zustand und bisher eingesetzte IT-Verfahren*
   2.2. *Gründe für die Neu- oder Ersatzbeschaffung*
   2.3. *Einsatzfelder der zu beschaffenden Software*
3. Zielsetzungen des Projektes
   3.1. Nutzenziele
   3.2. *Systemziele*
4. *Projektbeschreibung*
   4.1. *Projekt-Organisation*
   4.2. *Verantwortlichkeiten und Ansprechpartner*
   4.3. *Zeitliche Gesamtplanung*
5. Mengengerüste
   5.1. Stammdaten: Anwender und mit der Software verwaltete Adressaten, Partner usw.
   5.2. *Bewegungsdaten: Anzahl Abrechnungen, Dokumentationseinträge usw. pro Monat bzw. Jahr*
6. Nicht-funktionale Anforderungen
   6.1. Systemtechnologie: Datenbanken, Programmierumgebungen, Programm-Architekturen
   6.2. Integration in und Anforderungen an die eigene Systemumgebung (Betriebssysteme, Terminal-Server-Betrieb, Netzwerke usw.)
   6.3. *Datenübernahme aus Altsystem(en)*
   6.4. Customizing-Fähigkeit
   6.5. *Usability und Hilfesysteme*
   6.6. Datenschutz, IT-Sicherheit und Benutzerrechte-Verwaltung
   6.7. *System- und Datenmodell-Dokumentation*
7. Funktionale Anforderungen und Geschäftsprozesse
   7.1. *Bereichsübergreifende Anforderungen und Prozesse*
   7.2. Bereichsspezifische Anforderungen und Prozesse
8. Schnittstellen
   8.1. Standard-Schnittstellen zu Office- und Kommunikationssoftware
   8.2. *Schnittstellen zu kaufmännischer Software (Rechnungswesen, Personal etc.)*
   8.3. *Schnittstellen zu anderen Fachsystemen*
   8.4. *Schnittstellen zu externen Partnern, Leistungsträgern usw.*
   8.5. *Schnittstellen zu webbasierten Vermittlungsportalen für soziale Dienste*
   8.6. *Schnittstellen für Daten aus dem Internet der Dinge (Sturzsensoren, Vitalwerterfassung, etc.)*

9. Anforderungen an die Anbieterfirmen
    9.1. Größe, Struktur, wirtschaftliche Situation und Zukunftsfähigkeit
    9.2. Kunden-Service (Hotline, Fernwartung, Schulung)
    9.3. Benennung von Referenzkunden bzw. -projekten
10. **Informationen zur Beantwortung und Abgabe**
    10.1. Einreichungshinweise zum Pflichtenheft
    10.2. *Angaben zum Angebot und den Vertragsbedingungen*
    10.3. Abgabetermin und weiteres Vorgehen
    10.4. *Vertraulichkeitshinweis*

Abbildung 91: Beispielhafter Aufbau eines Lastenheftes

Die **Definition der funktionalen Anforderungen** an die Software, auch Systemspezifikation genannt, ist das Kernelement eines Lastenheftes. Eine wichtige Rolle spielen dabei die spezifischen Anforderungen der auswählenden Organisation an die zu beschaffende Fachsoftware. Diese herauszufinden ist ein abstraktes, in die Zukunft gerichtetes Unterfangen und deshalb nicht immer einfach. Selbst bei scheinbar überschaubaren Projekten zeigt sich zumeist eine beachtliche Komplexität.

Zentrales Element Anforderungsdefinition

Zentrale Quelle für die Anforderungen stellt der **SOLL-Zustand der Geschäftsprozesse** (vgl. Abschnitt 6.6.3.) dar. Entlang der einzelnen Prozessschritte kann systematisch analysiert werden, was die Software dort jeweils leisten soll (vgl. Abschnitt 6.7.). Auf diese Weise wird ein häufiger Fehler bei der Lastenheft-Erstellung vermieden: eine statische Aneinanderreihung von Einzelfunktionen, die den tatsächlichen Arbeitsabläufen nicht gerecht werden kann.

Weitere Quellen für Anforderungen sind:

- die Funktionalität der bislang genutzten Software sowie die Schwachstellen dieser Programme, die in der Systemanalyse ermittelt wurden.
- Formularsysteme, Qualitätshandbücher, Betriebsvereinbarungen, Dienstanweisungen, Datenschutzbestimmungen und sonstige organisationsgestaltende Dokumente sowie die dafür verantwortlichen Mitarbeitenden.
- Informationen aus der ersten Marktsondierung (s. o.).
- Gesetzliche Anforderungen oder Anforderungen der Kostenträger
- Ideen von Mitarbeitenden zur Automatisierung oder Verbesserung von Arbeitsschritten.

Wie in der obigen Lastenheft-Gliederung bereits dargestellt, erweist es sich als sinnvoll, zwischen **nicht-funktionalen** und **funktionalen Anforderungen** zu trennen. Innerhalb der funktionalen Anforderungen kann nochmals zwischen **bereichsübergreifenden** und **bereichsspezifischen Anforderungen** unterschieden werden. Bereichsübergreifende Anforderungen betreffen etwa einheitliche Standards für das Formularmanagement oder die Terminverwaltungsfunktionen, die bspw. sowohl in der Kinder- und Jugendhilfe als auch in der Suchthilfe benötigt werden. Diese Anforderungen sind im Unterschied zu den bereichsspezifischen Anforde-

Anforderungsdefinition sinnvoll gliedern

rungen nicht immer unmittelbar an Prozesse gebunden. Eine solche Trennung erleichtert die Lastenheft-Erstellung spürbar, denn viele der Anforderungen können an einer Stelle gebündelt werden, eine Wiederholung bei unterschiedlichen funktionalen Anforderungen erübrigt sich.

Das **funktionale Anforderungsprofil** einer sozialen Organisation kann sich etwa folgendermaßen aufgliedern:

Gliederungsbeispiel funktionale Anforderungen

1. **Bereichsübergreifende Anforderungen**
   - 1.1. Termin- und Aufgabenverwaltung, Wiedervorlagen
   - 1.2. Kommunikation und Workflows zwischen den Anwendern
   - 1.3. Druck- und Formularmanagement
   - 1.4. Ablage/Archivierung von Dokumenten
   - 1.5. Datenarchivierung und -löschung
   - 1.6. Statistik-Auswertungen und Controllingdaten
   - 1.7. Ressourcenverwaltung (Fahrzeuge, tech. Geräte usw.)
   - 1.8. Mobile Kommunikation und Datenzugriffe für Mitarbeitende
   - 1.9. Mobil-App für Klienten bzw. Angehörige (Termine, Kontakte etc.)
2. **Bereichsspezifische Anforderungen**
   - **2.1. Wohnbereich**
     - 2.1.1. Erstkontakt- und Belegungsmanagement
     - 2.1.2. Klienten-Aufnahme
     - 2.1.3. Assessment und Förderplanung
     - 2.1.4. Leistungs- und Tagesdokumentation
     - 2.1.5. Evaluation von Hilfeverläufen
     - 2.1.6. Medikamentenverwaltung
     - 2.1.7. Bargeld-Kassenführung
     - 2.1.8. Dezentrale Budget-Verwaltung
   - **2.2. Werkstatt für Behinderte**
     - 2.2.1. Produktionsplanung und -steuerung
     - 2.2.2. Förderplanung
     - 2.2.3. Tagesdokumentation
     - 2.2.4. Behindertenlohn-Verwaltung
   - **2.3. Beratungsstelle**
     - 2.3.1. Klientenaufnahme und -verwaltung
     - 2.3.2. Leistungsdokumentation
     - 2.3.3. Landes- und Kommunalstatistiken
   - **2.4. Zentralverwaltung**
     - 2.4.1. Klientenstammdatenverwaltung
     - 2.4.2. Kostenträgerverwaltung
     - 2.4.3. Leistungsabrechnung

2.4.4. Zentrales Leistungscontrolling
2.4.5. Häuser- und Raumverwaltung

Abbildung 92: Beispiel-Gliederung eines Lastenhefts

Um den Prozess der Definition, Darstellung und Bewertung von Software-Anforderungen handhabbar zu gestalten, empfiehlt sich ein streng methodengeleitetes Vorgehen. In der Praxis haben sich vielfältige Varianten dieser Methodik entwickelt (vgl. z.B. Ammenwerth/Haux 2005), die häufig als **Nutzwertanalyse** bezeichnet werden. Ihr gemeinsamer Kern ist eine in Funktionsgruppen gegliederte, tabellarische Auflistung und Priorisierung der Anforderungen. Sie ist so aufbereitet, dass die Anbieter sie später direkt auf standardisierte Weise bearbeiten können und anschließend eine effiziente Auswertung durch die Einrichtung möglich ist. Als Software zur Erstellung und Bearbeitung bietet sich ein Tabellenkalkulationsprogramm an.

Funktionsbereich: ____________________		**Erstellt am: __________**		
Lfd. Nr.	**Beschreibung der Anforderung**	**Priorität**	**Erfüllung**	**Erläuterungen des Anbieters**

Abbildung 93: Raster für die tabellarische Anforderungsdefinition mit Spalten für die Antworten der Anbieter

Bewertungsgerechte Formulierungen

Kernbereich ist die Spalte **Beschreibung der Anforderungen.** Hier wird dargelegt, welche Tätigkeiten durch den Programmcode der Software ausgeführt werden müssen: Selektion und Darstellung gespeicherter Daten, Berechnungen, Druckausgaben und vieles mehr.

Wichtigstes Prinzip ist eine **bewertungsgerechte Beschreibung**: Jeder Satz muss so gestaltet sein, dass er dem Anbieter eine **eindeutige Aussage** über die Erfüllung durch seine Software abverlangt und ermöglicht. Folgende Hinweise sind dazu hilfreich:

- Pro Feld nur **eine Anforderung**: Sobald das Wort „und" vorkommt, überprüfen, ob es sich nicht um zwei zu trennende Anforderungen handelt. Dann ist eine Trennung notwendig, denn ein Anbieter könnte einen Teil davon erfüllen, den anderen nicht.
- **Präzision**: Klar und knapp im Indikativ beschreiben, was die Software an dieser Stelle genau leisten muss.
- Nur beschreiben, was eine **Software** darstellen und ausführen kann. Organisatorische Regelungen oder menschliche Denkleistungen (z. B. das Treffen von Entscheidungen) sind nicht Gegenstand der Funktionsbeschreibung.

- **Einheitlichkeit der Begriffe**: für den gleichen Sachverhalt immer den gleichen Begriff verwenden (z. B. Kostenträger, Leistungsträger).
- **Verständlichkeit**: keine organisationsinternen Abkürzungen oder Begriffe benutzen, die in der eigenen Organisation eine Bedeutung haben, die vom allgemein üblichen Wortsinn abweicht.
- Bei komplexeren Funktionen mit **Bedingungsformulierungen** arbeiten: Wenn X gegeben ist, dann Y ausführen, ansonsten Z.

Die folgende Tabelle zeigt typische Fehler und eine optimierte Form der Anforderungsdefinition:

Unpräzise Anforderungsformulierung	Präzise Anforderungsformulierung
Die Pflegedokumentation soll sich an allgemein üblichen Standards orientieren	Die Pflegedokumentation ist durchgängig nach dem neuen Strukturmodell zur Entbürokratisierung der Pflegedokumentation strukturiert
Alle gesetzlich und fachlich geforderten Inhalte und Formulare müssen enthalten sein	Die in den MDK-Empfehlungen und Richtlinien der Qualitätsprüfung für ambulante Dienste geforderten Dokumentationsinstrumente sind auf aktuellem Stand vollständig im Programm abgebildet (vgl. Anlage A)
Das Programm soll Controllingdaten zur Belegung automatisch bereitstellen	Belegungszahlen mit IST- und SOLL-Werten werden getrennt pro Wohngruppe per Stichtag Monatsende in eine Excel-Tabelle exportiert
Doppelanlagen von Adressaten sollen vermieden werden	Unmittelbar nach der Eingabe von Familien- und Vorname prüft das Programm, ob der Name bereits vorhanden ist
	Wenn beides bereits vorhanden ist, wird die bereits vorhandene Anschrift mit Ort, Straße und Hausnummer angezeigt und gefragt: Neuanlage ja/nein?
	Ist dies nicht der Fall, erfolgt eine normale Neueingabe ohne Rückfrage

Abbildung 94: Beispiele für unpräzise und präzise Anforderungsformulierungen

Prioritäten unterscheiden

Im Feld **Priorität** spiegelt sich der Umstand wider, dass meist nicht alle Anforderungen an eine Software gleich wichtig sind. Während für bestimmte Punkte gesetzliche Vorgaben oder betriebliche Notwendigkeiten existieren, die unabdingbar sind, können andere als notfalls verzichtbar oder „nice to have“ eingestuft werden. Für die spätere Bewertung der Anbieter-Angaben spielt diese Priorisierung eine entscheidende Rolle, denn sie ermöglicht eine Gewichtung der Antworten nach der Bedeutung der einzelnen Funktionen für die Organisation. In der Praxis hat sich eine dreistufige Gliederung bewährt:

Priorität	Kurzbeschreibung	Erläuterung
3	MUSS-Anforderung	Sollte in jedem Fall erfüllt sein, Nicht-Erfüllung führt ggf. zum Ausschluss des Anbieters aus dem weiteren Auswahlverfahren
2	SOLL-Anforderung	Wichtig, aber nicht zwingend notwendig
1	KANN-Anforderung	Weniger wichtig, wünschenswert

Abbildung 95: Systematik für die Priorisierung von Anforderungen

Die Spalte **Erfüllung** ist für die späteren Antworten der Anbieter vorgesehen. Hier müssen sie zu sämtlichen Anforderungen in **standardisierter Weise** Stellung nehmen.

Im Sinne einer effektiven Auswertbarkeit erweist sich auch hier eine numerische Systematik als sinnvoll. Dabei kann zwischen folgenden Antwortdimensionen unterschieden werden:

Wert	Bedeutung
0	kann nicht erfüllt werden
2	Erfüllung ist mit **kostenpflichtiger Zusatzprogrammierung** möglich
4	Erfüllung ist mit **kostenneutraler Zusatzprogrammierung** möglich
8	Erfüllung ist per **Customizing ohne Quellcode-Änderung** möglich
10	Ist im **Standardumfang** des Programms **vollständig** enthalten

Abbildung 96: Werteskala für die Erfüllung von Anforderungen durch die Anbieter

Da eine **Zusatzprogrammierung** immer ein gewisses Risiko im Hinblick auf die Funktionalität und Stabilität der Software mit sich bringt und mit Testaufwand für die soziale Organisation verbunden ist, werden diese Antworten niedriger gewichtet, als die Erfüllung der gewünschten Funktion im Standardumfang der Software bereits enthalten ist oder per **Customizing** (vgl. Abschnitt 4.3.1.) während der Einführung in der Software eingestellt werden kann.

In der Spalte **Erläuterungen des Anbieters** besteht für die Anbieter die Möglichkeit, zusätzliche Informationen zu liefern, etwa, wenn eine Funktion derzeit noch in Entwicklung ist oder wenn die Funktionalität der Software an dieser Stelle über die gestellten Anforderungen hinausgeht.

Investitionssicherheit prüfen

Fachsoftware und betriebswirtschaftliche Programme erfordern in der Regel eine dauerhafte Programmpflege und Anwender-Unterstützung durch den Anbieter. Verabschiedet sich ein Software-Hersteller vom Markt oder stellt er die betreffende Produktlinie ein, so können die Anwender in der Regel nicht mehr auf Dauer mit ihrem Programm weiterarbeiten. Ebenso kann eine schrumpfende Kundenbasis die Weiterentwicklung der Software bremsen und auf lange Sicht spürbare

Wettbewerbsnachteile für das anwendende Sozialunternehmen bedeuten. Der in solchen Fällen früher oder später notwendige Anbieterwechsel bindet zumeist hohe Zeit- und Finanzressourcen.

Um höchstmögliche **Investitionssicherheit** zu gewährleisten, müssen entsprechende Anforderungen an das liefernde Unternehmen gestellt werden. Auch wenn dies in schnelllebigen Märkten wie der Software-Branche nur begrenzt möglich ist, so können damit zumindest zum Kaufzeitpunkt bereits sichtbare oder sich anbahnende Risiken weitgehend ausgeschlossen werden. Dazu sollten folgende Zahlen zu den letzten drei Geschäftsjahren erfragt werden:

- Umsatz gesamt
- Umsatz im Bereich Sozialwirtschaft
- Mitarbeitende gesamt (Köpfe)
- Mitarbeitende gesamt, umgerechnet auf Vollzeitstellen
- Mitarbeitende im Bereich Sozialwirtschaft (Köpfe)
- Kunden gesamt in Deutschland
- Kunden in der Sozialwirtschaft in Deutschland
- Kunden in der Sozialwirtschaft in Deutschland mit der hier angebotenen Software
- In der Sozialwirtschaft aktuell ausgestattete IT-Arbeitsplätze

7.5.3. Marktanalyse, Vorauswahl und Ausschreibung

Aufwand reduzieren

Ziel der Marktanalyse und Vorauswahl ist es, auf effiziente Weise diejenigen Anbieter im Markt aufzuspüren, die grundsätzlich als Lösungspartner für die eigene Organisation in Frage kommen. Damit kann der Aufwand für die Ausschreibung und Unterlagen-Auswertung überschaubar gehalten werden. Der Kreis der Firmen, die an der Ausschreibung beteiligt sind, sollte auf ca. fünf bis acht, maximal zehn begrenzt werden.

Die Quellen für die **Marktanalyse** sind mit denen für die erste Marktorientierung (vgl. Abschnitt 7.5.1.) deckungsgleich, die Vorgehensweise ist jedoch anders: An dieser Stelle steht eine gezielte und schnelle Filterung relevanter Anbieter aus der Marktmasse im Vordergrund. Grundlage dafür sind folgende Kriterien:

- Zentrale **nicht-funktionale Anforderungen** technischer Art, die sich etwa auf die Zukunftsfähigkeit der verwendeten Entwicklungswerkzeuge, das Alter der aktuellen Software oder die anbindbaren Datenbank-Systeme beziehen.
- Zentrale **funktionale Anforderungen**, bei denen bereits die erste Marktsondierung gezeigt hat, dass sie bei einem Teil der Anbieter fehlen oder zu schwach ausgeprägt sind.
- **Mindestanforderungen** an die Größe, Marktpräsenz und Zukunftsfähigkeit des liefernden **Unternehmens**.

Die **Vorauswahl** erfolgt mit Hilfe eines einfachen methodischen Rasters, das anhand weniger sogenannter KO-Kriterien nur zwischen „ja“ (gegeben) und „nein“ (nicht gegeben) unterscheidet.

KO-Kriterien Vorauswahl	Anbieter A	Anbieter B	Anbieter C	Anbieter D	Anbieter E	Anbieter F	Anbieter G	Anbieter H	Anbieter I	Anbieter K
Zentraler Quellcode der Software nicht älter als acht Jahre und nicht jünger als ein Jahr	x		x	x	x	x		x	x	x
Freie Anlegbarkeit neuer Datenfelder und freie Maskenlayout-Gestaltung	x		x	x	x	x	x	x		x
Abbildung von Übergabe- und Freigabe-Workflows zwischen Wohnbereichen und Zentralverwaltung möglich	x			x	x			x		x
Die Mitarbeiterzahl des Anbieters, umgerechnet auf Vollzeitkräfte, beträgt mindestens 30 und hat sich in den letzten drei Jahren nicht verringert	x		x	x	x	x	x	x		x
Mindestens 100 Kunden arbeiten auf der Basis eines Wartungsvertrages mit der aktuell angebotenen Software-Version	x	x	x	x	x	x		x	x	x
Ergebnis	ok	–	–	ok	ok	–	–	ok	–	ok

Abbildung 97: Beispiel für ein Vorauswahl-Raster zum Ausschreibungsverfahren

In die **Ausschreibung**, also den Versand der Lastenhefte, werden nur diejenigen Anbieter einbezogen, die in allen Prüfkriterien mit „ja“ punkten können. Bleiben am Ende zu viele oder zu wenige Anbieter übrig, müssen die Kriterien gegebenenfalls variiert werden. Der **Lastenheftversand** sowie der Rücklauf erfolgen heute in der Regel digital per Mail mit Lese- bzw. Eingangsbestätigung.

7.5.4. Angebotsanalyse

Berechnungsformeln nutzen

Nach Ende der Ausschreibungsfrist werden alle eingegangenen Anbieter-Antworten zunächst auf Vollständigkeit geprüft. Nicht vollständig oder offensichtlich unglaubhaft ausgefüllte Pflichtenhefte werden aussortiert.

Das in Abschnitt 7.5.2. beschriebene und in einer Tabellenkalkulation abgebildete **Gewichtungs- und Bewertungssystem** erleichtert die Auswertung der Anbieter-Antworten erheblich. Das Ergebnis kann mit Hilfe folgender Formeln berechnet werden:

- Priorität x Erfüllung = Einzelergebnis pro Anforderung
- Summe Einzelergebnisse / Anzahl Einzelergebnisse = Mittelwert pro Funktionsbereich
- Summe Mittelwerte aller Funktionsbereiche / Anzahl Funktionsbereiche = Endergebnis

Die Anbieter mit den höchsten Endergebnis-Werten kommen dem definierten Anforderungsprofil am nächsten. Zusätzlich ermöglichen die Vergleiche der Mittelwerte pro Funktionsbereiche die gezielte Einschätzung von Stärken und Schwächen der angebotenen Produkte.

Ein weiteres Auswahlkriterium können die **Preisangaben** der Anbieter darstellen. Gibt es vordefinierte Budget-Obergrenzen und überschreitet ein angebotenes Produkt diese erheblich, so kann dies den Ausschluss aus dem weiteren Auswahlprozess bewirken.

Die besten zwei bis drei Anbieter werden für die nächste Analysephase ausgewählt, in der die angebotenen Programme in **Workshops** tiefer auf ihre Praxistauglichkeit geprüft werden. Diese Workshops sind im gesamten Auswahlverfahren ein **zentrales Element:** Hier und in nachfolgenden Klärungen entscheidet sich, welche Software schließlich zum Einsatz kommen soll. Der Zeitrahmen für die Workshops sollte deshalb nicht zu knapp bemessen sein. Minimum ist pro Anbieter ein halber Tag, bei umfangreichen Projekten kann es auch ein voller Tag und mehr sein.

Anwendungsfälle vorbereiten

Im Vorfeld des Workshops werden exemplarische Anwendungsfälle, auch **Use Cases** genannt, konstruiert und den Anbietern vorab zur Vorbereitung zugeschickt. Gut geeignet dazu sind klassische Prozesse wie das Aufnahmeverfahren, die Hilfeplanung oder die Leistungsabrechnung. Die Konstruktion sollte sich dabei an komplexen, realistischen Fällen orientieren. Sie lassen sich in der Regel aus SOLL-Prozessen (vgl. Abschnitt 6.6.3.) ableiten. In einem eintägigen Workshop können je nach Umfang etwa drei bis sechs Use Cases bearbeitet werden.

An den Workshops können neben den Mitgliedern des Projektteams auch Mitarbeitende aus Pädagogik, Pflege und Verwaltung teilnehmen, die später mit der

Software arbeiten sollen. Um die Einschätzungen der Workshopteilnehmer zu objektivieren, sollte jeder Use Case von jedem Teilnehmenden einzeln mit Hilfe eines Punktesystems nach folgenden Kriterien bewertet werden:

- Wie genau hielt sich der Anbieter an den Musterfall?
- Konnte der Musterfall vollständig in der Software gezeigt werden?
- War die Abbildung des Use Case als Prozess-Ablauf in der Software gut nachvollziehbar?
- Sind Optik und Benutzerführung des Programms ansprechend?
- Wie übersichtlich sind die Bildschirm-Masken?
- Wie verständlich sind die Texte und Begriffe auf den Bildschirm-Masken?

Aus der Addition der Teilnehmer-Rückmeldungen pro Anbieter lässt sich – ähnlich wie beim Pflichtenheft – eine Rangfolge ermitteln.

Im Anschluss an die Workshops werden die offenen Fragen aus dem Pflichtenheft und den Anbieter-Workshops so weit als möglich abschließend geklärt und schriftlich fixiert. Dann kann der Anbieter ein abschließendes, **verbindliches Angebot** vorlegen.

Referenzanwender befragen

Parallel zur Angebotserstellung sollten in dieser Phase **weitere Informationen** von anderen Anwendern eingeholt werden. Hier geht es um Themen, die nicht oder nur unvollständig über das Instrumentarium von Lasten-/Pflichtenheften und Use Cases klärbar sind:

- Qualität, Kosten- und Termintreue des Einführungsprozesses: Projektmanagement, Installation, Programmanpassungen, Schulungen
- Laufsicherheit und Ablaufgeschwindigkeit der Software im Alltagsbetrieb
- Benutzerfreundlichkeit und Benutzerakzeptanz
- Servicequalität: Erreichbarkeit, Kompetenz und Qualität des Hotline-Service, zeitnahe und qualitätsvolle Fehlerbehebung
- Softwarepflege: zeitnahe und qualitätsvolle Umsetzung neuer gesetzlich oder vertraglich bedingter Vorgaben und Anwenderwünsche.

Zu diesem Zweck sollte man sich von den Anbietern bereits im Ausschreibungsverfahren oder spätestens im Rahmen der Workshops **Referenzanwender** und Ansprechpartner nennen lassen, die qualifizierte Auskünfte zu diesen Punkten geben können.

7.5.5. Wirtschaftlichkeitsprüfung und Auswahlentscheidung

IT-Investitionen binden in einer sozialwirtschaftlichen Organisation nicht unerhebliche Mittel und generieren laufende Kosten. In dieser abschließenden Entscheidungsphase ist deshalb neben der funktionalen Prüfung auch eine Wirtschaftlichkeitsprüfung im Sinne einer **Kosten-Nutzen-Analyse** sinnvoll.

Will man die Wirtschaftlichkeit oder den **Wertschöpfungsbeitrag** der Einführung einer fachspezifischen Software nicht nur auf der Angebotsebene, sondern auch in der Gesamtsicht auf die Organisation prüfen, so gestaltet sich dies als anspruchsvolles Unterfangen. In der Betriebswirtschaftslehre wird hierfür die Berechnung der Amortisationszeit bzw. des **Return on Invests (ROI)** genutzt. Der ROI berechnet sich als Quotient aus Gewinnbeitrag der Investition und Kapitaleinsatz. Liegt dieser innerhalb der vorgesehenen Nutzungsdauer, so erscheint die Investition als sinnvoll, da sie eine Rendite verspricht.

Quantitativer und qualitativer Nutzwert

Der Gewinnbeitrag oder **Nutzwert von Fachsoftware** setzt sich zusammen aus quantitativen und qualitativen Elementen. Dabei erweist es sich oft schon als schwierig, die **quantitativen Effekte** im Voraus einigermaßen valide zu ermitteln. Selbst wenn durch IST-SOLL-Vergleiche der Durchlaufzeiten für zentrale Geschäftsprozesse (vgl. Abschnitt 6.6.3.) Größenordnungen möglicher Einsparpotenziale ermittelt werden konnten, so ist es meist nicht möglich, sie direkt mit den Kosten einer Software-Einführung in Beziehung zu setzen. Dazu müsste bspw. vorab geklärt werden, welche Stellenanteile in welchen Bereichen durch den Software-Einsatz eingespart werden können. Noch schwieriger zu quantifizieren sind Effekte auf der Einnahmenseite: Welche Erlössteigerungen können etwa durch eine bessere Einstufung der Bewohner aufgrund einer optimierten Dokumentation erzielt werden? Wie hoch ist der Liquiditätsgewinn durch eine beschleunigte Leistungsabrechnung?

Der **qualitative Nutzen** besteht bspw. in einer verbesserten Hilfeplanung und Dokumentation oder einer höheren Mitarbeitendenzufriedenheit, die im Idealfall zu einer verbesserten Betreuungsqualität führt, welche wiederum Marktvorteile und Wettbewerbsfähigkeit langfristig sichert. Dabei ist es kaum möglich, Effekte einer organisationalen Prozessoptimierung und des IT-Einsatzes analytisch zu trennen. Für eine seriöse Quantifizierung derartiger strategischer Wirkungen stehen im Bereich sozialer Dienstleistungen keine brauchbaren und handhabbaren Methoden zur Verfügung.

Auch auf der **Kostenseite** ist eine vollständige Quantifizierung im Vorfeld anspruchsvoll. Neben den vertraglich fixierbaren externen Lizenz- und Service-Kosten sowie den Kosten für die notwendige Hardware entstehen immer auch **interne Aufwände** durch die Projektarbeit der Mitarbeitenden: Arbeitszeit für Schulungen oder sonstige Tätigkeiten im Rahmen des Auswahl- und Einführungsprozesses und manches mehr. Laufende Personalkosten werden durch die Programm-Administration und die interne Anwenderunterstützung verursacht.

Aufgrund dieser Schwierigkeiten bleibt die Auswahl einer Software letztlich immer eine **risikobehaftete unternehmerische Entscheidung**. Sinnvoll ist es jedoch in jedem Fall, die sich aus den eingegangenen Angeboten ergebenden Kosten systematisch gegenüberzustellen. Dazu eignet sich ein Kalkulationsraster folgender Art:

	Programm A			**Programm B**		
Lizenzkosten	Listenpreis	Rabatt	Endpreis	Listenpreis	Rabatt	Endpreis
Basismodul						
Zusatzmodul 1						
Zusatzmodul 2						
Zusatzmodul 3						
Fremdlizenz Datenbank						
Zwischensumme						
Laufende Kosten	Jahrespreis	Anzahl Jahre	Gesamtpreis	Jahrespreis	Anzahl Jahre	Gesamtpreis
Telefon-/Mail-Support						
Software-Pflege						
Sonstiges						
Zwischensumme						
Implementationskosten	Einzelpreis	Anzahl	Gesamtpreis	Einzelpreis	Anzahl	Gesamtpreis
Projektierung/Projektleitung						
Installation						
Customizing						
Schnittstellenprogrammierung						
Altdaten-Konvertierung						
Mitarbeitenden-Schulung						

	Programm A			Programm B		
Reisekosten						
Spesen						
Zwischensumme						
Gesamtsumme						

Abbildung 98: Kalkulationsraster zur Gegenüberstellung der Software-, Service- und Implementationskosten

Diese Aufstellung kann ergänzt werden durch die Kosten, die sich aus den Empfehlungen der Anbieter für die Server- und Client-Hardware sowie die benötigte Netzwerk-Bandbreite oder eine Ausstattung der Mitarbeitenden mit Mobilgeräten (Smartphones, Tablets) ergeben. Ebenso können die internen Personalkosten für selbst durchgeführte Schulungen, für die Programm-Administration sowie für die interne Anwenderunterstützung dargestellt werden.

Systematische Auswahlentscheidung

Nach Eingang aller Angebote, Auswertung der Referenzkontakte und Prüfung der Kosten-Nutzen-Relation kann die endgültige **Auswahlentscheidung** in Angriff genommen werden. Hier fließen folgende Informationen zusammen:

- Die Endversionen der Anbieterangaben zu den funktionalen und nicht-funktionalen Anforderungen im Pflichtenheft
- Die Unternehmensdaten der Anbieter
- Die preislichen Angebote
- Die Ergebnisse der Anbieter-Workshops
- Die Ergebnisse der Referenzkunden-Befragung

Aus der zusammenfassenden Sichtung dieser Informationen ergibt sich in aller Regel eine eindeutige Rangfolge der Anbieter aus der Endauswahlphase. Eine nach Bedeutung der einzelnen Bereiche gewichtete Ergebnis-Synopse kann als Kalkulationstabelle mit Werten zwischen 0 = nicht erfüllt und 5 = voll erfüllt aufgebaut werden.

Entscheidungskriterien	Gewichtung	Anbieter A	Anbieter B	Anbieter C
		Software AA	Software BB	Software CC
Erfüllung der nicht-funktionalen Anforderungen laut Pflichtenheft		4	4	5
Erfüllung der funktionalen Anforderungen laut Pflichtenheft		4	3	4
Zwischensumme Anforderungen	3	8	7	9
Wirtschaftliche Situation und Zukunftssicherheit des Unternehmens		4	5	4
Transparenz und Plausibilität des Angebots		2	4	5
Vertragliche Konditionen		3	3	2
Zwischensumme Rahmenbedingungen	2	9	12	11
Beurteilung der Projektmitarbeitenden aus den Anbieter-Workshops		2	2	3
Ergebnisse der Referenzkunden-Befragung		4	3	5
Zwischensumme Zusatzinformationen	1	6	5	8
Preis-Leistungs-Verhältnis Software		4	2	4
Preis-Leistungs-Verhältnis Service		3	2	3
Zwischensumme Wirtschaftlichkeit	2	7	4	7
Gewichtetes Endergebnis		**62**	**58**	**71**

Abbildung 99: Beispiel einer gewichteten Synopse aller Ergebnisse des Auswahlverfahrens

Zur Berechnung des Endergebnisses wird der Gewichtungsfaktor mit jeder Zwischensumme multipliziert und mit den Produkten der anderen Zwischensummen addiert. Dasjenige Unternehmen, das die höchste Punktzahl erreicht hat, erhält entweder direkt den Zuschlag oder ist erster Partner für **Vertragsgespräche**. Liegen die Werte für zwei Unternehmen sehr nah zusammen, spielen Preis, Vertrags- und Zahlungsmodalitäten in entsprechenden Verhandlungen eine zentrale Rolle.

Wird eine stark standardisierte Software im Preissegment von wenigen Tausend Euro beschafft, so gibt es hier zumeist einen deutlich geringeren Regelungsbedarf und Verhandlungsspielraum als bei großen Projekten, deren Volumen bis in den Bereich von mehreren Hunderttausend Euro reichen kann.

7.6. System-Einführung

Neueinführung oder Ablösung

Die Einführungsphase ist neben dem Projektmanagement und der Qualität des Auswahlprozesses ein maßgeblicher Erfolgsfaktor für ein Software-Projekt. Zuschnitt und Ablauf eines Einführungsprozesses hängen stark von der Art und Komplexität des Projektes ab und sind weniger standardisierbar als der Auswahlprozess. Hier gilt es zunächst zwischen zwei unterschiedlichen Ausgangsbedingungen zu unterscheiden:

- **Neueinführung** von Fachsoftware-Lösungen in Bereiche, in denen bislang nur mit Standardsoftware (Textverarbeitung, E-Mail usw.) gearbeitet wurde.
- **Ablösung** alter Fachsoftware durch eine neue.

Im ersten Fall geht es vor allem darum, die oft zahlreichen bislang verwendeten Dokumente und Tabellen konsequent abzulösen und ihre Inhalte so weit wie möglich in der Software abzubilden, so dass keine Parallelstrukturen entstehen. Dies kann auch im zweiten Fall ein Thema sein, wenn die bisherige Software nur minimale Funktionalität bot und viele „Workarounds", also Behelfslösungen, mit Standardsoftware erstellt wurden. Hier ist den Mitarbeitenden aber zumindest bereits der Umgang mit einer datenbankbasierten Informationsverarbeitung vertraut.

Professionelles Projektmanagement

In der Einführungsphase gilt es oft, zahlreiche Akteure zu koordinieren, der Methode des **Projektmanagements** kommt hier also eine besonders hohe Bedeutung zu. Das Projektteam aus der Auswahlphase kann hierzu entweder beibehalten oder in seiner Zusammensetzung an die neue Aufgabe angepasst werden.

Die Struktur eines Einführungsprozesses lässt sich in acht bis elf Phasen darstellen, von denen einige entfallen können, wenn es sich um ein kleineres Projekt handelt oder wenn bereits verschiedene Voraussetzungen erfüllt sind.

Die nachfolgenden Abschnitte erläutern die zu den einzelnen Schritten gehörigen Fragestellungen und Aufgaben.

7.6.1. Projektplanung

In der Planungsphase werden mit Hilfe der Methoden des IT-Projektmanagements (vgl. Abschnitt 7.4.) alle Schritte der Einführung vorbereitet. Hierbei ist eine enge Zusammenarbeit mit dem Lieferanten der Software notwendig, jedoch sollte die Projektsteuerung in der einführenden Organisation verankert und nicht an den Software-Anbieter abgegeben werden. Sinnvoll ist es, je eine Person als Projektleitung in der Organisation und eine beim Software-Anbieter zu benennen. Über diese beiden Personen sollte die gesamte Projektarbeit koordiniert und gesteuert werden.

Im Rahmen der Projektplanung müssen folgende Fragen geklärt werden:

- Verantwortlichkeiten und Kommunikationswege
- Einführungs- und Migrationsstrategien
- Termine und Aufgaben

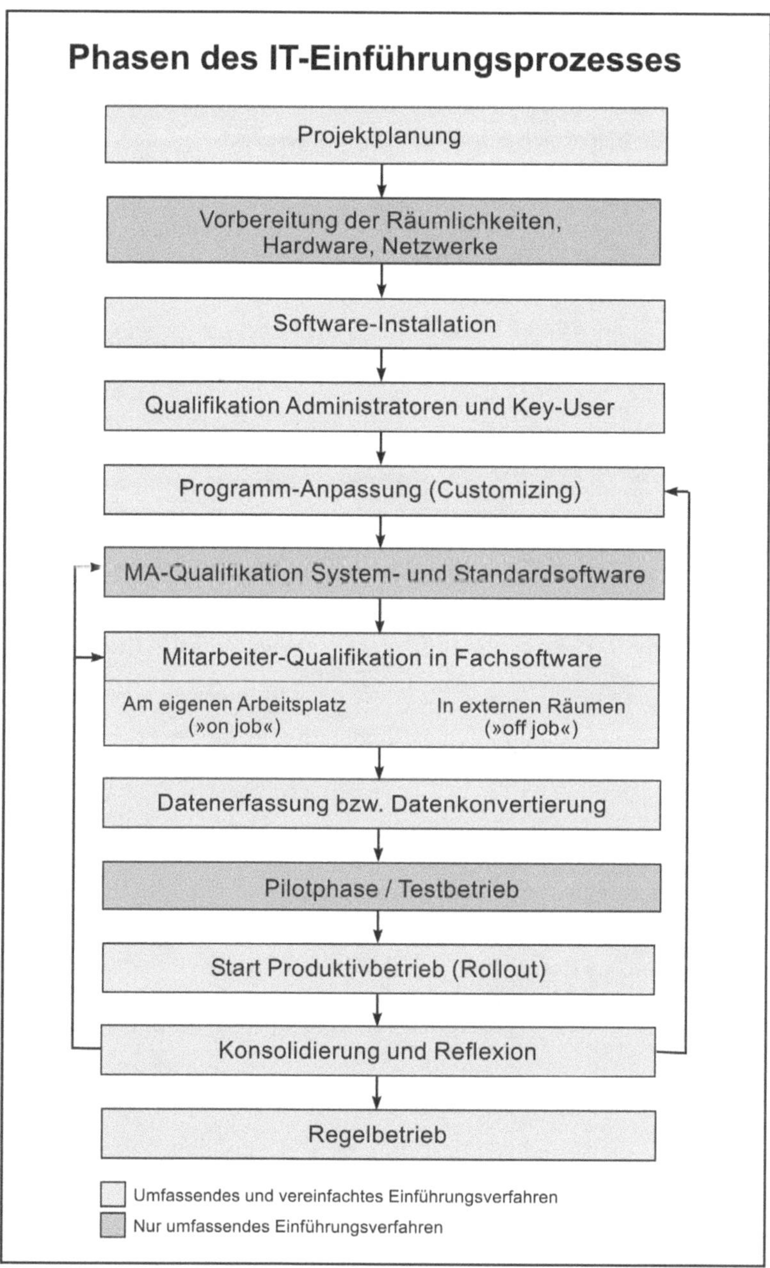

Abbildung 100: Phasen eines IT-Einführungsprozesses

- Technische Voraussetzungen und Spezifikationen
- Customizing und Mitarbeitenden-Schulung

- Datenkonvertierung beim Umstieg von Alt- auf Neusysteme
- ggf. Rückfallkonzept auf das Altsystem bei gravierenden Einführungsproblemen

Organisationsgespräch ergibt Projektplan

Als Rahmen dafür bietet sich ein **Organisationsgespräch** mit dem Lieferanten der Software, ggf. unter Beteiligung des Netzwerk- und Hardwarelieferanten an. Die Ergebnisse des Gesprächs werden in einem **Protokoll** festgehalten, das von allen Beteiligten unterzeichnet wird und als verbindliche Grundlage für den Einführungsprozess gilt. Zentraler Bestandteil dieses Protokolls ist ein Termin- und Aufgabenplan, der im Projektverlauf als Controlling-Instrument dient.

Kalenderwoche				19	20	21	22	23	24	25	26	27	28	29	30	31	32	33	34	35	36	37	38	39	40	41	42
Start: 10. Mai 2010																											
Arbeitsaufgaben	**Verantwortlich**	**Durchführung**	**OK**																								
1. Verlegungsplan Kabel erstellen	Maier	System GmbH	x																								
2. Netzkabel Verlegen	Senser	System GmbH	x																								
3. Server-Raum vorbereiten	Senser	Senser	x																								
4. Server und PCs installieren	Senser, Maier	System GmbH	x																								
5. Software XY-Easysoft installieren	Hillmann	Software GmbH	1)																								
6. Auswahl Software-Betreuer	Leitinger	Bereichsleiter																									
7. Schulung Software-Betreuer	Senser	Software GmbH																									
8. Programm-Anpassung	Senser, Leitunger	Softw. G., Sw-Betreuer																									
9. Schulung MA Windows und Office	Hillmann	Hillmann, IHK																									
10. Schulung Mitarbeiter XY-Easysoft	Hillmann	Hillmann, Software G.																									
11. Datenkonvertierung u. -prüfung	Hillmann, Senser	Hillmann, Sw.G																									
12. Testbetrieb	Hillmann, Senser	Mitarbeiter																									
13. Start Echtbetrieb		Mitarbeiter																									

1 = Verzögerung 1 Woche wg. Krankheit Schulungsleiter

Abbildung 101: Beispiel-Projektplan für einen Software-Einführungsprozess, erstellt mit einem Tabellenkalkulationsprogramm

Kernelement der Projektplanung ist besonders bei größeren Projekten die Festlegung der **Einführungs- oder Migrationsstrategie.** Von Einführung spricht man, wenn bislang noch keine IT-Lösung für das betreffende Arbeitsgebiet genutzt wurde, unter Migration wird in der Informationstechnologie der Übergang von einer abzulösenden (in der Regel datenbankbasierten) Software zu einer neuen verstanden. Aus diesen strategischen Überlegungen leiten sich alle weiteren Elemente des Planungsprozesses ab.

Grundsätzlich kann zwischen drei verschiedene Strategien unterschieden werden, die jeweils spezifische Vor- und Nachteile aufweisen. Die Auswahl einer geeigneten Strategie sollte in Absprache mit dem Anbieter der gewählten Lösung getroffen werden.

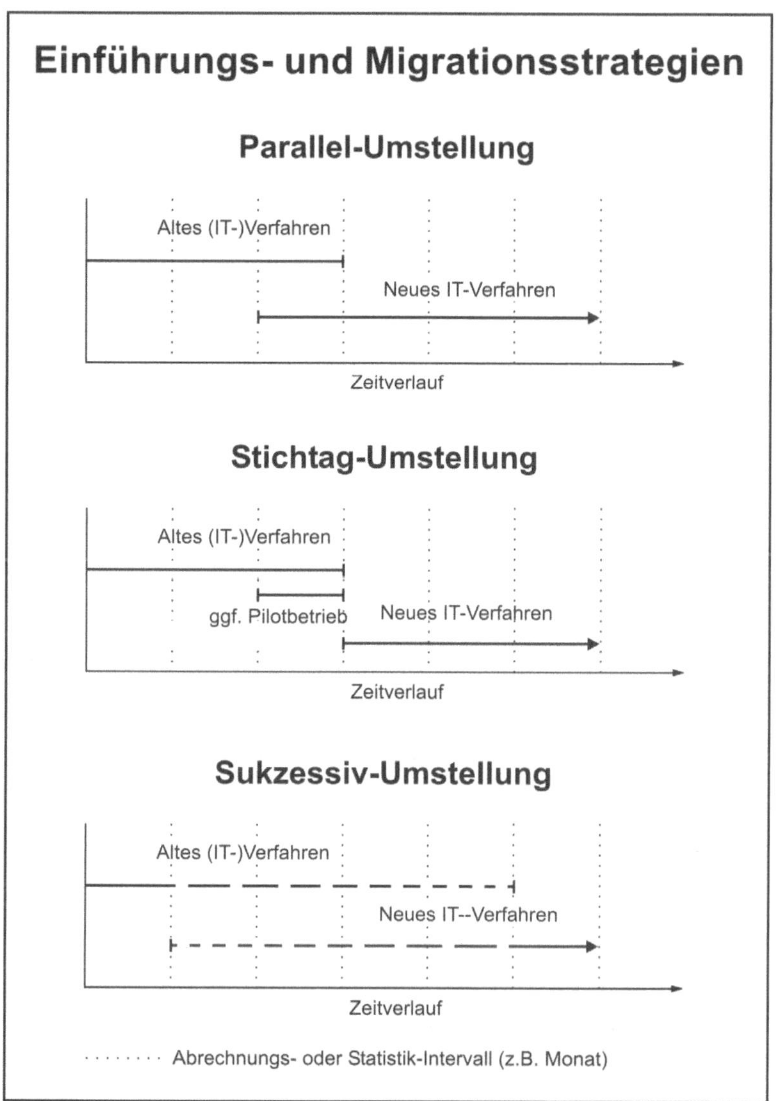

Abbildung 102: IT-Einführungs- und Migrationsstrategien.

Im Konzept der **Parallel-Umstellung** wird das alte papier- oder IT-gestützte Vorverfahren noch ein oder zwei Bearbeitungsintervalle weitergeführt, während das neue Verfahren zeitgleich angewandt wird. Diese Vorgehensweise bietet den Vorteil **größtmöglicher Sicherheit und Fehlertoleranz,** da die Ergebnisse beider Verfahren unmittelbar miteinander verglichen werden können.

Sichere Parallel-Umstellung

Die Dauer des Parallel-Betriebs richtet sich vor allem nach den Arbeitsergebnissen im Neuverfahren. Diese können in der Regel nach Abschluss eines typischen Bearbeitungsintervalls wie einer Monatsabrechnung oder Wochenstatistik überprüft werden. Nachteil des Parallel-Verfahrens ist der erhöhte Aufwand während der Umstellungsphase, da viele Arbeiten doppelt ausgeführt werden müssen.

Dieses Verfahren kommt vor allem **für unternehmenskritische Geschäftsprozesse** wie Leistungsabrechnung, Gehaltsauszahlung oder Pflegedokumentation in Frage, bei denen Verfahrensfehler einschneidende Konsequenzen für die Organisation, die Mitarbeitenden oder Adressaten nach sich ziehen können.

Schnelle Stichtag-Umstellung

Bei der **Stichtag-Umstellung,** auch „Big Bang" genannt, wird das Alt-Verfahren zu einem festgelegten Termin eingestellt. Zum selben Zeitpunkt beginnt der Echtbetrieb mit der neuen IT-Lösung. Vorteil dieser Methode ist der geringere Aufwand im Vergleich zur Parallel-Umstellung, da keine Doppelarbeiten im laufenden Betrieb notwendig sind. Dem steht als Nachteil ein **höheres Risiko** gegenüber, da Fehler schwerer zu entdecken sind und ein Rückfall auf das Vorverfahren nur noch unter erschwerten Bedingungen möglich ist. Um dieses Risiko zu minimieren, bietet sich ein **Test- oder Pilotbetrieb** im Vorfeld der Umstellung an. Dieser kann bspw. mit einem Teil der Daten, oder einer einzelnen Abteilung durchgeführt werden.

Die Stichtag-Umstellung kommt vor allem bei überschaubaren und wenig kritischen Anwendungen in Frage. Sie wird auch gewählt, wenn die Parallel-Umstellung aufgrund eines zu großen Arbeitsaufwands nicht durchführbar ist.

Mittelweg Sukzessiv-Umstellung

Die **Sukzessiv-Umstellung** stellt einen Mittelweg zwischen Parallel- und Stichtag-Methode dar. Sie kann auf zwei verschiedene Weisen umgesetzt werden:

- Die erste Form ist die **zeitversetzte Einführung** in einzelnen Abteilungen oder Arbeitsbereichen. So kann etwa eine größere Behindertenhilfe-Einrichtung ein Softwaresystem zunächst in der zentralen Verwaltung und dann zeitlich gestaffelt in den einzelnen Wohnbereichen einführen. Eine andere, damit kombinierbare Variante ist die **aufgabenorientierte Sukzessiv-Umstellung,** die sich insbesondere in pädagogisch-pflegerischen Bereichen anbietet: Im ersten Schritt wird bspw. die Basisdokumentation eingeführt, dann die Schichtübergabe, anschließend die Hilfe- oder Pflegeplanung. Zusätzlich kann sich ein **Test- oder Pilotbetrieb** in einem ausgewählten Teil der jeweiligen Arbeitsbereiche (Wohngruppen, Tagesstätten usw.) als sinnvoll erweisen: Hier werden Software und Arbeitsabläufe zunächst vollständig aufeinander abgestimmt, bevor der **Rollout** für die Gesamteinrichtung erfolgt.
- Die zweite Form der Sukzessiv-Umstellung bezieht sich auf die zu erfassenden **Datenbestände:** Ist es erforderlich, in der Umstiegsphase große Mengen an Informationen einzugeben und steht kein zusätzliches Personal dafür zur Verfügung, so müssen die Mitarbeitenden ihre Daten sukzessive neben ihrer Alltagsarbeit erfassen.

Entscheidender Vorteil der Sukzessiv-Methode ist eine **Entlastung der Mitarbeitenden,** da sich der Umstellungsaufwand zeitlich entzerrt. Dem steht ein deutlich erhöhter Planungs- und Koordinationsaufwand gegenüber. Nachteilig bei dieser

Methode ist auch die Beeinträchtigung von Arbeitsprozessen durch **Medienbrüche** zwischen alter und neuer Verarbeitungsform.

Motivation der Mitarbeitenden

Die **Beteiligung der Mitarbeitenden** nimmt in der Einführungsplanung einen noch höheren Stellenwert ein als beim Software-Auswahlprozess: Hier werden die Veränderungen im Arbeitsalltag unmittelbar erlebbar. Nicht selten ist während dieser Zeit ein höheres Engagement und Mehrarbeit erforderlich. Die Motivation dafür kann nur über eine umfassende Information und Mitsprache geschaffen werden. **Mitarbeitendenvertretungen** haben bei einigen Fragen der IT-Einführung wie bspw. der Organisation von Mehrarbeit oder Weiterbildungsmaßnahmen ein Mitspracherecht und müssen in jedem Fall an der Projektplanung beteiligt werden.

7.6.2. Software-Administration und Customizing

Umfassende Administrationsaufgaben

Für nahezu jedes Fachsoftware-System, mit dem umfangreiche Daten von Adressaten oder Mitarbeitenden verwaltet werden, wird eine organisationsinterne Administration benötigt. Ihre wichtigsten Aufgaben sind:

- Abbildung und Pflege der **Einrichtungsstrukturen** in der Software: Häuser, Bereiche, Gruppen, Räume etc.
- Anlage und Pflege der **Benutzerdaten**, Benutzerrollen und Zugriffsrechte.
- Erstkonfiguration und Änderung von **Programmeinstellungen** und Programm-Anpassungen für Berechnungs-, Planungs- oder Dokumentationsprozesse sowie für Ein- und Ausgaben (Listen, Statistiken usw.).
- Erstkonfiguration und Änderung von **Workflows**, die in der Software hinterlegt sind.
- Einspielen und testen von **Neuversionen** der Software (Patches, Updates) und Schnittstellen.
- **Ansprechpartner** für den Hersteller.

Die Software-Administration kann abhängig vom IT-Servicekonzept (vgl. Abschnitt 7.3.) zentral in einer IT-Abteilung oder dezentral in einem Fachbereich angesiedelt sein. Wird eine Software bereichsübergreifend eingesetzt, so ist nur eine zentrale Administration sinnvoll, da Anpassungen oft komplexe Auswirkungen auf verschiedene Bereiche haben können.

Wichtigste Voraussetzung für diese Aufgabe ist **fachlich-inhaltliches Wissen** über die von der Software unterstützten Arbeitsprozesse, verbunden mit einem tieferen Verständnis für die eingesetzte Software. Nicht notwendig sind Programmier-, Betriebssystem- oder Hardwarekenntnisse. In jedem Fall sollte darauf geachtet werden, dass das Administratoren-Wissen mindestens von **zwei Mitarbeitenden** geteilt wird, um eine ausgeprägte Abhängigkeit oder plötzlichen Wissensverlust durch Ausscheiden oder längere Krankheit zu vermeiden.

Customizing bestimmt praktischen Nutzwert

Moderne Fachsoftware-Lösungen können in weiten Bereichen an die speziellen Anforderungen einer Organisation angepasst werden, ohne dass hierzu Programmierkenntnisse erforderlich sind. Diese Form der Programm-Anpassung wird **Customizing, Tayloring** oder **Parametrisierung** genannt und kann in der Regel von der Organisation selbst durchgeführt werden. Für die Erstanpassung ist zumeist eine enge Zusammenarbeit der Administratoren mit dem Anbieter sinnvoll. Hierzu werden ein oder mehrere Tage mit einem Spezialisten des Anbieters vor Ort vereinbart. Bei komplexen Projekten, einer hochgradig flexiblen Software und mehreren Beteiligten beider Seiten kann hierfür auch eine eigene Teilprojektplanung erforderlich werden.

Die Customizing-Möglichkeiten können sich bei Fachsoftware für soziale Organisationen auf folgende Bereiche beziehen:

- Inhalte von Auswahlfeldern in Eingabemasken (z. B. für standardisierte Angaben zu Leistungen für Adressaten, Staatsangehörigkeit usw.)
- Umbenennung von Feldnamen in Eingabemasken und Listen
- Neu- oder Umgestaltung strukturierter Druck-, Mail- und PDF-Ausgaben (Listen, Anschreiben, Formulare)
- Definition von Abfragemustern und Standard-Statistiken
- Definition von Berechnungsregeln für Leistungen, Abwesenheiten, Dienste usw.
- Definition von Workflows (z. B. Schichtübergaben, Freigabe- oder Genehmigungsverfahren für Dienstpläne, Hilfepläne usw.)
- Umgestaltung von Bildschirm-Masken
- Neuanlage von Eingabefeldern (Textfelder, Datumsfelder, Auswahlfelder, Skalenfelder) und ihre Platzierung auf Bildschirm-Masken
- Anordnung und Aufbau von Navigationselementen (Menüs, Reiter, Baumstrukturen, grafische Icons usw.)
- Anordnung von Bildschirm-Masken und Reihenfolge ihrer Bearbeitung
- Datenkonfiguration für Schnittstellen-Übergaben
- Organisationsspezifische Hilfetexte für Benutzer

Neben den Grundeigenschaften eines Programms bestimmt das Customizing maßgeblich die **Usability**, also die Nutzbarkeit der Software in der Anwendungspraxis. Grundlage für die Anpassung bilden die SOLL-Konzeptionen der Geschäftsprozesse (vgl. Abschnitt 6.6.3.), die Anforderungsdefinition im Lastenheft (vgl. Abschnitt 7.5.2.) sowie die bisher verwendeten Formulare, Textdateien oder Tabellen.

Anspruchsvolle Definition von Item-Sets

Für Steuerungs- und Statistikzwecke sowie für die Dokumentation der fachlichen Arbeit müssen häufig standardisierte **Item-Sets** definiert und in der Software hinterlegt werden. Wenig Probleme bereitet dies meist bei harten Fakten wie etwa Staatsangehörigkeit oder Schulbildung der Adressaten. Sollen darüber hinaus in größerem Umfang „weiche“ Daten wie Diagnosen, Ressourcen des Familiensystems oder Betreuungsziele erhoben und ausgewertet werden, so ist die Definition dieser Kategorien eine fachlich anspruchsvolle Aufgabe. Sie geht weit über die Aufgabe einer technischen Einpassung in die Software hinaus und sollte in einem separaten Projekt oder im Rahmen eines **Qualitätsmanagement-Prozesses** bearbeitet werden. Dabei geht es auch um grundlegende Fragen der Abbildung von Realität in Fachsoftware sowie zum Verhältnis von Standardisierung und Einzelfallorientierung, die in den Abschnitten 1.5., 5.1. und 5.2. diskutiert wurden.

Ein weiterer elementarer Teil des Customizings ist die Ersteinrichtung der **Zugriffsrechte** der Benutzer. Auch dieser Schritt reicht über die technische Implementierung hinaus und ist eine organisatorische Aufgabe mit fundamentaler Bedeutung: Hier geht es darum, welche Personengruppen künftig welche Aufgaben etwa im Rahmen der Stammdatenverwaltung, Betreuungsplanung und Dokumentation wahrnehmen sollen und wie dies in der Software abgebildet wird. Sind ein alltagstaugliches Qualitätsmanagement-System sowie ein differenziertes Organigramm vorhanden, können daraus bereits manche Elemente abgeleitet werden. Die Erarbeitung dieses **Rechte- und Rollenkonzepts** ist grundsätzlich eine Führungsaufgabe, die im Rahmen des Einführungsprozesses in Zusammenarbeit mit den Software-Administratoren geleistet werden muss. Dabei ist den Belangen des Datenschutzes und der IT-Sicherheit (vgl. Kapitel 8.) ebenso Rechnung zu tragen wie den Anforderungen eines reibungslosen Alltagsbetriebes.

Zugriffsrechte bilden Aufgabenstrukturen ab

7.6.3. Mitarbeitenden-Qualifikation

Die Arbeit mit fachspezifischen Programmen setzt **fundierte Grundkenntnisse** im Umgang mit dem jeweiligen Endgerät (z. B. PC, Tablet, Smartphone) voraus. Ohne sie ist ein erfolgreiches Erlernen der teils komplexen Funktionen von Fachsoftware nicht möglich.

IT-Grundkenntnisse notwendig

Zu den Grundkenntnissen im Bereich klassischer PCs bzw. Notebooks oder Thin Clients zählen in erster Linie:

- Beherrschung der Tastatur- und Maus- bzw. Touchpad-Bedienung.
- Umgang mit Windows: Beherrschung der Fenstertechnik, Startmenü und Taskleiste, Dateien speichern, löschen, verschieben, Ordner anlegen, verschieben und löschen.
- Textverarbeitung: Texte schreiben, korrigieren, kopieren, einfügen, verschieben und löschen, einfache Formatierungen (Schriftart und -größe, fett, kursiv, Absatzausrichtung usw.).
- Internet- und E-Mail-Nutzung: Browser-Bedienung (Eingabe und Speicherung von Internet-Adressen, Navigation, Lesezeichen), Verschicken und Empfangen von E-Mails, Adressverwaltung, Umgang mit Dateianhängen.

Zu den erweiterten Kenntnissen gehören:

- Tabellenkalkulation: Eingaben in vordefinierte Kalkulationstabellen, Grundfunktionen zur Erstellung eigener Tabellen (Formeln für Grundrechenarten, Tabellenformatierung, Sortierung).
- Präsentationssoftware: Erstellung einfacher Präsentationen auf Basis von Vorlagen, Einfügen und Erstellen von Grafiken, einfache Animationen.

Schulungsbedarf an Kenntnisstand anpassen

In der Praxis sozialer Organisationen trifft man zumeist auf einen sehr unterschiedlichen Kenntnisstand der Mitarbeitenden. Immer mehr Mitarbeitende verfügen bereits über ausgeprägte IT-Nutzungskenntnisse. Andere besitzen zwar teils ein Smartphone, kamen bislang aber noch wenig mit klassischen Computern in Kontakt. Daher ist es sinnvoll, den aktuellen Kenntnisstand systematisch zu erfassen, um mit einem **differenzierten Schulungsangebot** genau an das vorhandene Wissensniveau andocken zu können.

Unmittelbar im Anschluss an die Schulungen müssen die Mitarbeitenden die erlernten Fähigkeiten an ihrem Arbeitsplatz anwenden können. Zeitliche Lücken zwischen Schulung und Anwendung wirken sich fatal auf den Kenntnisstand aus, nach wenigen Wochen ist bereits ein Großteil des Wissens wieder verlernt.

Um die Motivation zu fördern und die Anwendung in den Arbeitsalltag zu integrieren ist die direkte **Verknüpfung mit konkreten Arbeitsaufgaben** sinnvoll.

Fachsoftware-Qualifikation spezifizieren

Der Umgang mit **fachspezifischen IT-Lösungen** erfordert in der Regel eine intensive Qualifikation der Mitarbeitenden, auch wenn in den Werbetexten der Software-Anbieter viel von intuitiver Benutzerführung und selbsterklärenden Programmen die Rede ist. Zentral für den Erfolg solcher Schulungen ist, dass sich die Schulungsinhalte an den realen **Arbeitsprozessen** der Mitarbeitenden orientieren und sich exakt an den **Aufgabenzuschnitten** der jeweiligen Mitarbeitergruppen ausrichten. Dazu muss genau mit der Version des Programmes trainiert werden, die bereits an die eigene Organisation angepasst wurde (vgl. Abschnitt 7.6.2.) und am Arbeitsplatz der Mitarbeitenden verfügbar ist.

Gilt es, eine größere Anzahl von Mitarbeitenden mit unterschiedlichen Aufgabenprofilen zu schulen, so erweist sich eine detaillierte **Qualifizierungsplanung** als sinnvoll. Ein grafisches Raster kann diesen Schritt erleichtern.

On- oder off-job Schulung

Eine grundlegende Entscheidung betrifft den **Ort** der Mitarbeitenden-Qualifikation: Bei einer kleinen Anzahl an Mitarbeitenden können diese **on-job**, also direkt am Arbeitsplatz, oder **off-job**, also in einem separaten Schulungsraum oder extern, etwa in Schulungsräumen des Software-Anbieters, durchgeführt werden. Sind mehr als ca. zehn Mitarbeitende betroffen, sind Gruppenschulungen in Schulungsräumen schon aus Gründen der Organisation und Wirtschaftlichkeit die einzig sinnvolle Form.

Schulungen am Arbeitsplatz sind meist stark individualisiert und bieten den Vorteil einer sehr alltagsnahen Gestaltung. Nachteilig erweist sich hier allerdings das hohe Störpotenzial durch Anrufe, Kollegengespräche, dringend zu erledigende Aufgaben und manches mehr. Die off-job-Schulung bietet den Vorteil der räumlichen Distanz und psychischen Entlastung vom Alltagsgeschäft.

Zu klären ist in dieser Planungsphase weiterhin, welche **Dozenten** zum Einsatz kommen und wie die Vorbereitung auf die Lehrtätigkeit aussieht. Entweder wird auf Schulungsmitarbeitende des Anbieters zurückgegriffen oder es können einrichtungseigene Mitarbeitende als Multiplikatoren ausgebildet werden. Insbesondere bei größeren Organisationen ist das **Multiplikatoren-Modell** deutlich besser geeignet, da die Mitarbeitenden aus der eigenen Organisation die Arbeitsabläufe und

	Stammdaten	Leistungsabrechnung	Barkassen-Verwaltung	Anamnese, Diagnose	Hilfeplanung	Dokumentation	Evaluation	Basis-Statistik	Erweiterte Statistik	Dienstplan-Erstellung	Dienstplan-Nutzung	Allgemeine Adressverwaltung	Ressourcen-Verwaltung
Geschäftsführung								■	■		■	■	■
Abteilungsleitung Jugendhilfe	■			■	■	■	■	■	■	■	■	■	■
Gruppenleitung Jugendhilfe	■		■	■	■	■	■	■	■	■	■	■	■
Pädagogische Mitarbeiter	■			■	■	■	■	■			■		■
Abteilungsleitung Altenhilfe	■			■	■	■	■	■	■	■	■	■	■
Gruppenleitung Altenhilfe	■		■	■	■	■	■	■	■	■	■	■	■
Examinierte Pflegekräfte	■			■	■	■	■	■		■	■	■	■
Nicht examinierte Pflegekräfte	■					■	■				■	■	
Psycholgischer Dienst	■			■	■	■	■	■				■	
Abteilungsleitung Verwaltung	■	■	■									■	■
Sekretariat	■											■	■
Leistungsverwaltung	■	■	■									■	■
Rechnungswesen	■	■	■										
Hauswirtschaftsleitung										■	■	■	■
Hauswirtschaftliche Mitarbeiter												■	

Abbildung 103: Beispiel-Raster zur Planung von Fachsoftware-Schulungen

Regularien kennen, mehr Akzeptanz finden und besser auf entsprechende Fragen oder Themen eingehen können.

Ergänzend zu Präsenzschulungen, oder bei kleinen Anwendungen wie einer Zeiterfassungs-App auch als Alternative dazu, ist der Einsatz von **Lernvideos** sinnvoll. Eine Reihe von Fachsoftware-Herstellern bietet solche Videos bereits an. Auch die Eigenproduktion solcher Videos ist möglich, der technische Aufwand dafür ist heute gering.

Eine weitere Alternative sind **Webinare**, also interaktive Online-Seminare, bei denen ein Dozent und mehrere Teilnehmer per Audio und Video in Echtzeit verbunden sind.

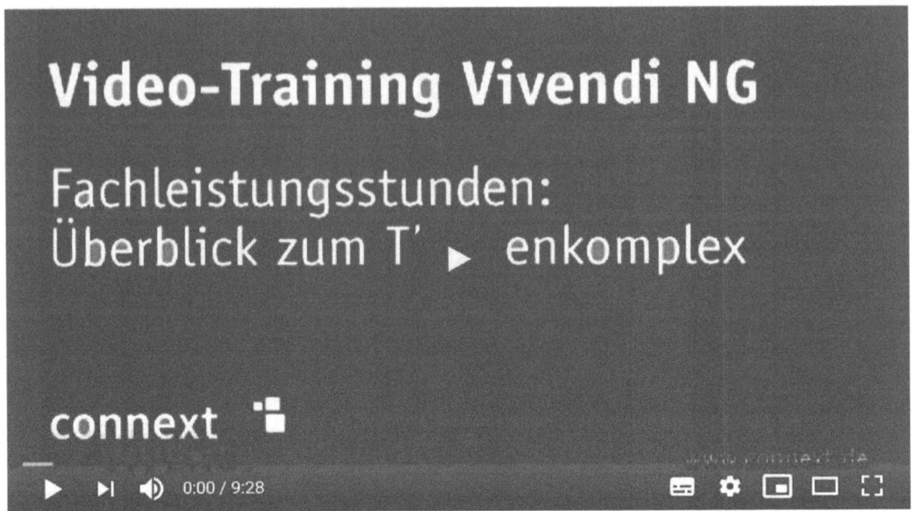

Abbildung 104: Beispiel-Lernvideo des Fachsoftware-Herstellers Connext
Quelle youtube.com/watch?v=TX3mrqbwbxY, Abruf: 16.8.2019

7.6.4. Datenerfassung, Testbetrieb, Rollout und Abnahme

Bei der **Ersteinführung** von Software in einem Arbeitsbereich müssen zunächst die notwendigen Stammdaten der Adressaten, Mitarbeitenden, Leistungen, Kostenträger, Kooperationspartner usw. eingegeben werden. Dabei ist es für die spätere Arbeit wichtig, eine **hohe Qualität der Ausgangsdaten** sicherzustellen.

Qualität der Basisdaten sicherstellen

Die konkrete Organisation der **Ersterfassung** ist abhängig von der gewählten Einführungsstrategie (vgl. Abschnitt 7.6.1.). Informationsgrundlage bilden in der Regel die vorhandenen schriftlichen Unterlagen. Müssen komplexe Bestände manuell erfasst werden, ist es sinnvoll, dass die Administratoren und Key-User die Eingabe im Rahmen einer Pilot-Erfassung vorab testen und eine Handreichung für schwierige oder mehrdeutige Fälle erarbeiten.

Bei einer **Migration** muss zunächst entschieden werden, ob die Daten ganz oder teilweise elektronisch übernommen (konvertiert) oder manuell neu eingegeben werden. Diese Entscheidung sollte bereits in der Planungsphase (vgl. Abschnitt 7.6.1.) getroffen werden, da sie die Migrationsstrategie erheblich beeinflusst. Eine wichtige Grundlage hierfür bildet die **kritische Sichtung** der vorhandenen Datenbestände: Sind sie wirklich auf aktuellem Stand oder bergen sie zahlreiche „Karteileichen“ und fehlerhafte bzw. unvollständige Angaben?

Auch technische Hindernisse sind zu beachten: Eine vollständige Datenübernahme mit standardisierten Ex- und Import-Funktionen ist nicht immer möglich. Lassen sich die eher statischen **Stammdaten** meist leicht übernehmen, gestaltet sich dies bei **Bewegungsdaten** wie Leistungen, Hilfepläne oder Verlaufsdokumentationen oft weit schwieriger: Fast jede Software verwaltet ihre Daten intern nach einer anderen Logik und benutzt eine programmspezifische Aufteilung der Informationen auf die verschiedenen Datenfelder, woran eine automatisierte Übernahme oftmals scheitert.

Datenqualität und technischer Aufwand entscheiden

Eine **Konvertierung** der Daten ist in der Regel sinnvoll, wenn sich die Altdaten fachlich-inhaltlich in einem guten Zustand befinden und der technische Aufwand, das Fehler-Risiko und die Konvertierungskosten überschaubar sind.

Die Entscheidung für eine **Neuerfassung** liegt nahe, wenn der technische Aufwand, das Fehlerrisiko und die Kosten für eine Konvertierung hoch sind oder in den Altdaten viele Fehler stecken.

Bei komplexen Anforderungen und Arbeitsabläufen können selbst bei guter Vorplanung nicht alle Faktoren bedacht werden. Viele Detailprobleme zeigen sich erst, wenn mit der Software „hart am Alltag" gearbeitet wird. Nicht selten begehen soziale Einrichtungen den Fehler, die Systeme noch in unreifem Implementationszustand flächendeckend einzuführen. Dies verursacht oft erhebliche Störungen im Betriebsablauf. In der Folge gewinnen die Skeptiker die Deutungshoheit und die Zuversichtlichen verlieren das Vertrauen in das Projekt.

Sicherheit durch Test- und Pilotbetrieb

Je nach Projektzuschnitt kann daher zwischen zwei **Formen des Probebetriebs** von Software gewählt werden: Im **Testbetrieb** arbeiten ausgewählte Mitarbeitende vorab mit der neuen Software, um die Funktionsfähigkeit des Systems, die Vollständigkeit des Customizings und die Qualität der Datenkonvertierung zu überprüfen. Das Altsystem ist währenddessen noch aktiv, in ihm werden weiterhin alle laufenden Arbeiten getätigt. Diese Methode ist häufig bei kleineren Projekten oder in zentralen Verwaltungseinheiten die erste Wahl.

In einer **Pilotphase** arbeiten ausgewählte Einrichtungsteile wie etwa einzelne Wohn- oder Tagesgruppen dagegen bereits im **Echtbetrieb** mit der Software, während der überwiegende Teil der Einrichtung von der neuen Software noch unberührt bleibt.

Beide Verfahren können auch kombiniert werden: So kann etwa für Aufgaben der Betreuungsplanung und -dokumentation zunächst ein Testbetrieb und dann eine Pilotphase durchgeführt werden.

Rollout deckt letzte Schwachstellen auf

Mit dem **Rollout** oder **Go live** beginnt der **Produktiv- oder Echtbetrieb**, also die unternehmensweite Bearbeitung aller aktuellen Geschäftsvorfälle in der neuen Software. Wurden in den bisherigen Projektschritten alle wesentlichen Schwierigkeiten beseitigt, so sind hier keine ernsthaften Probleme mehr zu erwarten. Dennoch wird man etwa auf bislang unentdeckte oder ungenügend durchdachte Teilprozesse oder Spezialanforderungen stoßen, deren Abbildung in der Software noch geklärt werden muss. Ebenso werden trotz guter Schulungen Anwenderfehler oder auch Widerstände gegen Neuerungen sichtbar.

An den Rollout schließt sich daher die **Konsolidierungsphase** an, die etwa mit einem Zeitraum von drei bis sechs Monaten veranschlagt werden kann. Erst nach Ende dieser Phase sollte das Projekt offiziell beendet und das Projektteam aufgelöst werden. Die Administratoren müssen während dieser Zeit zahlreiche, jedoch kontinuierlich abnehmende Rückfragen der Mitarbeitenden bearbeiten. Probleme und Schwachstellen, die nicht unmittelbar intern oder mit Hilfe der Anbieter-Hotline gelöst werden können, sind sorgfältig zu protokollieren. Im Projektteam werden sie analysiert um Lösungen zu erarbeiten.

Die **Abnahme** gegenüber dem Lieferanten kann je nach Vereinbarung nach dem Rollout oder in der Konsolidierungsphase erfolgen. Sie kann auch parallel zu einer internen Abnahme, aber auch zeitversetzt dazu erfolgen. Hier geht es darum, zu dokumentieren, dass alle im Pflichtenheft genannten und vertraglich vereinbarten Anforderungen erfüllt sind. In der Regel wird hierfür ein schriftliches Protokoll verfasst, das die einzelnen Bereiche analog zum Aufbau des Lastenheftes (vgl. Abschnitt 7.5.2.) listet und Kommentare dazu vermerkt. Das Protokoll wird vom Projektleiter des Lieferanten und vom Projektleiter des anwendenden Unternehmens sowie ggf. von den Geschäftsführungen unterzeichnet.

7.7. IT-Servicemanagement

Die Begriffe IT-Management und IT-Servicemanagement werden in der Fachliteratur teilweise synonym verwendet. Dies ist jedoch insofern irritierend, als wichtige Teile des IT-Managements wie etwa die Binnenorganisation des IT-Bereichs oder die Strategie-Entwicklung zumindest im deutschsprachigen Raum nicht unbedingt als Services oder Dienstleistungen aufgefasst werden. Hier wird IT-Servicemanagement deshalb pragmatisch in einem etwas engeren Sinne gefasst:

Definition

IT-Servicemanagement umfasst die Planung, Steuerung, Durchführung und Evaluation aller Prozesse im laufenden IT-Betrieb, die zur Aufrechterhaltung der Funktionsfähigkeit der Systeme, der Unterstützung der Anwender sowie der kontinuierlichen Verbesserung dieser Tätigkeiten dienen.

Damit grenzt sich das Servicemanagement auch vom **IT-Projektmanagement** ab, das nicht Teil des Regelbetriebes ist und unter anderem durch eine klar begrenzte Laufzeit gekennzeichnet ist. Aufgabe des IT-Servicemanagements ist es, den **laufenden IT-Betrieb** zuverlässig, anwenderfreundlich und wirtschaftlich zu organisieren. In sozialen Einrichtungen ist seine Ausgestaltung stark von der

Anwenderzahl, der regionalen Gliederung und dem Grad der IT-Durchdringung geprägt.

7.7.1. ITIL-Modell

Die **Information Technology Infrastructure Library**, kurz **ITIL**, stellt ein weltweit genutztes Referenzmodell für das IT-Servicemanagement dar. Es ist branchenübergreifend konzipiert und wird stetig weiter-entwickelt. ITIL ist erstmals Ende der 80er Jahre des 20. Jahrhunderts erschienen und liegt seit Anfang 2019 in der Version 4.0 vor.

ITIL 4.0 beruht auf folgenden Leitprinzipien (vgl.: Agutter 2019, S. 71 ff):

- **Auf Wertzuwachs konzentrieren:** Mit IT-Services muss immer direkt oder indirekt Wertzuwachs erzeugt werden.
- **Mit dem IST-Stand beginnen:** Gute Fähigkeiten sollen beibehalten werden, Verbesserungen sollen sich auf die notwendigen Punkte konzentrieren.
- **Iterativer, mit Rückmeldung gesteuerter Fortschritt:** Verbesserungen in kleinen Schritten gestalten, bewerten und bei Bedarf anpassen.
- **Transparente Zusammenarbeit:** In jeder Zusammenarbeit mit den Anwendern und Leitungskräften muss Transparenz bestehen. Die Arbeiten des IT-Bereichs müssen verständlich gemacht werden.
- **Ganzheitliches Denken und Handeln:** Der IT-Bereich ist keine Insel in der Organisation, sondern Teil einer Wertschöpfungskette.
- **Einfach und praktikabel halten:** Die Arbeit des IT-Bereichs und vor allem die Prozesse zwischen der IT und den Anwendern müssen nachvollziehbar und verständlich sein, Schritte die keinen Mehrwert bringen, sollen entfernt werden.
- **Optimierung und Automatisierung:** Häufig wiederkehrende Aufgaben sollen so weit wie möglich optimiert und automatisiert werden. Menschliche Interaktionen sollen auf die Punkte konzentriert werden, bei denen sie sinnvoll und notwendig sind.

Während die ITIL-Version 3.0 (vgl. Buchsein u. a. 2007) noch sehr technokratisch orientiert war und den Schwerpunkt auf definierte Prozessabläufe im IT-Bereich setzte, stellt Version 4.0 die Wertschöpfung durch die IT, agiles Arbeiten und Anwenderorientierung in den Mittelpunkt. Sie trägt damit der Tatsache Rechnung, dass IT-Bereiche in Zeiten der Digitalisierung oft nicht mehr langfristig planen können, sondern immer schneller auf neue Kundenbedürfnisse und sonstige Veränderungen reagieren müssen, was letztlich auch für die Unterstützungsfunktionen der IT gilt.

Die **ITIL Service-Wertschöpfungskette** stellt die Aktivitäten dar, die sinnvoll sind, um einen Mehrwert durch IT zu schaffen. Diese Aktivitäten sind Planung (Plan), Verbesserung (Improve), Engagement (Engage), Entwurf und Überleitung (Design and Transition), Beschaffung/Konstruktion (Obtain/Build) und Lieferung und Pflege (Deliver and Support). Nicht alle dieser Aktivitäten müssen für jede Serviceerbringung ausgeführt werden und ihre Reihenfolge ist flexibel.

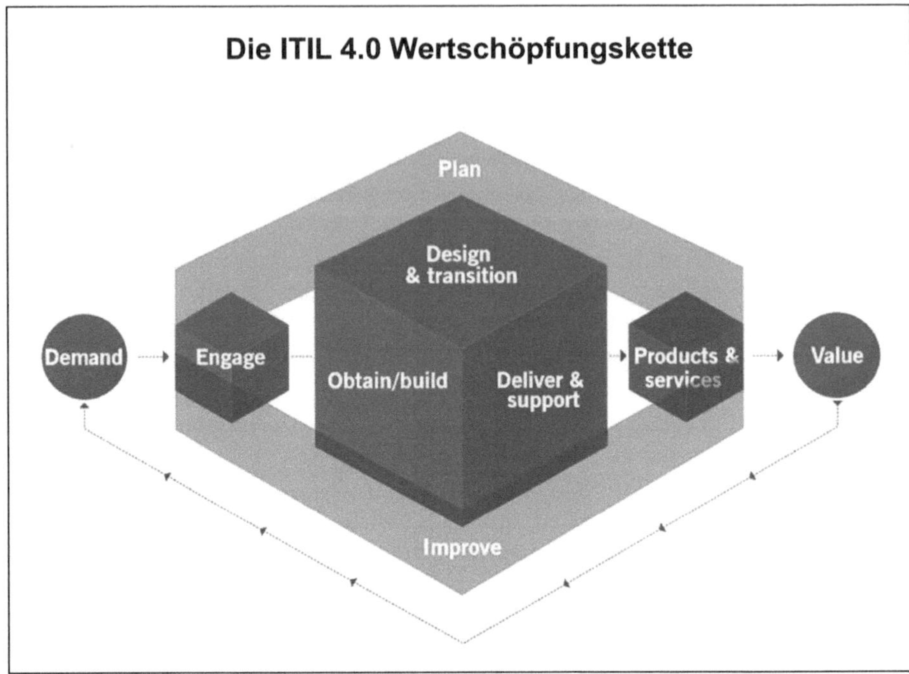

Abbildung 105: Die ITIL 4.0 Wertschöpfungskette im Überblick

Quelle: https://blog.topdesk.com/de/itil-4-die-neue-servicemanagement-bibel, Abruf: 16.8.2019

7.7.2. ITIL in der Sozialwirtschaft

Selektive Nutzung oft sinnvoll

Ursprung und Haupteinsatzfelder von ITIL liegen im Bereich staatlicher Organisationen und Wirtschaftsunternehmen, die große IT-Abteilungen betreiben. Entsprechend komplex sind Aufbau und Inhalt: Die ITIL-Bibliothek beschreibt insgesamt 34 einzelne Praktiken (bis ITIL 3.0 Prozesse genannt), die wiederum in zahlreiche Teilpraktiken untergliedert sind. In der Sozialwirtschaft gibt es jedoch nur relativ wenige Komplexträger mit großen IT-Abteilungen, die den Nutzen des Modells voll ausschöpfen können.

Folgende Übersicht kann als grobe Orientierung für die Nutzbarkeit des ITIL-Konzeptes in sozialen Organisationen dienen:

Unternehmens-klassifikation	Zahl der IT-Anwender und IT-Mitarbeitende	Sinnvolle Nutzungsformen von ITIL
Kleine Sozial-Unternehmen	unter 500 Anwender unter 5 IT-Mitarbeitende	ausgewählte operative ITIL-Praktiken
Mittlere Sozial-Unternehmen	500 bis 1.500 Anwender 5 bis 10 IT-Mitarbeitende	ausgewählte operative und taktische ITIL-Praktiken
Große Sozial-Unternehmen	über 1.500 Anwender über 10 IT-Mitarbeitende	ITIL-Gesamtkonzept oder große Teile daraus

Abbildung 106: Mögliche Nutzungsformen von ITIL in der Sozialwirtschaft

Nach wie vor ist das ITIL-Konzept in der Sozialwirtschaft nicht überall bekannt und klassische ITIL-Praktiken oder -prozesse (vgl. nächster Abschnitt) werden nur teilweise eingesetzt: Unter den am IT-Report für die Sozialwirtschaft teilnehmenden Organisationen haben im Schnitt die Hälfte solche Prozesse definiert (vgl. Kreidenweis/Wolff 2019, S. 28 f.).

Für die IT in sozialen Organisationen ist bei ITIL der Gedanke zentral, dass weder Rechnersysteme oder Netzwerke, noch Software oder sogar IT-Mitarbeitende unmittelbar einen Wertbeitrag erbringen. Ein Wertbeitrag wird nur dort erbracht, wo IT-Services wie bspw. eine Hotline oder die Konfiguration einer Software einen Geschäftsprozess wie die Leistungsabrechnung oder Dokumentation unterstützt, der wiederum dazu dient, die eigentliche soziale Dienstleistung wie Pflege oder Betreuung zu erbringen oder zu refinanzieren.

7.7.3. Ausgewählte ITIL-Praktiken für soziale Organisationen

Dieser Abschnitt stellt eine beispielhafte Auswahl von ITIL-Praktiken vor, die für soziale Organisationen unterschiedlicher Größe nutzbar sind. Nach ITIL können IT-Services als kundenbezogene Abläufe oder Geschäftsprozesse (vgl. auch Kapitel 6.) verstanden werden, die grundsätzlich in jedem Unternehmen beschreibbar sind. Anders ausgedrückt gibt der IT-Bereich dem Unternehmen ein **Service-Versprechen**, das beinhaltet, welche Dienste in welcher Qualität, zu welchen Zeiten und an welchen Orten bereitgestellt werden. Umgekehrt bedeutet es aber auch für die Organisation, dass sie sich an die gemeinsam definierten Regeln halten muss.

Incident Management (Störungsmanagement)

Ziel dieser Praktik ist es, Störungen, die bei den Anwendern im laufenden Betrieb auftreten, möglichst schnell zu beseitigen. Dies setzt voraus, dass Erreichbarkeiten und Zuständigkeiten dieses Service klar und am Bedarf orientiert geregelt sind. Kann eine Störung nicht unmittelbar behoben werden, weil die Kompetenz dafür fehlt, so wird die Störungsmeldung intern oder extern weitergegeben und einer Lösung zugeführt. Je nach Komplexitätsgrad einer Organisation kann es sich hier um einen bis zu dreistufigen **Eskalationsweg** handeln: Die Key-User, also speziell

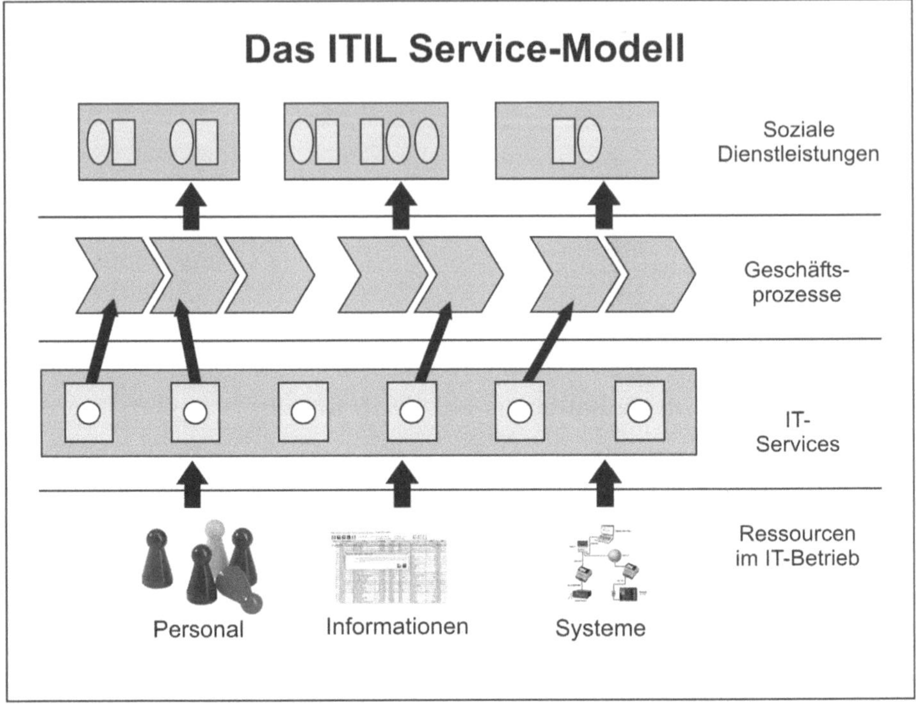

Abbildung 107: Das ITIL-Modell im Kontext der Wertschöpfung in sozialen Organisationen

ausgebildete Mitarbeitende in den Fachbereichen, bilden bspw. die erste Stufe (First-Level-Support), die zentrale Hotline der sozialen Organisation (Helpdesk) die zweite (Second-Level-Support) und die eigenen Spezialisten für Netzwerke, Anwendersoftware bzw. externe Spezialisten bei Systemhäusern oder Software-Herstellern die dritte Stufe (Third-Level-Support).

Eine wichtige Aufgabe des Störungsmanagements ist es auch, alle eingehenden Störungsmeldungen und Lösungswege zu dokumentieren. Nützlich für die Incident-Steuerung und Dokumentation ist eine spezielle **Ticketsystem-Software,** in kleineren Einrichtungen genügen gegebenenfalls auch einfache Lösungen auf Basis einer Tabellenkalkulation oder selbst erstellten Datenbank.

Problem-Management

Diese vom Incident-Management getrennte Praktik geht den Ursachen von Störungen nach oder tritt auf den Plan, wenn Störungen nicht sofort lösbar sind oder ihre Art und Häufigkeit ein tiefer liegendes Problem vermuten lässt. Voraussetzung für diese Tätigkeit ist eine genaue Dokumentation der Störungsmeldungen und Lösungsversuche. Maßnahmen folgender Art sind dabei möglich:

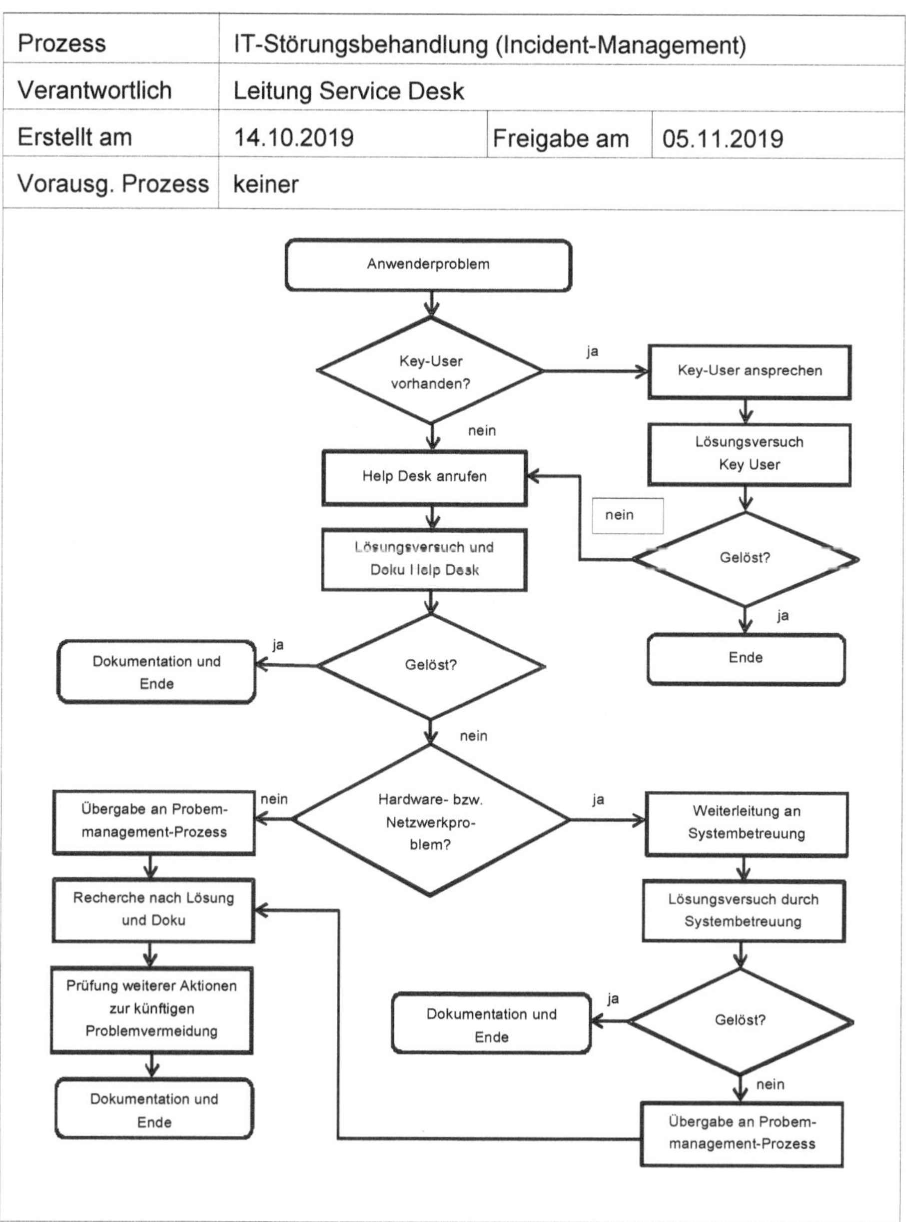

Prozess	IT-Störungsbehandlung (Incident-Management)		
Verantwortlich	Leitung Service Desk		
Erstellt am	14.10.2019	Freigabe am	05.11.2019
Vorausg. Prozess	keiner		

Abbildung 108: Beispiel einer Prozessdokumentation zur Störungsbehandlung in einer sozialen Organisation mit Key-Usern, zentraler Anwender-Hotline (Help Desk) und zentraler Hardware-Systembetreuung

- Technische Maßnahmen (z. B. Customizing von Software, Sperren von Funktionen)
- Organisatorische Maßnahmen (z. B. Veröffentlichen oder anpassen von Benutzerrichtlinien, Änderung von Abläufen)
- Trainingsmaßnahmen für einzelne Mitarbeitende oder Mitarbeitergruppen

Aufgabe des Problem-Managements ist es auch, die besten Lösungswege für Störungsfälle zu ermitteln und für das Störungsmanagement in einer geeigneten Form zu dokumentieren.

Change Control (Steuerung von Veränderungen)

Wird im Problem-Management erkannt, dass die Störungsursachen nur durch umfangreichere Veränderungen in den IT-Systemen beseitigbar sind, so tritt die Praktik des Change Control auf den Plan. Andere Gründe dafür können Veränderungswünsche aus dem Unternehmen, der Anschluss an technologische Innovationen oder innovative digitale Angebote für die Adressaten sein. Beispiele für Veränderungsanlässe – in ITIL **Change Requests** genannt – sind etwa die Einführung neuer Software oder umfängliche Release-Wechsel auf Betriebssystem- oder Anwendersoftware-Ebene.

Erste Aufgabe ist es dabei, die Änderungsbedarfe hinsichtlich Notwendigkeit, Kosten und Risiken zu analysieren. Auf dieser Basis kann eine qualifizierte Entscheidung über die Einleitung des Veränderungsprozesses herbeigeführt werden. Anschließend wird die Durchführung als Maßnahme im Routinebetrieb organisiert oder nach den Regeln des IT-Projektmanagements (vgl. Abschnitt 7.4.) geplant, koordiniert und dokumentiert.

Ein an kleinere und mittlere Unternehmen **angepasstes Konzept des IT-Servicemanagements** ist **FitSM**, das sich an ITIL anlehnt, die Komplexität jedoch deutlich reduziert (vgl. Rohrer/Söllner 2017).

Arbeitsaufgaben

14. Ein Träger von sechs stationären Pflegeeinrichtungen, 500 Mitarbeitenden und 220 Computerarbeitsplätzen hat eine kleine IT-Abteilung mit zwei Mitarbeitenden. Sie beschaffen auf Anforderung der Einrichtungen PCs und Drucker, kümmern sich um die Server und installieren die Fachsoftware, die von den Einrichtungen jeweils eigenständig gekauft wird. Dadurch ist mittlerweile ein buntes Spektrum unterschiedlicher Programme entstanden, in manchen Einrichtungsteilen werden viele Arbeiten auch noch mit Office-Programmen erledigt. Welches Selbstverständnis und welche Entwicklungsstufe des IT-Managements herrschen hier vor? In welche Richtung sollte sich der IT-Bereich dieses Trägers sinnvollerweise entwickeln?
15. Ihr Chef kommt von einer Fachmesse und erzählt begeistert, dass er dort neue Programme und Mobil-Apps gesehen hat, die die Arbeit Ihrer Berufsbildungseinrichtung erheblich erleichtern. Da er selbst keine Zeit hat, bittet er Sie als Sozialarbeiterin mit Sozialinformatik-Kenntnissen, die

ganze Sache mal in die Hand zu nehmen. Was sind Ihre ersten Arbeitsschritte?

16. Welche der folgenden Anforderungen an Software aus einem Lastenheft sind bewertungsgerecht formuliert und ermöglichen dem Anbieter eine eindeutige Aussage über ihre Erfüllung? Begründen Sie Ihre Antwort kurz.
    a) Die Software soll Hilfsmittel wie Rollstühle oder Krücken pro Bewohner verwalten können.
    b) Mitarbeitende können Wünsche für ihren persönlichen Dienstplan in der nächsten Planungsperiode über eine Mobil-App an den Dienstplaner senden.
    c) Das Hilfeplanungsmodul unterstützt die pädagogischen Mitarbeitenden im Anschluss an die Hilfeplanung bei der Suche nach einer geeigneten Einrichtung für den jeweiligen Klienten.
17. In einer Einrichtung der Behindertenhilfe steht die Einführung einer umfassenden Software für Betreutenverwaltung, Abrechnung und Verlaufsdokumentation an. Das bislang eingesetzte reine Abrechnungsprogramm soll eingestellt werden. Die Stammdaten der Bewohner und Kostenträger können komplett aus dem Altprogramm übernommen werden. Welche Einführungs- bzw. Migrationsstrategien kommen in Frage und warum?
18. Die Schulung der Mitarbeitenden im obigen Beispiel wird geplant. Da die Fachsoftware schon recht teuer war und nach den Angaben des Anbieters kinderleicht zu bedienen ist, schlägt der Einrichtungsleiter vor, Sie als Softwareadministrator auf eine zweitägige Schulung zu schicken. Anschließend sollen Sie die Bedienung ihren 60 Kolleginnen wenn nötig nach und nach direkt am Arbeitsplatz erklären. – Wären Sie mit diesem kostenbewussten Vorschlag einverstanden? Begründen Sie Ihre Meinung.

Literatur und Links zum Kapitel

Agutter, Claire: ITIL 4 Essentials. Cambridgeshiere 2019.

Ammenwerth, Elske/Haux, Reinhold: IT-Projektmanagement in Krankenhaus und Gesundheitswesen. Stuttgart 2005.

Buchsein, Ralf/Victor, Frank/Günther, Holger/Machmeier, Volker: IT-Management mit ITIL V3. Wiesbaden 2007.

Fröschle, Hans-Peter/Strahringer, Susanne: IT-Governance. Heidelberg 2006.

Kohlhoff, Ludger: Projektmanagement. Baden-Baden 2004.

Kaiser, Fabian/Simschek, Roman: PRINCE2®. Die Erfolgsmethode einfach erklärt. München 2019.

Kreidenweis, Helmut: IT-Handbuch für die Sozialwirtschaft. Baden-Baden 2011.

Kreidenweis, Helmut/Wolff, Dietmar: IT-Report für die Sozialwirtschaft 2018. Eichstätt 2018.

Kreidenweis, Helmut/Wolff, Dietmar: IT-Report für die Sozialwirtschaft 2019. Eichstätt 2019.

Kuster, Jürg u.a: Handbuch Projektmanagement. Agil – Klassisch – Hybrid. Berlin 2018.

Kusay-Merkle, Ursula: Agiles Projektmanagement im Berufsalltag. Für mittlere und kleine Unternehmen. Wiesbaden 2018.

Rohrer, Anselm/Söllner, Dierk: IT-Servicemanagement mit FitSM. Heidelberg 2017.

Tragner, Bernd: Richtig investieren. In: Creditreform, Nr. 2/2008, S. 22–24.

8. Datenschutz und IT-Sicherheit

Hoch-sensible Daten

Soziale Organisationen erfassen und speichern viele **hochsensible persönliche Daten** über die von ihnen betreuten Menschen: körperliche und psychische Krankheiten, Suchtprobleme, Gesetzeskonflikte, Verhaltensauffälligkeiten und manches mehr. Diese Daten sind oftmals zur Gewährung, Durchführung, Dokumentation und Abrechnung von Hilfeleistungen erforderlich, werden aber meist nicht vollkommen freiwillig offenbart. Zudem ist ein großer Teil der Adressaten sozialer Einrichtungen **vulnerabel**, also nicht oder nur eingeschränkt dazu in der Lage, die Ge- und Missbrauchsmöglichkeiten zu beurteilen, die sich aus solchen Daten ergeben. Völlig neue Herausforderungen für den adäquaten Umgang mit solchen Daten entstehen durch die **Digitalisierung** der Interessenten- und Adressatenkommunikation, die zunehmende Ausstattung mit digitaler Sensortechnik, etwa in der Alten- oder Behindertenhilfe, durch Robotik, Sprachassistenten und viele andere neue Technologien, die persönliche Daten verarbeiten und speichern.

Immer häufiger geraten auch **Datenschutz- und IT-Sicherheitspannen** aus sozialen Organisationen an die Öffentlichkeit. Der Schaden ist in solchen Fällen groß: Die betroffenen Menschen fühlen sich in ihrer persönlichen Integrität verletzt und die Auswirkungen auf das Image der Organisation sind weitreichend.

In der Praxis sozialer Organisationen sind Datenschutz und IT-Sicherheit sehr unterschiedlich ausgeprägt: Zwar verfügen heute 99 Prozent über einen Beauftragten für den Datenschutz, jedoch hat über ein Drittel kein IT-Sicherheitskonzept. Lediglich ein Viertel verwendet allgemein anerkannte Sicherheitsnormen und nur 22 Prozent lassen ihre IT-Systeme regelmäßig durch Test-Angriffe von außen auf Schwachstellen überprüfen (vgl. Kreidenweis/Wolff 2019, S. 36 f.).

Ethische und gesetzliche Verpflichtung

Die Daten betreuter Menschen angemessen zu schützen, ist für soziale Organisationen eine **ethisch-moralische Verpflichtung** und grundlegende Voraussetzung für eine vertrauenswürdige helfende Beziehung. Unter dem Begriff der „informationellen Selbstbestimmung“ genießt der Schutz personenbezogener Daten in Deutschland aber auch **Verfassungsrang** und ist in der **EU-Grundrechtscharta** verankert (vgl. Leuchtner 2018, S. 3).

Die Regelungen zum Datenschutz sind jedoch über **mehrere Gesetzeswerke** verstreut, weichen teils voneinander ab, sind manchmal widersprüchlich und sehr abstrakt oder dehnbar formuliert. Dies macht es auch für Experten nicht immer einfach, sie genau einzuhalten (vgl. Bake/Blobel/Münch 2004, S. 7; Kepert 2019, S. 309).

Definition

Der Begriff **Datenschutz** umfasst alle gesetzlichen Normen, die sich mit dem Schutz personenbezogener Informationen vor Missbrauch beschäftigen, er stellt also die Rechte der Betroffenen in den Mittelpunkt.

Die **IT-Sicherheit** regelt alle technisch-organisatorischen Vorkehrungen, die notwendig sind, um den Schutz von Daten zu gewährleisten, sie bezieht sich also auf die Daten und auf die Systeme, mit denen diese verarbeitet werden.

Datenschutz und IT-Sicherheit bilden zusammen mit anderen gesetzlichen, vertraglichen oder unternehmensinternen Regelungen die **IT-Compliance**. Sie stellt sicher, dass die gesamte IT regelkonform und sicher betrieben wird.

Unter die **IT-Compliance** fallen neben den Datenschutzgesetzen bspw. auch Regelungen zur digitalen Prüfbarkeit steuerlich relevanter Daten, vertragliche Verpflichtungen zur Vertraulichkeit von Informationen in Arbeits- oder Dienstleistungserträgen oder Dienstvereinbarungen mit der Arbeitnehmervertretung zur digitalen Kontrolle der Leistungen von Mitarbeitenden.

Beispiele von Datensicherheitspannen in sozialen Organisationen

Diakonie Mark-Ruhr

Cyberangriff legt Arbeit lahm

Die Diakonie Mark-Ruhr ist Opfer eines Cyberangriffs geworden. Kriminelle haben sich Zugriff zum unternehmenseigenen Server verschafft.

DRK Trägergesellschaft Süd-West

Hacker sabotieren Server und fordern Lösegeld

Mit einer Schadsoftware haben Hacker das Computernetzwerk der DRK Trägergesellschaft Süd-West attackiert und das Unternehmen erpresst. Es wurde wohl nur zufällig Opfer des Angriffs.

- Hacker haben Mitte Juli die Server der DRK Trägergesellschaft Süd-West angegriffen.
- Sie forderten ein Lösegeld in Höhe von 7500 US-Dollar.

Abbildung 109: Beispiele folgenschwerer Datensicherheitspannen in sozialen Organisationen

Quelle: wohlfahrtintern.de, Abruf: 2.3.2018 und 9.8.2019

IT-Compliance, Datenschutz und IT-Sicherheit sind also sich ergänzende Elemente einer Sicherheitsarchitektur für alle Daten und Informationen in einer Organisation.

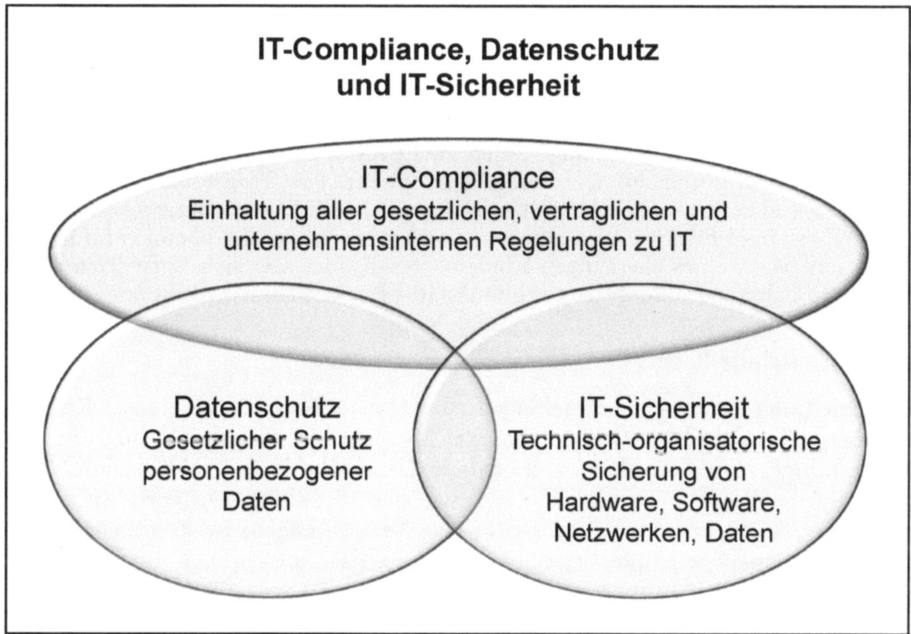

Abbildung 110: Verhältnis von IT-Compliance, gesetzlichem Datenschutz und technisch-organisatorischer IT-Sicherheit

Das folgende (erfundene) Szenario soll zeigen, dass Datenschutz und IT-Sicherheit in allen sozialen Einrichtungen und Diensten ein wichtiges Thema ist, unabhängig von deren Art und Größe.

Datenschutz-GAU in der Kindertagesstätte – Ein Szenario

Die Kindertagesstätte des gemeinnützigen Vereins „Kuschelkiste" verwaltet die Daten der Kinder und ihrer Familien auf einem Notebook-PC mit Internetanschluss. Neben den Namen und Adressen der Kinder und Eltern sind auch ihre Medikamente sowie Beobachtungen und Einschätzungen der Erzieherinnen zu den Kindern und ihren Familien in einer Fachsoftware gespeichert. Das Notebook und die Programme hat vor einigen Jahren ein mittlerweile ausgeschiedener Praktikant installiert, der sich nach eigenem Bekunden gut damit auskannte. Frau Sorglos, Sozialpädagogin und Leiterin der Tagesstätte hält die Daten für sicher, da sich die Nutzer mit einem Passwort am Programm anmelden müssen. Eines Tages tauchen Kommentare der Erzieherinnen wie „vermutlich werden in der Familie Maier die Kinder häufig geschlagen" in Facebook auf. Auf Facebook, Instagram und Twitter werden daraufhin allerlei Verdächtigungen und Gerüchte gepostet, ein regelrechter Shitstorm entsteht. Auch die Lokalpresse greift den Skandal auf. Zahlreiche Eltern melden schließlich ihre Kinder von der Tagesstätte ab, sie steht kurz vor der Schließung.

Die Polizei ermittelt und stellt fest, dass das Notebook gegen Fremdzugriffe kaum gesichert war und Ziel eines Hackerangriffs wurde. Der Hacker hatte leichtes Spiel, da der Internet-Zugang kaum geschützt und das Betriebssystem nicht regelmäßig aktualisiert wurde. Den Passwortschutz der Fachsoftware konnte er durch Ausprobieren einiger Vornamen der Erzieherinnen leicht knacken.

Der Staatsanwalt erhebt Anklage gegen die Leiterin, da Verdacht auf einen eklatanten Verstoß gegen die Schweigepflicht besteht. Der Träger muss eine empfindliche Geldstrafe wegen Verstößen gegen geltendes Datenschutzrecht entrichten. Wie spätere Ermittlungen ergeben, stammte der Angriff von einem Informatiker und Vater eines ehemaligen Kindergarten-Kindes, der sich Vorwürfen über seinen Erziehungsstil ausgesetzt sah und dafür Rache nehmen wollte.

8.1. Datenschutz-Recht

Geltungsbereiche der Normen

Die Befolgung gesetzlicher Regelungen zum Datenschutz setzt zunächst Klarheit darüber voraus, welche Normen für welche Institutionen gelten. Aufgrund der Vielgestaltigkeit der sozialen Landschaft in Deutschland, der subsidiär-föderalen Organisation des Datenschutzrechtes sowie der Verteilung der Vorschriften auf zahlreiche Einzelgesetze und sie ergänzende Verordnungen, ist dies nicht immer einfach. Komplex wird die Lage auch dadurch, dass die Kirchen aufgrund ihrer verfassungsgemäß garantierten Selbstbestimmung in Deutschland eigene Datenschutzgesetze und zugehörige Verordnungen erlassen haben. Die nachfolgende Tabelle liefert eine erste Orientierung und einen Quellen-Link, Erläuterungen folgen im anschließenden Text.

Gesetz	Quelle	Geltungsbereich
Datenschutz-Grundverordnung (DSGVO)	dsgvo-gesetz.de	Alle staatlichen und nicht-staatlichen Organisationen und Unternehmen in der Europäischen Union, außer Kirchen und kirchlichen Institutionen in Deutschland
Bundesdatenschutzgesetz (BDSG-neu)	dsgvo-gesetz.de/bdsg	Alle staatlichen und nicht-staatlichen Organisationen und Unternehmen, außer Kirchen und kirchlichen Institutionen in Deutschland
Landesdatenschutzgesetze	Websites der Bundesländer	Landesbehörden und Kommunalverwaltungen der jeweiligen Bundesländer
Datenschutzgesetz der Evangelischen Kirche in Deutschland (DSG-EKD)	kirchenrecht-ekd.de/document/41335?	Evangelische Kirche in Deutschland, ihre Gliedkirchen, alle weiteren kirchlichen juristischen Personen des öffentlichen Rechts, kirchliche und diakoni-

Gesetz	Quelle	Geltungsbereich
		sche Dienste, Einrichtungen und Werke
Kirchliches Datenschutzgesetz (KDG)	datenschutz-kirche.de/20171122	Katholische Diözesen und Kirchengemeinden, Deutscher Caritasverband und Fachverbände mit Untergliederungen, Kirchliche Körperschaften, Stiftungen, Anstalten, Werke, Einrichtungen und sonstige kirchliche Rechtsträger
Sozialgesetzbuch SGB I (§ 35) und X (§ 67–85a) (Allgemeine Regelungen zum Sozialdatenschutz)	sozialgesetzbuch.de	Leistungsträger im Sinne der Sozialgesetzbücher: Jugendämter, Sozialämter, Arbeitsagenturen, Verbände und Arbeitsgemeinschaften der Leistungsträger, Integrationsfachdienste usw.
Strafgesetzbuch, StGB, § 203 (Schweigepflicht)	gesetze-im-internet.de/stgb	Besondere Berufsgruppen in sozialen Organisationen, v. a. Ärzte und Angehörige anderer Heilberufe, Berufspsychologen, Ehe-, Familien-, Erziehungs- oder Jugendberater, Suchtberater, Schwangerschaftskonfliktberater, staatlich anerkannte Sozialarbeiter/Sozialpädagogen

Abbildung 111: Gesetzliche Datenschutznormen und ihre Geltungsbereiche

EU-Datenschutz-Grundverordnung

Die bereits im Jahr 2016 verabschiedete und am 25. Mai 2019 in Kraft gesetzte **EU-Datenschutz-Grundverordnung** (DSGVO) löste das bis dahin in Deutschland geltende Bundesdatenschutzgesetz (BDSG) weitgehend durch in der gesamten Europäischen Union gültigen Regelungen ab. Da die DSGVO einige Öffnungsklauseln für nationale Gesetzgebung enthält, blieb das BDSG für einige spezifisch deutsche Regelungen weiterhin bestehen und wird nun als **BDSG-neu** bezeichnet. Insgesamt wurden jedoch zahlreiche Regelungen aus dem international als vorbildlich geltenden deutschen Datenschutzrecht in die DSGVO übernommen. Dennoch enthält die DSGVO im Vergleich zum alten BDSG auch eine Reihe neuer oder stark veränderter Regelungen. So wurden etwa die Auskunftsrechte der Betroffenen gestärkt oder Bußgeldvorschriften bei Verstößen gegen die Verordnung deutlich verschärft.

Im Zuge der Einführung der DSGVO wurden die **kirchlichen Datenschutzgesetze** der katholischen und evangelischen Kirchen ebenfalls aktualisiert und weitgehend an die Regelungen der DSGVO angepasst. Zusätzlich haben beide Kirchen Verordnungen erlassen, die weitere Details regeln: IT-Sicherheitsverordnung der EKD und Durchführungsverordnung zum Gesetz über den Kirchlichen Datenschutz der Katholischen Kirche.

Sozialdatenschutz gilt für Behörden

Sozialdaten sind personenbezogene Daten im Sinne von Art. 4 Nr. 1 DSGVO, die von staatlichen Sozialbehörden im Hinblick auf ihre Aufgaben nach dem SGB erhoben und verarbeitet werden (vgl. § 67 Abs. 1 Satz 1 SGB X). Der **Sozialdatenschutz** im Sinne der Sozialgesetzbücher entfaltet seine unmittelbare Wirkung daher nur auf staatliche Behörden.

Für nicht-staatliche Einrichtungen und Dienste gilt nach § 78 Abs. 1 und 2 SGB X jedoch die Verpflichtung, Sozialdaten, die sie von einem Leistungsträger (z. B. Sozialamt, Krankenkasse, Pflegekasse, Jugendamt) erhalten haben, im Sinne dieses Gesetzes geheim zu halten. In der Praxis ist dies jedoch aus zwei Gründen nur bedingt relevant: Zum einen wurden die Vorschriften zum Sozialdatenschutz im SGB X stark an die DSGVO angeglichen. Zum anderen sind solche von Behörden übermittelten Daten technisch nicht von selbst erhobenen Daten im Zuge einer Anamnese, Diagnose oder Betreuung trennbar, sie werden in aller Regel gemeinsam in einer Fachsoftware oder anderweitigen Datenbank vorgehalten. Daher muss jenseits juristischer Detailfragen der Datenschutz für praktisch alle personenbezogenen Leistungen, die auf einer Beauftragung durch staatliche Leistungsträger beruhen, denselben rechtlichen Schutzanforderungen aus DSGVO und SGB genügen.

Schweigepflicht und Datenschutz unterscheiden

Vom Datenschutz zu unterscheiden ist die **Schweigepflicht.** Diese ist für bestimmte Berufsgruppen wie Berufspsychologen, Ehe-, Familien-, Erziehungs- oder Jugendberater, staatlich anerkannte Sozialarbeiter/-pädagogen und deren Gehilfen im Strafgesetzbuch (StGB § 203) geregelt und mit Geldstrafe oder Freiheitsstrafen bis zu einem Jahr versehen. Weiterhin ergibt sich die Pflicht zur Verschwiegenheit für Arbeitnehmer in Bezug auf betriebliche Geheimnisse als Nebenpflicht aus dem **Arbeitsvertrag** gemäß § 242 des Bürgerlichen Gesetzbuches. Im Bereich der katholischen Kirche schützt der kirchliche **Codex Iuris Canonici** das Recht auf Schutz der Intimsphäre in Canon 220. Für Mitarbeitende mit Dienstverträgen auf Grundlage der Arbeitsvertragsrichtlinien des Deutschen Caritasverbands (AVR) regelt § 5 Abs. 1 die Verschwiegenheitspflicht als besondere Dienstpflicht. In den AVR der Diakonie ist dies analog in § 3 geregelt. Darüber hinaus ist sie in zahlreichen Arbeitsverträgen direkt verankert.

Während sich der Datenschutz nach DSGVO und SGB auf Organisationen bezieht, hat die Schweigepflicht im Sinne des Strafgesetzbuches also einen **personenbezogenen Charakter**: Sie setzt damit direkt am „Schwachpunkt Mensch“ als Informationsträger an. Schweigepflicht, Datenschutz und IT-Sicherheit sind jedoch miteinander verknüpft: So müssen etwa fallbezogene Aufzeichnungen eines Therapeuten nach den Vorgaben des § 203 StGB in einem IT-System so geschützt sein, dass sie nicht von Dritten eingesehen werden können. Die gleichen Zwecke verfolgt die DSVGO (Art. 5) auf der organisationalen Ebene, nur dass hier bei Verstößen keine Person, sondern die Organisation sanktioniert werden kann.

Gesetzlicher Schutz von Mitarbeitendendaten

Der Schutz von **Mitarbeitendendaten** im Sinne von Mitwirkungs- oder Informationspflichten der Mitarbeitendenvertretungen ist ebenfalls bereichsspezifisch geregelt: Für nichtkonfessionelle frei-gemeinnützige Träger im Betriebsverfassungsgesetz (BetrVG), für öffentliche Träger in den Personalvertretungsgesetzen (PersVG) des Bundes und der Länder und für die konfessionellen Träger in den Arbeitsvertragsrichtlinien (AVR) von Caritas und Diakonie. So ist etwa die Einführung und Anwendung von Systemen, die eine computergestützte Kontrolle der Arbeitsleistung oder des Verhaltens von Arbeitnehmern ermöglichen, nach § 87 Abs. 1 Nr. 6 BetrVG mitbestimmungspflichtig. Ähnliche Regelungen existieren in den Personalvertretungsgesetzen und Arbeitsvertragsrichtlinien. Darüber hinaus gibt es teilweise tarifvertragliche Regelungen oder Betriebsvereinbarungen, die den Umgang mit Mitarbeitendendaten betreffen. Diese können enger gefasst sein, als die gesetzlichen Normen.

8.1.1. Schutz personenbezogener Daten

Wie aus den vorangegangenen Ausführungen bereits deutlich wurde, stehen im Zentrum des Datenschutzes **personenbezogene Daten**. Sie werden in der DSGVO (Art. 4, Abs. 1), im SGB und in den kirchlichen Gesetzeswerken auf gleiche Weise definiert:

Definition

Personenbezogene Daten sind alle Informationen, die sich auf eine identifizierte oder identifizierbare natürliche Person beziehen.

Als identifizierbar wird eine natürliche Person angesehen, die direkt oder indirekt, insbesondere mittels Zuordnung zu einer Kennung wie einem Namen, zu einer Kennnummer, zu Standortdaten, zu einer Online-Kennung oder zu einem oder mehreren besonderen Merkmalen, identifiziert werden kann, die Ausdruck der physischen, physiologischen, genetischen, psychischen, wirtschaftlichen, kulturellen oder sozialen Identität dieser natürlichen Person sind.

Daten sind nicht belanglos

Diese komplexe Definition trägt der Tatsache Rechnung, dass es im Zeitalter von Internet, Big Data und Künstlicher Intelligenz **keine belanglosen Daten** mehr gibt. Jedes Datum kann mit vielen anderen Daten kombiniert werden, wodurch ein „Datenschatten“ eines Menschen entsteht, der für verschiedenste Zwecke – bspw. zielgenaue Werbung oder politische Manipulation – genutzt werden kann. Die Definition umfasst daher neben klassischen Fakten wie Name, Anschrift, Geburtsdatum, Geschlecht, Nationalität, Diagnosen, Medikation usw. auch Informationen, die durch die Nutzung moderner Medien entstehen. So etwa durch Geotracking, also die Verfolgung von Bewegungen einer Person durch das GPS-System in einem Smartphone, oder durch Postings von Bildern in sozialen Netzwerken. Daten sind ebenso menschliche Spuren wie Blut, Fingerabdrücke oder Gewebeproben.

Kein Schutz für Firmendaten

Nicht unter die Datenschutzgesetze der EU und Deutschlands fallen dagegen die Daten **juristischer Personen**, also von Unternehmen oder Körperschaften des öffentlichen Rechts. So ist etwa die Gewinn- und Verlustrechnung einer Firma nicht gesetzlich geschützt, wohl aber die personenbezogenen Daten ihrer Mitarbeitenden.

Die gesetzlichen Vorschriften schützen personenbezogene Daten gegen **unerlaubte Eingriffe**. Diese können etwa geschehen durch

- **Erheben** von Daten, also ihre Beschaffung etwa durch mündliche bzw. schriftliche Befragung oder Beobachtung
- **Speichern** von Daten, d. h. ihre Aufbewahrung auf unterschiedlichen Medien
- **Nutzen und Verändern** von Daten wie zur Erstellung von Hilfebedarfsplänen oder Berichten
- **Übermitteln** von Daten an Dritte außerhalb der Organisation, z. B. an die Polizei oder eine Schule
- **Eingriffe Dritter** in die Speichersysteme oder Übermittlungswege.

Streng geschützte Daten

Darüber hinaus benennt die DSGVO in Art. 9 noch Daten, die einem **besonders strengen Schutz** unterliegen. Dazu gehören Informationen über die rassische und ethnische Herkunft, politische Meinungen, religiöse oder weltanschauliche Überzeugungen oder die Gewerkschaftszugehörigkeit. Ferner genetische und biometrischen Daten, Gesundheitsdaten oder Daten zum Sexualleben. Für diese Daten gilt ein genere**lles Erfassungsverbot mit Erlaubnisvorbehalt.** Das bedeutet, dass die Erfassung nur in eng begrenzten Fällen gestattet ist, so etwa wenn eine ausdrückliche Einwilligung oder eine explizite gesetzliche Vorschrift zu ihrer Erfassung vorliegt.

8.1.2. Grundsätze der Datenverarbeitung

Ähnliche gesetzliche Regelungen

Den oben genannten Gesetzen ist eine Reihe von **Grundsätzen** und weiteren Regelungen gemeinsam, die in den folgenden Abschnitten ungeachtet von Detailunterschieden zwischen DSGVO, SGB, DSG-EKD und KDG benannt werden. Ebenso ist es hier nicht möglich, auf alle Einzelheiten der Gesetze einzugehen. Vielmehr soll ein Überblick über die wichtigsten Regelungen gegeben werden, der bei konkreten datenschutzrechtlichen Fragestellungen innerhalb einer Einrichtung anhand der benannten Gesetzesquellen weiter vertieft werden muss.

Rechtmäßigkeit und Transparenz (Art. 5 Abs. 1a und Art. 6)

Fairness ist oberstes Gebot

Personenbezogene Daten müssen grundsätzlich **auf rechtmäßige Weise**, nach Treu und Glauben (Fairness) und in einer für die betroffene Person nachvollziehbaren Weise verarbeitet werden. Die Rechtmäßigkeit ist gegeben, wenn mindestens eine der folgenden Bedingung erfüllt ist:

- Eine Einwilligung des Betroffenen liegt vor und ist nachweisbar.
- Die Verarbeitung ist zur Erfüllung eines Vertrages oder für vorvertragliche Maßnahmen notwendig und die Betroffenen wurden nachweisbar über die Speicherung informiert.
- Lebenswichtige Interessen der betroffenen Person müssen geschützt werden.
- Die Verarbeitung ist für die Wahrnehmung einer Aufgabe erforderlich, die im öffentlichen Interesse liegt.
- Die Verarbeitung ist zur Wahrung der berechtigten Interessen des für die Datenverarbeitung Verantwortlichen oder eines Dritten erforderlich.

Beispiele: Der Betreuungsvertrag einer Suchthilfe-Einrichtung enthält eine Einwilligungserklärung, die sich insbesondere auf Gesundheitsdaten bezieht.

Auf der Website einer Kurzzeitpflege-Einrichtung ist die Anmeldung über ein Web-Formular möglich. Das Formular enthält einen Hinweis, dass die Daten entsprechend den gesetzlichen Vorschriften gespeichert werden. Die Anmeldung ist nur möglich, wenn angeklickt ist, dass der Hinweis zur Kenntnis genommen wurde.

Zweckbindung und Datenminimierung (Art. 5 Abs. 1b und c)

Personenbezogene Daten dürfen nur für **festgelegte, eindeutige und legitime Zwecke** erhoben werden. Sie dürfen nur einer, mit diesen Zwecken zu vereinbarenden Weise weiterverarbeitet werden. Die Erhebung muss dabei dem Zweck angemessen und sowie auf das notwendige Maß beschränkt sein. Ausgenommen davon ist lediglich eine Weiterverarbeitung für im öffentlichen Interesse liegende Archiv- oder Forschungszwecke sowie für statistische Zwecke.

Erfassung auf das Notwendige beschränken

Von der Software, die für die Datenverarbeitung genutzt wird verlangt die DSGVO (Art. 25 Abs. 2) darüber hinaus **datenschutzfreundliche Voreinstellungen** („privacy by design"). Das bedeutet, dass die Bildschirmmasken so ausgelegt sind, dass sie nur für den jeweiligen Verarbeitungszweck erforderliche Datenfelder enthalten. Ziel dieser Regelungen ist es also, unverhältnismäßig große Datenmengen gar nicht erst entstehen zu lassen.

Beispiel: Bei einer Beratung zum Wiedereinstieg in das Arbeitsleben dürfen keine Detailinformationen zu den Familienverhältnissen des Betroffenen erhoben werden. Entsprechende Datenfelder sind in der Fachsoftware der Beratungsstelle nicht vorhanden oder können vom Administrator komplett ausgeblendet werden.

Eine Datenweitergabe an gewerbliche Jobvermittler oder Nutzung der Daten für Erziehungsberatung ist nicht erlaubt und in der Software technisch nicht vorgesehen.

Richtigkeit (Art. 5 Abs. 1d)

Die erhobenen Daten müssen sachlich richtig, also **auf dem neuesten Stand,** sein. Damit Daten, die im Hinblick auf die Zwecke ihrer Verarbeitung unrichtig sind, unverzüglich gelöscht oder berichtigt werden, sind angemessene Maßnahmen zu treffen. Diese Regelung zielt also darauf, eine hohe **Datenqualität** und deren Erhalt in allen Phasen der Datenverarbeitung zu sichern.

Daten aktuell halten

Beispiel: In der Fachsoftware einer Jugendhilfe-Einrichtung ist gespeichert, dass ein Kind regelmäßig die Schule schwänzt. Ist dies später nicht mehr der Fall, müssen diese Daten korrigiert oder durch neue Daten ergänzt werden. Dazu muss es entsprechende organisatorische Reglungen und Verantwortlichkeiten geben.

Speicherbegrenzung (Art. 5 Abs. 1e)

Personenbezogene Daten müssen in einer Form gespeichert werden, die die Identifizierung der betroffenen Personen nur so lange ermöglicht, wie es für die Zwecke, für die sie verarbeitet werden, erforderlich ist. Auch hier gilt eine Ausnahme für wissenschaftliche Forschungszwecke oder für statistische Zwecke, sofern die Daten entsprechend geschützt sind.

Daten anonymisieren

Beispiel: Ein Klient einer Einrichtung für psychisch kranke Menschen wechselt in die Einrichtung eines anderen Trägers. Die Daten dieser Person müssen in einer angemessenen Frist gelöscht werden, sofern andere Aufbewahrungspflichten (z. B. nach Steuergesetzen) dem nicht entgegenstehen.

Integrität und Vertraulichkeit (Art. 5 Abs. 1f)

Schäden aller Art vorbeugen

Personenbezogene Daten müssen in einer Weise verarbeitet werden, die eine angemessene Sicherheit der personenbezogenen Daten gewährleistet

Erforderlich ist Schutz vor

- unbefugter oder unrechtmäßiger Verarbeitung,
- unbeabsichtigtem Verlust,
- unbeabsichtigter Zerstörung,
- unbeabsichtigter Schädigung

durch geeignete technische und organisatorische Maßnahmen.

Beispiel: Der Zugang zu den PCs der Einrichtung sowie die Fachsoftware, in der die Klientendaten erfasst werden, sind durch persönliche Nutzerkennungen und Passworte geschützt. Die Klientendaten werden nur auf einem zentralen Server gespeichert, täglich in wechselndem Rhythmus auf externe Medien gesichert und räumlich getrennt aufbewahrt. Zusätzlich existieren ein Firewall- und Virenschutz-System, das automatisch aktualisiert und regelmäßig überwacht wird.

Rechenschaftspflicht (Art. 5 Abs. 2)

Maßnahmen dokumentieren

Die Organisation ist für die Einhaltung der oben genannten Grundsätze verantwortlich und muss ihre Einhaltung nachweisen können. Diese Nachweispflicht gilt bspw. auch für das Vorliegen einer Einwilligungserklärung (Art. 7, Abs. 1).

Beispiel: Die Einrichtung verfügt über ein Verzeichnis der Verarbeitungstätigkeiten (vgl. Abschnitt 8.1.5.), das alle Maßnahmen benennt, die zur Einhaltung der oben genannten Vorschriften getroffen wurden. Weiterhin ist dort benannt, auf welche Weise die Maßnahmen kontrolliert werden. Einwilligungserklärungen werden unmittelbar nach Erteilen der Unterschrift gescannt und in nicht manipulierbarer Weise in der digitalen Klientenakte gespeichert.

8.1.3. Rechte der Betroffenen

Die Rechte der von einer Datenerfassung betroffenen Personen wurden durch die DSGVO deutlich gestärkt (Art. 12–22). Dies trägt vor allem der Tatsache Rechnung, dass durch die starke Nutzung des Internets oder von sensorbestückten Geräten (z. B. Smartphones, Smartwatches) große Mengen an personenbezogenen Daten entstehen, die für den Einzelnen nicht mehr überblickbar sind. Doch auch für Betreute einer sozialen Einrichtung – insbesondere wenn die Betreuung über einen langen Zeitraum geht – ist meist nicht mehr nachvollziehbar, was über sie gespeichert wurde.

Die Betroffenenrechte können **drei zentralen Phasen** der Datenverarbeitung zugeordnet werden:

Umfassende Auskunftsrechte

Vor der Datenverarbeitung

- Es erfolgt eine präzise und verständliche Aufklärung über Art und Zweck der Verarbeitung.

Während der Verarbeitung

- Es besteht ein umfassendes Auskunftsrecht über die gespeicherten Daten, die Dauer der Speicherung und die dafür verantwortliche Stelle in der Organisation.
- Die Betroffenen können die Berichtigung falscher Daten einfordern.
- Die Betroffenen werden nachweislich über ihr Auskunfts- und Berichtigungsrecht informiert.

Nach der Verarbeitung

- Die Datenlöschung kann verlangt werden, wenn der Zweck entfällt oder die Einwilligung widerrufen wird.
- Es kann die Übertragung an andere Anbieter verlangt werden, wenn etwa ein Klient die Einrichtung wechselt.

Wird eine Fachsoftware zur Klientenverwaltung eingesetzt, so muss diese entsprechende Funktionen enthalten, um der gesetzlichen Auskunftspflicht nachkommen zu können. Sie sollte bspw. eine umfassende Auskunft mit geringem Arbeitsaufwand ermöglichen oder die Daten in einer Weise exportieren können, dass sie von anderen Fachsystemen prinzipiell einlesbar sind.

8.1.4. Bestellung eines Datenschutzbeauftragten

Fast immer erforderlich

Um die Einhaltung der datenschutzrechtlichen Vorschriften in der Praxis zu gewährleisten, verlangt die DSGVO (Art. 37) in Verbindung mit dem BDSG-neu (§ 37, Abs. 4) die Benennung eines Datenschutzbeauftragten. Diese Pflicht besteht, wenn Organisationen in der Regel mindestens zehn Personen ständig mit der elektronischen Verarbeitung personenbezogener Daten beschäftigen. Unabhängig von der Zahl der Beschäftigten ist eine Benennung erforderlich, wenn zur Kerntätigkeit der Organisation die Verarbeitung besonders schutzwürdiger Daten nach Art. 9 DSGVO gehört (vgl. Abschnitt 8.1.1.). Dies dürfte in den meisten sozialen Einrichtungen der Fall sein, da gesundheitsbezogene Daten häufig erhoben und verarbeitet werden müssen.

Die wichtigsten **Aufgaben** des Datenschutzbeauftragten nach Art. 39 sind:

- Unterrichtung und Beratung der Verantwortlichen und Beschäftigten hinsichtlich ihrer gesetzlichen Pflichten,
- Überwachung der Einhaltung dieser Pflichten,
- Sensibilisierung und Schulung der Mitarbeitenden,
- Zusammenarbeit mit der Aufsichtsbehörde.

Diese Aufgaben können sowohl von einem eigenen – entsprechend geschulten – Mitarbeitenden, als auch von einem externen Dienstleister übernommen werden (Art. 37 Abs. 6). Einige Firmen haben sich mittlerweile darauf spezialisiert, als Datenschutzbeauftragte sozialer Einrichtungen zu fungieren. Ebenso ist die Bestellung einer Person für mehrere Einrichtungen eines Trägers gemeinsam möglich (Art. 37 Abs. 2).

Keine Benachteiligung

Bei der Aufgabenwahrnehmung ist sicherzustellen, dass der Datenschutzbeauftragte frühzeitig in alle mit dem Schutz personenbezogener Daten zusammenhängenden Fragen eingebunden wird und bei der Erfüllung seiner Aufgaben **weisungsunabhängig** arbeiten kann. Er darf nicht wegen der Erfüllung seiner Aufgaben abberufen oder benachteiligt werden. Der Datenschutzbeauftragte berichtet unmittelbar der höchsten Leitungsebene (Art 38 Abs. 3).

Betroffene Personen können den Datenschutzbeauftragten zu allen mit der Verarbeitung ihrer personenbezogenen Daten und mit der Wahrnehmung ihrer Rechte im Zusammenhang stehenden Fragen zu Rate ziehen (Art 38 Abs. 4).

8.1.5. Führung eines Verarbeitungsverzeichnisses

Organisationen, die 250 Mitarbeitende oder mehr beschäftigen, sind verpflichtet, ein Verzeichnis über die Datenverarbeitung zu führen. Diese Verpflichtung gilt auch, wenn besonders schutzwürdige Daten gemäß Art. 9 verarbeitet werden. Das Verzeichnis muss folgende Punkte beinhalten:

- Name und Kontaktdaten des Verantwortlichen in der Organisation
- Zwecke der Verarbeitung
- Kategorien betroffener Personen und Daten
- Kategorien von Empfängern personenbezogener Daten
- Löschfristen
- Allgemeine Beschreibung der technischen und organisatorischen Maßnahmen zum Datenschutz

8.1.6. Technisch-organisatorische Maßnahmen

Verhältnismäßigkeit ist entscheidend

Zur praktischen Einhaltung und Umsetzung der oben genannten rechtlichen Vorschriften definiert die DSGVO in Art. 32 auch technische und organisatorische Maßnahmen, abgekürzt oft TOMs genannt. Da alle Technologien einem stetigen Wandel unterworfen sind, beschränkt sich das Gesetz dabei auf abstrakte Formulierungen und besteht nicht auf der Einhaltung fest oder abschließend definierter Maßnahmen. Vielmehr werden unter Berücksichtigung der Implementierungskosten, der Art der Datenverarbeitung sowie der Eintrittswahrscheinlichkeit und Schwere von Risiken folgende Maßnahmen genannt, die es umzusetzen gilt:

- Die **Pseudonymisierung** und Verschlüsselung personenbezogener Daten.
- Die Fähigkeit, die **Vertraulichkeit, Integrität, Verfügbarkeit** und **Belastbarkeit** der Systeme und Dienste im Zusammenhang mit der Verarbeitung auf Dauer sicherzustellen.

- Die Fähigkeit, die Verfügbarkeit der personenbezogenen Daten und den Zugang zu ihnen bei einem physischen oder technischen Zwischenfall rasch wiederherzustellen.
- Ein **Verfahren zur regelmäßigen Überprüfung,** Bewertung und Evaluierung der Wirksamkeit der technischen und organisatorischen Maßnahmen zu definieren.
- **Verfügbarkeit und Belastbarkeit** meinen dabei, dass die gesamte IT-Konfiguration (Hardware, Software, Netzwerke) in einem Zustand ist, in dem sie ihre Aufgaben jederzeit, auch bei ungewöhnlicher Belastung erfüllen kann (= Ausfallsicherheit) und die Daten vor Verlust oder Zerstörung geschützt sind.
- **Vertraulichkeit** bedeutet, dass Informationen nur von Berechtigten eingesehen werden dürfen. Dies wird durch Maßnahmen der **Zutrittskontrolle** (z. B. gesicherter Serverraum), der **Zugangskontrolle** (z. B. Firewalls zur Abschirmung gegenüber Hacker-Angriffen) und der **Zugriffskontrolle** (z.B. ein Benutzerrechte-System mit Nutzerkennungen und Passworte) gewährleistet. Bei Datenübertragungen dient die **Weitergabekontrolle** durch Verschlüsselung dem Schutz der Vertraulichkeit.
- **Integrität** umfasst, dass Informationen nur von Befugten und in beabsichtigter Weise geändert oder kopiert werden dürfen. Dabei muss – etwa durch nicht manipulierbare **Systemprotokolle** – nachvollziehbar sein, wer welche Daten verändert, gelöscht oder an Dritte übermittelt hat.

8.1.7. Auftragsverarbeitung

Da die Verarbeitung personenbezogener Daten heute nur noch selten an den Grenzen einer Organisation halt macht, stellt die DSGVO in Art. 28 zahlreiche Anforderungen, wenn Dritte auf solche Daten zugreifen können oder sie verarbeiten.

Das ist bspw. schon dann der Fall, wenn eine Einrichtung ihre Fachsoftware durch den Anbieter per **Fernwartung** pflegen lässt, ihre Daten in einer externen **Cloud** (vgl. Abschnitt 2.3.4.) betreibt oder die Lohn- und Gehaltsabrechnung an einen Dienstleister ausgelagert hat.

Auftragsverarbeiter in der Verantwortung

Laut Art. 28 Abs. 1 muss der Verarbeiter hinreichende Garantien dafür bieten, dass geeignete technische und organisatorische Maßnahmen so durchgeführt werden, dass die Verarbeitung im Einklang mit den Anforderungen der DSGVO erfolgt und der Schutz der Betroffenenrechte gewährleistet ist.

Die Verarbeitung darf dabei nur auf der Grundlage eines **Vertrages** erfolgen, in dem Gegenstand und Dauer der Verarbeitung, Art und Zweck der Verarbeitung, die Art der personenbezogenen Daten, die Kategorien betroffener Personen und die Pflichten und Rechte des Verantwortlichen festgelegt sind (Abs. 2). Dieser Vertrag muss unter anderem regeln (Abs. 3), dass der Auftragsverarbeiter

- die personenbezogenen Daten nur auf dokumentierte Weisung des Auftraggebers verarbeitet,
- gewährleistet, dass sich die zur Verarbeitung der personenbezogenen Daten befugten Personen zur Vertraulichkeit verpflichtet haben,

- alle erforderlichen technisch-organisatorischen Maßnahmen ergreift,
- nach Abschluss der Verarbeitung alle personenbezogenen Daten entweder löscht oder zurückgibt,
- dem Auftraggeber alle erforderlichen Informationen zum Nachweis der Einhaltung seiner Pflichten zur Verfügung stellt und Überprüfungen ermöglicht sowie dazu beiträgt.

8.2. Datenschutz und Soziale Medien

Die Nutzung sozialer Medien ist heute für viele Mitarbeitenden sozialer Einrichtungen ebenso wie für die Adressaten und deren Angehörige alltägliche Praxis. Zu den führenden interaktive Kommunikationsmedien gehören WhatsApp, Facebook oder Instagram.

Abbildung 112: Anteil der Nutzer sozialer Medien an den Internet-Nutzern in Deutschland im Jahr 2018

Quelle: messengerpeople.com/de/whatsapp-nutzerzahlen-deutschland-2019, Abruf: 22.8.2019.

Wollen soziale Organisationen mit ihren Zielgruppen – insbesondere wenn es sich um jüngere Menschen handelt – in Kontakt treten oder bleiben, so scheint es zu den sozialen Medien häufig keine Alternative mehr zu geben (vgl. auch Hammerschmidt u. a. 2018). Neben medienpädagogischen und praktischen Fragen stellt sich dabei auch die Frage des Datenschutzes.

Anbieter gewährleisten kaum Datenschutz

Ein wichtiger Aspekt dabei ist, dass die hierzulande beliebtesten sozialen Medien **nicht im Geltungsbereich der DSGVO** angesiedelt sind, sondern ihren Stammsitz zumeist in den Vereinigten Staaten von Amerika haben. Dort herrscht ein anderes Verständnis von Privatheit und entsprechend gelten meist wesentlich niedrigere

Datenschutzstandards als in der Europäischen Union. Zwar nimmt die DSGVO mittlerweile auch soziale Medien – etwa beim Auskunftsrecht von Betroffenen – stärker in die Pflicht, jedoch findet die Speicherung der meisten Daten nach wie vor in Ländern statt, in denen ein Durchgriff von Staat und Geheimdiensten auf die gespeicherten Informationen möglich ist. Ebenso sichern sich die Social Media Konzerne durch Einwilligung in die Nutzungsbedingungen meist **weitreichende Rechte** an der Verwertung der Daten für kommerzielle Zwecke zu. Allein das macht ihre Nutzung für soziale Organisationen hochproblematisch, wenn es um personenbezogene Daten geht. Hinzu kommt, dass insbesondere bei der Installation entsprechender Apps auf Smartphones **Kontaktverzeichnisse** ausgelesen und auf Servern in den USA gespeichert werden. Nach der DSGVO wäre dazu jedoch die Einwilligung jedes davon Betroffenen notwendig, was praktisch kaum möglich ist. Zwar hat etwa **WhatsApp** eine Ende-zu-Ende-Verschlüsselung der Kommunikationsinhalte realisiert, die das Auslesen dieser Informationen auf dem Übermittlungsweg oder auf den Servern des Anbieters zumindest stark erschwert. Dennoch ist die automatisierte Übermittlung der Kontakte ohne einen Vertrag zur Auftragsverarbeitung ein eindeutiger Rechtsverstoß, den Organisationen nicht billigen können. Zudem sammelt WhatsApp weiterhin unverschlüsselt alle Verbindungsdaten, Standort- oder Profildaten und wertet sie aus (vgl. Althammer 2018, S. 235). Hinzu kommt noch, dass im Bereich des Facebook-Konzerns inzwischen zahlreiche Verstöße gegen Regeln des Datenschutzes und der IT-Sicherheit bekannt geworden sind, die teils gravierende Auswirkungen auf die Betroffenen haben (vgl. etwa de.wikipedia.org, Abruf 5.9.2019).

Soziale Organisationen stecken damit in einem nur schwer lösbaren **Dilemma** zwischen modernen Erfordernissen in der Adressatenkommunikation und den gesetzlichen Bestimmungen des Datenschutzes. Wohlfahrtsverbände wie die Caritas haben daher Social Media Guidelines erstellt (vgl. caritas.de/diecaritas/deutschercaritasverband/mitarbeitende/caritaswebfamilie/social-media-leitlinien), die den Mitarbeitenden einige Anhaltspunkte zum Umgang mit sozialen Medien vermitteln. Dennoch haben es die Verbände bis heute versäumt, zusammen mit der IT-Branche **datenschutzkonforme Alternativen,** insbesondere im Bereich der Messengerdienste, zu entwickeln, die den Mitarbeitenden und Adressaten einen echten Mehrwert gegenüber WhatsApp bieten. So wäre etwa ein Messenger denkbar, der in Verknüpfung mit der Fachsoftware automatisch an den nächsten Beratungstermin erinnert, der Notfallinformationen bereitstellt oder auch eine partizipative Dokumentation ermöglicht (vgl. Abschnitt 5.3.3.).

Generell können aus Sicht des Datenschutzes folgende Hinweise zur Nutzung sozialer Medien gegeben werden: Ihr Einsatz im Kontext von Sozialer Arbeit ist meist verantwortbar für

- Erstkontakte mit Klienten
- Terminvereinbarungen (jedoch ohne volle Namen)
- Präsenz der eigenen Organisation mit ihren Angeboten

- Bekanntgaben von Veranstaltungen, aktuellen Infos etc.
- Passivnutzung (Recherche, Bilder und Videos ansehen)

Nicht verantwortbar ist ihre Nutzung für

- beratende Kommunikation aller Art, insbesondere wenn sie unter die Schweigepflicht nach § 203 StGB fällt,
- jegliche personenbezogene Informationen über nicht unmittelbar am Dialog beteiligte Menschen.

Gleiches gilt prinzipiell auch für die klassische **E-Mail-Kommunikation**, denn auch hier sind die Daten auf dem Übertragungsweg **nicht gesichert** und können prinzipiell überall ausgelesen werden.

Ebenso sollte ein privater Social Media Account niemals für Adressatenkontakte in der beruflichen Arbeit genutzt werden, denn die private Kommunikation folgt einer völlig anderen Logik als die berufliche. Dies wird spätestens dann unangenehm bemerkt, wenn die Stelle gewechselt wird oder wenn versehentlich private Inhalte mit Klientenkontakten geteilt werden oder umgekehrt.

Sind Messengerdienste für die eigene Arbeit unverzichtbar, so gibt es durchaus **Alternativen zu WhatsApp**, die zumindest in laufenden Betreuungsverhältnissen datenschutzkonform genutzt werden können.

Als sicher gelten vor allem die Dienste Threema und Hoccer, mit Einschränkungen auch Telegram oder SIMSme. Weitere Empfehlungen zur Nutzung von Messenger-Diensten gibt das Bundesamt für Sicherheit in der Informationstechnik unter bsi-fuer-buerger.de, Suchbegriff: „Instand Messenger“.

8.3. IT-Sicherheit

IT-Sicherheit reicht über Datenschutz hinaus

Das Thema IT-Sicherheit umfasst zum einen alle **technischen und organisatorischen Maßnahmen**, die sich aus den Erfordernissen des Datenschutz-Rechts (vgl. Abschnitt 8.1.) ergeben. IT-Sicherheit reicht jedoch weit darüber hinaus. So müssen etwa auch vertrauliche betriebliche Daten aus dem Controlling oder der Gebäudeverwaltung geschützt und vor Verlust gesichert werden, obwohl sie nicht der Schutzpflicht nach den Datenschutzgesetzten unterliegen. Weiterhin muss die Verfügbarkeit aller IT-Systeme gewährleistet sein, um reibungsloses und effizientes Arbeiten zu gewährleisten, wirtschaftliche Schäden zu vermeiden und das Vertrauen der Mitarbeitenden und Adressaten in die IT zu sichern. Die erste Definition vom Beginn dieses Kapitels kann somit präzisiert werden:

Definition

IT-Sicherheit umfasst die Einhaltung von Sicherheitsstandards, welche die Verfügbarkeit, Unversehrtheit oder Vertraulichkeit von Daten und Informationen betreffen. Dies geschieht durch Sicherheitsvorkehrungen in informationstechnische Systemen sowie durch organisatorische Regelungen bei der Anwendung dieser Systeme.

8.3.1. Gefahren für Computersysteme und Daten

Verwundbarkeit komplexer Systeme

Bereits einzelne Smartphones, Desktop-PCs oder Notebooks sind hochkomplexe technische Systeme. Noch mehr gilt dies für Server und Netzwerke mit zahlreichen unterschiedlichen Komponenten. Ihre innere Komplexität, insbesondere in Verbindung mit der Anbindung an weltweite Netzwerkstrukturen, automatische Update-Verfahren und vieles mehr macht sie verwundbar. Die **Gefahrenpotenziale** für IT-Systeme können in folgende Hauptgruppen gegliedert werden:

- **Physikalische Zerstörung:** Feuer, Wasser, Blitzschlag, magnetische Felder, Strahlung, Überspannung usw.
- **Verlust:** insbesondere von mobilen Geräten wie Smartphones oder Notebooks durch Diebstahl oder Verlieren
- **Technische Fehler:** Übertragungs- und Speicherungsfehler, Hardware-Materialfehler, Programmierfehler in der Software, Konfigurationsfehler in Firewalls usw.
- **Menschliche Fehler:** Bedienungsfehler, Nichtbeachtung von Sicherheitsregeln usw.
- **Organisatorische Mängel:** Fehlende oder unzureichende Handlungsanweisungen und Schulungen für Mitarbeitende, mangelnde Überwachung der Einhaltung von Regeln usw.
- **Kriminelle Manipulation:** Unberechtigte Nutzung von IT-Systemen, unbefugte Informationsaneignung, Herstellen und Verbreiten von Computerviren, Erpressung durch Ransomware, die Festplatteninhalte verschlüsselt usw.

Eine immense Gefahr stellt heute die **Internet-Kriminalität** dar. 2017 wurden in Deutschland bereits 85.960 Fälle gezählt und der dadurch entstandene Schaden auf 71,4 Mio. Euro beziffert (vgl. Bundeskriminalamt 2018, S. 2). Die Dunkelziffer ist dabei hoch, da viele Firmen aus Angst vor Vertrauensverlust solche Vorfälle nicht melden. Laut einer Studie des IT-Branchenverbandes BITKOM ist bereits jeder zweite Bundesbürger Opfer von Internetkriminalität geworden (bitkom.org, Abruf: 22.8.2019)

Kleine Fehler – große Wirkung

Im Bereich der IT-Sicherheit können oft winzige Fehler größte Wirkung entfalten: vom versehentlichen Klick auf einen verseuchten E-Mail-Anhang über Konfigurationsdetails einer Firewall bis hin zu Flüchtigkeitsfehlern in der Software-Programmierung können sich Einfallstore für Schadprogramme oder Spionagesoftware öffnen. Fehler dieser Art können im Extremfall zur Lahmlegung kompletter Netzwerk-Infrastrukturen oder zu einem folgenschweren Missbrauch personenbezogener Daten führen.

Eine immense Herausforderung für die IT-Sicherheit stellt auch die im Zuge der Digitalisierung zunehmend notwendig werdende **Öffnung der IT-Systeme** sozialer Einrichtungen dar. Waren die Systeme bislang meist nur Mitarbeitenden über geschlossene, kabelgebundene Netzwerke zugänglich, so möchten Mitarbeitende heute auch von Zuhause aus (Home Office) oder mobil arbeiten, Adressaten oder Angehörige wollen digital Einsicht in die Dokumentation nehmen (vgl. Abschnitt 4.3.7.), Bewohner fordern einen W-LAN-Zugang oder unterschiedlichste

Geräte wie Sturzsensoren, Webcams, digitale Blutdruckmessgeräte oder Smart-TVs müssen ins Netzwerk integriert werden (vgl. Abschnitt 4.3.11.). Dies macht neue Strategien im IT-Sicherheitsmangement erforderlich.

8.3.2. Gesetzliche Grundlagen und organisatorische Verankerung

Verstreute Regelungen

Die rechtlichen Regelungen zur IT-Sicherheit sind über verschiedenste Gesetzeswerke verstreut und gelten zum Teil nur für bestimmte Unternehmensformen wie GmbHs oder Aktiengesellschaften. Auch das im Jahr 2015 geschaffene **IT-Sicherheitsgesetz** gilt nur für kommerzielle Webangebote und sogenannte „kritische Infrastrukturen", zu denen unter anderem auch (nicht-kirchliche) Krankenhäuser gehören, nicht jedoch klassische Einrichtungen etwa der Jugend-, Alten- oder Behindertenhilfe. Die meisten gesetzlichen Anforderungen an die IT-Sicherheit lassen sich daher unmittelbar aus den oben benannten Datenschutzgesetzen (DSGVO, DSG-EKD und KDG) ableiten. Für den Bereich der evangelischen Kirche wurde zusätzlich eine IT-Sicherheitsverordnung erlassen (ITSVO EKD) und im Bereich des KDG existiert eine Durchführungsverordnung (KDG-DVO), die zahlreiche Maßnahmen konkretisieren.

Die Herstellung und Aufrechterhaltung von IT-Sicherheit ist angesichts der heutigen Bedrohungsszenarien eine anspruchsvolle Aufgabe, die fest in der Organisation verankert und einer oder mehreren Personen dauerhaft zugewiesen werden muss.

Zu den Aufgaben eines **IT-Sicherheitsbeauftragten** gehören insbesondere (vgl. Bake/Blobel/Münch 2004, S. 148):

- Die Erstellung eines IT-Sicherheitskonzeptes
- Die physikalische Sicherung der Rechner, Netzwerke und Speichersysteme vor Zugriff durch Fremde, Feuer, Wasser und Naturgewalten
- Die sicherheitstechnische Konfiguration aller relevanten Systemkomponenten wie Firewalls Virenschutzprogramme, Betriebssysteme, Verschlüsselungssysteme, Speichermedien und Anwendungsprogramme
- Überwachung der Netzwerke und ihrer Außenverbindungen auf unerwünschten Datenverkehr und Auswertung entsprechender Systemaufzeichnungen
- Vergabe, Verwaltung und Löschung von Benutzerrechten und zugehöriger Geräte für Zugriffe auf Speichermedien, Programme und Datenbanken
- Prüfung neu zu beschaffender Software auf Einhaltung IT-sicherheitstechnischer Erfordernisse
- Laufende Prüfung aller IT-Systeme auf Sicherheitslücken
- Technische Beratung des Datenschutzbeauftragten
- Schulung des IT-Personals und der Benutzer in Abstimmung mit dem Datenschutzbeauftragten

- Verfassen von Handreichungen und Dienstanweisungen zu Datenschutz und zur IT-Sicherheit in Zusammenarbeit mit dem Datenschutzbeauftragten, der Mitarbeitendenvertretung und der Geschäftsführung
- Überwachung der Einhaltung aller Regeln zur IT-Sicherheit

8.3.3. Standards der IT-Sicherheit

Angesichts der oben beschriebenen Komplexität der IT und der Vielfalt der Bedrohungsszenarien kann nur ein durchdachtes und sorgfältig geplantes Vorgehen die IT-Sicherheit in sozialen Organisationen gewährleisten.

Etablierte Konzepte

IT-Sicherheit ist jedoch kein spezifisch sozialwirtschaftliches Thema. Bedrohungen und Maßnahmen unterscheiden sich nicht grundsätzlich von gewerblichen Unternehmen oder staatlichen Stellen. Zur Herstellung und Aufrechterhaltung der betrieblichen IT Sicherheit wurden daher organisationsunabhängige **Basiskonzepte und Vorgehensmodelle** entwickelt. Ihr gemeinsames Ziel ist die Etablierung eines **IT-Sicherheitsmanagement-Systems** (ISMS). Dieses soll Verfahren und Regeln zur Planung, Lenkung und Kontrolle enthalten, welche der Aufrechterhaltung und Optimierung der IT-Sicherheit dienen. IT-Sicherheit kann damit als permanenter Prozess in der Organisation beschrieben werden:

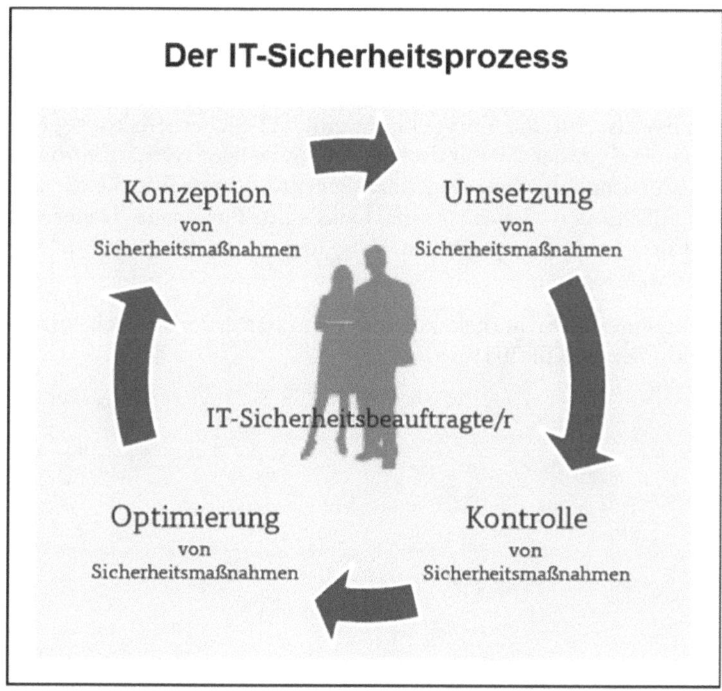

Abbildung 113: Der IT-Sicherheitsprozess

Quelle: Althammer & Kill: IT-Sicherheitsmanagement, unveröff. Skript zum Masterstudiengang Sozialinformatik, Eichstätt 2019.

Die wichtigsten dieser Konzepte sind:

- Die **BSI Standards und IT Grundschutzkataloge** des Bundesamtes für Sicherheit in der Informationstechnik (bsi.bund.de) stellen ein umfassendes Standardwerk für die betriebliche IT-Sicherheit dar, das laufend aktualisiert wird und kostenfrei zur Verfügung steht. Darin sind auch konkrete Umsetzungshinweise und -beispiele enthalten.
- Die **ISO/IEC-Norm 27001** spezifiziert die Anforderungen für Einführung, Betrieb, Überwachung und Verbesserung eines IT-Sicherheits-Managementsystems innerhalb einer Organisation. Dabei werden sämtliche Arten von Organisationen, u. a. auch Non-Profit-Organisationen berücksichtigt.
- Die **ITIL-Bibliothek**, welche die gesamte Organisation des IT-Service-Managements beschreibt (vgl. Abschnitt 7.7.1.), enthält als eine von 34 Praktiken (vgl. Abschnitt 7.7.3.) das **Management der Informationssicherheit** (Information security management). Darin sind Verfahren zur Herstellung von IT-Sicherheit in Unternehmen enthalten. Wird das ITIL-Konzept eingesetzt, so kann IT-Sicherheit als eines seiner Teilbereiche begriffen und entsprechend organisiert werden.
- Speziell für die Sozialwirtschaft wurde vom Fachverband FINSOZ e. V. eine **IT-Compliance-Guideline für die Sozialwirtschaft** entwickelt, die einen auf die Branche angepassten, auch für kleinere Organisationen realisierbaren Rahmen für die Herstellung von IT-Sicherheit bietet.

8.3.4. Erstellung eines IT-Sicherheitskonzeptes

IT-Komplexität bestimmt Vorgehensweise

Die Vorgehensweise für die Entwicklung eines IT-Sicherheitskonzeptes hängt ab von der Komplexität der IT-Landschaft der jeweiligen Organisation. In diesem Abschnitt werden nur die grundlegenden Schritte dargestellt, die für kleinere und mittlere Organisationen vielfach ausreichend sind. Für große Träger mit komplexen IT-Strukturen empfiehlt sich ein Vorgehen nach einem der im vorigen Abschnitt benannten Konzepte.

Die Erstellung eines IT-Sicherheitskonzepts umfasst grundsätzlich folgende Schritte (vgl. Althammer & Kill 2019):

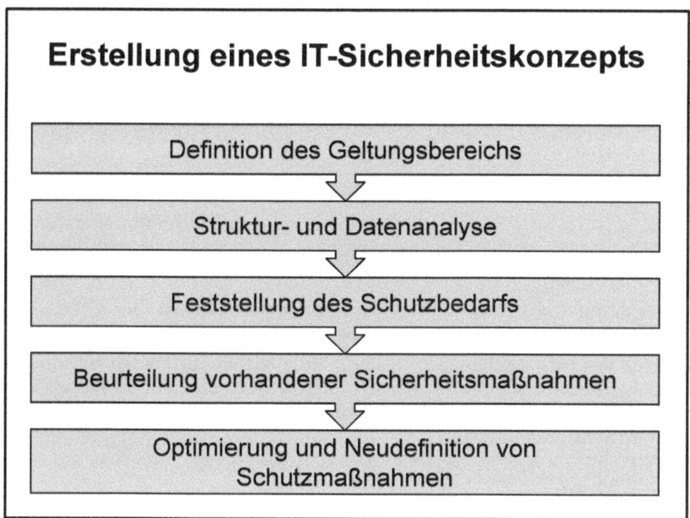

Abbildung 114: Vorgehensweise bei der Erstellung eines IT-Sicherheitskonzepts

Die **Definition des Geltungsbereichs** ist bei kleineren Organisationen oft einfach, wird aber schon dann interessant wenn etwa Honorarkräfte digital mit personenbezogenen Daten arbeiten oder Ehrenamtliche eine WhatsApp-Gruppe für die Koordination ihrer Tätigkeit gründen. Ebenso gilt es hier, Schnittstellen zu externen Partnern wie etwa einem Systemhaus, dem Lieferanten der Fachsoftware oder dem Betreiber der eigenen Website zu beschreiben.

Bei der **Struktur- und Datenanalyse** werden alle Komponenten der einrichtungseigenen IT-Landschaft – also Rechner, Netzwerk-Komponenten, Programme und Kommunikationsverbindungen – erfasst, dokumentiert und analysiert. Dies geschieht nach folgenden Kategorien:

- Geschäftsprozesse und zugehörige Daten
- Anwendungssoftware und mit ihr verarbeitete Daten.
- Hardware (PCs, Smartphones, Tablets, Server usw.)
- Netzwerke und Kommunikationsverbindungen
- Gebäude und Räume

Mögliche Quellen sind Prozessanalysen, Qualitätshandbücher, Netzpläne, Baupläne, Inventar-Verzeichnisse sowie – falls vorhanden – eine IT-Dokumentation. Vielfach erweisen sich diese Quellen aber als nicht vollständig und aktuell. Daher muss häufig an der Basis recherchiert werden, um einen kompletten Überblick zu erhalten.

Ein weiterer Schritt ist die **Feststellung des Schutzbedarfs.** Dieser bemisst sich nach der Schwere des Schadens, der bei Eintritt eines sicherheitsrelevanten Ereignisses auftreten kann. Die IT-Sicherheitsverordnung der EKD (vgl. datenschutz.ekd.de,

Abruf: 22.8.2019) benennt in ihrer Anlage 4 folgende Kategorien, die auch für kleinere Sozialträger gut handhabbar sind:

Schutzbedarf „normal“
1. Verstoß gegen Gesetze/Vorschriften/Verträge ■ Verstöße gegen Vorschriften und Gesetze mit geringfügigen Konsequenzen ■ Geringfügige Vertragsverletzungen mit maximal geringen Konventionalstrafen.
2. Beeinträchtigung des informationellen Selbstbestimmungsrechts ■ Eine Beeinträchtigung des informationellen Selbstbestimmungsrechts würde durch den Einzelnen als tolerabel eingeschätzt werden. ■ Es handelt sich um personenbezogene Daten, deren Missbrauch einen einzelnen Betroffenen in seiner gesellschaftlichen Stellung oder in seinen wirtschaftlichen Verhältnissen beeinträchtigen kann, z. B. Daten über Vertragsbeziehungen, Höhe des Einkommens, etwaige Sozialleistungen, Ordnungswidrigkeiten.
3. Beeinträchtigung der persönlichen Unversehrtheit ■ Eine Beeinträchtigung erscheint nicht möglich.
4. Beeinträchtigung der Aufgabenerfüllung ■ Die Beeinträchtigung würde von den Betroffenen als tolerabel eingeschätzt werden. ■ Die maximal tolerierbare Ausfallzeit ist größer als 24 Stunden.
5. Negative Innen- oder Außenwirkung ■ Eine geringe bzw. nur interne Ansehens- oder Vertrauensbeeinträchtigung ist zu erwarten.
6. Finanzielle Auswirkungen ■ Der finanzielle Schaden bleibt für die Institution tolerabel.

Schutzbedarf „hoch“
1. Verstoß gegen Gesetze/Vorschriften/Verträge ■ Verstöße gegen Vorschriften und Gesetze mit erheblichen Konsequenzen (z. B. Strafverfahren). ■ Vertragsverletzungen mit hohen Konventionalstrafen.
2. Beeinträchtigung des informationellen Selbstbestimmungsrechts ■ Es handelt es sich z. B. um Daten zur Unterbringung in Anstalten, Straffälligkeit, dienstliche Beurteilungen, psychologisch-medizinische Untersuchungsergebnisse, Schulden, Pfändungen, Insolvenzen.
3. Beeinträchtigung der persönlichen Unversehrtheit ■ Eine Beeinträchtigung der persönlichen Unversehrtheit kann nicht absolut ausgeschlossen werden.
4. Beeinträchtigung der Aufgabenerfüllung ■ Die Beeinträchtigung würde von einzelnen Betroffenen als nicht tolerabel eingeschätzt. ■ Die maximal tolerierbare Ausfallzeit liegt zwischen einer und 24 Stunden.

5. Negative Innen- oder Außenwirkung
■ Eine breite Ansehens- oder Vertrauensbeeinträchtigung innerhalb der eigenen Trägerstrukturen ist zu erwarten.
6. Finanzielle Auswirkungen
■ Der Schaden bewirkt beachtliche finanzielle Verluste, ist jedoch nicht existenzbedrohend.

Schutzbedarf „sehr hoch“
1. Verstoß gegen Gesetze/Vorschriften/Verträge
■ Fundamentaler Verstoß gegen Vorschriften und Gesetze. ■ Daten, die besonderen rechtlichen Verschwiegenheitsbeschränkungen unterliegen und deren Preisgabe einen Straftatbestand darstellen. ■ Vertragsverletzungen, deren Haftungsschäden ruinös sind.
2. Beeinträchtigung des informationellen Selbstbestimmungsrechts
■ Eine besonders bedeutende Beeinträchtigung des informationellen Selbstbestimmungsrechts des Einzelnen ist möglich. ■ Daten, deren Missbrauch Gesundheit, Leben oder Freiheit des Betroffenen beeinträchtigen kann, z. B. Adressen von Personen, die mögliche Opfer einer Straftat sein können. ■ Hochsensible Daten, wie die Unterbringung in Anstalten und Einrichtungen, Daten zur Intimsphäre, zu Straftaten, zu erzieherischen Maßnahmen, Pflegedaten oder Daten von Berufsgeheimnisträgern gemäß § 203 StGB.
3. Beeinträchtigung der persönlichen Unversehrtheit
■ Es besteht Gefahr für Leib und Leben.
4. Beeinträchtigung der Aufgabenerfüllung
■ Die Beeinträchtigung würde von allen Betroffenen als nicht tolerabel eingeschätzt werden. ■ Die maximal tolerierbare Ausfallzeit ist kleiner als eine Stunde.
5. Negative Innen- oder Außenwirkung
■ Eine Ansehens- oder Vertrauensbeeinträchtigung innerhalb der eigenen Trägerstrukturen und in der Beziehung zu den öffentlichen Behörden auf allen regionalen Ebenen ist denkbar. ■ Ein mindestens landesweiter Vertrauensverlust ist zu erwarten.
6. Finanzielle Auswirkungen
■ Der finanzielle Schaden ist für die Institution existenzbedrohend.

Abbildung 115: Klassifikation des Schutzbedarfs von Daten

Quelle: datenschutz.ekd.de, Abruf: 22.8.2019.

Die Bewertung der Prozesse, Anwendungssoftware, IT-Systeme und Räumlichkeiten hinsichtlich der oben benannten Schutzbedarfe erfolgt am besten tabellarisch entlang der jeweiligen Kategorien. Folgendes Beispiel für den Bereich Anwendungssoftware kann dies illustrieren:

Anwendungssoftware				
Name	**pers.bez. Daten**	**Prinzipien**	**Schutzbedarf**	**Begründung**
CareBase 4.0	ja	Vertraulichkeit	sehr hoch	hochsensible Daten enthalten
		Integrität	sehr hoch	Prüfung durch MDK und Heimaufsicht
		Verfügbarkeit	hoch	Medikation und Notfallinfos müssen spätestens nach 4 Stunden wieder verfügbar sein
FinanzMan 7.2	ja	Vertraulichkeit	hoch	Interne Finanzdaten sollen nicht unkommentiert an die Öffentlichkeit gelangen
		Integrität	sehr hoch	gesetzlich in HGB und GoBD gefordert
		Verfügbarkeit	normal	Buchungsvorgänge können notfalls verschoben werden, Ausfallzeit von 1 Tag ist tolerabel

Abbildung 116: Beispielhafte Bewertung des Schutzbedarfs von Daten in Anwendungssoftware

Da sich heute keine Organisation mehr schutzlos den vielfältigen IT-Gefahren ausliefert, sind immer schon Schutzmaßnahmen vorhanden. Die **Beurteilung der Schutzmaßnahmen** beginnt zunächst damit, die vorhandenen Maßnahmen systematisch aufzulisten und den Informationen aus der Struktur- und Datenanalyse zuzuordnen. Denn die entscheidende Frage ist, ob die vorhandenen Maßnahmen dem Schutzbedarf der Systeme und Daten angemessen sind oder ob **es Risiken und Schwachstellen** gibt, die die Wahrscheinlichkeit eines Zwischenfalls erhöhen. Folgendes Beispiel stellt eine solche Auflistung dar:

Anwendungssoftware				
Name	**Prinzipien**	**Schutzbedarf**	**Vorhandene Maßnahmen**	**Schwachstellen**
CareBase 4.0	Vertraulichkeit	sehr hoch	Benutzerkennungen und Passworte	Keine Passwort-Richtlinie vorhanden, oft Gruppenpasswörter benutzt
	Integrität	sehr hoch	keine	Software protokolliert intern keine Änderungen und Löschungen von Daten
	Verfügbarkeit	hoch	Backups auf zweite Festplatte	Festplatte wird im selben Gebäude aufbewahrt, nur ein Backup vorhanden, Backup wird nur unregelmäßig durchgeführt

Abbildung 117: Beispielhafte Beurteilung vorhandener Schutzmaßnahmen und Analyse ihrer Schwachstellen

Zusätzlich kann noch die Eintrittswahrscheinlichkeit der Risiken und der Grad ihrer Auswirkung nach den Kriterien gering/mittel/hoch beurteilt werden.

Die **Optimierung und Neudefinition von Schutzmaßnahmen** muss anschließend in einem **Maßnahmenplan** mit Verantwortlichkeiten, Terminen, Ressourcenbedarf und Methoden zu ihrer Überwachung festgehalten werden. Der IT-Sicherheitsbeauftragte stimmt diesen Plan mit der obersten Leitungsebene und dem Datenschutzbeauftragten ab und ist für die Durchführung der Maßnahmen verantwortlich.

Die Art der Maßnahmen kann sehr verschieden sein, dazu gehören unter anderem:

- Erarbeitung oder Verbesserung von Benutzerrichtlinien, bspw. für E-Mail, Passwörter, für die dienstliche Nutzung privater Smartphones oder die Nutzung von WhatsApp
- Schulung von Mitarbeitenden in Bezug auf Gefahrenpotenziale und ihre Vermeidung
- Schulung der IT-Mitarbeitenden in Fragen der IT-Sicherheit
- Erstellung von Erklärvideos zum Thema IT-Sicherheit
- Erstellung oder Verbesserung eines Rechte- und Rollenkonzepts für die Zugriffe auf Geräte, Dateien und Daten in Fachsystemen
- Optimierung von Software mittels Customizing
- Austausch unsicherer Software gegen sichere Systeme
- Aktualisierung und Monitoring der Firewall und des Anti-Viren-Schutzes

- Einführung eines Mobile Device Management Systems für die zentrale Wartung und Absicherung von Smartphones und Tablets
- Updates von Betriebssystemen in Servern und Endgeräten
- Austausch alter Endgeräte
- Sicherung von Serverräumen mit elektronischer Zutrittskontrolle, Feuer- und Wasserschutz, unabhängige Stromversorgung usw.
- Sichere Platzierung von Netzwerk-Geräten (Switches, Router)
- Erstellung bzw. Optimierung des Datensicherungskonzepts (Backups)
- Erarbeitung eines Notfallplans für kritische Ereignisse
- Beauftragung und Auswertung externer Sicherheitschecks

Da die IT-Nutzung in sozialen Organisationen aufgrund der Digitalisierung aller Lebens- und Arbeitsbereiche immer komplexer wird, konnten in diesem Kapitel lediglich die Grundlagen zum Thema IT-Sicherheit vermittelt werden. Insbesondere kleinere Organisationen sind heute kaum mehr dazu in der Lage, diese Komplexität zu beherrschen. Sie benötigen daher häufig externe Unterstützung durch die eigene Trägerorganisation, durch Systemhäuser oder Spezialisten für IT-Sicherheit.

Arbeitsaufgaben

19. Sie leiten eine heilpädagogische Tagestätte. Ein computerbegeisterter Kollege erzählt Ihnen, er hätte eine schicke App entwickelt, in die man die Diagnosen der Kinder, die Probleme in den Familien, mit Lehrern usw. sowie die Hilfepläne ganz einfach eingeben könne. Er würde Ihnen die App zum Test kostenfrei zur Verfügung stellen und Sie könnten sofort beginnen. – Was antworten Sie ihm aus Sicht des Datenschutzes?
20. Lesen Sie noch einmal das Szenario „Datenschutz-GAU in der Kindertagesstätte“ zu Beginn dieses Kapitels durch. Wie würden Sie den Schutzbedarf dieser Organisation nach den Kriterien aus Absatz 8.3.4. einstufen? Begründen Sie Ihre Entscheidung. Welche technisch-organisatorischen Maßnahmen wären diesem Schutzbedarf angemessen?

Literatur und Links zum Kapitel

Althammer, Thomas: Datenschutz in der Pflege. Sicher und pragmatisch umsetzen nach DSGVO. Hannover 2019.

Althammer, Thomas: Datenschutz und IT-Sicherheit in Zeiten der Digitalisierung. In: Kreidenweis, Helmut (Hrsg.): Digitaler Wandel in der Sozialwirtschaft. Grundlagen – Strategien – Praxis. Baden-Baden 2018, S. 225–239.

Althammer & Kill: IT-Sicherheitsmanagement. unveröff. Skript zum Masterstudiengang Sozialinformatik, Eichstätt 2019.

Bake, Christian/Blobel, Bernd/Münch, Peter: Datenschutz und Datensicherheit im Gesundheits- und Sozialwesen. Frechen 2004.

bitkom.org/Presse/Presseinformation/Cybercrime-Jeder-zweite-Internetnutzer-wurde-Opfer.html, Abruf: 22.8.2019.

Bundeskriminalamt: Cybercrime. Bundeslagebild 2017. Wiesbaden 2018.

datenschutz.ekd.de/wp-content/uploads/2015/09/C4_Schutzbedarfskategorien.pdf, Abruf: 22.8.2019.

de.wikipedia.org/wiki/Kritik_an_Facebook, Abruf: 5.9.2019.

Hammerschmidt, Peter/Sagebiel, Juliane/Hill, Burkhard/Beranek, Angelika: BigData, Facebook, Twitter & Co. und Soziale Arbeit. Weinheim/Basel 2018.

Kepert, Jan: Sozialdatenschutz und Digitalisierung. In: Jugendhilfe, Nr. 3/2019, S. 305–309.

Kreidenweis, Helmut/Wolff, Dietmar: IT-Report für die Sozialwirtschaft 2019. Eichstätt 2019.

Leuchtner, Jörg M.: Datenschutz in der Pflege. Ein Praxishandbuch. Heidelberg 2018.

9. Anhang

9.1. Weiterführende Grundlagenliteratur

Haffner, Ernst-Georg: Informatik für Dummies. Das Lehrbuch. Weinheim 2017.

Das Buch ist insbesondere für Studierende von Studiengängen konzipiert, bei denen Informatik nicht zu den Kernthemen gehört. Es gibt einen einfachen, schnellen und unterhaltsamen Überblick über die praktische, theoretische und technische Informatik. Es hilft dabei, die Scheu vor Formalismen zu überwinden und den Reiz der Computerwissenschaften zu entdecken.

Kreidenweis, Helmut: Digitaler Wandel in der Sozialwirtschaft. Grundlagen – Strategien – Praxis. Baden-Baden 2018.

Der Sammelband beleuchtet den Digitalen Wandel aus der Sicht sozialer Organisationen. Er zeigt die Dynamik dieser Prozesse auf und diskutiert Strategien, um den Wandel aktiv zu gestalten. Weiterhin werden verschiedene Technologien vorgestellt, die den Wandel künftig prägen werden. Der Schlussteil befasst sich mit Rahmenbedingungen wie Datenschutz und Arbeit 4.0.

Kutscher, Nadia/Ley, Thomas/Seelmeyer, Udo (Hrsg.): Mediatisierung (in) der Sozialen Arbeit. Baltmannsweiler 2015.

Der Sammelband baut auf der These auf, dass Medien die Inhalte und Formen von Kommunikation prägen und Veränderungen in Hinblick auf die Kultur und Gesellschaft mit sich bringen. Er enthält einen Theorieteil, der u. a. Widersprüche der Mediatisierung Sozialer Arbeit beleuchtet sowie einen Praxisteil, der verschiedene Formen der Mediennutzung vorstellt und reflektiert. Der Schlussteil widmet sich dem Thema der mediatisierten Institutionen.

Kutscher, Nadia/Ley, Thomas/Seelmeyer, Udo/Siller, Friederike/Tillmann, Angela/ Zorn, Isabel (Hrsg.): Handbuch Soziale Arbeit und Digitalisierung. Weinheim/ Basel 2020 (im Erscheinen).

Das Handbuch behandelt das Thema anhand folgender Felder: disziplinäre Perspektiven, gesellschaftliche Entwicklungen und Diskurse, digitalisierte Formen der Dienstleistungserbringung, Digitalisierung und Profession, Digitalisierung und Organisation, Digitalisierung in den verschiedenen Arbeitsfeldern sowie Forschung.

9.2. Weiterführende Links

Sozialinformatik, Digitalisierung und Informationstechnologien in Sozialer Arbeit und Sozialen Organisationen

- Arbeitsstelle für Sozialinformatik an der Katholischen Universität Eichstätt-Ingolstadt
  sozialinformatik.de
- Fachverband IT in Sozialwirtschaft und Sozialverwaltung, FINSOZ e. V.
  finsoz.de

- Forschungsschwerpunkt Digitale Technologien und Soziale Dienste an der Technischen Hochschule Köln
  www.th-koeln.de/angewandte-sozialwissenschaften/dites---forschungsschwerpunkt-digitale-technologien-und-soziale-dienste_35360.php
- PflebIT – Pflegeinformatik in der Praxis
  pflebit.de
- Institut für Sozialinformatik an der Universität Bielefeld
  ifs-bielefeld.de
- Institut für Medienforschung und Medienpädagogik (IMM) an der Technischen Hochschule Köln:
  th-koeln.de/angewandte-sozialwissenschaften/institut-fuer-medienforschung-und-medienpaedagogik-imm_11557.php
- Social-Software – Informationen zu Fachsoftware für Organisationen des Sozial- und Gesundheitswesens
  social-software.de

Aus- und Weiterbildung

Sozialinformatik-Studiengänge

- Katholische Universität Eichstätt-Ingolstadt
  Weiterbildender Masterstudiengang Sozialinformatik
  sozialinformatik.de/master
- Hochschule Fulda
  Bachelorstudiengang Sozialinformatik
  hs-fulda.de/orientieren/meine-bewerbung/studiengaenge/studiengang/sozialinformatik-bsc/show/

Schwerpunktbildung Sozialinformatik in Bachelorstudiengängen der Sozialen Arbeit

- Katholische Universität Eichstätt-Ingolstadt
  Bachelorstudiengang Soziale Arbeit
  ku.de/swf/bachelorstudiengang-soziale-arbeit/
- Georg-Simon-Ohm-Hochschule Nürnberg
  Hochschulzertifikat Onlineberatung
  e-beratungsinstitut.de/fort-und-weiterbildung-2/
- Duale Hochschule Baden-Württemberg, Stuttgart
  dhbw-stuttgart.de/themen/studienangebot/fakultaet-sozialwesen/kontakt/sozialinformatik/
- Hochschule Kempten
  hs-kempten.de/studium/angebot-studiengaenge/soziales-gesundheit/sozialwirtschaft-bachelor-of-arts/kontakt.html

Sonstige Weiterbildungsangebote

- FINSOZ-Akademie: Fort- und Weiterbildungen zu Themen der Digitalisierung und der IT-Nutzung in sozialen Organisationen
  finsoz.de/akademie

Sozialberatung im Internet

- Übersicht zu Online-Beratungsstellen mit unterschiedlichen Beratungsschwerpunkten
  das-beratungsnetz.de
- Institut für e-Beratung an der Technischen Hochschule Nürnberg
  e-beratungsinstitut.de
- Virtuelle Beratungsstelle der Bundeskonferenz für Erziehungsberatung e. V.
  bke-beratung.de

Datenschutz und IT-Sicherheit

- Bundesbeauftragter für den Datenschutz und die Informationsfreiheit: Gesetzestexte, Rechtsprechung, Informationsmaterialien u. a. zu Datenschutz in verschiedenen Sozialleistungsbereichen
  bfd.bund.de
- Virtuelles Datenschutzbüro des Landeszentrums für Datenschutz Schleswig-Holstein: Informationen zu Recht und Technik
  datenschutz.de
- Bundesamt für Sicherheit in der Informationstechnik: Informationen zu Internet-Sicherheit und IT-Grundschutz für Organisationen und Unternehmen
  bsi.bund.de
- Bundesamt für Sicherheit in der Informationstechnik: Hinweise zu Datenschutz, IT- und Internet-Sicherheit für Bürger
  bsi-fuer-buerger.de

9.3. Lösung der Arbeitsaufgaben

Aufgabe 1:

Es ist anzunehmen, dass es dem Einrichtungsleiter hier weniger um theoretisch-sozialwissenschaftliche, sondern eher um handlungspraktische Aspekte geht. Daher bietet sich folgende Antwort an:

Ziel und Aufgabe der Sozialinformatik ist es, digitale Technologien in sozialen Organisationen so einzusetzen, dass sie die Arbeit dort bestmöglich unterstützt. Im Bereich der gewerblichen Wirtschaft gibt es dazu seit langem die Wirtschaftsinformatik. Da jedoch die Soziale Arbeit nicht mit der Arbeit eines Produktionsbetriebes oder einer Bank vergleichbar ist, konzentriert sich die Sozialinformatik auf die Bedingungen und Möglichkeiten des IT-Einsatzes in sozialen Organisationen und weist auch auf Gefahren durch unprofessionellen oder unreflektierten Technikeinsatz hin. Sie liefert Methoden für eine professionelle und sachgerechte Techniknutzung, begleitet die Entwicklung und den Einsatz von IT-Lösungen für soziale Or ganisationen kritisch und erforscht deren Wirkungen auf fachliche Arbeit und organisationale Prozesse. Damit kann sie dazu beitragen, den Nutzwert digitaler Technologien in sozialen Organisationen zu steigern.

Aufgabe 2:

Der Technik-Determinismus geht davon aus, dass Technik das Geschehen in den sozialen Systemen, in denen sie eingesetzt wird, dominiert. Er übersieht jedoch, dass Menschen und Organisationen der Technik nicht einfach ausgeliefert sind. Sie gestalten diese durch ihre Nutzung vielmehr selbst aktiv mit. So werden bspw. Veränderungswünsche an die Hersteller von Software weitergegeben und von diesen realisiert. Auch eignen sich Menschen die Technik, die sie nutzen sollen, auf sehr unterschiedliche Weise an. So gibt es bspw. Mitarbeitende, die die Software nur so weit wie unbedingt nötig einsetzen und andere „Power-User“, die ihre Funktionalität komplett ausreizen.

Aufgabe 3:

Bei der Aufnahme eines Jugendlichen in eine Einrichtung handelt es sich nicht um einen Algorithmus im Sinne der Informatik. Zwar enthält der Aufnahmeprozess auch formal beschreibbare Elemente wie Anträge oder Formulare und bei bestimmten Schritten ist eine definierte Reihenfolge einzuhalten. Wesentliche Teile dieses Prozesses sind jedoch sehr individuell geprägt, beruhen auf Aushandlungen der Beteiligten und sind daher nicht algorithmisch exakt beschreibbar. So etwa die Entscheidung des Jugendamtes über die Dauer der Maßnahme oder die Entscheidung innerhalb der Einrichtung, in welche Gruppe der Jugendliche kommen soll und wer sein Bezugsbetreuer wird. Eine wesentliche Rolle spielt dabei auch das nicht vorhersagbare Verhalten des Jugendlichen und seiner Familie, die den Aufnahmeprozess bspw. an verschiedenen Stellen abbrechen können.

Aufgabe 4:

An Stelle der fünf LANs mit PCs als Endgeräten könnte ein zentrales, serverbasiertes Netzwerk eingerichtet werden. Dadurch sinkt der Administrationsaufwand erheblich und wäre im Rahmen der vorhandenen Personalkapazitäten vermutlich weiterhin leistbar. Dabei können die vorhandenen PCs weiter genutzt werden. Besser, weil mit weniger Wartungsaufwand verbunden, wäre der Einsatz von Thin Clients an den Arbeitsplätzen. Vorab müsste jedoch geprüft werden, ob die in der Organisation benutzte Software für den Einsatz unter einer solchen Architektur geeignet ist.

Aufgabe 5:

Diese Frage kann auf verschiedenen Ebenen beantwortet werden: Hier zwei mögliche Antworten aus sozialpädagogischer und aus erkenntnistheoretischer Sicht.

Klassische Computerprogramme, gleich wie komplex sie sind, können nur nach streng logischen Algorithmen arbeiten und Systeme der künstlichen Intelligenz sind bislang nur auf eng begrenzten Gebieten wie der Bild- oder Mustererkennung sinnvoll einsetzbar.

Menschliche Kommunikations- und Handlungsprozesse sind dagegen offen, sehr komplex und nicht genau vorhersagbar. Zudem handelt es sich bei der Aushandlung von Unterstützungsmaßnahmen für eine Familie um einen partizipativen Prozess, bei dem die Mitwirkung der Betroffenen einen entscheidenden Erfolgsfaktor darstellt. Ein wirksamer Hilfeplan kann also nur in der unmittelbaren Interaktion und unter Koproduktion der Adressaten entstehen und daher nicht in einen Computer verlagert werden.

Doch selbst wenn ein solches Programm funktionieren würde, müsste immer ein Mensch die Lebenswelt der Familie wahrnehmen und in die Software eingeben. Diese Lebenswelt besteht jedoch aus so vielen Facetten und oft widersprüchlichen Wahrnehmungsmustern, dass sie sich einer vollständigen Beschreibung entzieht. Werden dabei vom eingebenden Menschen bspw. einzelne Problemlagen oder Ressourcen nicht wahrgenommen oder anders gewichtet, so führt dies unter Umständen zu völlig anderen Vorschlägen des Programms. Da der Prozess der Auswahl von Hilfen von den Beteiligten in einem solchen System nicht nachvollzogen werden kann, kann er auch nicht hinterfragt werden. Das Ergebnis wäre mindestens ebenso „zufällig" wie die bisherige Form der Planung von Hilfen. Außerdem würde sich ein von Software „ausgespucktes" Ergebnis dem Bereich der menschlichen Verantwortung entziehen. Doch nur Menschen können Verantwortung übernehmen für Handlungen, die das Leben anderer Menschen maßgeblich beeinflussen.

Aufgabe 6:

Lieber Kollege, Deine Auffassung kann ich verstehen. Aber bedenke bitte, dass es sich beim Thema Digitalisierung nicht primär um technische Systeme wie Computer handelt. Der digitale Wandel ist ein gesellschaftliches Phänomen, welches das Denken und Handeln der Menschen immer stärker prägt. Auch die Lebenswelt der Adressaten Sozialer Arbeit wird immer digitaler, denn insbesondere die Nutzung von Smartphones und des mobilen Internets ist mittlerweile in alle Bevölkerungsteile vorgedrungen. So wird bspw. im Web, mit Hilfe von Apps oder in sozialen Medien nach Lösungen für Probleme aus den klassischen Arbeitsfeldern der Sozialen Arbeit gesucht. Sind die Institutionen der Sozialen Arbeit in den digitalen Welten nicht präsent, werden sie von den Menschen auch nicht mehr als mögliche Instanzen zur Unterstützung bei der Problemlösung wahrgenommen.

Ebenso ist es Aufgabe der Sozialen Arbeit in einer digitalen Gesellschaft, benachteiligten Menschen die digitale Teilhabe zu ermöglichen. Dafür müssen sich Professionelle mit den Möglichkeiten der digitalen Welt auseinandersetzen und entsprechende Kompetenzen erwerben.

Weiterhin kann die Digitalisierung (hier eher in Form klassischer IT), etwa durch den Einsatz von Fachsoftware dazu beitragen, Arbeitsprozesse in der eigenen Einrichtung schneller und schlanker zu gestalten.

Aufgabe 7:

Die Umstellung der Dokumentation auf elektronische Medien ist sicherlich eine sinnvolle Maßnahme, wenn dadurch Zeit gespart und Fehler vermieden werden. Auch die Präsenz der Beratungsstelle im Internet ist in jedem Falle sinnvoll. Dies sind jedoch nur erste Schritte auf dem Weg der Digitalisierung, denn die Adressaten und Mitarbeitenden der Beratungsstelle erwarten heute und in Zukunft noch andere digitale Möglichkeiten des Arbeitens und Kommunizierens. So könnte bspw. die Nutzung einer geeigneten Fachsoftware die statistische Erfassung und Dokumentation zusammenführen und weiter erleichtern. Und eine daran angeschlossene mobile Dokumentation wäre auch bei externen Besprechungen oder Hausbesuchen auf dem Tablet oder Smartphone verfügbar. Adressaten möchten, wie sie es von anderen Websites gewohnt sind, nicht mehr unbedingt zum Telefon greifen, sondern direkt über die Website Kontakt aufnehmen, sei es durch ein einfach gestaltetes Kontaktformular oder in einem (Video-)Chat. Ebenso gibt es Menschen, die keine Beratungsstelle aufsuchen können oder möchten. Hier wäre das Angebot einer Online-Beratung erwägenswert, um die Zugangsschwelle zur Beratung zu senken.

Aufgabe 8:

Eine erste Prüfung der Software wäre nach folgenden Kriterien sinnvoll:

a) Ist das Programm customizingfähig, kann es also ohne Programmierung an die spezifischen Bedarfe der Organisation angepasst werden, um zum Beispiel die Word-Ausdrucke durch ein integriertes Formularsystem oder eine Datenübergabe nach Word abzulösen?
b) Kann die Software Prozesse abbilden, um bspw. die Anmeldung eines neuen Klienten zu digitalisieren?
c) Gibt es die Möglichkeit, in der Arbeit bei den Klienten mobil per Smartphone oder Tablet auf Daten zuzugreifen und Leistungen zu erfassen?
d) Ist die Software nach den Kriterien der DIN ISO 9241 nutzerfreundlich konzipiert?

Aufgabe 9:

Der Ansatz von ERP-Lösungen, die alle betrieblichen Funktionen einer Branche unter einer Software mit einer gemeinsamen Datenbank vereinen, führt grundsätzlich in die richtige Richtung. Allerdings bringt er häufig auch enorm komplexe Programme und entsprechend hohe Investitionskosten mit sich. Da derzeit noch keine Programme existieren, die die große Vielfalt an Anforderungen der unterschiedlichen Arbeitsfelder sozialer Organisationen in hinreichender Funktionstiefe abdecken, dürfte das Werbeversprechen des Anbieters sehr hochgegriffen sein und wäre genau zu prüfen. Eine Lösung aller Software-Probleme der Einrichtung ist jedenfalls nicht ohne weiteres zu erwarten. Auch deshalb, weil es vieler organisatorischer Rahmenbedingungen bedarf, um Software erfolgreich einzusetzen. Dazu gehört etwa die Standardisierung der Prozesse oder eine gründliche Mitarbeitendenschulung.

Aufgabe 10:

Bei der unreflektierten Einführung einer Software besteht in der Tat die Gefahr, dass sie die Soziale Arbeit in der betreffenden Einrichtung in eine Richtung beeinflusst, wie Sie Ihr Kollege befürchtet. Dies ist jedoch nicht zwangsläufig der Fall.

Wichtig ist es, genau zu prüfen, in wie weit in der Software das fachliche Konzept der Einrichtung und die bereits benutzten Kategorisierungssysteme abgebildet sind bzw. über Anpassungsmöglichkeiten im Programm (Customizing) abgebildet werden können. Dabei ist unter anderem darauf zu achten, dass genügend Möglichkeiten vorhanden sind, um individuelle Gegebenheiten des jeweiligen Falles festhalten zu können und dass die Ablaufstrukturen des Programms so offen gestaltet sind, dass sie fachliche Entscheidungen im Rahmen der Gesamtkonzeption nicht einengen.

Aufgabe 11:

Online-Beratung ist als niedrigschwelliges Angebot durchaus dafür geeignet, Klientengruppen zu erreichen, die entweder aufgrund mangelnder Mobilität oder aus psychischen Gründen bislang keine Beratungsstellen aufgesucht haben. Andererseits ist sie aber kein Instrument zur Klientenwerbung, sondern eine eigenständige Beratungsform, die zwar in eine Face-to-Face-Beratung münden kann, aber nicht muss. Ebenso sollte beachtet werden, dass internetgestützte Beratungsformen nicht ohne weiteres räumlich begrenzt auf den Einzugsbereich des Beratungsdienstes angeboten werden können. Auch erfordert Online-Beratung eine spezielle Ausbildung und nimmt Arbeitszeit in Anspruch. Beides will angemessen finanziert sein.

Aufgabe 12:

a) Die Einsatzplanung im ambulant betreuten Wohnen ist ein Unterstützungsprozess. Er dient der Aufrechterhaltung der eigentlichen Betreuung und ist von den Kernprozessen der Arbeit mit den Adressaten abgekoppelt, läuft also im Hintergrund ab.
b) Die Pflegeplanung für einen Altenheim-Bewohner ist ein Kernprozess, der unmittelbar zur Dienstleistung einer Pflege-Einrichtung gehört und maßgeblich für die Qualität der Betreuung verantwortlich ist.
c) Die Ermittlung und Zusammenstellung der Budgets für die Haushaltsplanung des Folgejahres ist ein Managementprozess. Hier müssen strategische Fragen des Ausstattungs- und Personalbedarfs, der Nachfrage bzw. Auslastung sowie der Refinanzierung beantwortet werden. Dies sind Leitungsaufgaben, die über die tägliche Arbeit hinausreichen.
e) Die Durchführung von Elternabenden in einer heilpädagogischen Tagesstätte ist ein Kernprozess. Als Element der Elternarbeit ist er Teil der geleisteten erzieherischen Hilfen, gehört also unmittelbar zur sozialen Dienstleistung der Einrichtung.

Aufgabe 13:

a) Es handelt sich um einen Medienbruch mit Redundanzen: Die gleiche Information wird doppelt und in verschiedenen Medien erfasst (zuerst von Hand, dann im PC).
   Falls fachlich und räumlich möglich, könnte beides durch Zusammenfassung beseitigt werden: Die Sozialarbeiter geben die Daten künftig selbst per PC oder

Mobil-App unmittelbar dort ein, wo sie entstehen. Wenn die Akten komplett elektronisch geführt werden können, ist auch der Ausdruck eines Deckblattes überflüssig. Hier kommt der Lösungsansatz des Entfernens zum Tragen.

b) Es handelt sich um Störungen des Informationstransfers sowie Fehler und Nacharbeiten.
   Als Lösung bietet sich die digitale Belegerfassung (Scan) vor Ort, gekoppelt mit einer zentralen Buchung an. Zusätzlich ist jedoch auch eine organisatorische Regelung zum sauberen Umgang mit Belegen erforderlich. Durch diese Maßnahmen werden entbehrliche Prozessschritte entfernt, unnötige Wege vermieden und Durchlaufzeiten verkürzt.

Aufgabe 14:

Das Selbstverständnis dieses IT-Bereichs ist das eines Dienstleisters und Lieferanten. Eine Beratung der Einrichtungen oder gar eigene Impulse zur Neugestaltung der IT-Landschaft sind nicht erkennbar. Der IT-Bereich bewegt sich damit auf der Entwicklungsstufe der technologischen Infrastruktur, an Prozessen der Software-Beschaffung arbeitet er nicht mit, beschaffte Programme werden lediglich reaktiv installiert. Sinnvoll wäre hier die Weiterentwicklung hin zu einer beratenden und mitsteuernden Funktion des IT-Bereichs mit dem Ziel, eine einheitliche Software-Plattform zu schaffen und die Einrichtungen auf ein gleiches Niveau der IT-Nutzung zu bringen. Dazu gehört vor allem die Entwicklung einer IT-Strategie, die mit den Unternehmenszielen abgestimmt ist und den Wertbeitrag der IT-Nutzung in den Mittelpunkt stellt.

Aufgabe 15:

Bei diesem Auftrag handelt es sich um ein komplexes Projekt, das nur mit den Methoden des IT-Projektmanagements sinnvoll gemeistert werden kann. Erster Schritt ist also, dass Sie gemeinsam mit Ihrem Chef oder, wenn dies nicht möglich ist, alleine eine Projektskizze erstellen, in welcher die Ziele, Aufgaben, Chancen und Risiken sowie der Ressourcenbedarf grob umrissen werden. Diese Projektskizze ist die Auftragsgrundlage für die weitere Projektarbeit. Anschließend machen Sie sich Gedanken über die erforderliche Projektorganisation mit dem Projektteam und allen weiteren notwendigen Akteuren. Wenn diese Strukturen stehen und die Leitung Ihnen die für die Projektarbeit notwendigen Zeit- und Finanzressourcen zur Verfügung stellt, kann die inhaltliche Projektplanung mit Meilensteinen und Arbeitspaketen angegangen werden.

Aufgabe 16:

a) Die Formulierung ist nicht bewertungsgerecht, da nicht präzisiert wird, was unter „verwalten“ genau verstanden wird. Dabei könnte es sich etwa um Datenfelder für die Ausgabe und Rückgabe, um Eigenschaften wie „neu“ oder „gebraucht“ oder vieles andere handeln. Auch eine Abrechnung mit dem Bewohner und/oder Kostenträger wäre hier denkbar, deren Modus aber genau beschrieben werden müsste.
b) Die Anforderung ist insgesamt bewertungsgerecht formuliert, auch wenn eine noch präzisere Formulierung möglich wäre. Dies betrifft etwa die Dauer der

Planungsperiode oder die Form der Erfassung etwa in Uhrzeiten von-bis pro Tag, in denen ein Dienst gewünscht bzw. nicht gewünscht ist.

c) Diese Formulierung ist nicht bewertungsgerecht, da keine Aussage darüber enthalten ist, mit welcher Programmfunktionalität die Einrichtungssuche unterstützt werden soll. Dies könnte etwa über Filterfunktionen nach Angebotstypus, behandelten Indikationen, Altersgruppen oder ähnliches geschehen.

Aufgabe 17:

Nach den hier vorliegenden Informationen könnten verschiedene Strategien gewählt werden. Da die Stammdaten komplett übernommen werden können, wäre für Betreutenverwaltung und Abrechnung gegebenenfalls eine Stichtag-Umstellung möglich. Da es sich hier um einen unternehmenskritischen Bereich handelt, müsste zuvor ein Testbetrieb erfolgreich absolviert werden. Alternativ kann eine Parallelumstellung in Betracht gezogen werden, wenn ein hoher Grad an Verfahrenssicherheit vorrangig ist.

Für den Bereich der Verlaufsdokumentation, der eine komplette Neueinführung im Betreuungsbereich darstellt, kommt die Sukzessivmethode in Betracht: Hier sollte die Einführung erst in einem zweiten Schritt nach der erfolgreichen Umstellung im Verwaltungsbereich angegangen werden. Handelt es sich um mehrere Wohn- bzw. Pflegebereiche, kann die Einführung dort ebenfalls gestaffelt erfolgen. Da jedoch die Stammdaten bereits aus der Verwaltung verfügbar sind, ist eine sukzessive Erfassung der Daten vermutlich nicht nötig, in den jeweiligen Bereichen kann also sofort mit der Dokumentation für alle Adressaten begonnen werden.

Aufgabe 18:

Dieser Vorschlag ist leider wenig geeignet, da er nur vordergründig kostenbewusst ist. Soll Fachsoftware effizient genutzt werden, setzt dies zumeist eine gründliche Schulung der Benutzer voraus. Ansonsten ist die Gefahr groß, dass die teure Software-Investition ins Leere läuft, da die Mitarbeitenden nur einen Bruchteil des Programmes nutzen oder sich gar innerlich verweigern.

Voraussetzung für eine erfolgreiche Fachsoftware-Schulung sind Grundkenntnisse im Umgang mit dem jeweiligen Endgerät. Zunächst muss also erst einmal festgestellt werden, über welche Grundkenntnisse die Mitarbeitenden verfügen. Mitarbeitende ohne oder mit nur geringen Grundkenntnissen brauchen zuerst eine Basisschulung. Nur auf der Grundlage eines sicheren Umgangs mit dem Endgerät ist eine Fachsoftware-Schulung sinnvoll. Diese kann durchaus von eigenen Mitarbeitenden geleistet werden, jedoch müssen diese Multiplikatoren das Programm selbst bestens beherrschen und dafür intensiv ausgebildet werden. Ob zwei Tage dafür ausreichend sind, hängt von der Komplexität der Software ab und wäre zu prüfen. Die Schulung am Arbeitsplatz ist aufgrund der Anzahl der zu schulenden Mitarbeitenden und der dort zu erwartenden Störungen nicht effektiv. Es sollte besser ein Schulungsraum dafür eingerichtet oder angemietet werden. Je nach Umfang des Stoffes ist eine Schulung in mehreren Staffeln sinnvoll. Zwischendurch kann das Gelernte jeweils praktisch erprobt und vertieft werden. Auch die Produktion kleiner Erklärvideos wäre ergänzend sinnvoll. Ein solches Konzept erscheint zwar aufwändig, gewährleistet jedoch, dass die mit der IT-Investition gesteckten Ziele erreicht werden.

Aufgabe 19:

Die Informationen, die mit Hilfe der App erfasst werden sollen, sind personenbezogene Daten und unterliegen dem Schutz gemäß DSGVO. Da in einer heilpädagogischen Tagesstätte fast immer auch Gesundheitsdaten der Kinder (z. B. Diagnosen) gespeichert werden, gilt nach Art. 9 DSGVO sogar ein besonders strenger Schutz. Der Einsatz dieser App ist daher erst möglich, wenn verschiedene gesetzlich definierte Voraussetzungen erfüllt sind:

a) Die elektronische Erfassung solcher Daten ist grundsätzlich nur mit Einwilligung der Betroffenen oder auf der Grundlage eines Gesetzes möglich. Da hier keine unmittelbare gesetzliche Notwendigkeit erkennbar ist, müssen schriftliche Einwilligungen eingeholt werden. Bei Minderjährigen müssen die Erziehungsberechtigten diese Einwilligung erteilen. Werden Daten Dritter wie Eltern oder Lehrer erfasst, müssen diese ebenfalls einwilligen.
b) Es muss geprüft werden, ob die Angaben, die in der App gemacht werden können, ausschließlich dem Zweck der erzieherischen Hilfe in einer heilpädagogischen Tagesstätte dienen und für diese Arbeit unmittelbar erforderlich sind (Zweckbindung und Datenminimierung, Privacy by Design).
c) Es muss gewährleistet sein, dass ein Datenschutzbeauftragter vorhanden ist und dass den Betroffenen auf Wunsch Auskunft über alle gespeicherten Daten erteilt werden kann.
d) Bei einer Mobil-App ist zusätzlich sicherzustellen, dass die Daten auf dem Gerät verschlüsselt gespeichert werden und dass die Software gegen Fremdzugriffe durch Benutzerkennung und Passwort geschützt ist. Werden die Daten an einen cloudbasierten Server übertragen, so gelten zusätzliche komplexe Sicherheitsanforderungen.

Aufgabe 20:

Der Schutzbedarf kann eindeutig der Kategorie „sehr hoch“ zugeordnet werden, weil ein fundamentaler Verstoß gegen die DSGVO eintreten kann – und in diesem Falle ja auch eingetreten ist. Die Daten sind personenbezogen (Art. 4 DSGVO) und besonders schutzwürdig (Medikation als Gesundheitsdaten, Art. 9 DSGVO). Als staatlich geprüfte Sozialpädagogin kann Frau Sorglos zudem nach § 203 StGB strafrechtlich belangt werden. Ebenso ist das informelle Selbstbestimmungsrecht der Betroffenen durch die Veröffentlichung von Daten, etwa zu erzieherischen Maßnahmen, massiv beeinträchtigt. Die Auswirkungen dieses Datenschutz-GAUs sind für die Institution existenzbedrohend.

Als mögliche technisch organisatorische Maßnahmen wären zu nennen:

a) Die Erarbeitung einer Benutzerrichtlinie für sichere Passwörter.
b) Die Optimierung der Software, damit nur sichere Passwörter akzeptiert werden.

c) Die Schulung von Mitarbeitenden in Bezug auf Gefahrenpotenziale und ihre Vermeidung.
d) Aktualisierung und Monitoring der Firewall und des Anti-Viren-Schutzes.
e) Regelmäßige, automatisierte Updates des Betriebssystems.
f) Erarbeitung eines Notfallplans für kritische Ereignisse.
g) Durchführung externer Sicherheitschecks.

Stichwortverzeichnis

Die Angaben verweisen auf die Seitenzahlen des Buches.

Zum Verfasser

Prof. Helmut Kreidenweis

Dipl.-Soz.päd. (FH), Dipl.-Päd. (Univ.), seit 2006 Professor für Sozialinformatik an der Katholischen Universität Eichstätt-Ingolstadt, dort Leiter des weiterbildenden Masterstudiengangs Sozialinformatik und der Arbeitsstelle für Sozialinformatik, 2010 Gründer und seither ehrenamtliches Vorstandsmitglied im Fachverband Informationstechnologie in Sozialwirtschaft und Sozialverwaltung FINSOZ e. V., seit 1998 Inhaber von KI Consult, Digitalisierungs- und IT-Beratung für soziale Organisationen. Mitbegründer und seit 1999 Mitglied des Strategiekreises und der Programmkommission der ConSozial. Beiratsmitglied der Zeitschrift SOZIALwirtschaft.

Bereits erschienen in der Reihe
STUDIENKURS SOZIALWIRTSCHAFT (ab 2019)

Grundlagen des Managements in der Sozialwirtschaft
Von Prof. i.R. Dr. Armin Wöhrle, Prof. Dr. Reinhilde Beck, Prof. Dr. Klaus Grunwald, Dr. Klaus Schellberg, Prof. em. Dr. Gotthart Schwarz und Prof. Dr. Wolf Rainer Wendt
3., unveränderte Auflage 2019, 240 S., brosch., 24,90 €,
ISBN 978-3-8487-4989-8

Organisationsentwicklung – Change Management
Von Prof. Dr. Armin Wöhrle, Prof. Dr. Reinhilde Beck, Prof. Dr. Paul Brandl, Karsten Funke-Steinberg, Prof. Dr. Urs Kaegi, Dominik Schenker und Prof. Dr. Peter Zängl
2019, 332 S., brosch., 24,90 €, ISBN 978-3-8487-4457-2

Personalmanagement – Personalentwicklung
Von Prof. Dr. Armin Wöhrle, Peggy Gruna, Prof. Dr. Ludger Kolhoff, Prof. Dr. Georg Kortendieck, Prof. Dr. Brigitta Nöbauer, Prof. Dr. Andrea Tabatt-Hirschfeldt und Dr. Raik Zillmann
2019, 238 S., brosch., 24,90 €, ISBN 978-3-8487-4339-1

Zeitfracht Medien GmbH
Ferdinand-Jühlke-Straße 7
99095 Erfurt, Deutschland
produktsicherheit@kolibri360.de